中央编译局文库编辑委员会

主　任：贾高建

副 主 任：魏海生　柴方国　季正聚　崔友平

委　　员（按姓氏笔画排序）：

冯　雷　牟建君　杨雪冬　沈红文　张凤宝

陈家刚　胡长栓　郗卫东　葛海彦

国家"十二五"重点图书

国际共产主义运动历史文献

第24卷

主　编　王学东
副主编　戴隆斌（常务）童建挺

第二国际第八次（哥本哈根）代表大会文献（1）

本卷主编　童建挺

《国际共产主义运动历史文献》顾问委员会

贾高建　顾锦屏　高　放　张中云　胡文建
宋洪训　沈志华　洪肇龙

《国际共产主义运动历史文献》编辑委员会

主　　编：王学东
副 主 编：戴隆斌（常务）　童建挺
编　　委：（以姓氏笔画为序）
　　　　　王　瑾　吕瑞林　邢艳琦　许宝友　张文成　张文红
　　　　　陈新明　林德山　胡振良　姚　颖　晏　荣　崔海智
　　　　　彭萍萍　薛晓源

参加本卷译校工作的有

王宏道　刘　波　魏　力　吴琦生　徐耀新　孙建社
冯之丹　戴　阳　李曙明　段进东　文晓明　晏　荣

参加本卷编辑出版工作的有

盛菊艳　苗永姝　贾宇琰

总　序

国际共产主义运动，是由以马克思主义为指导的无产阶级政党领导的国际性的无产阶级革命运动，其宗旨是推翻资产阶级统治和一切剥削制度，建立和发展社会主义制度，进而最终实现人的彻底解放，建立共产主义社会。

国际共产主义运动迄今已有一百六十多年的历史。19世纪40年代，马克思、恩格斯在创立科学社会主义理论的同时，努力把它与当时西欧无产阶级的革命实践相结合，于1847年6月创建了第一个国际性的无产阶级政党——共产主义者同盟，亲自拟定并于1848年2月公开发表了同盟纲领《共产党宣言》。这标志着国际共产主义运动的兴起。

自从共产主义者同盟建立以来，历经第一国际（国际工人协会）、第二国际、第三国际（共产国际），国际共产主义运动由小到大、由弱到强，从西方推进到东方、从欧洲扩展到全球，终于突破资本主义链条上一个又一个薄弱环节，取得了社会主义由一国到多国的胜利。二战后社会主义阵营的建立、民族解放运动的胜利进军、社会主义国家革命与建设的重大成就，为国际共产主义运动史书写了辉煌的篇章。20世纪末，由于东欧剧变、苏联解体，国际共产主义运动遭遇了严重挫折。但是，历史并没有因此而终结。由《共产党宣言》奠基的国际共产主义运动仍在曲折中前进。各资本主义国家中的共产党、工人党仍在不断探索无产阶级取得解放的道路；中国等社会主义国家仍继续高举社会主义伟大旗帜，为完善社会主义、最终实现共产主义而不懈奋斗。

国际共产主义运动一百六十多年跌宕起伏的发展历程，积累了卷帙浩繁的文献档案，留下了丰富的历史遗产。深入发掘和充分利用这些文献档案，对于我们准确地了解和把握国际共产主义运动的发展进程及各个时期的特点，科学地研究和总结国际共产主义运动丰富且宝贵的经验教训，具有极其重要的意义。特别是无产阶级国际组织，作为国际共产主义运动的重要载体，其文献档案对于国际共产主义运动史研究更是具有特殊的重要意义。

早在1984年春，中国国际共产主义运动史学会就发起编辑出版《国际共产主义运动史文献》。当时由中共中央编译局、中国社会科学院马列主义毛泽东思想研究所和近代史研究所、中共中央党校和中国人民大学等单位共同组建了编辑委员会。编委会商定：这套文献主要收编共产主义者同盟、第一国际、第二国际、第三国际、共产党和工人党情报局这五个国际组织已发表的全部文献档案，包括历次代表大会、代表会议和其他重要会议的记录、决议和有关文件；收编材料力求齐全；凡外国有选编完整的版本者，根据外国版本翻译；凡文件散见于外国不同出版物者，尽力搜集完整，组织力量统一编译；文件完全按照原件翻译，译文力求准确，不作修改删节，以便读者根据完整、准确的第一手材料了解这些国际组织的历史。在当时代管全国哲学社会科学基金的中国社会科学院科研局的资助下，经过编辑委员会、编译工作者和中国人民大学出版社的共同努力，这套文献于1986年开始陆续出版，截至1997年共出版了21卷。

到上世纪末，文献的编辑出版工作遇到了巨大困难。首先是编委会发生了重大变故，主编林基洲、副主编王颖和校纪英相继谢世；其次是出版经费难以为继。为继续出版这套文集，中国国际共产主义运动史学会多方努力，组成以会长顾锦屏为主编的新编委会，从全国哲学社会科学规划办公室争取到一笔资助，于1999—2001年又出版了两卷。此后，因缺乏经费，编辑出版工作完全陷于停顿。

2010年，在中共中央编译局和中国国际共产主义运动史学会的鼎力支持下，中央编译出版社以这套文献申报国家出版基金项目，获得立项资助。中共中央编译局对此项目高度重视，在国家出版基金资助的基础上，给予了相应的资金支持，组建了新编委会，成立了专门机构负责文献整理和编辑工作，并将这套文献纳入"中央编译局文库"出版规划。

经新编委会研究决定，这套文献定名为《国际共产主义运动历史文献》，在其前身《国际共产主义运动史文献》的基础上重新编辑出版。通过进一步广泛搜集资料和适当改变编辑方式，新《文献》的资料更详尽、收文更齐全。例如，在原《文献》的某些卷次中，对已出版的马克思主义经典著作中译本只列目录，不收正文，而新《文献》则全部依据最新的中译本收录，以方便读者查阅。此外，《国际共产主义运动历史文献》扩大了文献资料的搜集和选材范围，采用开放式结构，规模暂定60卷，约2500万字。

中共中央编译局和中国国际共产主义运动史学会对这套文献的编辑出版工作给予了强有力的支持，中央编译出版社为这套文献的立项和出版做了大量艰苦细致的工作，文献的前两任编委会和编译工作者在十分困难的条件下为这套文献奠定了良好的基础，中国人民大学出版社为这套文献的重新编辑出版提供了帮助，在此一并表示衷心感谢。

《国际共产主义运动历史文献》

编辑委员会

2011年12月20日

编辑说明

第二国际第八次代表大会于1910年8月28日至9月3日在丹麦哥本哈根音乐会宫举行。参加大会的有23个国家的896名代表。列宁出席了这次大会。

大会列有八项议程，主要讨论了仲裁与裁军、工会运动的统一、合作社与党的关系问题。在帝国主义战争危机日益加深的形势下，大会着重讨论了反对军国主义和战争问题，通过的有关决议重申斯图加特代表大会决议的基本精神，要求通过国际仲裁法庭和国际会议来解决国际争端和实现普遍裁军，并责成国际局在出现战争危险时，立即采取必要步骤，促使有关国家的工人党彼此协商、一致行动以防止战争。关于工会运动的统一问题，大会通过的决议强调各国工会运动要互相支援，每个国家的工会运动都应该在组织上保持统一。关于合作社的问题，大会公布了比利时工人党、法国社会党多数派、茹尔·盖得代表法国社会党少数派以及列宁代表俄国社会民主工党提出的四个决议案。最后在列宁和其他左派的坚持下，大会通过的有关决议强调指出，合作社运动在资本主义制度下虽然不能使工人获得解放，但它仍然是阶级斗争的有效武器，它的主要使命是协助无产阶级进行阶级斗争和改善无产阶级的生活条件。决议要求社会党人积极参加合作社运动，在合作社内部本着社会主义的精神进行活动，并加强工会、合作社和社会党之间的关系。

本卷收录的内容包括四个部分：（1）代表大会邀请书、通告和议事日程；（2）代表大会会议记录；（3）各国党和工人组织向大会提交的报告；(4) 附录，包括哥本哈根国际社会党代表大会代表名单、哥本哈根国际社会党代表大会各委员会委员名单、1910年哥本哈根国际社会党代表大会——社会党代表团的报告和会议记录、国际所属各党状况一览表。其中，哥本哈根国际社会党代表大会会议记录根据柏林前进出版社1910年出版的德文本《哥本哈根国际社会党代表大会（1910年8月28日—9月3日）》（Internationaler Sozialisten-Kongreß zu Kopenhagen, 28. August bis 3. September 1910, Buchhandlung Vorwärts, Berlin, 1910）翻译，其他内容分别译自1981年和1982年瑞士日内瓦明科夫出版社出版的乔治·豪普特主编的《第二国际史料》第19、20和21卷（Géorge Haupt, Histoire de la IIe Internationale, Tome19/20/21, Minkoff Reprint, Genève, 1981/1982）收录的法文、英文和德文文献。

本卷主编依据中共中央编译局编译马克思主义经典著作的标准统一了人名、地名、组织机构名、报刊名等专用名，增加了对原书中一些名词和引语的注释。书中文献的脚注，凡未加说明的都是原文本编者所注；中文本译者或编者所加的注，均注明"——译者注"或"——编者注"。

目　录

代表大会邀请信、通告和议事日程 …………………………… 1
　代表大会邀请信 ………………………………………………… 3
　哥本哈根地方委员会通告信（1910年7月16日） ……………… 11
　哥本哈根地方委员会通告信（1910年8月8日） ……………… 13
　1910年哥本哈根国际社会党代表大会日程表 ………………… 14

哥本哈根国际社会党代表大会会议记录
　（1910年8月28日—9月3日） …………………………… 19
　全体会议 ………………………………………………………… 21
　各委员会会议 …………………………………………………… 121
　德国代表团会议 ………………………………………………… 182

各国党和工人组织向大会提交的报告 ……………………… 189
　英国工党向1910年哥本哈根国际代表大会提交的报告 ……… 191
　费边社向1910年哥本哈根国际代表大会提交的报告 ………… 202
　英国独立工党的报告 …………………………………………… 207
　英国社会民主党1907、1908和1909年三年的报告 …………… 212

德国社会民主党自斯图加特国际代表大会以来的活动
　　——德国社会民主党执行委员会向哥本哈根国际社会党代表大会
　　　　提交的报告 …………………………………………………… 216
德国工会总委员会关于德国工会运动的报告 …………………… 248
奥地利社会民主工党的议会活动 ………………………………… 263
奥地利德意志社会民主工党向1910年哥本哈根国际社会党
　　代表大会提交的报告 ………………………………………… 272
奥地利帝国工会委员会向1910年哥本哈根国际社会党代表
　　大会提交的报告 ……………………………………………… 283
奥地利捷克—斯洛伐克社会民主工党的报告 …………………… 295
布拉格捷克—斯洛伐克工会委员会和奥地利捷克—斯洛伐克社会
　　民主工党中央委员会向哥本哈根国际代表大会提交的报告
　　——奥地利捷克工会和德意志工会的冲突 ………………… 311
匈牙利三年来反对封建反动和选举改革的斗争 ………………… 343
法国社会党（工人国际法国支部）向哥本哈根代表大会提交的
　　报告 …………………………………………………………… 378
意大利社会党的活动报告（1907年—1910年6月） …………… 386
西班牙社会主义工人党的报告 …………………………………… 390

附　录 ……………………………………………………………… 397

哥本哈根国际社会党代表大会代表名单 ………………………… 399
哥本哈根国际社会党代表大会各委员会成员名单 ……………… 436
1910年哥本哈根国际社会党代表大会
　　——社会党代表团的报告和会议记录 ……………………… 444
国际所属各党状况一览表 ………………………………………… 467

代表大会邀请信、通告和议事日程

代表大会邀请信

1910年3月于布鲁塞尔

致一切社会主义政党和团体
致一切工人阶级组织

一、**参加大会的条件**。为继续历次国际代表大会的工作和执行历次国际代表大会的决议,1900年成立的社会党国际局决定于1910年8月28日至9月3日在哥本哈根(丹麦)举行第八次国际社会党代表大会。根据伦敦(1896)及巴黎(1900)代表大会的决议,兹邀请:

1. 一切拥护如下社会主义基本原则的协会:生产手段和交换手段的社会化,工人的国际联合与国际斗争,由组织成为阶级政党的无产阶级夺取社会权力;

2. 一切虽不以直接的方式参加政治运动,但置身于阶级斗争舞台上并声明承认政治斗争、立法斗争和议会斗争的必要性的工会组织。(**1900年巴黎代表大会**)

如果贵组织拥护上述原则,社会党国际局请求你们把贵组织参加哥本哈根大会事宜列入你们下次会议的议程,并根据下面的说明,提交一份你们自1907年以来(含1907年)工作的简短报告以及贵组织对国际所属各党提出的列入大会议程的问题的意见——以报告和决议的形式。

二、**议程**。国际局在1909年11月7日召开的最近一次会议上确定了如下议程：

1. 合作社与政党的关系；
2. 失业问题；
3. 仲裁与裁军；
4. 劳工立法的国际成果；
5. 组织反对死刑的国际抗议；
6. 迅速贯彻历次国际代表大会决议的办法；
7. 国际团结的组织。

议程第1项是因斯图加特代表大会关于工会与政党之间关系的争论而提出的建议。一些国家的合作运动在不断发展，我们的同志希望了解有关情况，以便用最好的方法去指导他们的那些年轻的合作社组织。合作社应该保持中立而独立于政治组织，还是应该通过个人纽带与之联系，抑或加入政党呢？以上所述就是对这个问题的不同看法。

议程第2项是一个眼前的问题。我们刚刚度过了一场经济危机，工人阶级仍感受到危机的影响。这项议程的提出者意在调查工人的痛苦，指明可以使用何种解决良策，有多少工人失业，工会、市政或其他机构如何工作，以及社会当局对这一周期性灾难持何种态度。

议程第3项提出仲裁和裁军的问题，其实它包括了军国主义的整个问题，特别是关于社会主义政党和工人阶级组织怎样以及能在多大程度上希望促成资产阶级接受仲裁而不诉诸武力、裁减军备而不致力血腥战争的问题。所属各党应报告他们在这方面取得的成绩，并表达他们对未来的愿望。

议程第4项包括了一系列复杂的问题，特别是关于社会保险的种种立法问题，建议者要求参加大会的各方说明本国工人状况因各种劳工法而获得的改善，以判定其他立法制度的优劣之处，而不忘记为取得这些成果而作出的种种努力。

讨论第5项议题的必要性，一方面是由于沙皇专制统治的态度，这种统治过去和现在每天都在用判处死刑来消灭它的政治对手；另一方面是由于法国小资产阶级的态度，这些小资产阶级认为通过处死罪犯可以消除犯罪，同时维护现存的经济条件这个犯罪文化的温床。

第6项和第7项议题是议程的重要问题。（1）例如，在面临战争威胁的情况下，应该采取什么做法以迅速执行斯图加特代表大会的决议？各国书记推荐怎样的步骤？（2）在劳资之间出现重大斗争（如瑞典的大规模同盟歇业）的情况下，获得帮助的最佳方式是什么？如何向工人报纸提供消息以及防止报刊和官方机构通过造谣中伤来破坏运动？

三、**建议**。为保证本次大会圆满成功，执行委员会请求你们严格遵守大会规则如下条款的规定，即所有建议和决议案必须在大会——即哥本哈根代表大会——确定召开的日期的四个月前，即**最迟于1910年5月**寄到布鲁塞尔人民之家国际书记处。所有文件都必须挂号邮寄，并且必须用大会使用的三种文字——法文、德文和英文——起草。一个月后，即**1910年6月**，所有这些文件将分发给各国书记，他们将上述文件转交各国的组织。显然，大家必须明白，除了按照这一程序提交的决议案，书记处将不接受、分发或讨论任何新的决议案。当出现紧急情况而书记处有权自行决定接受提案时，自然应当别论。

四、**报告**。国际书记处通常出版两种与代表大会有关的报告：（1）各党关于议程各个议题的附有决议案的报告；（2）所属各党自上次大会以来所完成的工作的报告。经验告诉我们，关于第二种报告集，阿姆斯特丹和斯图加特代表大会所采用的方法并没有取得预期的效果。首先，有相当多的党很迟才寄来报告，因此报告集并不完整。其次，要用

三种文字印刷这些报告也缺乏时间,我们不得不仅出版了一份正式的法文报告集。为了克服这种不利条件,执行委员会作出下列决定:

1. 各组织及所属各党应于1910年5月底之前将有关议程各议题的报告及其决议案文本寄到国际书记处,文件必须用三种文字起草。国际书记处将把它们付印成册,其中一部分寄送给各国书记,剩下的部分在大会上支付大会正式入场券费用时分发。

2. 所属各党应于1910年6月1日以前给国际书记处寄来法、德、英三种文字各一百份(各种文字单独成册)自1907年(含1907年)以来所完成工作的报告。为了使我们能够用一种封面把这些一册册的报告装订成卷,我们要求采用统一的长度和宽度规格(18.5×12厘米),并将那些有社会主义组织的国家编号如下(按十进分类法排列):

I. 大不列颠;II. 德国;III. 卢森堡;IV. 奥地利;V. 匈牙利—克罗地亚;VI. 法国;VII. 意大利;VIII. 西班牙;IX. 葡萄牙;X. 俄国;XI. 波兰;XII. 挪威;XIII. 瑞典;XIV. 丹麦;XV. 荷兰;XVI. 比利时;XVII. 瑞士;XVIII. 希腊;XIX. 土耳其;XX. 塞尔维亚;XXI. 保加利亚;XXII. 罗马尼亚;XXIII. 日本;XXIV. 南非;XXV. 加拿大;XXVI. 墨西哥;XXVII. 古巴;XXVIII. 美国;XXIX. 巴西;XXX. 阿根廷;XXXI. 智利;XXXII. 玻利维亚;XXXIII. 澳大利亚。

最后,根据德国社会民主党在上次代表大会上所表达的愿望,我们要求在可行的情况下,报告的陈述采用一种统一的顺序。在对总体情况作出介绍之后,可按顺序说明如下各项:

1. **政治运动**。事件,政治组织(所属团体数目、总收入和总支出、议会活动、选票和议会席位的对比数据以及对选举制度的说明、提案以及对其他提案的态度),各省的活动(同上),各市的活动(同上),报刊（报纸、刊物及其印数的数量），成员的教育（青年、妇女、儿童、学校、图书馆、音乐会、戏剧、宣传），与其他社会主义政党以及国际活动的关系。

2. **工会组织**（概要，因为国际工会书记处书记卡·列金每年都出版详细的报告）。

3. **合作运动**（在可能的情况下）。立法，合作社数量，社员人数，收入与支出，合作社财产，合作社的教育工作，与政党和工会的关系。

4. **其他类型的组织**（基金会等）。

5. **统计总表**。

国际书记处将根据各国的报告起草一份简要的报告作为国际的工作报告同时提交给哥本哈根代表大会。

五、**在哥本哈根**。代表大会将在音乐会宫——哥本哈根布雷德街28号奥德·费洛宫（音乐会宫）召开。音乐会宫非常宽敞，足够我们举行全体大会和支部①会议。如斯图加特大会所做的那样，地方委员会（**通讯处：哥本哈根罗默街22号斯陶宁格**）将负责住宿、给外国同志提供向导，并设置特别房间供记者们使用。为了便于进行准备工作，我们请求代表们尽可能早地通告是否出席。他们随后将收到临时入场券。临时入场券在委托书审查完毕之后将在哥本哈根换成正式入场券，其价格定为10法郎，8马克，8先令，7斯堪的纳维亚克朗。

最后，我们提请你们注意下面的规定：

1. 各国家或民族的组织在哥本哈根大会上必须组成一个支部，该支部将就是否允许该国或该民族的一切政党及组织出席代表大会给出自

---

① 即各国代表团。——编者注

己的意见。

2. 各正式成员支部的表决票数分配如下，这种分配方法经国际局通过，但允许可能的变动：

20票：德国、奥地利—波希米亚、法国、英国、俄国。

15票：意大利。

14票：美国。

12票：比利时、瑞典。

10票：丹麦、波兰、瑞士。

8票：芬兰、荷兰、匈牙利—克罗地亚。

6票：西班牙。

4票：阿根廷、保加利亚、罗马尼亚、塞尔维亚。

3票：土耳其。

2票：卢森堡。

3. 按照规定，本邀请信必须由各支部的全国委员会转交给各社会主义组织和工人组织；如果没有全国委员会，则由**所属各党书记**转交。

我们殷切希望所有社会党和工人的报章杂志刊登本通知书，并尽一切可能广为宣传。我们也希望哥本哈根代表大会将无愧于国际社会民主党日益增长的力量。请亲爱的同志们接受我们的最诚挚的兄弟般的问候。

社会党国际局

英国：亨·海德门，詹·基尔·哈第，拉·麦克唐纳；

德国：奥·倍倍尔，保·辛格尔，赫·莫尔肯布尔；

阿根廷：阿·康比埃，曼·乌加特；

奥地利：维·阿德勒博士，斐·斯卡雷特，恩·佩尔讷斯托弗；

波希米亚：安·涅梅茨，弗·绍库普；

保加利亚：扬·萨卡索夫，格·基尔科夫；

丹麦：托·奥·斯陶宁格，阿·吉·汉森；

美国：丹·德莱昂，莫·希尔奎特；

西班牙：帕·伊格列西亚斯，F. 莫拉；

芬兰：尤·西罗拉，爱·瓦尔帕斯，W. 佩尔蒂莱；

法国：让·饶勒斯，爱·瓦扬，茹·盖得，马·桑巴；

荷兰：彼·特鲁尔斯特拉，亨·范科尔，K. 特尔·拉恩；

匈牙利—克罗地亚：雅·韦尔特纳，V. 布克塞格

意大利：A. 卡布里尼，莱·比索拉蒂，奥·莫尔加利；

卢森堡：韦尔特博士，让-皮·普罗布斯特；

挪威：马·尼尔森，埃纳尔·利；

波兰：迪阿曼德博士，罗·卢森堡；

俄国：弗·乌里扬诺夫①，伊·鲁巴诺维奇；

瑞士：卡·穆尔，G. 赖曼，布吕斯特兰博士；

塞尔维亚：海·科沙宁，卡斯莱罗维奇；

瑞典：亚·布兰亭，G. T. 维克曼；

罗马尼亚：克·拉柯夫斯基，伊·C. 弗里穆；

土耳其：M. 瓦兰蒂安。

---

① 即列宁。——编者注

社会党国际局执行委员会（比利时）

爱德华·安塞尔

莱昂·弗尔内蒙

埃米尔·王德威尔得

卡米耶·胡斯曼（书记）

哥本哈根地方委员会通告信

(1910年7月16日)

因国际社会党代表大会的需要,哥本哈根地方委员会已经预订了一些旅馆的房间,这样我们便可以保证提供代表们的住宿。

因此,我们请各国书记抓紧时间向如下署名人通报该国代表人数,同样也尽早告知代表们的姓名以及他们中哪些人希望我们为他们预订旅馆的房间——此外,这些先生中是否有希望住宿的侣伴。

我们一俟接到通知,便给代表们预订旅馆的房间,然后把上面写有他们下榻的旅馆的名字的住宿卡寄给有关个人。

我提请你们注意:旅馆每个床位的价格通常为2克朗50欧尔(2马克80芬尼,3法郎47分,2先令9便士),其中包括了早餐:咖啡、面包、黄油和鸡蛋。但也请注意并非所有床位都可以用这个价格订到,因为一些旅馆的价格会高一点。因此,最好将那些需要两个床位一间的代表的名字通知我。

当然,我们将竭尽全力让同一国家或同一民族的代表住进同一家旅馆。

至于有关代表大会的更多的安排,请注意我们临时发放的入场券,它提供了有关大会的基本信息。代表们在到达之后立即会收到一份更详细的本次大会以及与此有关的安排表。

各国指定的书记将随同此信收到临时发放的入场券。这些入场券须填写好并转交给委派的代表。

综上所述，我希望尽早收到说明各国代表数目以及其中希望自己预定旅馆房间的代表姓名的通知。[预订房间（双间或单间）者得恪守信用，因为我们必须保证支付我们预订的房间的费用。]

谨致良好的祝愿和兄弟般的问候！

你们的

托·斯陶宁格

1910 年 7 月 16 日于哥本哈根

注意：请各国书记负责把如上通告传达给该国的社会主义组织。

如果可能的话，最迟于 8 月 7 日告知代表名单。

哥本哈根地方委员会通告信

（1910年8月8日）

  由于种种原因，有必要就新闻界出席8月28日及随后几天召开的国际代表大会的入场券事项作出规定。

  关于这个问题，我经与国际局书记协商，特此请求国际书记处所属各国书记帮助限定我们党的报刊所派送记者的数量。

  规则应是：记者作为报纸或出版机构的代表出席。我建议每个国家的各种报纸联合起来共同派出一个或几个代表。

  此外，记者还应直接向所在国的书记申请；不经该国书记批准，将不发给入场券。

  申请必须提出必要的正当理由；入场券随后将在大会开幕之前或记者抵达哥本哈根时发放。

  如果记者代表社会民主主义的报纸，请在推荐信中注明。

  谨致社会党人的问候！

托·斯陶宁格
1910年8月8日于哥本哈根

1910年哥本哈根国际社会党代表大会日程表

星期日
(8月28日)

上午9时,社会党国际局会议。

上午10时,大会开幕。

(1) 500名工人大合唱;

(2) 大会开幕。国际局负责人和丹麦社会民主党的代表致词。

下午4时,从韦斯特大道游行到森诺马肯。

外国代表可以参加游行,也可以从恩哈维耶40号的会议厅观看游行。不参加游行而想走过游行预定路线的代表可于下午3时在韦斯特大道的格利普托特卡集合,并由人陪同到恩哈维耶40号的会议厅。

在森诺马肯举行民众集会,发表演说,演唱歌曲,欢度人民的节日,彩灯耀眼,烟花夺目。

星期一
(8月29日)

上午9时,社会党国际局会议。

上午 10 时，各国支部召开会议审查代表委托书并组建各委员会。社会党记者会议。

下午 3 时，国际议会委员会和其他委员会会议。

星期二

（8 月 30 日）

上午 9 时，社会党国际局会议。

上午 10 时，各委员会会议。

下午 3 时，国际议会委员会会议。

星期三

（8 月 31 日）

上午 9 时，社会党国际局会议。

上午 10 时，大会全体会议。

下午 3 时，游览斯科斯堡，沿海岸航行。

　　往返船票每人 1 克朗，在国际局购买。

　　代表需预定星期天或星期一的船票。

　　组委会在斯科得堡请代表们饮用咖啡或其他茶点。

下午 7 时 30 分返回。

星期四

（9 月 1 日）

上午 9 时，社会党国际局会议。

上午 10 时，大会全体会议。

1—3 时，休会。

下午 3 时，大会全体会议。

星期五

（9 月 2 日）

上午 9 时，社会党国际局会议。

上午 10 时，大会全体会议。

1—3 时，休会。

下午 3 时，大会全体会议。

星期六

（9 月 3 日）

上午 9 时，社会党国际局会议。

上午 10 时，大会全体会议。

1—3 时，休会。

下午 3 时，大会全体会议。

下午 7 时 30 分，在哥本哈根新市政大厅举行大会闭幕式。

音乐和歌曲。

例行晚餐。

参观党的合作社企业

我们可以为欲参观丹麦社会民主党的人民之家和企业的代表安排参

观事宜,如果代表在参观前一天向国际局提出请求,他们将会有人民之家和企业的参观向导。

只要出示代表大会证明,所有代表每天均可免费参观"蒂沃利"①。

地方委员会

---

① 位于哥本哈根内城的一座世界知名的游乐园。——编者注

哥本哈根国际社会党代表大会会议记录

(1910年8月28日—9月3日)

全体会议

开幕式

（8月28日）

音乐会宫富丽堂皇的大厅是本次国际代表大会召开的地点。来自世界各地的代表济济一堂，使得大厅显得有些过于狭小。大厦入口两旁的圆柱用红布缠绕。一面宽大的旗帜上用丹麦文写着："第八次国际社会党代表大会"。大厅本身以社会党风格的饰物布置，令人印象深刻。讲台的侧面是东西两半球的巨幅地图，两个半球由写着"全世界无产者，联合起来！"这句由来已久的口号的条幅连结。在穹顶的大厅中，讲台左右悬挂着丹麦党和工会的旗帜。回廊里我们看到12面有各大国徽号的彩旗。德国用的是黑红黄三色旗。我们还看到用丹麦文、德文、英文和法文书写成简洁的标语形式的国际社会民主党的纲领。这些标语的内容是：劳动是财富的源泉！我们致力于团结！知识就是力量！宗教是个人事务！消灭阶级差别！不许私人垄断！人民意志是至高无上的法律！人人都享有平等的普选权！最多八小时的工作日！裁军意味着和平！男女平权！自由、平等、博爱！

代表们分别在九排长桌前就座，各排之间有通道隔开。主席台左手第一排桌子坐的是瑞典代表团。第二排和第三排是德国。第四排是奥地利。中间的第五排是以下民族：塞尔维亚、土耳其、罗马尼亚、阿根廷、西班牙、葡萄牙、日本、希腊、南非、澳大利亚、卢森堡、意大利、瑞士、俄国和波兰。第六排属于比利时、匈牙利—克罗地亚和波希米亚。第七排是荷兰和法国的席位。第八排是芬兰、北美合众国和挪威,而最后一排即第九排是英国。这里没有庞大的丹麦代表团的位置了,因此他们在右侧回廊就座。而左面的回廊是为到会的 125 名新闻界代表们准备的席位。中间的观众席挤满了旁听的听众。

  11 时 30 分,代表大会在由 A. E. 迈耶尔(著名的社会民主党作家、鼓动家、诗人和议员)作词、F. 黑默(哥本哈根的一位乐队指挥)谱曲的大合唱声中开幕。在大合唱中各民族相会在一起跳起了自由和平的国际圆圈舞。开始演唱的主题是民族自由歌曲,接着是几个独唱,最后全体齐声合唱雄壮的国际歌。合唱的第一部分以马赛曲结束。间歇当中古斯塔夫·**班格**博士(《社会民主党人报》编辑)登上讲台,他用法语、德语和英语作如下致词:

  同志们!在这部大合唱中,我们试图表达我们内心所充满的、同时也是我们在这里聚会的基础的感情,世界各国战斗的无产阶级国际团结的感情。这种感情一向活在丹麦社会民主党中;而且,在从其他人那里获得鼓舞和从各文明大国的运动中寻求教益和力量具有极端重要性的时刻,这种感情对于这样一个非常小的国家来说自然格外强烈。丹麦社会民主党从一开始就是国际工人协会的一个支部。在 40 年持续不断的成长期间,我们在丹麦一直设法同其他国家的同志们保持尽可能紧密的联系,而不是有时如此。27 年前,即 1883 年,当德国社会民主党正处于反社会党人非常法的迫害之际,我们能够为他们党代表大会的召开提供一个自由的场所,这是我们的一个最美好而且也是最崇高的回忆。成百上千的俄国党的同志在革命失败以后为躲避反革命恐怖逃出国外经过丹麦时,我们曾给予他们以必要的帮助;在同这些俄国同志的交往中,我们队伍里的革命精神找到了丰富的力量源泉。(热烈的掌声)在其他方面,我们也年复一年——而不是在个别例外的情况下——始终感受把我们同外国兄弟党联系起来的这条纽带。我们以感激的心情回忆起1889年当大批罢工工人被解雇时我们所获得的道义上和物质上的支援。而当其他国家劳资之间进行伟大的殊死搏斗时,我们自己也总是争取尽一切可能尽到我们的责任。(掌声)我毫不夸张地说,《共产党宣言》"全世界无产者,联合起来!"的号召对于丹麦社会民主党并不只是一句口号,它已经融入我们的血液之中了。(暴风雨般的掌声)因此,我们怀着深深的、由衷的喜悦之情欢迎第八次国际社会党代表大会在我们的城市——哥本哈根——的心脏召开,在这里,丹麦社会的阶级矛盾已经达到极端尖锐的地步。这里是最富有的贵族和最贫穷的无产阶级混居的城区,是坐落着国王的宫殿然而却选出了一名社会民主党的下院议员的城区。(暴风雨般的掌声)世界各地阶级矛盾日趋尖锐,资本对广大人民群众的统治和剥削变本加厉,资本主义的世界经济所不断引起的战争危险威胁着人们,它给疯狂的军备竞赛一再火上浇油,给各国人民一再加上新的负担,在这样的时候,我们希望在这里锻造武器来克服国内所有的阶级矛盾和国际上一切民族矛盾,来消灭一切剥削、奴役和污辱。(暴风雨般的、长时间的掌声)我们感觉到,我们知道,我们正以迅速的步伐向着我们的目标迈进,正像合唱中所歌唱的那样,我们的前途是光明的。我们不得不为自己的生存而进行艰苦斗争的时代已经过去,现在是为争取我们的胜利而斗争。(暴风雨般的掌声)一句古老的丹麦谚语说得好:黑暗正在逝去,光明就在我们的面前。希望本次大会的各项讨论将贯彻国际无产阶级的兄弟情谊;希望本次大会的工作将有助于澄清我们为达到伟大的目标所必须遵循的策略;希望我们所有参加本次大会的人回去时有更加强大的力量在各个国家为无产阶级的解放而进行共同的斗争,本着上述希望,丹麦社会民主党再一次向大家表示衷心的欢迎!(反复多次的、暴风雨般的长时间的掌声)

  随后合唱结束。国际歌唱到结尾时,大会代表和听众全体起立,并加入了合唱。哥本哈根各歌咏协会的五百名工人歌手优美纯正的合唱产生了扣人心弦的效果。皇家剧院的乐队队员们伴奏。独唱也是由皇家剧院的演员们演唱的。他们是：男高音歌唱家尼尔森，男中音歌唱家霍贝尔和女高音歌唱家内勒高·汉泽。优美的作品和完美的演唱，使国际代表大会在一开始就涌现出一股有着打动人心的鼓舞力量的强大的洪流。掌声停止以后，又响起了向到会的歌词作者、议员 A. E. 迈耶尔致意的热烈欢呼声。

接着社会党国际局在主席台上就座，**王德威尔得**主持大会并讲话：我代表社会党国际局宣布，第八次国际社会党代表大会开幕，并代表丹麦的同志们请下院议员斯陶宁格讲话。

斯陶宁格：同志们，战友们！我代表丹麦社会民主党衷心欢迎第八次国际社会党代表大会在丹麦，在哥本哈根召开。

全世界有组织的工人阶级的代表在我们小小的国家聚会，这是第一次，我们为给予我们的国家和丹麦社会民主党的这一荣誉感到自豪。

国际社会民主党的代表们现在是丹麦的客人了，我想我可以向大家保证我们将从各个方面给予你们殷勤的招待；同时我也全心全意地希望，在我们的国土上作出的各项决议，将会使我们向着和平与各国人民友好跨近几步。

丹麦社会民主党过去在国外争取自由的影响下斗志昂扬；1848 年和 1871 年在丹麦社会民主党的历史上留下了深深的印记，自 1871 年以来，我们无疑已经在国际的旗帜下向一个充满自由、平等、博爱的社会前进。

在过去的 40 年间，我们把我们的组织和我们的新闻报刊建筑在了国际这块岩石上——虽然各个国家的工人可能通过自己的工作获得某些改善，但是整个工人阶级伟大的解放事业只有通过全世界工人之间的国际协作和国际谅解，通过反对资本主义的一致斗争才能实现。

丹麦有组织的工人也认识到这些事实。因此，我们为今天能够向工人国际高呼："衷心欢迎到丹麦同志这里！"而感到自豪和鼓舞。

我们确信，我们已经证明了坚守我们在环绕世界的这条国际链条中的岗位的最真诚的意志，我们希望并祝愿此次大会将推动你们和我们为了我们的崇高事业所进行的工作。

丹麦只是一个小国，我们没有什么了不起的东西能够向客人们展示一番，我们不像大国的同志们那样有数目巨大的选票和党员，但是我们却可以断言，我们所做的工作并不是徒劳的。

我们的 10 万张选票，28 名王国议会议员，哥本哈根市政当局半数的位置，33 种社会主义的报纸以及 12 万订户（即我们的 12 万工会会员，这意味着丹麦工人的经济和文化状况提高了），这些是我们可以向我们的外国同志展示的东西，是我们工作的显著成绩——通过我们在国际社会主义思想基础上的工作所取得的成绩。

丹麦的工人全心全意地参加到当代最伟大的也是最有意义的运动之中，他们理解工人阶级必须完成的世界性的历史使命，希望他们在为从资本主义的桎梏下获得解放的斗争中任何时候都将忠于职守。

人们不能要求丹麦这样一个小国的劳动人民走在前列，但是你们将会看到，丹麦工人时刻都在整装待发准备战斗，并且怀着最美好的意愿，无论何时都将履行自己对其他阶级同志的义务。因为我们追求的目标是一个，它正在我们世界各国各兄弟组织的眼前闪现。

我谨以这些话预祝大家在此次大会上工作顺利，并再次欢迎大家来到我们这小小的国家。

让一致和团结的精神贯穿于你们所作出的各项决议之中，让我们以联合的力量与社会的不公正作斗争——这些天我们将团结在社会主义美好的目标的周围，让我们带着这一美好的目标开始工作。

资本主义就是奴役和战争，社会主义就是自由与和平。（暴风雨般

的、长时间的掌声）

王德威尔得代表社会主义国际最衷心地感谢丹麦的同志们对大会所表现出的兄弟般的自由精神。他说：当我们决定在哥本哈根召开这次代表大会的时候，我们就怀有这样的愿望，向丹麦的运动表示我们的敬意。丹麦的运动同样是最严肃认真的、最刻苦勤奋的和最坚持不懈的运动，我们在国际内对之可以感到欢欣鼓舞。斯陶宁格同志并没有把丹麦运动所能够引为骄傲的那些成就全部告诉大家。从1878年的700张选票增加到1910年的98000张选票，这个进步就是值得赞扬的。但是，即使我们把议会选举所得选票作为社会主义政党内在实力的有力表示，这些由年满30岁以上的男子所投的98000张选票仍然没有完全充分显示出丹麦社会民主党的力量。如果我们把这些选票同丹麦社会民主党在经济上和精神上所取得的进步排在一起，这些选票才赢得了自己最高的意义。除这98000张选票以外，丹麦还有12万名工会会员和12万名党的报刊的读者。（暴风雨般的掌声）丹麦社会民主党可以自豪地指出，这里每一个社会民主党的选民同时又是工会会员和社会民主党报刊的读者。出于这个理由我们认为，对于国际代表大会——它与其说是一个轰轰烈烈地宣告战斗的大会，倒不如说是一个做琐细工作的大会——来说再没有比在丹麦的土地上召开更为有利的了。（欢呼声）同志们！国际的代表大会以各个国家分别报告各自在前几年所取得的进展开始，这是过去的习惯。为了节省时间，我们在前几次代表大会上放弃了这种做法，此次代表大会仍将各国支部关于运动的情况的报告集印成册发给大家。从这些报告中大家可以看到，今天参加国际的已有33个国家和民族。即欧洲所有国家，南北美洲几个最重要的国家，另外还有日本、南非和澳大利亚。报告并没有囊括一切，但是大家可以从中了解到，目前国际的世界队伍已经包括有800万追随者。（掌声）我们不仅是一支强大的力量，而且是一支不断成长壮大的力量。除了少数例外，我们看到各地的社会主义政党都有了可喜的增长。斯图加特代表大会以来的三年，运动只是在俄国、匈牙利和阿根廷遭到了挫折，但是这几个国家中有组织的成员的减少仅仅是假象，并非事实；出现成员减少的地方，只是由于资本主义的统治使用野蛮的暴力，由于资产阶级共和国的虚伪的强权，由于俄国贵族在政权方面毫不掩饰的赤裸裸的卑劣。（有人喊："非常正确！"）然而暴力是无法长久地遏制我们的，因为统治者不能长久地依赖军队，特别是当军队变得有觉悟的时候，更尤其不能长久。（暴风雨般的掌声）在如上提到的这几个国家里，暴力只是使有阶级觉悟的无产阶级的战斗热情更加高涨。在非常状态下，阿根廷的社会主义组织成长了。匈牙利争取普选权的运动获得了良好的进展，而洒在俄罗斯土地上的工人的鲜血恰恰为社会革命的丰收肥沃了土地。（热烈鼓掌）各个国家的运动都继续有所进展。在斯图加特代表大会上，美国第一次有可能向我们报告获得了 50 万张选票。那时以来成功的竞选运动证明国际社会主义的力量进一步成长壮大了。新成立的英国工党正是社会主义思想在工人群众中发挥作用的结果，他们在斯图加特时报告说，他们有 40 多名议员进入下议院。最近一次选举中他们遭到的一些小的损失，因大批矿工的加入而得到了超额的补偿。奥地利的同志在斯图加特报告了他们实现的一个壮举，在实行普选权的第一次选举中他们创造了社会主义国际最强大的议会党团。自那以后，他们的议席又有进一步的增长。在斯图加特时，我们还接到关于个别国家社会党竞选失利的报告。然而恰恰是这些国家的社会主义运动自那时以来有了长足的进步。斯图加特代表大会时，在瑞士我们的联邦议会议员人数降至两名，现在我们的议员人数比以往任何时候都多。在比利时，我们的议员人数已经从 25 名上升到 35 名。在意大利，我们的议会党团壮大将近一倍。在法国最近一次选举中，我们获得了相当大的胜利，75 名联合起来的社会党人的当选和独立社会主义运动最终的衰落最光辉地证明了我们的阶级斗争方法的内在力量。法国的胜利之所以具有特殊的意义,是因为我们把这一胜利归功于社会党的团结一致这个事实。

对于至今社会主义运动的力量仍然处于分裂状态的那些国家来说,这是一个强有力的论据,这也必定有力地给他们指出了整个无产阶级团结的必要性。(热烈鼓掌)我们在斯图加特开会时,德国社会民主党也遭到了自俾斯麦反动时期以来最大的一次失利。尽管如此,德国的同志们仍然以乐观的自信接待了我们,因为他们知道,选票的数量和党的内部力量增长了。今天德国社会民主党比任何时候都要强大和更有威力。这一点在世人面前已是肯定无疑的了。德国工会运动在会员数量上已经增加到超过了英国工联的地步。争取平等的选举权的斗争在个别几个邦已获得了胜利,而在其他邦,首先是普鲁士,这一斗争正在继续全力进行。恰恰是个别几个邦的选举权运动向我们证明这一点,即与中世纪君权神授那些可笑的无理要求相反,未来将属于人民意志的主权。就连资产阶级的政治家都在预言,德国社会民主党将会在明年大选中获得1百个议席和大约4百万张选票。(全体热烈鼓掌)

在这伟大胜利的时候,我们应该想到今天没有到会的我们运动的前辈们。这里我想到的不只是我们德国的同志,而首先想到的是已经永远离开我们的前任主席安德列亚·科斯塔。我想到了我们将肯定还会见面的那些人,想到我们亲爱的辛格尔同志,他那沉着冷静的力量常常使我们激烈的辩论有条不紊,希望他将迅速摆脱病痛恢复健康。然而我们首先要迫切地说到的是那位未到会的伟人的名字,他通过自己长期为国际无产阶级服务、通过他那无与伦比的天才和通过他为社会民主党所作出的成就在今天成了国际工人运动最光辉的化身,这就是奥古斯特·倍倍尔。(暴风雨般的掌声)当大家向倍倍尔的名字鼓掌欢呼的时候,我们也就是向我们的社会主义理想最纯洁的化身,向这位奋发向上的工人的坚强意志,向把自己知识的巨大财富全部用于无产阶级运动的社会主义唯理智论的最出色的体现,向为妇女的解放而斗争的最热情的斗士,向整个战斗的和胜利的无产阶级的代表,向40年前为了和平和抗议罪恶的战争而在监狱里牺牲了自己两年时光的这个人鼓掌欢呼。(再一次响起暴风雨般的掌声)大家以欢呼倍倍尔的名字来庆祝社会主义无产阶级的国际工人运动,现在我以这个运动的名义宣布代表大会开幕。(暴风雨般的、经久不息的掌声)

国际局书记**胡斯曼**通知了几项事务。宣读贺信和电报将于星期三在全体会议上进行。社会党国际局建议丹麦的克劳森、瑞典的布兰亭、挪威的耶珀森为本次代表大会主席。

为准备大会议程成立了五个委员会。

大会议程为:

1. 合作社与政党的关系。
2. 失业问题。
3. 仲裁法庭和裁军。[①]
4. 劳动保护立法的国际成果。[②]
5. 组织反对死刑的国际抗议。
6. 迅速贯彻历次国际代表大会决议的办法。
7. 国际团结的组织。
8. 关于奥地利工会的统一、关于各社会主义组织的统一、关于芬兰的局势、关于阿根廷、关于土耳其和波斯等的决议案。

五个委员会确定如下:

1. 合作社问题委员会。
2. 工会问题、实现国际团结和奥地利工会运动的统一问题委员会。

[①] 据德文版译出,英文版为"仲裁与裁军"。——编者注
[②] 据德文版译出,英文版为"劳工立法的国际成果"。——编者注

3. 反对军国主义仲裁法庭和迅速执行历次国际代表大会有关和平的决议委员会。

4. 劳工保护立法、各个国家在这方面的成果和失业问题委员会。

5. 决议案——法国关于社会党人的团结的决议案，关于死刑的决议案，关于芬兰、波斯、阿根廷等的决议案——委员会。

国际议会委员会作为独立的机构保留自己的议程。

英国关于移居问题的议案被从议程中撤销，因为这个问题在斯图加特代表大会刚刚详细地讨论过。另外，自1907年以来国际局所作的一切决议均将提交此次代表大会予以确认。

最后，**胡斯曼**通告了各国投票数的分配。上述建议未遭到反对。

主席**王德威尔得**宣布这些建议已被通过，第一次全体会议到此结束。将近1时会议结束。

下午举行庆祝游行，并在森诺马肯举行民众庆祝活动。庆祝广场上设立了四个讲台，供人们致词讲话。

大会第二天
(9月1日，星期四)

上午的会议

大会于10时45分开始，由**布兰亭**主持并致词如下：

如果我认为可以接受作为大会主席之一这种巨大的荣誉的话，有两点理由：第一，我把这看做是国际所给予的表彰，表彰瑞典工人阶级尽力切实地完成了自己对我们共同的目标所应尽的义务。我们从一开始就置身于瑞典的运动之中。25年前我们看到，这一小批同志的人数是多么的少,当时全部报刊都一致反对我们,有人天天都向我们担保说,瑞典工人是沉静的、谨慎的和开明的,他们永远不会跟着红旗跑,而那时首先擎起红旗的是我们的老前辈帕尔姆同志,他现在也出席了大会坐在大厅里(掌声)。如果我们接着仔细考虑后来的发展,我们就可以断定,即使在我们的国家,变化也是巨大的。自从斯图加特代表大会以来,我们参加了大选,我们当选为下院议员的人数翻了一番。现在瑞典有35名社会民主党议员。(热烈的掌声)大家知道,去年我们还进行了群众大罢工,不仅同企业主,而且在奋战的过程中还同我们国家整个资产阶级社会进行了斗争。尽管我们没有取胜,但是也说不上我们失败了,更说不上我们垂头丧气了。我们认为我们能够接受这一光荣的位置,还有第二理由。我们在这里,在本次代表大会上需要讨论一些十分重要的问题;依事物在不同国家发展情况的不同,我们之间在个别事情上肯定存在重大的意见分歧;但是,在主要问题上我们都是一致的。我们希望,代表大会的主持将会以一种可以说顺其自然的方式进行。我们希望,通过议程上各个问题的讨论,人们对运动的目标和各国运动中最至关重要的问题的认识将更加明确。坚定地脚踏实地,向着最崇高、最勇敢的理想努力前进,这就是我们的使命。(热烈的掌声)

胡斯曼通告了一系列情况。代表大会主席团收到几百封来信,其中有来自亚美尼亚的信,来自丹麦手工业工人、安特卫普的钻石加工工人、腓特烈斯哈尔的社会民党青年组织、国际和平局的来信,有社会党的世界语学者和依多语①学者、密尔沃基社会党全国代表大会、卢森堡社会民主党、纽约《前进报》、保尔·格雷②、萨洛尼卡工会、禁欲的捷克工

---

① 一种经过简化的世界语。——编者注
② 保尔·格雷(1864—1928),德国社会民主党政治活动家和政论家。——编者注

人、波斯尼亚-黑塞哥维那社会民主党、保加利亚工会、克罗地亚工人组织、奥地利有组织的店员、奥地利社会民主党克恩滕州代表机关、维也纳报纸工人协会、瓦尔纳联合会、萨洛尼卡社会民主党人、奥地利保险业职员组织、俄国社会民主工党中央局、芬兰的全国组织、阿普萨拉地区、犹太社会民主工党中央委员会、克里斯蒂安尼亚①《前进报》、俄国反对死刑协会、西澳大利亚社会民主联盟、土耳其社会党、犹太复国主义社会民主党、片山潜同志、密尔沃基的丹麦社会主义者、纽约失业工人救济委员会、乌克兰社会民主党和美国的罗马尼亚同志等的60封信件和电报。最后胡斯曼在全体代表热烈的掌声中宣读了倍倍尔的下述来信：

"同志们！

我热切地期望能再次积极参加国际社会党代表大会的讨论，遗憾的是由于无法克服的障碍这一愿望无法实现了。因此我迫切地想通过书面表达我无法口头表达的最衷心的感激之情，感谢所有加入国际的政治组织和工会组织在今年2月22日我七十寿辰之际发表贺词，用独一无二的方式给予我热情的和光荣的祝愿。这些贺词是所能给予我的极其珍贵的礼物，使我和我的家人沉浸在巨大的喜悦之中。日后当我不在人世的时候，对我的家属来说这将是一个引以自豪的纪念。然而这对于我也是新的激励，只要我一息尚存，我就将继续为我们解放人类的伟大使命而效力。祝此次国际代表大会将无愧于以往历次代表大会，并给有阶级觉悟的国际无产阶级以新的力量进行今后的斗争和夺取胜利。

致社会主义的敬礼。

你们坚定不移的战友

奥古斯特·倍倍尔

1910年8月27日于苏黎世"

---

① 今奥斯陆。——编者注

布兰亭主席：我确信，当我向发来这些贺信的人们表示最热烈的感谢，并保证代表大会在为我们共同的伟大目标而进行的斗争中不会违背这些祝愿时，我表达出了你们大家的感情。我还完全确信，你们会同意我建议给我们的前辈和国际的先锋战士倍倍尔拍一封贺电作为对他的来信的答复。（热烈的掌声）那么现在决定由国际局来执行大家的提议。

胡斯曼：出席本次代表大会的全权代表共有 896 名，其中德国有 189 名，法国 49 名，奥地利 65 名，波希米亚 44 名，英国 84 名，俄国 39 名，意大利 9 名，美国 24 名，比利时 26 名，瑞典 86 名，丹麦 146 名，波兰 24 名，瑞士 13 名，匈牙利 14 名，芬兰 19 名，荷兰 14 名，挪威 31 名，西班牙 5 名，土耳其—亚美尼亚 2 名，塞尔维亚 3 名，阿根廷 1 名，保加利亚 7 名，罗马尼亚 2 名。

失业保险

今天的全体会议议程第一项是失业保险问题。

第四委员会就这个问题提出如下决议案：

代表大会指出，失业是和资本主义生产方式分不开的，并且只有随着资本主义生产方式的消失而消失。因此，在资本主义生产方式的制度内不可能消灭失业，而只能减少失业和缓和其后果。

代表大会要求社会权力机关实施由工人组织管理的、普遍的、义务性的失业救济，其费用应由生产资料占有者承担。

工人阶级的代表应提出下述要求：

1. 定期进行精确的失业统计。

2. 兴办足够的失业救济工程，支付工资标准所规定或工会所承认的工资。

3. 在危机期间给失业储金会提供特别支持。

4. 不得因发给失业者以救济金而缩小其政治权利。

5. 建立并支持工会的或类似的职业介绍所，在这些职业介绍所中工人的各项自由和各种利益的保护须交由工会承担。

6. 通过立法措施缩短工作时间。

7. 在未实现普遍的、公法的、义务性的失业救济之前，社会权力机关应对工会的失业救济给予财政上的支持，这种支持不得以任何方式妨碍工会的独立性。

报告人阿道夫·**布劳恩**博士（维也纳）：失业是对工人阶级的生活有深刻影响的病症，这一点我们大家都了解。在美国，在英国、德国、奥地利，在俄国以及在日本我们经历过巨大的危机。到处都提出了这样的问题，即在资本主义生产关系内部怎样才能找到医治失业的灵丹妙药，人们用各种语言讨论过，因为无论如何我们都得要社会对工人的这些苦难负责。因为社会自己也感到，若是成千上万的工人没有饭吃，若是成千上万个家庭在忍饥挨饿，它的基础就受到动摇。像在住宅问题上一样，收集的材料愈来愈多，一切可能的建议都提出来了，但是同巨大的问题和搜集来的庞杂的资料相比，统治阶级所做的事情根本微不足道，在失业问题上也是这样。社会民主党对失业的态度是非常明确的。我们知道，失业同资本主义社会制度有极其密切的、扯不断的联系。在这个制度里失业必然一再发生并给无产阶级带来深重的苦难，同时却为资产阶级制造着巨大的财富。因此我们知道，只要这种资本主义生产方式存在一天，只要我们尚未强大到足以用社会主义的生产方式来取代它，我们就不能消灭失业。然而我们也知道，虽然现存的一切祸患都同资本主义的经济制度相联系，但是我们仍然要在这种生产方式当中千方百计地缩小和减轻工人阶级的困苦。我们必须要统治阶级对由资本主义社会制度产生的一切损害负起责任，要他们对工人阶级的一切痛苦、一切不幸负起责任,同样也要对失业负起责任。我们也得尽一切可能设法使之有所缓和,并通过对统治阶级施加压力,迫使他们必须采取一切措施。要知道,今天的情况是,工人阶级承担着失业的代价,这一方面是因为他们生活贫苦,另一方面是因为工会组织为失业者所做的事情远远超过有产阶级的机关、国家和社会。曾经有过这样一些时候,我们小心翼翼地只让工会进行反失业的斗争。可是工会自愿承当下来的负担变得异常之大。无论是从德国工会总委员会的统计数字,还是从英国工联的统计数字来看,工会为失业救济所花费的开支都不得不大于为改善工人的地位所直接进行的斗争的开支。我们已名声不佳的"罢工兄弟会"用于失业保险的开支比用于直接以罢工的形式来反对资本的斗争多百分之二十五。另外我们曾发现,尽管没加入工会的失业者也得到了救济,工会不但没有被削弱反而壮大了。今天我们不再认为我们需要通过失业救济来吸引人们加入工会。至少在先进国家内,今天就工会鼓动来说只要有对于工会本质的启蒙教育便已经足够了。我们必须区别失业在什么情况下是工会的一个斗争手段,在什么情况下单纯是资本主义经济制度的一个后果。如果爆发了资本主义大危机,如果成千上万的工人失业,而后由工会予以援助,那么从慈善角度看这样做是很高尚的。然而对于工人阶级的斗争来说其重要性是微乎其微的,因为这仅仅是阻止了工资的降低。这种失业救济同工会的斗争目标没有直接的联系。

因此我们要求**由国家施行公法的、普遍的、义务性的失业救济**,这种救济会减少工会那些从狭义的角度看与工会目的无关的事。我们必须估计到,今后几年会在技术和经济领域发生重大的革命,这有可能使产业后备军猛烈膨胀,并使我们繁荣兴盛的工会把自己的财力和组织能力的主要部分放在降低失业上。然而这并不是工会的主要目的,也不是它的主要意义。所以,我们不愿把失业的一切负担都放在自己宽厚的脊背上，而要迫使社会负起义不容辞的责任。特别是因为唯独资本主义从失业中捞到了好处。不过我们也不要在普遍的、义务性的、公法的失业救济实际贯彻之前对此抱有什么期望，而是要注意让国家和社会，让所有公法组织，首先要让乡镇采取更好的措施对付失业。

第四委员会首先认为，既本着反失业斗争的利益，又为了认清无产阶级受苦的现状，有必要首先**定期进行精确的失业统计**。我们还要求，通过兴办足够的失业救济工程来照顾失业者，但是我们接受了主要是英国代表团所极力坚持的愿望，即这些失业救济工程必须丝毫不带有慈善和济贫的性质。我们提出社会的义务是，在为失业者提供工作时，对领取失业救济者不能有任何道德方面、政治方面和社会方面的损害。不仅不得缩小其政治权利，还必须防止失业救济工程变成肮脏的投机和给降低工资提供理由。我们还要求按英国人用"fair wage"（公平的工资）所清楚表达的原则，对这种工作付以工会方面承认是恰当的工资。

此外，我们还要求在整个危机时期给各失业储金会提供支持，以此作为过渡措施。为补充失业救济，我们还要求有良好的职业介绍所；但是只有在工会有可能监督和影响这些介绍所的管理，防止把可能同工会的原则和成果相违背的工作指派给工人，从而保护工人的利益的条件下，我们才能承认这些职业介绍所。我们还要求，用公共资金资助工会的职业介绍所，像在丹麦和在比利时的城市所多次做过的那样。但是这种资助不能像在法国有人多次尝试的那样以任何方式限制工会的自由。这就是决议案的主要观点，你们或许没有人对它感到完全满意，甚至被指定作报告的同志都不完全同意它。然而我们必须达成一个妥协，照顾各国在考虑到各自不同的经济情况和工会的不同实力以及它们在采取或不采取失业救济的情况下的发展可能性所提出的不同的需要。我们花了很多时间力争起草一个在某种程度上符合所有成员的意愿的决议案。为了起草一个一致的决议案，我们作了种种妥协，并没有独断专行地去推行自己的观点。我们希望在我们离开代表大会的时候使得工人阶级确信，能够符合他们利益的一切事情都是本次代表大会愿意做的事情，并且在大会闭幕之后我们大家在所有国家都将竭尽全力加以维护。（热烈的掌声）

麦克唐纳（工党和独立工党）：英国支部认为，现在提出的这个决议案过于软弱无力。我们本期望能提出付以工会所承认的工资（公平的工资）的劳动权的要求。这个决议案也是不完备的。它的最后文本根本没有呈送英国支部。而现在再提出改动的建议就不合适了。英国支部将投票赞成这个决议案，因为我们同意决议案的意图和基本原则，特别是同意把失业的原因归咎于资本主义的生产方式，并提出让国家承担缓解失业及其后果的责任。但是对于细节支部并不确定。

报告人布劳恩：我很感谢麦克唐纳表示同意决议案的基本原则，尽管他对所有细节还不赞同。这个决议案正是一种妥协，而就我本人来说被否决了的意见要比麦克唐纳多得多。不过我可以向他保证，英国代表团的代表们已经以英国人所特有的坚韧不拔的精神为争取他们的每一个特殊要求进行了斗争。（笑声）要是麦克唐纳认为决议案必须首先提出劳动权的要求才是特别激进的做法，那我可以向他说明，关于劳动权有各种各样的理解，比如说在德国人当中就如此。众所周知，劳动权在普鲁士邦的法律上已经有明文规定；它在1848年时曾导致国家手工工场的出现，对于英国的贫民习艺所中的劳动权人们有过十分糟糕的体验。现在麦克唐纳仍然把劳动权同公平的工资相联系。但是这一要求资本主义社会是不能满足的。因此我们不得不设法使用镇痛剂来缓和失业及其影响，不是通过劳动权，而是只有通过消灭资本主义才能消除失业现象。（热烈的赞同声）

丹麦的同志们请我替他们指出，在丹麦这里正在进行着通过国家来同失业现象作斗争的典范的试验。丹麦议员们的不倦的工作和他们在群众中的鼓动迫使国家不得不为对付失业做些事情。首先丹麦的国家承认了工会是缓和失业的最好的组织。

一些德国工会人士希望对决议案还要进行一些形式上的、编辑方面的修改。我相信大家将会同意，由我会同国际局来完成这项纯粹编辑方面的工作。

91年前，伟大的国民经济学家，也是自李嘉图之后最杰出的资产阶级经济学家西蒙德·德·西斯蒙第声明说，企业主要对他们通过失业给工人阶级增加的损害负责。现在当我们要求资本主义制度的支持者和既得利益者也要为这个制度的后果，为失业和为使之得到缓解承担代价时，我们说的也是同样的话。（掌声）

奎尔奇（英国社会民主党）：我们也同意麦克唐纳的意见。现在提出的这个决议案英国支部是无法接受的。英国支部对决议案应当采取一个确定的立场，这方面麦克唐纳说得不对，它要么投票反对，要么弃权。因为，如果我们带着这个决议案回国，那就会给我们自己的、要求国家缓解失业后果的运动带来巨大的损害，因为这个决议案过于软弱无力。

代表大会授权国际局，对决议案进行编辑方面的改动。

布兰亭：对于只是有某些保留意见但能够投票赞成本决议案的英国代表们，可能这样做他们会感到满意，即由他们在这次公开的全体会议上发表这样的声明。这样我们就能够产生一个尽量一致的决议。

麦克唐纳和**奎尔奇**喊道：英国支部弃权。

决议案以大多数赞成获得通过。

表决以后**布吕克雷**（法国）声明，一些法国代表也弃权了。（英国人热烈鼓掌）讨论到此结束。

闭会时间：12时45分。

下午的会议

耶珀森（挪威）主持。

提交讨论的决议案有：统一问题，废除死刑和关于阿根廷、日本、芬兰、西班牙、土耳其及波斯等国局势等决议案，具体内容如下：

关于统一的决议案

哥本哈根国际代表大会提请注意阿姆斯特丹代表大会有关党的统一的决议，

并鉴于无产阶级是统一的，因此国际的每一个支部都必须是一个统一的团体，有责任为了本国的和全世界工人阶级的利益消除它们内部的分裂。

又鉴于法国社会主义运动的力量和声望的增长归功于统一，

因此，代表大会要求国际至今仍处于分裂状态的各民族支部尽快实现统一，

并委托国际局，为实现这种统一提供自己的帮助。

关于反对死刑的决议案

资产阶级启蒙运动在步入现代之时曾谴责死刑是黑暗的中世纪遗留下来的野蛮制度。当时，对革命的资产阶级来说，进步和人道的理想并不是什么空话。因此各国资产阶级的最优秀的代表便都宣布反对这种披着法律形式的外衣而系统进行的对人的冷酷谋杀，对这种文明的耻辱展开斗争。

从那时以来，在这方面也发生了根本的变化。资产阶级和现代无产

阶级之间日益加强和日益尖锐的斗争逐渐成为一切国家的社会生活的中心，它使得今天走向衰亡的资产阶级，在抛弃了往昔的民主和自由的目标的同时，从此也放弃了反对死刑的斗争。更有甚者，现在统治阶级自己竟然也日益频繁地操起了死刑这一卑鄙无耻的武器，以达到既消灭资本主义社会本身分化的产物，又以暴力镇压战斗的无产阶级的目的。不久前，在德国和其他几个所谓文明国家里，许多科学和艺术的权威，即资产阶级知识界出类拔萃的代表，表示赞成有必要施行死刑。现代刑法学界的杰出代表们前不久刚刚提出对避难权进行重大修改的主张，这些修改在许多情况下，尤其是对于逃离沙皇帝国的流亡者来说，会导致在像荷兰这样一些几十年来已废除死刑的国家也要在事实上恢复死刑。在法兰西共和国，近年来议会曾否决过一项要求废除死刑的法律草案。在北美合众国，死刑被用做对付进行工会斗争的无产阶级的武器。在为自身生存而斗争的有组织的矿工当中，有几个先锋战士不久前几乎遭到为争取八小时工作日而倒下、人们永远铭记的芝加哥被无辜判处死刑的牺牲者①的同样的命运。在西班牙，腐朽的反动统治把判处死刑作为对付无产阶级争取自由的运动的斗争武器和报复手段。最后，在俄国——一个在一般刑事犯罪方面早已废除死刑的国家，自从劳动人民发动伟大的革命起义，尤其是自从反革命取得胜利以后，刽子手们就一直在不停歇地工作。成千上万的人在这里经过战地法庭审讯这样一出卑鄙的骗局而被判处死刑。整个俄国到处血流成河。而所有这一切都是在整个文明世界的眼前发生的，而西欧文明的资产阶级知识界的代表人物却不敢作出任何有力的反对，甚至刽子手政权得到了欧洲资产阶级道义上和财政上

---

① 指1887年11月11日因1886年5月4日芝加哥炸弹爆炸案而被无辜处死的4名美国社会党人。——编者注

的支持。许多资产阶级知识分子曾经为费雷尔①的无辜死刑而无比愤慨，现在却无动于衷地看着腐败的俄国专制制度为镇压无产阶级革命起义②而进行的大屠杀。

因此，今天社会主义的无产阶级是反对死刑这一野蛮制度的斗争的最重要也是最可靠的代表。只有各国社会党广泛开展的宣传教育，只有广大劳动群众通过政治行动和工会行动而在文化上获得提高，只有各国组织起来的无产阶级的不断增长的力量，才能够有力地制止死刑这一文明耻辱。在哥本哈根召开大会的各国无产阶级政治组织和工会组织的代表们公开谴责一切形式的血腥死刑的积极和消极的拥护者，要求各国议会中工人阶级的代表利用一切机会提出废除死刑的要求。他们在议会中的行动，以及所有相应的政治事件，都应用来作为在集会上和工人报刊上为废除死刑而进行有力鼓动的材料。

关于阿根廷的决议案

国际代表大会公开揭露阿根廷寡头政治的行径，这种政治实际上在有计划地伪造普选权，

不仅在践踏法律而且也在破坏工人健康的政治活动，

它人为地制造叛乱并为本国和外国资本效劳，

用所有这些办法使人民处于遭受野蛮压迫的境况并为他们提供一个无政府状态的有害的范例。

国际社会党代表大会最严厉地谴责阿根廷的这种可耻的政治状

---

① 弗朗西斯科·费雷尔（1859—1909），西班牙政论家和教育家、启蒙主义者，1909年7月被捕，后被当局以参加解放运动和巴塞罗那起义的罪名判处死刑。——编者注

② 指俄国1905年革命。——编者注

况，极其高兴地对阿根廷社会党在如此困难的形势下所采取的行动表示赞同，并希望他们为使阿根廷的劳动人民获得启发教育和获得阶级觉悟，从而保证这个政治上如此落后的国家的进步所作的努力取得成功。

关于日本的决议案

哥本哈根国际社会党代表大会最严厉地谴责日本政府企图镇压本国社会主义运动所采取的措施，这些措施暴露了该政府是专制独裁和资本主义野蛮制度杂交的产物这一真正的性质，其目的在于使日本无产阶级无法为争到解放和文明而进行任何努力并使之永远处于任人宰割的奴隶地位。

代表大会认为，亚洲产业无产阶级的解放对于全世界无产阶级的解放有着巨大的意义，坚信资本主义的蔓延也在亚洲为社会主义的种子准备着萌生的土壤，因此，代表大会向日本无产阶级保证，他们将得到全世界社会主义工人最热情的、积极的同情。代表大会尤其向日本的那些英勇无畏、坚忍不拔的社会主义先锋们表示最充分的赞赏和钦佩，他们在极端困难的条件下独自为反对向外侵略扩张、对内实行镇压的政策进行斗争，从而以最积极的方式为国际无产阶级的事业作出贡献。

关于芬兰的决议案

哥本哈根国际社会党代表大会公开揭露俄国政府和杜马及国务会议中有产阶级的反动代表们野蛮和无耻的政策，这项政策准备毁掉芬兰的自治和民主自由，并使之变为俄国的一个受其奴役的省份。

代表大会指出，沙皇政府通过它对芬兰所实行的政策恶意地、违背法律地破坏了它 1905 年所作出的保证，同时也破坏了存在一百年之久的宪法，并践踏了全体芬兰人民所表达的意愿、欧洲公众舆论的抗议和最著名的法学家们的仲裁裁决。

代表大会进一步指出，对芬兰自治的血腥镇压只不过是对所有非俄罗斯民族以及俄罗斯人民本身实行最粗暴的镇压的整个统治制度的后果，镇压的执行者是披着"立宪制"的虚假外衣、双手沾满了鲜血和污秽的俄国反动的当权者。

鉴于欧洲的统治阶级和它们的报刊时而表示一些为芬兰的利益考虑的柏拉图式的愿望，然而事实上却在支持野蛮的沙皇制度；

鉴于芬兰社会党人为维护芬兰人民的民主自由与自由的自决权已经卷入一场严重的、艰难的斗争；

代表大会表示相信芬兰有阶级觉悟的无产阶级的力量、勇气和毅力。

代表大会坚信，芬兰无产阶级将始终同俄国工人阶级一致行动，为反对同一个压迫制度而团结战斗。代表大会要求各国社会党和真正的民主人士运用自己所拥有的一切手段（报刊、议会、集会等）抗议对芬兰所施加的暴力，并支援反对沙皇制度的斗争。

代表大会委托社会党国际局采取措施，以准备在各个国家为芬兰召开尽可能统一的、庄严的社会主义的无产阶级群众大会。

关于西班牙的决议案

鉴于去年西班牙，特别是卡泰罗尼亚所发生的悲剧事件，哥本哈根国际社会党代表大会向西班牙社会党及卡泰罗尼亚的同志们和西班牙有组织的工人表示最热诚的同情，他们遵照国际的决议，设法采取大规模行动来反对在摩洛哥的殖民冒险。

国际社会党代表大会严厉谴责那种使得我们巴塞罗纳及其他城市的

同志们成为其牺牲品的野蛮镇压，特别是对费雷尔判处的死刑，并祝贺伊格列西亚斯同志在议会选举中当选为这个君主国首都的工人的第一位议会代表，这是西班牙无产阶级成熟的具有决定性意义的标志。

关于土耳其的决议案

鉴于：

1. 欧洲资本主义国家对土耳其奉行的政策；
2. 一个保障所有国民的人权和公民权的宪法的颁布；
3. 土耳其政府对行业结社权和罢工权的破坏；
4. 对土耳其工人阶级所实行的专横政策的灾难深重的后果。

哥本哈根国际社会党代表大会声明：

欧洲各国这种卑鄙的资本主义殖民政策首先只有通过巴尔干国家彻底的、民主的宪法改革和通过这些国家主权人民的和平谅解才能予以有效抵制，同巴尔干各国及其他欧洲国家政府相反，今天只有社会民主党主张这种和平谅解。

代表大会抗议青年土耳其党政府的反动政策，尤其抗议旨在反对工会组织和罢工的那些法律，它以极其兴奋的心情欢迎在土耳其兴起的社会主义运动。

关于波斯的决议案

鉴于：

沙皇政府在波斯革命一开始就根据英俄条约①使用了一切手段以瓦

---

① 又称《英俄协约》，是由英国与俄罗斯在 1907 年 8 月 31 日在圣彼得堡签订的条约。它界定了两国在波斯、阿富汗与中国西藏地区的势力范围。俄罗斯得到波斯北部，而英国则获得南部近波斯湾的地区。——编者注

解立宪运动；

它甚至一再诉诸武力借口维护边境的秩序和保护它在波斯的臣民，然而实际上是为了阻止波斯民主派的斗争；在东阿塞拜疆省（大不里士）的部队以及俄国警察公然对起义者及其领导人（他们是达什纳克楚纯①的成员）严加镇压；

今天俄国政府仍然通过它的大量伪装特务继续在波斯进行种种阴谋和挑衅活动；大批部队仍驻留在波斯的土地上，无视来自迈吉斯方面和德黑兰政府方面的屡次抗议。

又鉴于：

这个俄国政府在土耳其，尤其在土耳其—亚美尼亚的"活动"十分积极，它不断派遣间谍，以挑动土耳其的极端反动分子封建的库尔德人反对亚美尼亚人，从而使这个地区骚乱迭起并挑起反对革命的运动；

俄国驻君士坦丁堡的公使察利柯夫与驻埃尔祖鲁姆领事在这方面得到了特别的指令。

简言之，鉴于：

沙皇制度在国内扼杀自由得手之际，不能容忍它这两个邻国所实行的立宪制度，正有计划地、顽固地企图在波斯和土耳其重新复辟专制制度。

鉴于这些令人忧虑的事实对于东方这两个年轻的民主制度是一种经常存在的危险，

代表大会最紧急地要求欧洲各社会党，采用自己力所能及的各种手段以制止沙皇制度的反动行径。

今天只进行讨论，明天对决议案作出决定。

---

① 即亚美尼亚革命联盟，1890年成立，1907年加入第二国际。——编者注

报告人是帝国议会议员**埃伦博根**博士（维也纳），他说：在20分钟内对整整8个决议案作出说明，对我来说成了极其困难的任务。因此，我尽可能简单扼要。我想在开始首先谈关于统一的决议案，这是法国的同志们倡议提出的决议案。大家知道，阿姆斯特丹代表大会上曾经作出过这样一个决议，它是党的精神、社会主义的伟力和自我克制的力量的一个标志，当时尽管在法国形势困难，这项决议仍然为争执的两派所接受，这一点只能归功于上述自我克制的力量。他们的和解取得了成功，我们应该以感激和赞许的心情回想起其中一派即饶勒斯派在这件事上突出地表现出来的自我牺牲的服从精神。统一的事业尚未在各个地方获得成功；不过我们希望，今后几年在所有还存在着意见分歧的国家内将获得圆满成功。我们希望，下次代表大会将可以断言，各个国家的各个派别之间完全实现了统一。

现在谈第二个决议案，即反对死刑的决议案。我不想就这个问题的法律方面发表意见。我感兴趣的是它的人道方面以及——首先是——它的政治方面。就连资产阶级在它处于革命的时期，在它充满着它争取自身解放时代的种种伟大的思想的时候，也在自己的旗帜上写上了废除死刑，这是能说明问题的。但是同样能说明问题的是，资产阶级在取得政权以后，便慢慢在死刑问题上丢掉了它自己的理想，就像它丢掉自己的其他理想一样。

奇怪的是，一些资产阶级学者无视若干国家废除死刑所获得的极为有益的经验，却总是拿一些伪科学的动听的理由努力维护这种形式的刑罚。还能说明问题的是，主张保留或恢复死刑的运动各处都是由反动党派搞起来的，例如荷兰，就是由反革命分子，由一个正教的抗罗宗集团搞起来的。对于那些法律上的借口，我们坚持这样一个正确的观点，即死刑阻止不了谋杀及其他严重罪行的发生，而只能被用来以野蛮的暴力镇压一切自由运动。（有人喊："完全符合事实！"）这方面俄国堪称典型的死刑国家，那里经过法庭判决和未经法庭判决的死刑十分猖獗。最近五年，据说在俄国死刑判决不下三千件。那里死刑已经到了何等令人发指的疯狂、到了何等无法无天的野蛮的程度，如下事实可以说明，刽子手已不避讳在圣诞之夜，在这整个人类作为和平、爱情与和解的节日来欢庆的日子，在圣诞节午夜一点钟处决政治犯，（会场为之激动）这个事实甚至使死刑的拥护者们也感到震惊。人们目睹百岁老人、儿童和数不清的无辜者被处以极刑，这是死刑所造成的这种令人发指的野蛮化的最后的结果。这里还应该强调的是，在俄国对于普通的犯罪已废除死刑，当局只是采取了迂回的途径，通过特别法庭、战地法庭对政治犯又恢复使用死刑。我们知道，打倒俄国反动派集团尚须花费巨大的力气，但它的这种处决狂却危及整个欧洲，也危及那些废除死刑的国家，这些国家的避难权受到了威胁，并且存在着为绞架提供牺牲品的危险。这意味着文明屈服于俄国的非人道的野蛮观点。出于这个原因，代表大会必须在这里并且在全世界要为废除这种野蛮行径而一致大声疾呼。因此，我们建议各文明民族和参加国际的所有组织同时举行尽可能统一的反对死刑的集会。

　　下一个决议案是关于阿根廷局势的。阿根廷虽然是共和国，但它完全为一个腐败的寡头集团所统治，这个寡头集团不仅为本国资本服务而且也为外国资本服务。富起来的新兴资产阶级虽然还多是农业资产阶级，土里土气地按照在欧洲早已过时的残暴反动的办法对待年轻的无产阶级运动。当局用一种秘密团伙对社会民主党的组织和集会进行捣乱破坏，用极难令人置信的暴力措施迫害工人。尽管如此，我们对阿根廷社会民主党的进一步发展仍寄予极大的希望，它在最近一次选举中获得了7500张选票，正在顺利前进。向阿根廷社会民主党表示钦佩并要求他们坚忍不拔，向阿根廷资产阶级表示蔑视并对其暴力措施提出抗议，是我们这个决议案的目的。

接下来的决议案是关于日本状况的。日本从欧洲学到了许多东西,它不仅从欧洲学去了军国主义,而且也学去了工业资本主义,并以此制造出资本主义的掘墓人——工业无产阶级。现在这个资本主义国家正采取最卑鄙无耻的暴力措施迫害他们。我们的片山潜同志没能出席这次代表大会,原因是日本警方唯恐这次旅行于帝国不利。(笑声)与数不尽的压迫措施相对照的是劳工保护法连一个字都没有制定出来。这就是日本的社会状况,这个所谓现代国家对工人阶级的态度。对这些日本兄弟我们也要表示我们的钦佩,并且向他们保证,同他们一道为反对全世界的资产阶级而并肩战斗。

如果说在日本,还有最近在中国出现了工人运动的话,那么在西亚那些落后的、过去我们只知道那里是强盗出没的国家里也有了工人运动的稚嫩的萌芽,就不足为奇了。波斯革命在两年前推翻了沙阿[①],建立一个所谓的立宪政府。但是这个新的立宪国家却像从前处于统治地位的僧侣们的封建专制制度一样野蛮地反对工人。同其他地方一样,这些僧侣是这里的反动势力,他们在俄国蓄意摧毁波斯刚刚争取到的自由时为虎作伥。俄国在波斯豢养着许多匪帮,并在亚美尼亚不断挑唆封建库尔德人偷袭四邻。俄国在波斯人为地保持着接连不断的骚乱不安,它那只野蛮的黑手无处不在,它千方百计助长波斯的反革命,以便暗中渔利。希望真正自由的俄国革命运动的战士们将有办法成为俄国的主人,这次代表大会同样必须反对沙皇制度的行径并支持波斯工人的自由。

土耳其的形势同样复杂。众所周知,两年前,在那里青年土耳其党人的革命在同东方的苏丹专制制度的斗争中获得了胜利,但是革命没能进一步发展。欧洲资本家的贪得无厌把那些没落的和正在没落的、道德败坏的王国视为最求之不得的剥削对象,因而引起对整个欧洲和平的威

---

① 又称沙赫,是波斯语古代皇帝头衔的汉译名。——编者注

胁。我们奥地利人直接尝到了资本主义殖民政策这种罪恶行径的后果，以后随即还要尝到一连串提高赋税的苦头。青年土耳其党政权本身的性质也是反动的。青年土耳其党用流血手段进行了革命，但是又用同样的流血手段令人发指地镇压无产阶级。尽管如此，在土耳其如今不是有15万也已经有12.5万名工会会员了。欧洲列强企图监护的欲望引起了永无休止的冲突，时而在马其顿，时而在塞尔维亚，时而在波斯尼亚，时而在克里特岛。这种企图监护的欲望，这种资本主义的贪暴打着关怀的幌子，貌似维护和平，实则破坏平静的自由发展，对此，我们要通过巴尔干各民主化民族建立情同手足的友谊而努力争取和平的真正保障。（热烈的掌声）我们抗议人为的同时又是幼稚的监护企图：进行过反对苏丹的革命的各族人民，只要没有人去捣乱，也一定会有办法去拯救自己的尊严和自由的。再说土耳其国内的自由也是这个国家进一步平静发展的必不可少的前提。虽然这里还没有劳工保护的立法，一切工人的自助活动都受到压制，我们也要首先促进为了本着民主的精神去发展而进行的政治和社会立法，委员会的第六项决议案的目的就在于此。

下一个决议草案即关于西班牙的决议草案表达了对这个国家的进步的满意。目前在西班牙有一个自由主义的政权，我们不要对它过于苛求，我们只希望，反对教权主义的斗争也能真正继续下去，而不要像以往在西班牙那样只在部长的职权范围上兜圈子。伊格列西亚斯一篇有意思的文章向我们指出，西班牙根本不像我们有时感觉的那样是个教权主义的国家。然而，不论目前这个政权到最近发生的那些事情为止表现得何等自由主义和自由，仍不能否认它的资产阶级性质，现在西班牙无产阶级同样仍然受着极其沉重的压迫。无政府主义的暗杀事件像在所有地方一样被用来作为镇压社会主义的工人组织的借口。尽管这样，在最近这次选举中，帕布洛·伊格列西亚斯仍获得4.1万张选票，并且成为第一个进入西班牙议会的社会民主党人。向他表示欢迎和祝贺——因为这个成就是35年来一直率领着西班牙社会民主党的这样一个人的成就——衷心向他致敬，向尽管宗教裁判所存在数百年也从未屈服于腐蚀各族人民的教权主义、依然总是怀着古老的自由精神的西班牙无产阶级致敬，我们需要在为西班牙而提出的决议草案中表达出这种致敬。（热烈的掌声）

今天最后的一个决议案是反对俄国正想对芬兰实施的暗杀行动。人们的确有这样的印象，似乎沙皇尼古拉拼命想获得扩张帝国版图者的头衔。当他在日本碰得头破血流，他的令人敬畏的军队被打得溃不成军以后，他就把自己的领土野心转向了弱小的毫无防御能力的芬兰。实在是奇怪，他不为其他事情操心。像沙皇这样一个人，他惧怕自己人民的热爱而像獾一样深深地躲藏在巢穴中，他想见到人类时必须到海上去找鲨鱼，他如果出游，即使去文明的欧洲也得采取彻底的保安措施，浑身插满长矛并且把从彼得堡直至拉科尼吉整段铁路布满刺刀，这个人满怀侵略征服的野心，并把他那血淋淋的手伸向芬兰这个民主古国的和平的劳动人民。对这一罪行我们也要提出最坚决的抗议。（暴风雨般的掌声）资产阶级除了略作挣扎以外就没有什么作为了，而我们却要大声疾呼，不仅在这里在国际代表大会上，还要在各个团体中反对这一令人发指的罪行。在这方面我们依靠芬兰古老的农民民主党的民主抵抗力量，虽然芬兰资产阶级内部有许多可疑分子准备同扼杀芬兰自由的凶手媾和，但完全肯定和无疑的是，这些无耻的叛徒会遭到芬兰无产阶级力量的反对，芬兰无产阶级定将进行斗争直至最终战胜沙皇制度。我们更加坚定地相信俄国革命本身的历史发展不久便将一劳永逸地赶走沙皇制度的征服欲望。（热烈的掌声）我们提出的八个决议案中有三个是反对俄国的活动的，这表明它在各族人民的生活中扮演着怎样一个不祥的角色。实际上现在无论在世界上哪个角落里，正直的人无不至少在内心里反对这个可恶的沙皇制度继续存在下去。本次代表大会为争取解放和提高整个人类而努力,从这里一定要发生对俄国沙皇制度深刻的、炽烈的、宗教般的憎恨气息。(暴风雨般的掌声)从这里不仅要向全世界的无产阶级,而且要向一切真诚的和正直的人们发出战斗的号召,号召他们为反对这个世界各国的君权神授在其身上寻求最后的安慰和支持的令人诅咒的制度而共同战斗。(暴风雨般的掌声)

我们在阿姆斯特丹作出的关于团结一致的决议是一个业绩,因为它使法国组织的力量翻了一番,我们今天的这些决议也不应当仅仅停留在书面上和口头上,而应该变成生动活泼的行动。我们要让我们的决议对那些身处野蛮国度里的工人们有所助益,并使他们为了世界全体工人的利益而进行的运动繁荣兴旺。(热烈的掌声)

维克(芬兰):我代表芬兰社会党请求法国同志们接受我们最热烈的感谢,感谢你们提出为了芬兰利益的决议案交由大会讨论决定。这项决议案由于是出自有古老革命传统的国度,因而给我们的印象就更加深刻。我们知道俄法两国政府之间存在着紧密的同盟,但是还有另外一个法俄同盟,两国无产阶级的同盟,并且我们芬兰人也愿意参加这一同盟。同志们,芬兰无产阶级下一步所面临的斗争无疑是极端困难的,由于我们同时要与之斗争的是奴性十足的和极其反动的资产阶级之一,所以就更是如此。但是我可以向你们保证,芬兰无产阶级定将恪尽职守。哪怕当局会镇压我们的协会,解散我们的工会,封闭我们的报纸——这一切肯定会发生的,我们也要斗争到底。同时我们也没有幻想我们单枪匹马就会很快结束斗争。为克服即将落到我们头上的一切苦难,我们需要全世界所有同志们的支援。现在,当听到各国同志热情地关注着我们的事业的时候,我们深为感动。各国法学界人士毫无例外地为芬兰的法律立场辩护,对此我们肯定不是无动于衷的,但是我们确信,只有组织起来的、有阶级觉悟的无产阶级才能给我们以真正有效的支持。因此,在我们听到国际局要求所有参加国际的政党向全世界证明芬兰问题的真相，要求我们的同志在各国议会里并利用其他机会发言，代表工人阶级和以文明的名义抗议沙皇政府的新罪行时，我们的内心充满着感激之情。无疑今天这里提交给我们的这个决议案也将会产生同样的影响；它将告诉全世界，什么是沙皇制度。诚然，沙皇制度是不乐意人们谈到它的。欧洲只需借钱给它，而不过问它拿这些钱干什么用。不过同志们，我们还是要议论它。我们要告诉全世界，沙皇制度是什么货色。沙皇制度就是对一切有思维、有意志的劳动者的镇压。沙皇制度就是监狱、地牢，就是西伯利亚。沙皇制度取得的每一个胜利都是文明的一个失败。因为它敌视一切文明，而首先敌视最重要的文化战士——工人。沙皇制度就是死亡。我们是生命的战士，所以我们必须同它作斗争。（暴风雨般的掌声）

德莱昂（美国）：在阿姆斯特丹也曾一致通过一个主张团结统一的决议。但是只有一个国家执行了这一决议，这就是法国。在其他国家仍然存在着不统一的现象，例如在美国也有两个党，一个是我所代表的"社会主义工人党"，另一个是"社会党"。阿姆斯特丹代表大会后，我们少数派曾表示愿意进行谈判，我们的倡议遭到另一党的拒绝。因此，我很高兴能够在这里在这次代表大会上公开问一问另一个党的代表，我们应该对他们报有什么样的期望呢？他们无疑现在还会像在阿姆斯特丹时那样投票赞成关于统一的提案。我代表社会主义工人党可以声明，我们将在一月份成立一个委员会以便同另一个党召开一次会议商谈团结问题。美国是资本主义的主要国家。进行伟大的社会主义运动的一切条件都已具备，但是运动并未开展起来，原因就是我们彼此视若仇敌。近几年中，两个党遭到的失败不为不大。因此，我请你们不要在这里发表柏拉图式的声明，而是要明确说一说你们打算做些什么。

希尔奎特（美国）：同志们！如果不是德莱昂直接要求我们发言的

话,我本来不想对关于统一的决议案发言。因此我想给他以答复,以正视听。美国社会党赞成合众国所有社会主义力量的团结统一;它不仅是柏拉图式地赞成,而是以实际行动。我们以此便可以证明这一点,即我们的党本身就是这样一种团结统一的产物。1900年的时候,美国的社会主义运动分成了各式各样的派别和集团。社会党现在的代表召集了一个团结统一的代表大会,并要求所有的社会主义力量联合起来。除了丹尼尔·德莱昂的党以外,所有人都接受了我们的邀请。(笑声)联合以后,我们取得了了不起的进展,从那时起,几乎所有原社会主义工人党(SLP)的党员都参加到我们这边来了。所以我们对问题的答复就是:亲爱的德莱昂同志,如果您说的话当真,如果您真的本着真正社会主义的精神为了反对共同敌人的共同斗争拥护团结统一的话,那么现在我们一如既往非常欢迎您加入我们的行列。(笑声和掌声)如果我们说到社会主义的统一,那么我们就不应仅仅着眼于形式上的统一。我们必须知道我们是什么人,因此我想进一步说:美国社会党在理论和实践上是以国际社会主义为基础的。对于加入工会的工人,我们同样友好相待。假如我们得不到工人群众的支持,我们就无法想象搞什么社会主义运动。(热烈的掌声)所以我要问一问德莱昂同志:您是不是准备放弃您最新策略的作品——产业工人联盟——并且抛掉一切非社会主义的奇想呢。(喝彩声)如果是这样,那我们不需要开什么会,也不需要搞什么协议。还有一点:如果一个国家里有两个党。并且他们彼此间有争论,那他们就应当像正派的人那样以正大光明的方式把他们的意见分歧问个一清二楚,以便为联合廓清道路。德莱昂同志,如果您真正拥护统一,那就不该像您做的那样,把一个无异于谩骂兄弟的报告拿到代表大会上来。我们要想联合各种色彩的社会主义者,那么在争论当中也要相互尊重,保持正派。只有这样才能有益于社会主义运动。(热烈的掌声)

伯杰（密尔沃基）：我们美国社会党人赞成统一。这方面最好的证据是，10年前我们有2个党各5000名党员，是分裂的，而今天我们有一个党大约53000名党员，另一个党的党员人数不足1000。这不就是统一了吗？（哄堂大笑）就是这1000人，我们今天，明天，任何时候都是欢迎的，如果他们站到国际社会主义的立场上来，如果他们接受国际的纲领并停止抵制工会的话。我们在最近一次党代表大会上一致通过一个决议，邀请德莱昂和他的人参加我们这方面来并接受我们的纲领，只要他们这样做，就立即是我们的党员，但是我们不能要那些天天都在辱骂美国工会并且已经骂了我们好几年的人。我们将投票赞成统一的决议案，并向大家保证，今后三年内我们将全面解决统一问题。因为到那时肯定只有德莱昂自己一个人在党外了。我们在美国将随时随地为统一而工作。（掌声）

柯拉罗夫（保加利亚）宣读保加利亚社会民主党（所谓紧密派）和塞尔维亚社会民主党的一项声明。他说：我们向代表大会提出过一个关于土耳其局势的备忘录，可惜这个备忘录未及时送达。因此，我们着重通过如下声明清楚地说明理由，使大家理解我们对萨洛尼卡工人的决议案的投票情况。声明如下：

"鉴于欧洲资本和沙皇专制制度的征服企图阻碍着巴尔干半岛各国人民的政治和社会发展，并且使得阿卜杜尔-哈米德①的血腥统治更易于得到维护这样一个事实；鉴于奥托曼帝国各族人民在野蛮的封建统治下为自己的自由和独立所进行的斗争，已经迫使这个封建统治为维护其社会统治而不得不废除阿卜杜尔-哈米德并以立宪代替专制，这一事件被错误地说成是土耳其革命，其实只是一场军事政变；鉴于青年土耳其党的统治（它根本代表不了奥托曼帝国的政治和经济需要）是以不给

---

① 阿卜杜尔-哈米德二世（1842—1918），土耳其苏丹。——编者注

工人以选举权、削弱结社权并限制罢工权以及运用和阿卜杜尔-哈米德同样的野蛮镇压手段反对各民族的平等来开始其反动统治的;最后鉴于资本主义列强的剥削政策和国内的反动政策形成对欧洲和平的一个经常的威胁,我们声明,巴尔干问题唯一的解决办法不是青年土耳其党的民族主义的反动政策,也不是支持其他巴尔干国家的民族主义政策,而只能是所有巴尔干共和国结成自由的联邦。只有巴尔干各族人民联合在一个联邦制的共和国内才能消除战争危险和保证东方的正常的政治发展。在无损于巴尔干各国团结的情况下,巴尔干国家反对资本主义和专制主义列强的征服政策的不间断的阶级斗争是实现上述理想的唯一途径。"

萨卡索夫(保加利亚):刚刚宣读的声明是由罗马尼亚人、塞尔维亚人和两派保加利亚人共同撰写的。柯拉罗夫在最后一刻才认为把拉柯夫斯基所写的宣言看做仅仅是一个保加利亚党的宣言是正确的,但是我们希望,巴尔干国家所有社会主义者和派别协作的这第一桩事情将是他们走向最终联合的第一步。

柯拉罗夫(保加利亚):无论是塞尔维亚社会民主党,还是罗马尼亚社会民主党,或者是我们,都同前面那位发言人的党没有任何关系,我不认识萨卡索夫同志,因为他所在的党是我们所反对过的党,我们将永远反对它,直至它不复存在为止。(全场哗然)

讨论就此结束,根据主席团建议,明天上午10时全体会议开始的时候由埃伦博根作总结发言。

胡斯曼再次要求全体会议以后各委员会于今晚结束各项工作。

6时半闭会。

大会第三天

(9月2日,星期五)

上午的会议

大会于10时半开始,由**克劳森**(丹麦)主持并作如下致词:

对于大家通过选举大会主席所给予斯堪的纳维亚国家的荣誉我表示感谢。如果由大国的代表在这里主持会议,也许是自然的。我们认为大家把主持会议一事委托给了瑞典、挪威和丹麦,这是向40年来为在斯堪的纳维亚各国传播社会主义所做的工作表示敬意。(掌声)

埃伦博根(维也纳)对第五委员会报告(决议案)作**总结发言**:对于昨天委员会的报告我只作很少一点补充。各社会党的统一问题在这里,在这个讲台上是无法解决的。代表大会只能发出一个劝告,同志们在自己国内要在最短的时间内解决社会主义内部的争端。(掌声)国际局转给了第五委员会三个新的决议案,其中两个我们认为不属于我们的职权范围而退回国际局。另一个决议案研究的是两个情况,即法国和美国方面在俄国的影响下侵犯了避难权。我们决定,为完全维护避难权提出一个一般性的决议案来代替这些个别情况。最后,社会主义妇女代表会议为芬兰作出的决议案被转交给我们,我们建议大家确认这个决议案并通过第五委员会的其他决议案。(掌声)

在表决中,关于统一的决议案、反对死刑的决议案、西班牙、土耳其、波斯、日本、阿根廷和芬兰问题的决议案在一片热烈的掌声中获得一致通过。关于统一的决议案和关于芬兰的决议案号召举行特别盛大的集会。

保证世界和平

累德堡（德国）报告反对军国主义委员会的讨论情况：在国际代表大会上，社会党对军国主义的态度问题曾在一个委员会中经过广泛讨论，随后在全体会议上一致确定了一个决议案①，这个决议案是若干时日讨论成果的总结，并且仅就社会党人对军国主义的态度的一般方面来看，这个决议案以极为令人满意的形式说明和解决了我们的原则信念。但是在后来的发展过程中，同其他重大问题一样，在这个问题上又出现了新的事实，有必要在这次代表大会上就实际措施方面提出一些新的倡议和新的建议。近年来发生的事件本身就是我们向代表大会提出的新倡议和新建议的原因。主要有两个观点使我们需要设法把斯图加特大会的决议加以扩充。一个观点是，在仲裁法庭问题上需要社会民主党方面发起更为有力的出击。众所周知，所有资产阶级政党以至所有君主主义的政党和贵族政党都同意设立仲裁法庭。但是尽管如此，仲裁法庭运动几乎已陷于完全停顿。重新表态的第二个直接原因是无畏战舰骗局，这个骗局应该再一次使我们社会党人醒悟。这场从英国开始的建造新的大型战舰的军备竞赛现在正毁坏着各个国家，它在英国和德国展开得最为猛烈，并且给世界和平带来了最严重的威胁。海战过去被看做是次要现象，如今被作为新的战争危险而受到重视。这已经促使直接参与军备竞赛的国家的社会党人提出动议；但是整个国际社会党为各个国家在这个问题上尽可能同时采取统一行动而提出建议，无疑是可取得的。

如果不是独立工党新闻和思想界的先锋战士布鲁斯·格莱西尔这样一位重要的社会党人在委员会中说，当前必然要引起战争的不单单是资

---

① 即1907年8月斯图加特代表大会上通过的关于军国主义与国际冲突问题的决议，见本书第22卷第197—199页。——编者注

本主义的经济制度，而且各国人民的动物的好战本性也起着巨大的作用，我们仅止于指出实际的行动就行了，而且这还可以避免产生原则争论。布鲁斯·格莱西尔的话是大错特错了。无疑所有人的身上都还存在着这种好战的本性。但是我要最坚决地反对，说什么这种好战在资本主义社会制度下是导致战争的根本动力或者是突出的伴随现象。今天究竟是谁在煽动战争？就是统治阶级，在军火生产上利益攸关的资本家，是克虏伯和蒂佩尔斯基希们，是阿姆斯特朗们或者叫其他名字的英国人。这些资本家想的根本不是通过战争去满足他们的好战和动物本性，而是舒舒服服地坐在家里，把各国人民相互厮杀给他们带来的利润装进腰包。俄国著名画家魏列夏庚在他那些描绘普列文战役的画中出色地用象征手法表现了这个事实：画的背景是俄土两国人民使用各式武器在互相残杀，而前景是俄国沙皇正同他的将军们和宫廷侍臣们举着香槟酒杯在满足"好战"和"动物本性"。（笑声和赞同声）现代战争中交火距离相当远，简直无法发泄什么好战本性，因此，不是好战本性而是资本家的利欲引起了现代战争。企图奴役和剥削别国民族，是现代战争产生的经济根源。资本主义的贪欲已发展到使得资产阶级早期的所有思想都凋零了的地步。资产阶级在自己青年时代的一切自由与和平问题已被遗忘，只有剥削本性还依然存在。这方面美国（号称世界上最自由的国家，那里在节庆之时，每一个公民都在星条旗下陶醉在自由与和平的空话之中）前总统罗斯福这个现代资产阶级政客最绝妙的典型给我们提供了一个最有意思的例子，这个罗斯福在去非洲打猎探险（他这不是出于好战的本性而是出于屠夫的本性）时斥责埃及人竟胆敢反抗英国的奴役和剥削。这是最令人信服的例子之一，它说明现代资本主义政治是如何打消其他一切考虑的。美国已故的自由战士富兰克林和华盛顿九泉之下听到这个不肖的后代、这个浑身浸透了资本主义的美国资产阶级的代表所说的话，是会无法安眠的。（掌声）

在委员会里我们对声明的各项原则很快就取得了一致，在社会党人对当今资本主义社会的具体要求中，现有的各种意见都尽可能给予了考虑。只有莫尔加利同志的建议，即在各国议会中向政府提出削减军事预算百分之五十的要求，没有人赞同。莫尔加利同志自己说，他并不是非得坚持削减百分之五十不可，削减百分之四十五他也会感到满意的，如果这样最终他会准备赞同其余百分之五十五的军费开支。但是这个百分比的社会主义（笑声）未能得到委员会其他成员的同意。

在决议案中我们提出了四点具体要求。首先，要在议会中不断提出必须设立仲裁法庭以解决国际争端。由于两次海牙会议①，我们已经有了仲裁法庭，然而只是适用于从历史经验来看一般也不会引起战争的那些事件。通过仲裁法庭，这些事件或许能较为迅速地得到解决，并且仲裁法庭还为一批外交家提供一个有利可图的职位，然而对于消除实际有战争危险的纠纷，这些资本主义的机构则起不了任何作用。如果一个国家的"荣誉"和"生存利益"遇到危险的时候，仲裁法庭就无能为力了，那就需要诉诸国王们的**最后手段**，诉诸国王们的最后的道理，诉诸大炮。创造"最后手段"这个词的人，显然根本不相信国王们有什么理性可言。（笑声）我们要求仲裁法庭解决一切国际争端。

我们还要求全面裁军；我们尤其着重声明我们理所当然赞成普遍裁军，这里我受托代表委员会向斯堪的纳维亚各国的党员同志表示毫无保留的赞扬，在这方面他们走在社会主义的最前列，并且全力以赴支持普遍裁军。（掌声）另外，各社会党要不断提出新的动议，首先争取缔结

---

① 指1899年和1907年在荷兰海牙召开的两次国际和平会议，第一次会议签订了《和平解决国际争端公约》、《陆战法规与惯例公约》和《日内瓦公约诸原则适用于海战的公约》3个公约，第二次会议审定了1899年的3个公约，通过了有关中立问题、海战法规等10项新公约，两次会议通过的一系列公约、宣言等文件的亦总称为"海牙法规"。——编者注

限制海军军备的协议和废除私掠权①。这两个要求有其特定的历史原因。一年半以前已众所周知，英国政府向德国政府提出一个限制海军军备的建议，而德国政府拒绝了这些建议，英国首相阿斯奎斯公布了这个事实，来为英国的海军军备进行辩护。我们立即在帝国国会中对毕洛夫公爵②提出质询，对他进行反复询问我们才搞清楚，在这件事情上德国政府又是以所谓外交利益为由来践踏真理。即使没有进一步发现什么，这也可以说是我们工作的一大实际成就了。因为我们招来众多辱骂的议会工作恰恰同样把证明资本主义利益的代表——资产阶级政党和政治家——说谎和欺骗作为主要任务。但是我们可以满意地指出，我们的动议的影响也已经超出了我们的队伍之外。令人高兴的是，我们英国的同志们也提出了一个同样内容的动议，虽然不是整个工党签署的。不过在德国帝国国会只有唯一的一位资产阶级议员投票赞成我们的提案，而在英国却有几十名自由党激进分子拥护这个提案。不过一些时候以来，一部分德国资产阶级报刊也热烈地宣传起这个德英裁军条约，宣传时他们自然闭口不谈我们在这个问题上已经先行一步了。无论如何，事情正在取得进展，并且我们将不断要求资产阶级政党作出决定，是拒绝一切自由与和平的努力呢，还是通过赞同我们的提案来实现这些努力。把限制海军军备与废除私掠权这两个要求相互结合有着极其重大的意义，因为英国政府主张削减军备，而德国政府主张废除私掠权这种合法化的海盗行径，主张废除在公海海面劫走、击沉敌国的商船和卖掉船上的货物的这种权利。英国当然不愿意自己的相当于两个大国标准的实力雄厚的海军有谁可以与之匹敌，而德国政府则很想试图发动一场海战（它正以此

---

① 指在战争期间由国家授权私人驾驶武装民船攻击、俘获和抢劫敌国商船。在16—19世纪，这在西方是一种常见的做法。——编者注

② 当时的德意志帝国首相。——编者注

为目标来加强自己的海军),同时又不要使德国的商船队由于私掠权而遭受极其沉重的损害。通过废除私掠权,我们可以使各国政府保护商船队这一格外为他们所喜爱的进行海军角逐的理由不复存在。德国商船队比较小,有4000条船;但是即使这样一支商船队,海军自然也是无法给予保护的。在战时,保护商船队总的说来完全不可能,这一点在美国南北战争时便已表明了。当时美国北方尽管拥有巨大的优势,小型巡洋舰"亚拉巴马号"曾航行世界各大海洋,然而也未能阻止海盗对它的掠夺。但是废除私掠权只有结合削减海军军备才会推动德英两国政府逐步实现这两个互相结合的要求。那时,海军军备对世界和平所造成的巨大威胁就会削弱。

我们写在决议案中的第四点虽然与战争危险没有直接联系,但是,它在民族对立的时代也是引起战争的一个最令人忧虑的从属性的原因。我们提出了各国人民享有自决权和所有国家为反对军事侵略和暴力压迫而进行自卫的要求,提出全世界所有国家的人民享有民族自治权的要求,自然首先要引起小国的兴趣。但是,即使较大的民族也有小部分正在遭受压迫。德国不仅压迫着波兰人、丹麦人,而且也压迫着操法语的阿尔萨斯—洛林人。同样,德国人民也有几小部分——在匈牙利有200万,在俄国有100万——在民族特性和语言方面都受到了压迫。因此我们要求各国人民享有自由的自治权,不仅在欧洲,而且也在亚洲和非洲。社会主义并不像我们的敌人所说的那样是反民族的,而是国际的,这是一个完全不同的概念。所谓反民族的,是那些压迫其他民族并且只承认自己民族的权利的民族政治家,他们最热切的愿望就是,通过占领或者征服来控制外国民族并使之丧失民族特性。我们是国际社会民主党人,承认每一个人都有权使用自己本民族的语言和保持自己的民族特性,因此主张这项权利要获得普遍的承认。在所有争执的问题上,我们越多地采用这一伟大的文明立场,各国人民就越发认识到,不能指望资产阶级政党会给他们什么恩赐,而只有社会党人才能给他们带来幸福。

决议案的结尾说,在冲突的危险出现时,国际局须立即采取步骤,促使各有关国家的社会民主党一致行动。这个提案是奥地利的同志们倡议提出的,因为在最近塞尔维亚和奥地利的冲突当中,两党之间发生了一些误解。应授权国际局尽可能防止这类误解。

除了这个总的决议案以外,我们又向大家分别提出两个决议案,赋予国际局几个较为一般性的任务。法国社会民主党的提议作出这样的决议,即一旦战争危险迫在眉睫,如果一个国家提出要求,就必须立即召集社会党国际局会议。另外,根据范科尔和弗利根的动议,国际局在每次代表大会之前应召开会议并研究起草一个各个党执行代表大会各项决议的情况报告。这些议案,我们也建议大家一致通过。

后来,瓦扬和基尔·哈第的修正案引起了极其热烈的争论,现在也提交给大家。

"代表大会认为,在所有可以用来防止和阻止战争的手段当中,最适宜的是工人总罢工,主要是为战争提供物资(武器、弹药、运输工具等)的那些工业部门中的工人总罢工;采取强有力的手段在人民中间进行鼓动和活动,也同样适宜。"

关于为制止战争我们所需要采取的手段,斯图加特决议是这样讲的:"只要存在着战争的威胁,各有关国家的工人阶级及其在议会中的代表就有责任在国际局促进团结的活动的支持下,各尽所能,以便利用他们认为最有效的手段来阻止战争的爆发。"① 这段措辞极其妥善地解决了这个棘手的问题,因而在斯图加特获得一致通过。它不仅承认以非

---

① 见本书第22卷第199页。——编者注

常手段阻止战争危险的可能性,而且也承认这样做的绝对必要性。但是,我们不能同意强迫各国无论在战前还是在战争爆发时采取任何形式的总罢工。各个国家的经济发展,社会民主党的力量,还有特别是工人运动各种组织力量,都使我们不可能为总罢工制订具有普遍约束力的规定。原则上总罢工是可行的,或许情况要求必须进行总罢工,我们也可以这样做,这一点根本没有争论;但是宣布总罢工无论在什么情况下对各个国家都至少是道义上的义务,情况恐怕就不一样了。若是一个资产阶级政党决议采用非常手段反对战争,那恐怕也丝毫不意味着它的追随者在战争到来时便放弃养尊处优;国际无产阶级的情况就不同了,大家可能要煞费苦心地去斟酌词句,无论你们如何小心谨慎,总罢工这个词一写进决议案,你们就赋予无产阶级去实行总罢工的责任。当然,我们不要单纯对历史的可能性进行种种观察,而要告诉无产阶级应当做什么。现在请大家考虑一下,超出斯图加特决议所必然带来的后果。如果大家希望国际的决议在各个地方均得到遵从,那么你们就应该作出在任何地方都能贯彻的决议。再说并非所有国家的组织都已十分成熟,以致这样的尝试不会起什么最可怕的后果。假若我们作出这么个决议,那我们就必须有能力可以对其一切后果承担责任。总罢工必须由工会去搞,像你们自己通过援引个别行业的情况所承认的那样。而总罢工就是矿工、冶金工人、运输工人和军需工人的罢工,即使允许珠宝工匠和家具木匠继续工作。但是无论在英国还是在法国你们大家对此都没有把握,即工会的力量足以能够胜任进行总罢工。因此,你们切不可打算把这样一种决议也强加给我们。其他一切都撇开不谈,在我看来最有说服力的理由是,在自己本国不去反对任何扩军备战的人,根本没有权利提出这样的要求。你们不应根据你们参加代表大会的单纯形式上的委托书来作出这样的决议,而只有当你们在自己本国内一贯否决任何军国主义的要求时,你们才有道义上的权利这么做。我反对任何在本国曾经赞成预算的人有提出这样一种议案的道义上的权利。(掌声和骚动声)因此，我首先反对英国的同志有这样的权利，因为他们赞同了预算，从而给了他们本国的当权者日后能够发动战争的武器。如果你们在本国并不是像其他所有社会民主党那样一贯反对军国主义的话，你们哪里还有什么道义的权利去要求其他国家的人民进行总罢工？只要你们赞同预算从而批准购买武器以装备奴役别国人民和进行战争的英国雇佣军，你们就别给我们提这些过分的提案。(掌声以及要求结束讲话的喊声)

我这就结束。同志们！目前特别激起我们要举行一个一致的反对战争、拥护各国人民和平的声势浩大的集会的原因就是，德皇威廉二世最近在柯尼斯堡所发表的演说，他再次表示赞成专制统治。当然这是德国的内政，我们将在其他场合讨论。但是他还声言，只有军备武装才能维护世界和平，这话听起来恰恰像是对于历次国际社会党代表大会所有反对军国主义的声明的回击。这个演说确实也有一点好的作用，对此其他国家的同志们是无法加以评价的。昨天就有一位奥地利同志告诉我：你们这回又走运了，这会给你们在下次大选增加20万张选票了。我认为，这位奥地利同志低估了这种宣传的作用。我认为，我们还会收到比这更多些的好处。威廉二世在历史上需要完成一个不自觉的使命。他是军国主义——资本主义最鲜明的一个形式——的代言人。他不自觉地描绘出了军国主义和资本主义必然给全世界带来的巨大的恶果。对于欧洲所有的君主来说，事情就像丹麦伟大作家安徒生那篇关于魔镜——从镜子里看到的一切都是颠倒了、歪曲了的——的童话一样。君主们从这面魔镜里所看到的社会主义是洪水猛兽，而军国主义却是神圣的和平天使，是光明。我们一定要启发教育人民认清军国主义的真实本性，必须号召他们反对进行军备竞赛的挑衅行为，因为保证世界和平、拯救全人类不在于海军和陆军军备，不在于君主们和将领们，而只是在于有阶级觉悟的无产阶级的手中，在于全世界社会党人的手中，在于他们不断增长的信心中，在于他们不断增长的自豪和他们不倦的活动当中。（热烈的掌声）

累德堡接着用英语讲话，这时瓦扬打断他的话喊道：这个讲话完全不是前边讲的内容！

饶勒斯要求按照议事规程把累德堡用英语和德语所作的发言翻译成法文。

累德堡答复说，他的英文和德文的发言均没有稿子，每个讲话所侧重的都是对有关国家有特殊重要意义的问题。另外他要求译者从两个发言中择译那些对法国来说重要的内容。

胡斯曼：那就是第三个发言了。（笑声）

委员会决定的决议案全文如下：

代表大会指出，近几年，虽然召开了和平会议，并且各国政府作出了和平的保证，但是军备却大为扩张。特别是最近达到建造无畏战舰阶段的海军军备竞赛，不仅把公共资金无谓地耗费在非生产性的用途上，致使用于社会福利政策和工人救济方面的经费不足和减少，而且还使各个国家有遭受由于间接税沉重不堪而引起物资枯竭和财政崩溃的危险。同时，正是这些军备近来在威胁着世界和平，而且还必然要永远威胁世界和平。鉴于事态的这种发展威胁着人类的文明，威胁着各国人民的幸福，威胁着群众的生活，本次代表大会确认以往历次代表大会，特别是斯图加特代表大会的决议并重申：

各国工人之间不存在任何能够引起战争的争端和分歧。在今天，战争是资本主义，特别是资本主义国家在世界市场上的国际竞争和资产阶级在国内的阶级统治以及在经济上、政治上奴役工人阶级的主要工具军国主义所造成的恶果。只有消灭资本主义的经济制度，战争才会完全消除。工人阶级最关心消灭战争，因为他们承受着战争的主要负担，并且遭受最为深重的战争苦难。因此，各国有组织的社会主义无产阶级是世界和平的唯一可靠的保障。所以代表大会再次号召各国工人党向全体无产阶级，首先是向成长中的青年热情地进行教育工作，阐明产生战争的真正原因，并以各国人民友好的精神教育青年。

代表大会坚持并重申，议会中的社会党代表有责任全力反对扩充军备并拒绝为此给予任何拨款，它希望这些代表：

1. 不断要求必须由国际仲裁法庭来解决国与国之间的一切纠纷；

2. 经常提出关于普遍裁军，首先是缔结限制海军军备和取消私掠权的协定的建议；

3. 要求停止秘密外交并公布政府间一切现存的和将要签订的条约和协定；

4. 主张各国人民拥有自决权，并保护他们对反对军事侵略和暴力压迫。

在各国社会党议会党团反对军国主义的斗争中，社会党国际局将给予他们物质支援，必要时将促使它们采取共同行动，对于发生军事纠纷的情况，代表大会确认斯图加特如下决议：

"只要存在着战争的威胁，各有关国家的工人阶级及其在议会中的代表就有责任在国际局的促进团结的活动的支持下，各尽所能，以便利用他们认为最有效的手段来阻止战争的爆发，这些手段自然是根据阶级斗争的尖锐化程度和一般政治形势的尖锐化程度的不同而改变。

如果战争仍然爆发了的话，他们的责任就是全力以赴迅速结束战争，并尽力利用战争引起的经济危机和政治危机来唤醒人民，从而加速资本主义的统治的崩溃。"①

---

① 见本书第22卷第199页。——编者注

为贯彻上述措施，代表大会责成国际局，当出现战争危险时，立即采取必要步骤，促使有关国家的工人党彼此协商、一致行动以防止战争。

法文译文读完以后，**胡斯曼**又通知了几个事项，上午会议于 1 时许结束。

基尔·哈第是联合报告人，其他人只有 10 分钟发言时间。

下午的会议

继续讨论裁军问题，联合报告人**基尔·哈第**（英国）发言：之所以有必要多给我十分钟发言时间，有两个原因。首先是因为我觉得概括地阐述一下英国社会党和工人党对战争与军国主义问题的态度很重要；其次因为我想讲几句话以说明英德关系。由于累德堡同志干涉了英国的对内政策的策略问题，这就加重了我的任务。累德堡在发言开始时首先谈到了，布鲁斯·格莱西尔不单单把现代战争归因于资本主义，而且还把它看做是动物一般好战的本能的结果。这里他没有弄清布鲁斯·格莱西尔的意思；格莱西尔指的是，现代战争的根源虽然是资本主义竞争的精神，但是早在资本主义以前即已存在战争，而那些战争是建立在这种喜好兽性争斗的动物本能的基础之上的。战争即使在资本主义消灭以后仍然可能存在，那时战争同样只能归因于残暴者野蛮的本性。这就是布鲁斯·格莱西尔所陈述的意思。

我们所面对的主要问题是阻止战争问题和裁军问题。在这些问题上，英国工人党的态度是十分明确肯定的。（热烈的掌声）我们不仅反对战争，而且也反对军国主义。（掌声）我们认为，职业陆军和职业海军就是现代国家准备运用其野蛮的统治手段以维护有产阶级的特权享受的明证。（有人说："很好！"）我们反对军备不仅因为战争的危险和高额的开支，而且还因为军备将带来专制精神。军国主义与自由彼此对立、水火不容，而我们是热爱自由的，所以我们反对军国主义。因此，我们也为丹麦和挪威的同志们为拥护普遍裁军而进行了令人瞩目的斗争而感到极其高兴。我们为他们不仅仅满足于削减军事负担，而且还坚决提出了彻底解除国家武装的要求而感到极其高兴。如果有一国人民第一个彻底裁军，抛掉了一切武器，那么人类历史将揭开新的光荣的一页。那时任何国家，即使俄国也将不敢进攻这样一个没有武装的国家，没有一个国家敢于突然袭击一个把武器扔到一旁的人民，从而向全世界的正义感情和自由愿望挑战。（热烈的掌声）

1892年我进入议会时，英国的海军预算为1500万英镑，现在已达4500万英镑，并且还在继续增长。当局为这种增长的必要性进行辩护所提出的理由是，似乎为入侵英国作准备的德国海军正在扩充。同志们，请允许我以英国工党的名义向大家保证，在英国工党内没有人相信这种话，并请允许我把一部分英国政府在军备竞赛上应负的罪责让我们来承担。（热烈的掌声）英国政府在海牙和平会议上拒绝废除私掠权，从而使德国的行为得到宽容——尽管这并不表明这种行为是正当的，并且给德国政府声称为保护通商而大力建造海军提供了借口。我们将恪尽职责，不停歇地为废除私掠权而斗争。

我觉得，累德堡有关英国工党的态度所作的判断是建立在误解的基础上的。看来他认为，整个英国工党都站在奎尔奇在《正义报》上所采取的立场。有两个英国社会党人（布拉奇福德在大选之前，海德门在大选之后）曾撰文反对削减英国海军军备，理由是英国不得不防备德国的进攻，这件事已尽人皆知，并且在大陆上引起了轰动。如果我说，这仅仅是两个同志的个人意见，英国工人运动中无论哪一部分、哪一派别都不会同意他们，那么德国社会民主党的同志们肯定会一致同意我的看法。(热烈的掌声)累德堡同志还认为,赞同整个预算也就等于赞同海军军备。表决预算问题和赞同军事拨款毫无关系,我很奇怪,累德堡同志谈到预算表决时找不出一个比英国的情况更显而易见的事例。(笑声)预算表决不是原则问题,而是纯实际策略问题。(法国人和英国人热烈鼓掌,德国少数派示威地鼓掌。)累德堡的立场是社会民主党是纯粹的反议会主义者的那个时代的残余,预算中也规定了用于社会改革的巨额款项,这是我们自己要求的,并且根据我们的要求写进了预算。因此,我们可以投票赞成预算,前提当然是,赋税直接分配并且不使各阶层劳动人民的负担过于沉重。我不知道,在德国帝国国会中关于预算的表决是什么样的,但是在英国预算中,军备和社会改革的要求是分开的,所以我们就可以投票赞成社会改革而反对军事拨款。(有人喊:"听呀,听呀!")工党毕竟是英国议会中一贯投票反对海军军备和军事拨款的唯一的政党。(掌声)我们投票反对这些,并且进行鼓动反对这些,恰恰是现在,我们正掀起一场反对尚武精神的大规模运动,为此饶勒斯同志已答应我们要参加演讲。我们希望累德国堡同志也能这么做。(掌声)那时他就会承认,英国工党正全力以赴反对军备。现在谈我们的补充提案。累德堡同志要求我们撤回这个提案。即使我们本打算撤回,累德堡同志的发言反倒使我们不能撤回这个提案了。就在今天,我们还曾设法向德国同志让步,撤回我们提交本次大会的提案并转交国际局以便提到下次代表大会的议事日程上去。但德国同志们也拒绝了,因此我们除了坚持我们的提案外别无其他选择。我也不知道,我们该如何解释我们仍完全停留在斯图加特决议上。斯图加特决议比阿姆斯特丹决议前进了一步,而在哥本哈根,我们希望能比斯图加特决议更前进一步。即使是国际也不应止步不前。(法国和英国代表鼓掌)此外,累德堡同志把我们的提案完全解释错了。我们根本不是想规定出所有国家在任何情况下都采用总罢工来防止战争危险,我们只是想对各国工人说,如果他们集中起自己的经济力量，那么工人阶级的力量足以使战争无法发生。我们十分清楚，实行这种反军国主义的罢工不仅能在一个国家取得成效，而且在国际上肯定也会有所成果。不过我们暂时只要求为采取这一国际步骤进行和平宣传和准备。我们和累德堡同志之间的整个分歧在于，他打算推迟这种准备，而我们则希望从今天起立即着手进行。（英法两国代表热烈鼓掌）我们不是要求总罢工，我们认为制造军事物资的工人举行罢工就够了，我们的补充提案在这方面作了改变，即用"军事物资"一词替换了括号中的插入语。单单在我过去工作过的工业举行罢工就足以能阻止战争，我指的就是采煤业。几个星期前在布鲁塞尔召开的国际矿工代表大会对于采用总罢工来防止战争这一问题表明了态度，并向国际联合会执行委员会提出了建议，以便提交下次代表大会付诸实行。（德国矿工代表表示反对）有代表参加这里的代表大会的所有国家的工人都应该学习这个榜样。如果我们教育工人使用一切手段在议会中和工场中鼓动反对军国主义，那么我们就可以满怀信心，当我们向工人们发出召唤的时候，相信他们一定会听从我们的召唤。（热烈的掌声）

根据**饶勒斯**的建议，赞成和反对基尔·哈第补充提案的发言人在讨论中轮流发言。

伦纳博士（奥地利）：作为委员会成员，我可以就我参与起草的这个决议案的精神作一简短的说明。委员会的任务首先是审查仲裁法庭和裁军问题，因此委员会不可能先讨论无产阶级用以阻止战争所采取的手段。把这一问题格外加以突出，并不在委员会的意图之内。委员会简单地重复了斯图加特代表大会的那些词句。委员会的多数成员都知道，这个问题在斯图加特时就曾经是热烈讨论的主题，斯图加特决议的文本是以德法两党之间在比利时和奥地利党的参与下所达成的、精心准备的妥协为基础而确定下来的。斯图加特决议产生于两国正直接面临着战争危险的时候，大家都有理由斟酌自己的话。委员会扼要地重述了这个决议,而未敢在没有授权的情况下便推翻国际曾经作出的、并被认为是完全切实可行的决议。尽管如此,关于阻止战争的手段的讨论在这里又进行得极其热烈,并且基尔·哈第这些不客气的话给我们大家留下了印象。假如单纯是个意愿的问题的话,那我们就会完全同意他,只就在于有行动的愿望而言,我们高兴的是,这位白发苍苍的国际的先驱为我们革命的激情树立了榜样。(热烈的掌声)然而我们在这里不仅要表达我们的热情,国际代表大会还有别的任务。委员会首先有一点是明确的:一些国家坚决反对作出决议、发表权威性的宣言责成大家搞总罢工。莫尔加利同志代表意大利声明说,总罢工的决议对党来说是自杀行为;德国的代表声明说,这样的决议会使党蒙受犯法的罪名;并且我本人也代表奥地利声明过,根据这个建议,我们恐怕会落得这样的处境,即战争爆发以前还有个社会民主党存在,而一旦战争爆发,就不复存在了,因为决议会授人以柄对我们进行最严重的迫害。现在国际代表大会不应对这一个或那一个观点进行什么审判,而只能确定所有同志都一致赞成的目标。因此,我们认为指出对这个或那个手段存在着什么意见分歧是没有用处的,而强调斗争目标上的一致才有实际意义。我们只是把多数甚至是全体一致同意的东西写进了决议案,意见不一的则搁置一旁。同样完全清楚的是,斯图加特决议责成各党采用他们所拥有的、并认为是有效的一切手段来防止战争危险,该决议也涵盖了群众性的政治罢工,甚至承认这种罢工是有效的手段——视无产阶级在政治上和经济上的成熟情况而定。它只是要让各党自己去判断,能否采用这一手段。假如我们选择一个从一开始就肯定知道表决结果大成问题的草案,这不是明智的做法。因此,我们放弃了再次研究手段问题。我们的决议案并没有预先断定下一次代表大会去处理总罢工问题,那时当然会讨论这个问题。自斯图加特国际代表大会以来,对这个问题的讨论——即澄清各国社会民主党人之间在这一点上的意见——没有取得进展。因此,修改这个决议是不明智的。我们在这里不可能把手段问题争个水落石出，它必须在各个党之间得到理论上的说明；当我们在理论观点上一致时，就容易表达共同的意愿了。我还想强调一点：我们奥地利人曾亲眼看到了最迫在眉睫的战争危险。一两年前我们曾努力制止战争危险，也有过机会检验个别手段的效果。我们熟悉了处于战前情况下人民的心理，从这种经验我们没有吸取到拥护发表宣言责成所有党都应进行总罢工的勇气。（有人喊："听呀，听呀！"）奥地利人和德国人都来自军国主义最盛行的国家，因此拥有在军国主义问题上堪称专家的可悲的优先权。我想我因此就可以有道义上的权利从军国主义最盛行的国家的角度说明，如果我们坚持一种手段而又不去让所有人的内心都相信，为反对军国主义精神，无论什么手段对我们都是合适的，这样做极不明智。（德国人和奥地利人热烈鼓掌）

琼斯（社会民主党，伦敦）：英国支部一致同意瓦扬和基尔·哈第的修正案。我们有几个人虽然在家时没有像在这里那么激进，但是我们决心不放过任何一件能够阻止战争的事。我们的态度在这里没有得到完全正确的阐述。我们当中肯定在战争和防止战争的手段的看法上存在着意见分歧。但是下面一点我们是一致的，即我们的格言必须是：用战争来反对战争。对此不会有人作什么修改。个别党员同志的偏差，不应由整个党负责。（有人喊："听呀，听呀！"）在英国不是要教育工人阶级，而是要教育工人阶级的一些领袖成为反对战争的人。因为有六分之一的工党议员投票赞成增加海军预算。（有人喊："听呀，听呀！"）如果他们辩解说，他们之所以投票赞成预算，是因为它将取得社会改革的进步，那么无论谁说这样的话都使我想起扔掉一个塔勒①而收回来的却是

---

① 塔勒和下面所说的格罗申为欧洲货币名称，1 塔勒 = 30 格罗申。——编者注

一个格罗申的那个人。(笑声和掌声)资产阶级从来不会自愿放弃自己的特权,他们进行改革目的只是削弱工人阶级的斗争。(有奥地利人喊道:"让他们试试好了!")我呼吁德国同志不要离弃我们,而要同我们携手合作。我们可以代表英国工人阶级保证,它决不会玩忽自己的职责。并且,在这里我们从我们的支部会议上听到英国工人运动的领袖们表示拥护采取严厉的手段反对战争。回到英国后,我们会再次提醒他们记着这一点。在这里,人们就战争情况下人民的心理状态谈了很多。从实际上所可能谈论到的人民的心理状态来看,恰恰是这种情况必然更要促使我们去克尽自己的职守。当西南非爆发战争的时期,在英国我们就做到了这一点,只要是反对英国的沙文主义和帝国主义,英国党各派都是一致的。在反对压迫印度、阿富汗等国的斗争中,奎尔奇、海德门、基尔·哈第和麦克唐纳,大家都走到一起来了。没有丝毫的理由怀疑社会民主党有沙文主义或帝国主义的观点。我们将全力以赴去阻止战争,我们不打算局限于总罢工,而把它包括在一系列手段之内。如果决议得不到贯彻,那责任将不在我们一边。(英国人鼓掌)

王德威尔得:有两个理由促使我在这里发言。其一,比利时代表团将在表决基尔·哈第修正案时投弃权票,我要为此说明理由;其二,作为在斯图加特时这个问题原来的报告人,我要就斯图加特决议的影响和正确意义作一说明。我们不能投票反对修正案,我们愿意对英法两国同志的这项提案的意义和目的表示赞同。我们想,当两个国家的工人阶级面临一场兄弟之间互相残杀的战争时,总罢工是一个英勇的行为。在这里听到英国社会主义温和派的代表基尔·哈第这样一位老战士声明,矿工、运输工人、冶金工人准备以总罢工来回答宣战,给代表大会留下一个伟大的印象。这是一个巨大的进步,并从而大大阻止了全面的战争危险。但是另一方面,我们也不能投票赞成修正案,因为这一修正案影响之大,只有整个国际一致声明赞同才能卓有成效地发挥作用,在此以前付诸表决的做法欠佳。因此,最好的办法是,把修正案交国际局,对问题作彻底的研究,将来提交下次国际代表大会作出决议。(掌声)

现在谈谈累德堡就斯图加特决议的精神所说的看法。我确信他的理解错了,因为不单单我一个人有这样的感觉,所以我希望在总结发言时他会给以必要的说明。我得到的印象是,累德堡赋予斯图加特决议的是一种完全起削弱作用的精神。(累德堡:"我没有想到过!")他的话言外之意是,德国同志反对基尔·哈第修正案似乎不是因为他们不能怎么想就怎么说,而是因为他们认为提出修正案的人自己不愿将之付诸执行。(累德堡表示强烈反对)这是对国际的一部分同志进行毫无道理的中伤。斯图加特决议具有双重意义,对此当时我作为报告人已予以阐明。第一个意义是,我们不打算公开表示赞成总罢工,因为这样一来就会给各军事大国的反动政府实施镇压法和非常法以借口。但另一方面,斯图加特决议却应该表明,我们打算采取一切手段,甚至总罢工和停工来反对战争。如果累德堡在他总结发言时准备表达这样一种观念,我会感到高兴的。假如没有这层意思的话,那斯图加特决议便是一纸空文了。各个国家的同志们曾不止一次地英勇反对战争。例如,英国同志们反对在南非进行的战争;俄国社会民主党在日俄战争爆发时不仅采取总罢工,而且发动了革命;还有更近的例子,这就是西班牙的兄弟们不久前当他们的政府进行海盗和土匪式的行动时进行了英勇的反抗,虽然他们是国际最弱的队伍之一。我坚信,英国人、俄国人、西班牙人已经做到的,其他大民族也一定会做得到。不管怎么说,我请求大家不要否决这项我们大家都赞同的修正案。这样会给外界一个错误的印象。我恳求大家将这一修正案移交下次国际代表大会,不是因为我认为它过早了或者是错误的,而是因为我坚信那时它将获得一致通过,而这种一致性说明:我们正动员工人阶级的一切力量来反对统治阶级的战争手段。(热烈的掌声)

主席布兰亭：我相信，王德威尔得的动议为我们克服困难提供了最好的办法。用这个办法，我们今天就有可能解决这个问题。

王德威尔得：如果英法两国代表同意我的建议，他们就能够容易地和委员会的其他一些同志就他们的修正案提交给国际局时所可能采用的形式问题取得一致。

瓦扬（法国）：我想作几点说明，以使基尔·哈第—瓦扬修正案的正确意义凸显出来。伦纳博士和累德堡的意思是，这项修正案不在议程的范围内，因为委员会所应解决的只是仲裁法庭和裁军问题，而修正案涉及的是预防战争的手段。但是，即使裁军和仲裁法庭也无非是阻止战争的手段，并且，当手段问题被提出来时，我们不禁想到军国主义的所有不幸，这些不幸需要得到解除，不论它们有没有写在议程上。（法国和英国代表鼓掌）凡谈论军国主义的地方，能够用以阻止战争的手段问题都必定一再为人们讨论。我也不能同意这样一种指责，说什么接受我们的修正案会招致对一些加入国际的民族的迫害或镇压。因为我们的修正案所讲的根本说来和斯图加特决议毫无区别，没有规定什么一定的行动，而是完全像斯图加特决议那样只是宣告总罢工是阻止战争危险的一种可能的手段，也是一种格外有效的手段。（法国和英国代表鼓掌）就连斯图加特在"一切恰当的手段"中也包括总罢工，现在我们只不过说得更具体些、更着眼于实际运用罢了，而斯图加特决议历史叙述较多。

委员会提出的议案仅仅列举了一些防止战争危险的议会手段。然而你们的这些议会手段又有什么用处呢？（法国和英国代表那边响起暴风雨般的掌声）没有，一点用处也没有，如果这些手段没有群众的压力，没有整个无产阶级有组织的推动力来支持的话。仲裁法庭和限制军备只有以议会外的群众行动为后盾才有价值。这些群众行动只有当我们确定一定的目标，当我们一开始就向无产阶级指出它所拥有的手段时，我们才能够唤起。我们的修正案并不想下令举行群众罢工,但是它打算组织群众罢工,而作为为宣传总罢工进行准备的手段,在此我们认为它是防止战争危险的最有效的手段之一。因此,否决我们的修正案或者推迟对它的讨论都是没有道理的。我同王德威尔得一样相信,否决这一决议案有可能造成这种印象,即似乎只有英国人和法国人而不是其他民族才能准备采取最极端的手段,当然必须避免造成这种印象。所以比较好的办法是不付诸表决。我们不能使其他国家的同志蒙受不公正的嫌疑,说他们不愿意做我们愿意做的事。因为这同样不符合实际。因此我们在委员会里已经提出了一个妥协性的建议,不仅把我们的修正案提交给社会党国际局,而且还提交给与会各民族进行商讨并列入下次代表大会的议程,不过这个妥协性的建议被德国同志否决了。如果王德威尔得的提案不补充这一妥协性建议,那就无异于葬送了我们的提案。只有在我们觉得驳回我们的提案是确保决议案将来能得到贯彻执行的适宜的手段的时候,我们才能接受这种驳回。绝不能让我们本国的统治阶级长久地拿我们没有得到其他国家采取相应行动所表示的支持这一点来反对我们。我们反对战争的行动必须是国际统一的。我认为很难找出一种同我们的修正案相结合的对王德威尔得的想法的新表述。或许采取把问题退回到委员会的做法,我们会达成一个一致的决议。(掌声)

王德威尔得提出如下提案:

"代表大会决定,将基尔·哈第—瓦扬修正案转交社会党国际局进行研究,并且社会党国际局要向下次国际社会党代表大会就修正案所包括的各项建议作报告。"

该提案的签名人有:王德威尔得(比利时)、希尔奎特(美国)、维博(荷兰)、罗莎·卢森堡(波兰)、维克多·阿德勒(奥地利)和艾伯特(德国)。

基尔·哈第在提案上签字。

主席**布兰亭**：如果大家同意，我们现在结束关于修正案的讨论。

瓦扬：因为基尔·哈第已在提案签字，并且我们得到保证：该提案和我的建议精神完全一样，所以我也把我的名字加上。

王德威尔得提案获得一致通过。（暴风雨般的掌声）

累德堡（德国）就委员会报告作总结发言：我想只讲几句话，当初要是基尔·哈第和瓦扬以王德威尔得提案的形式提出他们的建议，那么我们就可能完全省去了整个讨论。由于时间关系，我也不打算对许多误解，特别是王德威尔得和基尔·哈第的讲话中出现的许多误解加以纠正了。我只想提请注意，在讨论当中对于涉及国际局处理事务方面的两个决议根本没有提起。因此，我建议对这两个决议案再一次明确表示通过。另外我认为，一致通过王德威尔得提案以及委员会所拟订的决议案，是对40年前战火纷飞的日子①的最好的无产阶级式的纪念，那时两大文明民族的士兵被驱赶到了屠宰场。刚好在这一天，无产阶级的国际必须一致表示拥护世界和平。（热烈的掌声）

委员会的提案同两个关于国际局活动的补充议案在暴风雨般的掌声被一致通过。

主席**布兰亭**：我们通过这项决议再次宣告了我们无论在什么地方和无论以什么形式——必要时采用最激烈的手段——都要为世界和平而工作的坚强意志。（再一次响起暴风雨般的掌声）

胡斯曼建议，晚上举行会议，否则代表大会的工作将没有希望如期完成。

代表大会决议，不进行会间休息继续举行会议，并听取第二委员会（工会问题委员会）关于奥地利工会争执的报告。

---

① 即1870年9月2日，法国皇帝拿破仑第三在当日结束的色当之役中兵败向普鲁士军队投降。——编者注

工会运动的统一

委员会的**多数派**建议提出下述决议案:

"哥本哈根国际社会党代表大会重申斯图加特代表大会作出的关于政党和工会之间关系的决议①,特别是如下这一点,即应该注意每个国家的工会组织的统一,这是反对剥削和压迫的斗争取得胜利的基本条件。

当然,在多种语言的国家中,统一的工会必须考虑其所有会员在语言文化方面的需要。

此外,大会声明,任何把各民族统一的工会分裂为按民族分立的部分的企图都是与国际社会党代表大会此项决议的宗旨相背道而驰的。

特敦请社会党国际局和国际工会书记处帮助直接有关的党,本着谅解精神和社会主义友好的精神来解决在这方面所发生的冲突。"

委员会少数派的决议案全文如下:

"鉴于在关于奥地利的德国同志的决议案的论述中,主要是决议案的最后一段关系到一个极为重大的问题,而这个问题没有对奥地利情况的彻底研究和认识是无法作出决定的;并且,鉴于维也纳工会委员会的决议案提案仅仅抽取了斯图加特决议的一部分,从而导致片面的解释,损害了该决议所包括的其他同样重要的原则;最后,考虑到该提案没有指明,波希米亚党不正当地干预了工会运动,我们建议:

---

① 见本书第22卷第177—178页。——编者注

请代表大会将维也纳工会委员会的提案作为奥地利各党之间的内部事务,交由社会党国际局处理,奥地利的各党应向国际局提出详细报告以供研究和判断。

如果在下次代表大会召开前奥地利的纠纷尚未得到调解,国际局将就其所进行的研究向代表大会作报告,可能时提出相应的提案。"

委员会多数派报告人普列汉诺夫(俄国):在委员会里存在两种对立的观点:委员会的捷克斯洛伐克委员的观点和所有其他委员的观点。矛盾的主要情况是:捷克斯洛伐克委员要求对他们自己的政治组织和工作组织拥有无限的权利。他们的党是民族的和自治的,而工会却是各民族统一的,这就给他们行使上述权利造成困难。捷克人所坚持的立场是,他们的党无法对其工会组织行使自决权,因此有必要独立组织工会,就像他们已经独立组织了自己的政治运动一样。

奥地利委员的立场则不同。他们指出,除了小民族以外,比较大的民族在奥地利就有8个。如果实行按民族组织工会的原则,那么在每一个工业部门就至少得有8个工会。在这种情况下,这些工会不可能限于以地方为界的各个区域,而由于奥地利各族人民是混居的,并且人员流动,尤其各民族工人的流动是经常的、频繁的,所以如果按照捷克委员的主意行事的话,势必在各大工业区要成立八个民族工会。这实际上无异于工会组织的自杀行为。由于这个原因,奥地利的同志们认为,工会组织必须是各民族统一的,不能以民族为基础,而要以统一的经济领域为基础。由于企业主组织日益紧密勾结,工会斗争的加剧必然要求工人们团结得越来越紧密,上述做法就更加必要。

值得注意的情况是,双方都援引斯图加特决议,捷克委员因为建议党和工会要密切联系,所以认为工会就必须和党一样是民族的,奥地利委员因为斯图加特决议最重要的部分着重强调党和工会间的密切联系不能以牺牲工会的统一为代价。斯图加特决议的精神实际上是后者，对此贝尔同志已明确证实，他是这一段文字的执笔。奥地利的同志们还注意到，这不是一部分捷克斯洛伐克人同各民族统一的工会的冲突。委员会中有一位波兰的工会代表也声明说，工会中的其他民族完全同意德国同志们的立场，并且同奥地利工会全国委员会一样赞同各民族统一的工会。

各民族的代表都在原则上拥护这一立场。法国人有一点小小的保留，与争执的问题本身无关，只是他们想着重确认斯图加特关于党和工会的统一问题的决议。对于基本问题本身，委员会全体是一致的，而且在国际内部几乎没有其他观点如此一致的例子了。（热烈的掌声）委员会极其认真地彻底审议了这个问题，并且充分注意到了整个工人运动的利益。委员会极为普遍的印象是，把工会按民族进行分裂将意味着它的自杀。如果这样做，即使在德国，除德意志民族工会外，还要有波兰人的、丹麦人的、法国人的、意大利人的和鲁提尼人的工会，而俄国则不是有5个或8个（像在奥地利那样），而是要有几十个民族的工会了。这种局面简直是不可想象的。实行这些决定会给整个东欧以极其严重的打击。这一点之所以格外重要是因为，当资本由西方流向东方的时候，劳动力却在不断地从东方流向西方，这样捷克人的分裂行动就会流传到所有国家。这会造成真正的混乱，而工会组织就不可能继续进行什么斗争了。作为工会运动基础的民族不可能是一个伦理道德概念，而只能是政治概念。在委员会中不会得出捷克同志所希望的结果，而仍然是全国委员会①所建议的整个国家的统一的工会组织。（掌声）应该再次指出，除捷克同志以外，大家一致宣布不是种族统一，而是经济领域和国家领域的统一才是工会组织的基础，这是委员会协商得出的认识。本着这一

---

① 指奥地利全国委员会。——编者注

精神，全国委员会的决议案获得了一致通过，我请求代表大会同样一致地同意这个决议案。

涅梅茨（布拉格）以补充报告人的身份发言：捷克社会民主党人第一次作为被告站在国际的讲坛前面。虽然人们说了，这不是什么控告，而仅仅是对斯图加特决议的解释有争议。但是在历次国际代表大会上我们作出了许许多多的决议，而从未就解释这些决议发生如此激烈的争执，也从未像在这种情况下对这些决议进行解释。譬如五一节决议根本不再得到遵守，并且也无人问起。（有人热烈地表示赞同）谁也没有被追究责任，像现在对我们所做的这样。恰恰是在对待我们的所作所为上，问题就完全不是那么回事了。有人问起现在议事日程该讨论什么时，国际局的一位同志说，波希米亚问题。然而这种说法是不正确的。应该讨论的问题实际上是国际同民族的关系问题。这是问题的基本内容，是事情所涉及的真正的问题。有人试图把"民族的"这个词和"民族主义的"这个词等同起来，随后便把"民族"一词置于同国际相对立的地位。于是说什么国际和各民族的切身要求，和各民族的工人的切身要求是对立的，不能这样解释，也不许这样解释国际。如果大家仔细看一看斯图加特决议。决议的标题就已经向大家指明，这是一个远比纯粹组织形更重要的问题，是党和工会之间关系的问题。决议要求各国党和工会应采取一致行动。这一点是无条件的，工会运动统一的问题是有条件地补充进来的。现在却要求国家的各个领域的工会无条件统一，并且指控我们犯了罪，因为迄今为止根本不存在这样一种法律，所以我们根本就不可能犯有这种罪行。如果大家的行为是合乎逻辑的，那你们就应当先修改斯图加特决议。难道在其他国家到处都只有一个中央工会吗？在美国、在比利时、在法国，仅仅有一个中央工会吗？（法国和比利时人喊道："是的。"）在这些国家没有一个统一的中心。（有人喊："不对！"）在奥地利恐怕难以实现统一，而统一的前提是使维也纳的工会委员会完全中立化，它必须完全脱离如今所与之相联系的一切，它绝不应同政治组织保持任何关系。（奥地利人表示激烈反对）说今天的维也纳工会委员会是各民族统一的和中立的还差得远。如果有人断言，我们要在各个企业制造分裂，从而使得工人组织自杀，那这不是我们的愿望和意志，这只不过是人们拿来证明我们的行为是多么恶劣的一个借口。（有人喊："这是你们的行为所带来的必然后果！"）的确，企业主正在拉帮结伙，而我们也要结成团体，同他们完全一样。（笑声）要知道在奥地利我们也还有一些组织并未组成全国性的协会，但它们却是团结的，例如印刷工人和铁路工人的组织。对《共产党宣言》的话我们心悦诚服。但是马克思在写《共产党宣言》时很难想到今天工会运动的形式。他理解的"全世界无产者联合起来"这句话的意思肯定是指各个民族。俄国的例子也好，英国的例子也好，瑞士的例子也好，都不适合我们的情况。那些国家的各族人民从没存在过国家独立的问题，也不像我们波希米亚人要为此而斗争。（笑声）我们早就同资产阶级民族主义的党派实行了决裂，然而我们必须告诉捷克的工人，我们真正的意愿是什么，现在我们完全站在布尔诺纲领的立场上，拥护在奥地利争取实现民族联盟国家。（有人喊："这是政治问题！"）的确是政治问题，不过我们必须使我们的组织根据这些愿望进行调整。即使是小民族在国际中也需要得到它们自己的权利。这一权利与有人以奥地利同志的意思解释斯图加特决议无关；这可能对奥地利的同志们自己也极为不利。如果按照这样的逻辑，你们现在会在芬兰人失去自己民族自主的时候强迫他们去加入俄国的工会运动。谁也拿不出证据，证明我们曾经有过反对国际的行为。斯图加特决议宣告的是八百万加入党和工会的有组织的无产者的统一。实现这种统一的形式完全是次要的。无产阶级的国际不仅向每个个人而且也要向每个民族提供保护，使他们自由发展。我们的经济目标——生产社会化——不应淹没我们的政治目标——各族人民和个人的自决权。捷克人自己紧密地组织起来,要比你们为我们规定一块我们不可能在它上面繁荣发展的土地为好。捷克的无产阶级已经用鲜血提出了证明,它对国际是忠诚和坚定的,因此这次代表大会不能谴责我们是国际的叛徒。这样的决议是不公正的,会涣散我们的行动,毁灭我们的冲击力量。如果我们戴着叛徒的帽子回到国内,必然会有怎样严重的后果,我们十分清楚。你们决定给全国委员会提出的决议案所作的补充证明,你们大家也感觉到必须做一些修改而不要一味谴责。你们不能单单由于在组织形式问题上有不同意见而在社会主义的基本原则和无产阶级的策略上同全世界无产阶级完全一致,就去谴责一个加入国际的社会民主党。(捷克人鼓掌)

布鲁凯尔①(比利时)的最终提案应主席的迫切请求而撤回。主席说,我们也不应引起似乎要压制少数派这样一个假象。

尤拉(捷克,集中派):在这里,我是按其民族来说在此居于少数的捷克代表们的代表;但在波希米亚、摩拉维亚和西里西亚,实际上多数加入工会组织的工人支持他们。(掌声,捷克人的抗议声。有人喊:"他在撒谎!")

主席布兰亭:这样的谩骂在同志们中间是不恰当的。我请求不要损害代表大会的尊严。(掌声)

尤拉(继续发言):在这里说什么德国人和捷克人之间的争执,是不正确的。实际上这是全体工人中间的争执。工会组织越统一,它就越能更好地同企业主进行斗争。(有人喊:"说得好!")我们反对资本主义不单纯需要统一的组织,而且也需要统一的财力,这只有集中才能提供。在分立的组织中的四万名捷克斯洛伐克工人被从中央组织中拉了出去。新建的组织根本没有吸引那些至今未组织起来的工人,捷克工人不

---

① 即德布鲁凯尔。——编者注

应当在自己内部，同志对同志斗，而应当同企业主斗。(有人喊："说得好!")补充报告人对我说过，在英国和比利时都同时有好几个工会组织，它们并没有联合在一个中央组织内。我问他：这么说是不是英国工会从前是统一的，而后来破坏了统一？(有人喊："说得非常好!")是不是它现在不愿意统一？(掌声)如果断言捷克工人本身要求过自己工会的民族自治，这完全是错误的。不是工人第一个提出这个要求的，而是个别同志、报纸编辑、党的领导人。几年来他们在报纸上写文章主张自治，这才使得同志们退出中央组织，我们的两票将赞成全国委员会的决议案。(热烈的掌声)

萨谢克(捷克分立派)提请注意，过去历次代表大会有关工会的决议的德文本和法文本之间有区别，他的阐述是以法文本为依据的。他试图由此证明，在1896年国际伦敦代表大会、1889年国际巴黎代表大会和苏黎世代表大会等历次代表大会的决议中一贯表明了应按民族组织工会的要求。因此国际的历次决议保证了我们的这一项权利。你们有权力压制我们，但是道义上的权利在我们这边。我们将不是作为被征服者，而是怀着并没有在我们的事业上失败的信念离开此次代表大会。在辩论中有人曾直接冲着我们讲：你们是叛徒。(有人表示反对)如果说我们是工人的叛徒，那也是从我们可能走上你们企图迫使我们走的这条道路的那一时刻开始的。在国际的各国党的同志们未改正观点、我们的意见未得到你们的认可和同意之前，我们仍将按照我们自己的办法继续工作。(捷克人喊道："说得好!")

主席布兰亭：我以第二委员会主席的身份指出，"叛徒"这个词是一位不属于委员会的国际会员作为尖刻的字眼使用的，但不带有侮辱的含义。

格罗伊利希(瑞士)(受到全场暴风雨般的掌声的欢迎)：我要对这个问题发言，这有以下几点理由：一是，40多年来我一直是个工会组织者，二我是来自一个多民族和多个语言并存的国家的代表团的成员。因此，对于民族问题我多少懂得一些。最后，我并未亲身参加这场争执。不过现在我要说：我认为，如果亲爱的朋友涅梅茨说这里在搞什么控告和谴责，那他就错了。这里仅仅是解释社会党国际代表大会的决议，并不是什么谴责，而是在争执的两党之间进行裁决。（代表们表示热烈赞同）使我感到遗憾的是，这里若干同志使用强词夺理的真正奇谈怪论来为一种不可能被工会活动家和社会民主党人为之辩护的立场去辩护。（暴风雨般的掌声）有人提出了少数民族的自治。差不多50年前，在1863年波兰起义的时候，我拥护过少数民族维护自己的独立和文化生活的权利。如果捷克人争的也是这种权利。那我就会坚决拥护他们。（喊声："我们大家都拥护！"捷克人大笑。）然而在工会问题上就另当别论了，（有人喊："很对！"）这是事关无产阶级切身利益的问题。而这一切身利益确切说来，不管穷鬼是捷克人还是德国人都是一个样的。（长时间经久不息的、暴风雨般的掌声）在这里宣读过的苏黎世等历次国际代表大会的决议，只有从这样一个角度，即人们作出的是理智的决议，才能被理解。（大笑声，掌声。）你们到美国那边去走走吧。我在纽约和芝加哥捷克人聚居的地方访问过你们的同胞，在那里他们仍然维护着自己的民族语言。然而他们做梦都没有想到过要成立独立的捷克人的工会。（热烈的掌声）他们不是作为捷克人，而是作为工人在设法改善自己的生活条件。我从捷克斯洛伐克工会委员会和奥地利捷克斯洛伐克社会民主党提交给我们的报告中惊讶地发现，有39个独立的捷克人工会。这种工会玩笑可以休矣！在奥地利的民族杂居的特殊情况下，各少数民族只部分地定居在某些他们所专门居住的区域内。通常是捷克兄弟和德国兄弟彼此为邻，他们一道上工并且一道受剥削。（暴风雨般的掌声）如果一个人挨饿并且同自己一伙人一块去找工厂主要求增加工资，而其他人不是共同行动，那工人将继续挨饿，工厂主就要乐了。

(再次响起热烈的掌声)我们远未达到工会组织的顶峰。(有人喊:"非常正确!")我们一直在寻找最好的组织形式,而我们的老师英国有许多行业联合会的做法恐怕已经大大落后了。(赞许声)在大陆,大产业联合会(出师和未出师的工人都收纳)日益扩大。然而就在这些联合会里我们也还有界限之争,即使在没有民族的分歧的情况下,这种界限之争仍然对工会运动造成严重损害。从工会方面严肃思考的人绝不会怀疑,工会运动的分裂无论如何将导致摩擦和损害。因此,如果代表大会在自己的决议中表明:亲爱的朋友,你们正在走上歧途!你们将成事不足败事有余。如果你们要幡然悔悟并收回你们这个欠考虑的步骤,那么就请你们捷克的同志们听从这一忠告!(暴风雨般的、长时间经久不息的掌声迭起)

阿德勒博士(维也纳):同志们,我不是要发表演讲。我相信,问题够清楚了,清楚得使我,还有同我们意见分歧的捷克同志们都不得不认识到:这里并不是什么谴责的问题,而是你们应该确信,在这个奥地利无产阶级的切身重大问题上整个国际都是站在工会运动的统一的立场上的。(暴风雨般的掌声)我们促使代表大会发表意见,不是为了把我们同我们的捷克同志们,我们同他们并肩斗争了几十年,当他们的血液同我们的血液汇合在一起的时候我们就共同战斗了,不是为了把我们同他们分离开,而是为了把我们同他们为了奥地利无产阶级的利益而团结起来。(热烈的掌声)我们不愿意他们受到伤害而离开代表大会,而是被打通思想而离开代表大会。如果下次代表大会在维也纳召开的话,我们希望将能够向大会展示出奥地利工人运动的团结一致。(暴风雨般的掌声)

随后**报告人作总结发言**。

普列汉诺夫:涅梅茨说到有对捷克人进行谴责的倾向,并且断言,比利时人之所以提出他们的修正案,只是为了缓和这种倾向,他说得不对。这样解释是不恰当的。修正案的签名人有布鲁凯尔、卡尔斯基、普列汉诺夫和阿德勒,并且它是全体一致通过的。我们认为捷克人错了,并想说服他们。萨谢克想用玩弄文字游戏的手法和利用"民族"这个词来达到这一目的的企图是不适宜的。很清楚,在国际历次代表大会的决议中"民族"这个词同"国家"这个词是一致的。该发言人还说,他们在道义上是正确的。假如捷克人一意孤行,仍然走他们现在已经走的路,对此我们也没有什么强制手段。我们没有大炮,没有刺刀,然而我们拥有更强大的力量,拥有道义的力量,拥有任何力量都不能抗拒的国际的意见。(热烈的掌声)如果捷克人敢于抗拒国际的意见,那么捷克无产阶级势必起而反对他们的策略。我们高兴的是,在这里听到了一位捷克无产者说,他的大部分同胞将不会同流合污,并说他和他的同志们在这里虽然是他们支部的少数派,但他们却有着捷克工人的多数做后盾。国际同这部分捷克人完全一致。如果你们起来反对并践踏国际的各项决议,那么不需要什么自治工会的这部分捷克人必将不断增长,这一发展是不可避免的,因为阶级觉悟是随着经济发展而自行提高的。(热烈的掌声)

补充报告人**涅梅茨**:这里现在有人企图证明我们只是捷克工会的少数。同志们,我断定,这不是事实。格罗伊利希同志声称,我们使用强词夺理的办法来捍卫我们的事务。我不知道……我们是以论点来驳斥论点的。如果这叫强词夺理,那么在下次代表大会上只有那些同意多数派的意见的人才不叫强词夺理。阿德勒同志说,我们根本不想谴责。那好,我们已经知道,在这里我们无法被证明是有理的。不过请大家读读决议案是如何论证的,再请大家想想在这个代表大会上对我们所说的那些话,你们就会发现,这同谴责差不多少。现在阿德勒博士说,我们愿意促成统一。如果这种统一的序曲是这样一种做法的话,那就留不住任何一个人,因为这样一来就都得默不作声,都得唯命是从。对此我们是不支持的。我根本没有援引比利时同志们的修正案,从中得出结论说代表大会有谴责我们的倾向。我仅仅说过,就连比利时同志们也同我们的意见一样,即此事还有待进一步研究。普列汉诺夫同志最后谈到了阶级觉悟。我只有这样一个愿望,即各个国家的无产阶级都能像捷克的工人那样具有彻底的觉悟、那样忠于国际并且那样团结一致。(捷克人报以暴风雨般的掌声) 我们坚持团结,我们愿继续坚持团结,不过只是在这样的条件下,即给我们以发展的可能性,而不是涣散我们的冲击力量。我们要求这一点,别无他求。如果我们打算按德国同志要求我们的那些去做,那我们就得把我们党解散。我们就会无法存在下去,只有解散。你们不会要求这样,我们也不会这么做。(捷克人报以暴风雨般的掌声)

讨论就此结束。捷克人要求把问题推迟和由国际局加以研究的提案仅 12 人**赞成**而被**否决**。委员会提案**以民族为单位表决**。所有民族共 222 票**赞成**,其中有捷克少数派 2 票。**反对**的有捷克多数派的 5 票。7 票弃权,即:芬兰 5 票(芬兰有 3 票赞成)和土耳其—亚美尼亚 2 票。

全场以热烈的掌声对表决结果表示欢迎。

大会第四天

(9 月 3 日,星期六)

上午的会议

由**耶珀森**(挪威)主持,于 10 时半开会。主席让瑞士工会总委员会主席**胡格勒**就第二委员会(工会委员会)关于实现国际团结问题的报告发言。

为此提出的决议案如下：

国际团结

鉴于无产阶级运动的突出的国际性质和第一国际以来在工人中间所一贯保持的传统，哥本哈根国际社会主义工人代表大会要求世界各国工人，当资本与劳动之间的斗争达到如此规模，以致掀起斗争的国家的工人依靠自己的力量显然无法将斗争坚持到底时，根据各国运动的情况尽力给斗争中的同志们以道义上和物质上的支持，以此来实际履行国际工人团结的义不容辞的义务。

工人阶级在自己的工会活动中越是紧逼资本主义，双方的组织工作就越是加速。资本的力量正集中在巨大的托拉斯、卡特尔和企业主的全国性的和国际性的联合会中，而工人则把自己的力量主要联合在各国的总工会中。由于双方力量的这种集中，阶级斗争部分地表现出更为广泛的新形式。大规模同盟歇业所激起的群众性的工会斗争将会是此起彼伏，这一点我们1899年在丹麦、1909年在瑞典、1910年在德国已经看到。由此可见，今后几年的阶级斗争势必更加广泛、更加统一。因此，工人阶级必须在整个国家或者整个行业的工人没有国际支援就有可能被资本的优势所压倒时，更加能设法投入自己的全部力量。

大会建议工会国际研究哪些形式是国际工人团结最合适的形式。至于在最近期间，代表大会建议：

在各工人的工会组织之间建立国内和国际的日益密切和持久的协作；

修改那些有可能妨碍迅速而有效的国际支援行动的工会章程；

改善并扩大社会民主党工人报刊的国际联系；特别要使面临或已经

发生了大规模斗争的国家的社会主义记者们不要忘记自己的职责，随时迅速而准确地向其外国同行报道情况；外国记者则应直接利用这些报道唤起各地工人的关心和同情，及时驳斥为资本服务的报纸和新闻机构为欺骗社会舆论而散布的几乎全是捏造的"新闻"。

从这一观点来看，在各国大力发展社会主义报刊，使之具有足够的力量使广大的各人民阶层不受资产阶级报刊的麻痹影响，对于整个工人运动也是至为重要的。

胡格勒：摆在委员会面前的主要有两个决议案，一个是瑞典同志的，另一个是比利时同志的。瑞典决议案谈事情少，而表达瑞典同志对于在他们最近这场斗争之时所展示出来的国际团结的感情和感觉多。大家知道，瑞典的工人组织在去年同企业主大规模的斗争中曾不得不呼吁世界各国工人给以声援，并且得到了工人阶级道义上的支持和声援。但是，当30万工人流落街头时，解决这些人的吃饭问题，道义上的支持就不够了，（有人喊："非常正确。"）而首先是需要钱。在这方面，各个国家表达国际声援的方式是多种多样的，紧邻的北欧诸国——挪威、丹麦、芬兰，首先还有德国，可以说作出了超人的努力，给瑞典的同志们以切实有效的支援。离得远一些的国家也取得了一些好的成果。然而委员会不得不指出，其他国家主要是法国、比利时和英国的表现却令人难以理解。（有人喊："听呀，听呀！"）法国寄给瑞典大约7000克朗。这同拥有25万会员的法国工会极不相称，我们可以比较。小小的挪威寄给瑞典30多万克朗，芬兰是4.3万多，瑞士大约是6万。（掌声）比利时提供了约6000克朗，同工会会员人数相比这也是特别少的。而比利时和法国在委员会里的代表现在提出了一些值得一听的理由。比利时的同志提请我们注意，他们经历了一场严重危机之后陷入大规模同盟歇业，这对他们的力量提出了巨大的要求；法国同志指出，按辛迪加的办法组织的工会整个说来物质能力不足，而这些工会他们又不能立即加以改组。

　　只有英国的庞大的工会组织——历史悠久的工联，在这次激烈的冲突时所表现的态度令人不可思议。可以承认，对于英国的工会组织来说，策略的原因可能起了决定作用，他们那些联合会的章程使得他们无法迅速采取援助行动。不过，在这样一种非常的情况下，一个国家整个企业主执意搞垮工人的组织时，一定能找出个办法，打消一切顾虑提供援助。（热烈的赞同声）我们不想在这里对在场的英国代表团表示丝毫的谴责。更确切地说，决议案的目的是，要求英国代表团回到英国的时候告诉本国的工人，国际社会党代表大会不能理解英国工会在援助瑞典的国际行动中如此落后。英国工会必须设法说服工人们，当国际范围内组织起来的雇主要想剥夺无论什么地方的工人联合的权利，剥夺他们改善自己生活状况的可能性时，像在瑞典发生的事件那样，英国工会也必须进行援助，因为这与英国工人也有关系。以前当英国工会遭到攻击，例如在机器制造工人的斗争中，整个欧洲都曾努力给他们以援助，因此，英国工人在瑞典斗争中的态度就更加令人不能理解。所以，以同样方式对其他民族履行声援的义务，应该是英国人的责任。我们希望英国代表将本着这一精神去进行活动，并且希望英国工人将来共同行动。仅仅有决议是不够的，我们的社会理想必须要变为现实。（有人喊："非常正确。"）除了金钱之外，我们对工人提出或许更多的要求的时刻，我们对英国工人或许必须提出最高的要求来支援大陆的组织的时刻越来越近了。实际处理支援的各种细节可由国际工会代表会议来加以确定。我们在这里不可能像比利时提案所要求的那样详加讨论，我们提出一些普遍的方针也就足够了。其他一切都可由工会国际在各国联合会中进行认真研究和准备之后加以解决。所以，根据瑞典同志自己提议在他们提出的决议案第四段作了一点小的改动之后，我们一致通过了该决议案。

委员会一致确信,当国际团结不是仅仅停留在理论上,当英国工人和工会也完全彻底地履行自己的国际声援的义务时,全世界组织起来的工人的解放事业才能取得成就。(热烈的掌声)

再谈谈比利时决议案,除持有限权委托书的比利时同志外,这个决议案遭到一致否决,而瑞典决议案获得一致通过。凡有关工会会员的问题,必须由工会国际处理。不过比利时同志们解释说,他们主要注意了对政治流亡者的援助。在这方面,一般来说,尤其是逃亡的俄国革命者使比利时应接不暇。然而,所有国家都遇到这一问题,还需要研究一下各国总工会如何才能相互平衡。因此,我们已把比利时决议案的这一部分退给了国际局。(有人喊:"好啊!")

讨论开始。

安德森(独立工党主席):英国代表完全拥护委员会建议的决议案,并给予最热情的支持。他们一致声明,全世界各国工人更紧密的团结和国际声援的组织是必要的。决议案最多有一个错误,即有些问题还过于含糊。然而为适合各国情况,决议案恐怕也只得如此。

因此,我特别要讲几句话,来为英国工会在瑞典解雇时的作为,或者更好地说无所作为——如果不是什么辩解的话——至少作出部分解释。我愿十分坦率地承认,在这件事情上英国同志并没有站到自己使命的高度。不过我想指出两点,为理解英国工会的态度,人们应当对此加以考虑。不是要去批评那已经发生了的而且即使面对责备也是不可改变的事,而是要指出改正的办法和途径。英国工会成立之时,社会主义和国际主义精神对工人运动还几乎没有什么影响。英国工会运动对于国际援助行动有某种反感,就是从那时遗留下来的。最近社会主义对英国工会运动的影响才强大起来。与此同时,国际声援的精神也逐渐为之所接受。

第二点是,英国工人运动没有像其他国家工会所拥有的那种出色的社会主义日报。(有人喊:"非常对!")英国工联无法向自己的成员报道其他国家发生的事情。这是我们之所以未能有所作为的一个主要原因。

再谈一谈英国各工会理事会的态度。过去英国工会章程是这样写的,理事会有广泛的全权,甚至支配大笔款项的全权。现在,未经会员们同意就不能这样做,而且必要的直接征询意见的工作尚未完成,需要给予支援的罢工便已经结束了。在像瑞典总罢工这种事情紧迫的情况下,就不能以按部就班的办法去提供援助。工会章程如何规定才能避免未经考虑的开支,同时在紧急情况下如何才能用各种办法履行国际声援的义务,大不列颠工会联合委员会现在正同工会代表大会的代表、工党和所有工会的代表协商起草建议。对于在这个地方如此坦诚地谈到这个问题,英国代表团全体成员无不感到高兴,并希望这一讨论会产生良好的影响。英国最大的一个工会——英国机械工人联合会——的代表巴恩士同志可惜今天早晨已不得不离开哥本哈根,他请我转告大会,他已写信给自己的组织,告诉他们他在这里学习了多少东西,对工会问题有了多少新的认识,并在这里提出了本着决议案精神作出改进的建议。其实,英国各行业工会都打算集中起来。它们与本行业的国际联合会的结合的程度在日益增长,例如五金工人、纺织工人和矿工。随着国际行业工会联合会的发展,国际援助行动也将自动地发展,作出贡献的义务将取代声援的呼吁。那时,国际援助就能以最快的速度和磅礴的力量招之即来。我们将从决议案中吸取这些教益,因此我们赞成决议案,我们确信我们的组织将能大有发展,以致不再有人发出这些抱怨,并且将来在实际实现国际声援时我们也能够完全履行我们自己的义务。(热烈的掌声)

科恩(柏林):胡格勒同志的报告完全说出了全体德国代表、全体德国同志对于在瑞典同志的斗争中一些民族实际声援不足的感受。鉴于这种情况，安德森同志讲话的方式是他所能做到的最好的行动。只有当我们可以得知他的解释不仅代表个人，而且也代表英国工会并且是受英国工会的委托所做的，我们才会感到高兴。这样，他的解释才会有真正的价值。然而，我们听到说社会主义思想现在才为自己在英国开阔道路，并且说英国人在本次代表大会上学习了许多东西，听到这些说法我们感到有几分惊讶。要知道他们参加历次国际工人代表大会和国际工会代表大会为时已久，而且这种说明我们已是屡见不鲜。因此，你们应当最后向我们解释清楚，是否英国工会的所有代表对必要的改革都打算认真对待，是否都认为安德森的声明对自己有约束力。（有人喊："很好！"）

安德森的意思是说，绝大多数工会章程都要求对比较大的开支进行征询；这点我们都知道。但是瑞典工人代表在斗争一开始就通报了英国工会，而在长达数星期的斗争中，纵然有章程方面的困难，要搞征询恐怕也会从容不迫地搞完的。至少在持续时间这么长的斗争中，还是有进行支援的可能性存在的。因此，我不得不直言，有时必定还是缺少良好的心愿。

安德森抱怨说，决议案还不完全清楚明确。不过，假如我们说得再明白些的话，那么决议案就恐怕得专门讨论近年来英国同志的过错了。只是为他们考虑，决议案才没有更加明白地谈他们那些令人遗憾的疏忽之处。在委员会中，安德森还曾以在英国本身有大批工人失业这一点来为英国未提供援助辩护。对此我想指出，那时英国大约有百分之五至百分之六的工人没有工作。而同一期间在德国失业率已上升到百分之十二。尽管这一切，我们仍然履行了我们对瑞典同志的义务，我们因此不能同意英国人的这一辩护。在英国工会有巨额积蓄这种尽人皆知的情况下，对他来说履行自己的义务恐怕要比我们更为容易。所以我们要求的不只是安德森这种公事公办性的、彬彬有礼的声明，而是更多，以使我们知道在英国情况终于真的要有所改进。(主席摇铃)我的发言时间已到,我不得不截住,没有能如我打算的那样对法国同志也说点不客气的话。那好,下次再说吧!(笑声和热烈的掌声)

讨论就此结束。

胡格勒作总结发言:没有人对决议案提出异议,英国代表团已声明,表示他们将尽一切可能遵守决议,因此我可以只限于说明,所有赞成决议案的民族也有责任关心它的贯彻执行。(有人喊:"很好!")

随后委员会决议案在热烈的掌声中获得一致通过。

接着是**第四委员会**(社会委员会)关于工人保护立法的成果的报告。摆在代表们面前的是如下决议案:

工人立法

对工人的剥削随资本主义生产的发展而加剧,由此所造成的状况使以保护工人的生命和健康为目的的立法干预具有迫切的必要性。

任何国家的保护法都没有做到亟需的、哪怕稍稍涉及工人的利益,同时又无损于工业而能够办到的事。

大会提请注意1889年巴黎代表大会业已提出的、无分性别适用于所有工人的下述有关工人保护立法的最低要求:①

1. 工作日最长为8小时;
2. 禁止使用未满14岁的童工劳动;
3. 取消夜班制,由于工作的性质出于技术上的原因或出于公共福利的原因不得不在夜间进行的工作除外;
4. 所有工人每周至少应有连续36小时的休息;

---

① 见本书第14卷第217—218页。——编者注

5. 取消实物工资制；

6. 保障集会结社权；

7. 在工人选出的人员的参加下对工农业企业实行有效和彻底的监督。

虽然巴黎代表大会产生的结果是，1890年在柏林和1906年在伯尔尼召开了各国政府参加的劳工保护会议，并为工人保护建立了国际联系，但是尽管多次讨论，通过立法所取得的积极成效仍微乎其微，原因是统治阶级害怕损害自己的阶级利益而反对工人保护，即使没有一个国家的哪一个工业部门因为工人保护而受到损害，相反，工人的健康和工作能力的提高对所有人的文化修养，甚至对雇主阶级都有好处。

为阻止工人陷入赤贫境地，1904年阿姆斯特丹代表大会要求在各个国家成立一些机构，完全由工人自己管理并且对民族成员一视同仁，保障伤、老、病、残者有足够的生活资料和医药，给予孕妇和产妇以对于母子健康来说必要的援助，并保护孤寡以及失业者不挨饿受冻。

现在的工人保护法和工人保险法根本不能满足工人那些既必要又合理的要求。在农业和林业工作的工人更是毫无保护。只有通过工人坚持不懈的要求才能取得更多的收获。

因此大会要求各国工人，不论是产业工人、店员、农业工人还是其他部门的工人，粉碎统治阶级的反抗，并通过不断的鼓动和大力发展政治和经济领域中有阶级觉悟的组织来争得有效的工人保护。

报告人**莫尔肯布尔**：同志们！这里所要研究的是个尽人皆知的老问题。的确，它几乎称得上是新国际的元老。因为出于从国际上为工人在工人保护立法方面的全部要求确定一些基础这个思想，1889年在巴黎召开了代表大会。尽管是个老问题，我们也不能说它已经过时了，我们讨论这个问题就好比某些虔诚的教徒在一定时间总是要念同一篇祷告一样。(笑声)不单单因为需要消除的罪恶状态继续存在,我们看到在许多国家这种状态甚至尖锐化了。什么地方资本主义开始发展,把它的吸喙刺入生产,它就采取了这种损害工人健康的体制,这是个旧有的现象。任何一个地主,任何一个牧主恐怕都不敢像新生的资本主义对工人所作的那样,对自己的土地和自己的牲畜进行这种掠夺性的使用。因此我们必须以更大的决心反复提出我们的要求。现在就连许多资产阶级的社会福利学家都提出了一些工人保护的要求。但是,他们有一个最大的错误,这就是把资本家对工人的亲善作为因素加以考虑。个别资本家对工人的亲善是一件很好的事,但事实是资本并不是私人的事,它是毫无感情的,股份公司是获取高额利润的绝对无情的机构。(热烈的赞同声)它们逐渐代替了资本家个人,并导致了价格公约、卡特尔和托拉斯。工人所受的剥削包括了两个方面,他们作为生产者兼消费者遭到敲诈勒索。例如,1908年危机尖锐时期煤炭价格高于1907年。

我们提出的第一条要求是保护生命和健康。我们要求八小时工作日,禁止童工,禁止夜间工作和星期日休息,本决议案的第五条要求是保护作为消费者的工人的。这一条要求禁止实物工资制。在福利设施的掩盖下,资本给工人制造的是福利痛苦,如工人住宅把工人束缚住了,养老金储蓄把工人永远留在一个工厂并使之无法行使集会结社权。我们之所以特别要求完全保证集会结社权反对资本的干预,是因为工人所面对的不再是单个的资本家而是资本的联合。所有这些要求,我们都是作为最低要求,同时也是作为适合所有工人的要求提出的。这样我们就同绝大多数社会福利学家区别开了,他们只打算保护产业工人而把手工业者和农业工人排除在保护之外。在农业中,机器的使用越来越多,因此越来越有必要对农业工人也加以保护。在有特殊危险的地方,在那些有粉尘、高温和有毒物品之害的企业中,对于采矿业,我们还提出了进一步的要求。

反对扩大工人保护的人总是断言，实行工人保护会使一个国家的竞争能力受到损害。这种指责，我觉得可笑。即使真是这样，难道健康不比利润重要吗？（热烈的赞同声）

英国工人立法刚开始的时候，西尼耳之流就声称，假如实行十小时工作日的话，英国工业就会崩溃。那时正是英国向自由贸易过渡的时代。难道说十小时工作日使英国工业遭到毁灭了吗？没有，但是德国的纱厂老板却像挨了鞭子抽的孩子似的叫苦连天，说他们会顶不住英国的竞争，因此我们每天都剥削女工十五六个小时。1878—1879年，他们竟然还为自己争到了关税保护。1900年，我们开始实行十一小时工作日时，也有人说，工业无法容忍这种劳动时间的缩短。而1903年萨克森的纺织工人不得不进行了大规模的斗争。根据伯尔尼公约开始实行十小时工作日的时候，仍然和60年前在英国提出的一模一样的指责现在又甚嚣尘上，这纯属陈词滥调。如果不是有意的谎言，那也永远是个谬误。（热烈的赞同声）

在我们的决议案中我们还提出了工人保险的要求，以对付不可避免的事故，保护和援助伤、老、病、残、失业者和孤儿寡妇不致沦为赤贫。对此也总是有人说，这些负担，工业是不堪忍受的。然而我要问，现在不是各个国家已经挑起了疾病、事故和伤残的负担了吗？各个国家虽然今天已经不得不挑起这些负担，但是现在这些负担仍然推到了最贫穷、最困苦的人身上，（热烈的赞同声）现在必须由这些人担负的，为什么不能由整个社会承担呢？（热烈的赞同声）这是一个可笑的指责。让我们看一看，在劳动这一战场上牺牲有多么巨大。在德国一年之中就有1万人死亡，13万人残废，51.8万人受伤。（热烈的喊声："听呀！听呀！"）孤儿寡妇、伤员和残废应该总是孤立无援吗？提出问题就是回答问题。这同样适用于年老、伤残者，适用于对孕妇、产妇和失业者的援助。德国资本家抱怨说，他们每年要为工人保险开支37500万马克。这肯定是一笔大款子。如果当初开始实行工人保险时就对他们说,在20年内他们需要为此花费40亿马克,那他们更要激烈反对了。德国工业虽然没有崩溃,但也不是乖乖地交付这40亿的。(有人喊:"很对!")的确,没有一个国家的工业像德国那样在这段时间内有如此巨大的花费。然而工人保险本身对此作出了贡献。资本家并没有付出自己的钱,而是把这笔钱连同他们企业主的利润一并算在了买主的身上。他们大概每年因此要捞取42000万,为此支出375000万。为一个产业工人每个工作日的保险企业主花费12芬尼。这么算的话,一年就有31000万。如果农业工人一年工作200天每天的保险费以5芬尼算的话,那么总计有11200万。两个数加在一起共有42200万,因此这个数估计得明显高于资本家实际应付的数额。这样我们就完全可以认为,担负起进一步扩大工人保险的费用还是绰绰有余的。保护孕妇和婴儿有特别迫切的必要性。要知道,工业正在对儿童进行屠杀,与之相比,伯利恒的儿童惨遭大屠杀①则是小巫见大巫了。到头来,资本家从社会保险的进一步扩大中也将得到好处,原因是工人阶级的健康水平会因此得到提高,而哪里的资本家拥有体魄健全、精力充沛的工人,那里的资本家才会在竞争中立于不败之地。(热烈的赞同声)在德国自从实行医疗保险以来,年度死亡率由千分之二十八降到千分之二十,这恐怕并非偶然。结果表明,对于资本家来说还有一个直接的好处,这就是工人保险解除了他们过去的赔偿义务。

反对我们所提出的这些要求的主要阻力在哪里呢?当然资本主义是有意反对的。不过团结一致的、有阶级觉悟的无产阶级是一支更强大的力量。因此工人漠不关心的态度是我们的大敌。破除这种漠不关心的态

---

① 伯利恒位于耶路撒冷之南,耶稣及犹大的诞生地。该城无辜儿童惨遭犹太国王希律大屠杀一事见《新约全书》的《马太福音》第二章。——译者注

度，进行启发教育，大事宣传和敲起警钟，是每一个工人组织最紧迫的任务。这些问题必须反复进行国际讨论，这将促进各国之间的兄弟情谊。如果各民族齐心协力，各国工人团结一致，那他们就会达到自己的目的，实现自己那些目前似乎还是狂妄的幻想的理想。（暴风雨般的掌声）

胡斯曼受国际局委托声明，国际局将不再就失业问题召开讨论会，但是它认为需要把这个问题提交国际各支部继续研究。因此国际局将英国代表团提出的决议案的全文予以公布并请各位代表仔细审议，以便下次国际代表大会再次讨论研究。决议案全文如下：

"鉴于英国代表团和其他代表团在星期四提出抗议，认为关于失业问题的决议案在对于问题的理解上不能令人满意，并且其实际建议又远远不够，提案签名人受各自民族的代表团的委托向大会提出如下声明：

1. 失业现象是资本主义社会带来的后果，并且不能与之相互割裂。

2. 只要资本主义还存在，就必须采取解决这一问题的措施。

3. 这些措施不能单单是预防性的，而必须包含有社会主义社会制度的萌芽，必须是社会拥有生产工具的以及在合作社基础上的工农业生产的最终组织的开端。

4. 应抵制仅仅当失业现象急剧发生时才起作用，平时则被撤销的提供救济失业性工作的国家机构。

5. 在承认劳动权的前提下，国家解决失业问题的活动应建立在以下基础之上：

（1）官方对失业进行精确统计；

（2）国家和市政工作的安排应以此为目的，即尽可能组织劳动介绍和使之具有稳固的基础；

（3）立法将劳动时间缩短至每天至多 8 小时或每周至多 48 小时，

并且尽可能制止血汗制、童工以及其他加剧贫困的竞争形式；

（4）建立由工会监督的全国工人交易所制度；

（5）国家保险；

（6）设立为社会的利益从事开发各种形式的现在受到忽视或未得到充分开发的国民财富的国家机构。

6. 所有国家提供给失业者的援助必须有一个前提，即不因此而使失业者的政治权利遭到任何损失，并且各部门工人及男女工人无分性别均应享有这种援助。"

因为时间紧，比利时支部建议**结束讨论**。

英国人（麦克唐纳已报名代表他们发言）强烈抗议。结束讨论的提案在大多数代表同意的情况下获得通过，英国人投票反对。

报告人所提出的关于工人保险的决议案在大多数代表同意的情况下获得通过，英国人投票反对。

关于避难权的决议案

最近，以毫无理由的借口侵犯政治流亡者的避难权的事件在许多国家层出不穷。尤其是俄国在这一问题上的影响极坏。这是意料之中的事。然而遗憾的是，这类反动措施在自由的国家里也得到支持和纵容。最近在美国被捕并即将被引渡的莱滕·维措佐尔，就是一例。可是就连英国也违背了自己旧有的良好传统，例如印度政治流亡者萨瓦尔卡，他逃亡法国，迅即又被引渡给英国，而现在英国违反历来的国际惯例，把他强行扣留。大会最强烈地抗议这种侵犯避难权的犯罪行径，并呼吁国际无产阶级采取一切宣传手段来反对这种侵犯自己国家的尊严与独立以及无产阶级本着自己国际团结的精神从事运动的自由的行为。

基尔·哈第（英国）发言阐明决议案：英国支部提出了这一决议案并请求大家通过。萨瓦尔卡被捕前的情况已众所周知。在从英国解往印度途中，他在马赛逃离英国轮船，但是在法国的土地上被法国宪兵捕获，并且不由分说又被引渡给英国的权力机关。饶勒斯在法国议院对此提出质询，并以他个人在国际法问题上的巨大权威指出这一程序依照先例是违法的。英国支部将反对侵犯避难权的任何企图，避难权是他们国家的一个光荣传统。要知道加里波第、马志尼、科苏特和卡尔·马克思都曾以被他们自己国家驱逐出境者的身份毫无阻挠地居住在英国。如若萨瓦尔卡被送交印度法庭，那么令人担心的是，对他的审讯决不会公开进行。因为印度正处于非常状态，印度人的所有报纸都被禁止了。虽然英国支部不完全同意印度革命者的一切言论和行动，但是它仍然坚决反对政府现在为对付印度革命者所采取的一切镇压措施，并且无论如何要维护他们的言论自由。因此，整个国际必须在此提出抗议。并要求把萨瓦尔卡移交给法国权力机关。（热烈的掌声）

主席**布兰亭**：决议案依照基尔·哈第的建议作了一点小的改动。不说革命者萨瓦尔卡，而说政治流亡者。

决议案连同这一处改动在热烈的掌声中获得一致通过。

接着是**关于摩洛哥的决议案**。

这个决议案是由法国和西班牙代表们联合提出的，全文如下：

鉴于斯图加特代表大会关于法国、西班牙在摩洛哥的行动的决议[①]，另外鉴于，法国社会党人不得不抗议某些将领向摩洛哥领土进军，而和西班牙方面又已经急忙为新的远征进行军事准备，压在各国人

---

① 见本书第22卷第207页。——编者注

民身上的负担正由于资本主义的经济政策而与日俱增，因此，代表大会呼吁各国社会党，特别是法国和西班牙两党，支持他们两党所共同采取的并通过巴塞罗那及其他城市革命者的行动而得到加强的有力行动，并且最强烈地反对新的远征。

决议案由**伊格列西亚斯**阐明，他在暴风雨般的掌声的欢迎下用西班牙语指出了法国和西班牙的资本家阶级在摩洛哥的侵略意图。在毛拉的统治下，对摩洛哥的侵略不仅使西班牙遭到无数伤亡，而且还耗费了成百上千万比塞塔。拥有95000人的一个新军团已经建成，从而使长期的军队开支增加了4000万比塞塔。虽然自由派政权否认这种意图，然而事实却是当局正在准备对摩洛哥的一次新的远征。过去我们采取一切手段抗议远征，现在我们工人阶级对于一次新的远征仍将表示坚决反对。（暴风雨般的掌声）

随后决议案获得一致通过。

在**胡斯曼**宣读几项事务性通知以后，代表大会休会至下午3时。

主席布兰亭： 累德堡同志向国际局提出下述声明：

王德威尔得同志在其发言中揣度我有意谴责瓦扬和基尔·哈第同志，说他们提出的面临战争危险时采取总罢工的提案并不是严肃的。对于如此曲解我的阐述，我通篇发言未能提供任何一点微小的因由。不过，为一劳永逸地杜绝任何曲解，在此谨明确声明，我丝毫没有怀疑过我最尊敬的这两位同志所怀有的采取行动的真诚意愿。

格·累德堡

下午的会议

克劳森（丹麦）主持会议。

胡斯曼通知,大会又陆续收到了一些贺电,计有:维也纳社会民主党受托人、在日内瓦的波斯留学生、维堡的同志们、美国基督教社会主义联谊会、安特卫普五金工人和一位最老的社会民主主义战士、丹麦党的创始人之一赫尔杜姆等发来的贺电。胡斯曼继续通知说,社会主义青年组织将并入社会党国际局;此事该如何处理,将于国际局明年度的会上作出决议;请各民族在此期间对这个问题拿出自己的提案。妇女代表会议①的各项决议已提交代表大会,并应收在正式报道中。

代表大会最后一项议程是:**合作社问题**。

委员会决议案的全文如下:

"鉴于消费合作社不仅可以给予社员以直接的物质上的好处,而且负有下列使命:通过消灭居间贸易和为有组织的消费而进行的自给生产,在经济上加强工人阶级的力量并改善其生活状况;教育工人独立掌管自己的事务,从而帮助他们为生产和交换的民主化与社会化作准备,

大会声明:

虽然单靠合作运动永远也不能实现工人的解放,然而它却是工人阶级为达到自己坚定不移的目标——夺取政治和经济权力以使全部生产资料和交换资料社会化——所进行的斗争中的一个有效武器,因此工人阶级对于使用这一武器具有极强烈的兴趣。

因此,大会最坚决地要求全体党员和全体加入工会的工人成为并永

---

① 即国际社会主义妇女代表会议。——编者注

远是消费合作运动的积极成员，并在消费合作社内部本着社会主义的精神进行活动，以防止消费合作社由一个组织和教育工人阶级的宝贵手段可能变成为削弱社会主义团结和纪律的工具。因此，大会责成党员同志在其消费合作社中力争实现下列措施：

利润不是完全归还给社员，而是用于设立基金，以使消费合作社有可能自行或通过其联社和中心商店来向合作社生产过渡，以及安排社员的文化教育和救济事业。

在取得工会同意的情况下，调整合作社职员的工资状况和劳动条件。

在各方面模范地组织合作社自己的企业和在进货时适当考虑这些货物的生产条件。

合作社是否应直接使用自己的资金支援政治运动和工会运动以及支援的规模，应由各国的各个合作社作出决定。

鉴于合作运动本身越强大、越团结，它所能给予工人阶级的帮助也就越大，大会声明，以本决议为基础的各国合作社应成立统一的联社。

最后，大会声明，为了在同资本主义作斗争中的工人阶级的利益，需要政治组织、工会组织和合作社组织之间的关系日益密切而又不破坏各自的独立。"

卡尔珀勒斯博士（奥地利）：委员会并不是局限于研究消费合作社和政治组织的关系，而是考查了合作社对于整个无产阶级斗争具有哪些意义。委员会已经认识到，消费合作社不只对其社员直接有好处，而且由于其组织形式，对于无产阶级的斗争来说它也是有效的武器。委员会特别重视，消费合作社教育工人独立掌管自己的事务，从而为生产的民主化和社会化作准备。作为生产者，工人常常为资本所驱使。然而作为消费者，他们享有一定的自由，并且应该利用这种自由。如果说他们已经被迫把自己一部分工资交给资本的话，那么他们至少不至于被迫和商人平分他们所得到的那部分工资。由此产生了工人自己对自己的义务：把对于自己工资的管理支配掌握在自己的手中。他们的使命不是通过使用工资来加强资本主义和增加资本家的数量，而是要削弱资本主义。在这方面，决议案决不想使工人们产生幻想，似乎只有合作运动才能使生产民主化和社会化。但是另一方面，正如这次代表大会上任何人都没有想到要把消费合作社看做是解放工人的唯一可用的手段一样，决议案也想遏制那种颇为危险的幻想，似乎没有不疲倦的日常的细小工作，只要做个梦，美好的未来就可以来到。工人阶级必须一点一滴地积累，才有能力夺取胜利。（掌声）不过，如果消费合作运动确实是工人解放斗争中的一个有效武器的话，那么所有同志也就有义务成为这一运动的积极分子。委员会在表达这一点时虽然没有使用有绝对约束力的形式，但是注重强调声明：迫切希望全体工会会员和党员同志履行自己对于消费合作社的义务。消费合作社自然包含若干社会主义的工人不会永远赞同的倾向。社会党人在消费合作社内的工作必须以克服这种倾向和把消费合作社变为一个真正有用的斗争手段为宗旨。他们必须把消费合作社变成为不仅仅是单纯分配商品的场所。他们可以在以下几个方面履行自己作为社会党人的义务，在纯利的分配上，在有可能过渡到自给生产和产生更高级的生产形式时，最后还有在消费合作社应对党和工会采取什么态度这一问题上。回答这最后一个问题，在委员会中绝不是轻而易举的。不少委员表达了这样的意见，即党与消费合作社之间必须存在一条有机联系的纽带。另一派则强烈要求合作社必须维护自己完全的独立。最后一致达成了现在提交给大家的这种措词。我们用这种措词表明，合作社是否愿意和在多大规模上直接使用自己的资金给予政治运动和工会运动以支持，由各个国家的合作社自行决定。我们根本不是对于比利时或者德国那种党和合作社共同决定纯利分配的体制进行某种批评和指责。相反，我们记得，正是比利时人30年来顽强的工作才促使国际现在研究这个问题。我们向这些同志表示感谢，他们不是以一个公式，而是通过形象教学以一项业绩丰富了世界。但是除了比利时的事例，我们还要赞扬汉堡生产的事例。汉堡生产直接促进了无产阶级的斗争，并且像比利时的方法一样采用了更近似于并更适合于德国精神的途径达到了同样的成果。我们既不能谴责比利时的体制，也不能谴责德国的体制，而是必须表明，社会主义精神占统治地位的任何国家的任何一个合作社在国际内都是欢迎的。必须由各个国家的同志根据自己的意见和政治组织与消费者组织的发展情况决定如何调整才是他们所认为最好的。因此我们表示，尽管我们承认合作社维护自己完全的独立是必要的，但是我们仍然希望合作社组织、工会组织和政治组织之间的关系愈加巩固，如果所有社会民主党的工人都是自己工会的会员、所有工会会员又都是消费合作社社员，那么我们必定会顺理成章地建立起消费合作社、工会和政治组织之间有机联系的纽带。在我们尚未达到这一步的时候。我们必须限于希望这种关系将日益密切。如果恰恰是在今天就要求合作社与政党的有机联系的那些同志，我指的是盖得派，却嫌在党组织内部对合作社的价值贬低得还不够，在我们看来这无论如何都是个矛盾。用这种方法是不能造成有机联系的。（有人喊："非常正确！"）决议案最后强调，以本决议为基础的任何国家的合作社都应建立统一的联社。这样强调绝不表明，为实现纯粹合作社的目的还要建立其他较大的合作联社、大购货点等等。然而以本决议案为基础的那些合作社首先应在它们自己中间建立统一的联社，从而把各个合作社联系起来共同工作。

党员同志们！我们的决议将给予消费合作社以过去未曾给予过的国际社会主义的承认，并且我们相信，今后合作社社员将以新的精力和劳动兴趣在所有国家开始着手把合作运动变成无产阶级解放斗争中一个愈益重要和不可缺少的手段。（热烈的掌声）

欧文（英国，社会民主党）：今天早晨有人指控英国工会没有履行自己的国际团结的义务，因为它们并不具有社会主义精神。完全正确！而这一指控更一千倍地适合于英国的合作社。它们对社会主义连起码的理解都不具备，如果说我们对它们有所感觉的话，那就只是它们的敌视态度。它们的社员群众是由自由派和保守派的工人组成的，他们正是通过合作社而使自己内心充满着心胸狭窄的反社会主义的精神。因此，我们将不得不对决议案中说消费合作社是教育工人和使生产社会化的宝贵手段的那句话立即提出抗议，因为英国的合作社从来就不具有无产阶级团结的精神。自然，我们同意决议案的一般精神，我们批评的只是，它没有考虑到我们针对合作社进行适合于英国的鼓动的需要。（英国社会民主党代表们鼓掌）关于工人保护的决议案也有同样的问题。今天上午我们对这项决议案没有发言，尽管英国代表团迫切要求发言。（英国人喊："非常正确！"）那项决议案完全站在那种"国务活动家政治"的立场上，今天早晨这种政治就遭到了批判，因为它是妥协的结果，并且根本没有超出资产阶级社会福利政治家的通常的代表大会所可能作出的决议。我觉得，我们在这里好像架起了许多大炮，但是发射的不是炮弹，而是点心。（笑声，英国人表示赞同的喊声。）我们在这次代表大会上为保护儿童所提出的要求落在了我们25年来在英国所维护的东西的后面。我们在关于工人保护的决议案中强调它对资本主义甚至也有好处，这是多么荒谬。似乎我们聚会于此是为了资本家的利益操心而不是为了破坏资本主义。我们抗议，由于妥协精神而使我们革命的最终目标退居次要地位。妥协工作是毫无价值的，要是为了妥协，我们就没有必要把各国社会党人搞到哥本哈根来。我们将像投票反对工人保护决议案一样投票反对这项决议案，并抗议代表大会的整个做法。（英国社会民主党鼓掌）

维博（荷兰）：我们同意委员会的决议案，但是我还想说几句话阐述荷兰、法国和比利时对合作社问题的特殊立场。

我们赞成合作社同党紧密结合，应向党缴纳党费。德国人和奥地利人向我们解释说，由于法律上的障碍交纳党费在他们那里行不通，但是由于合作社在工人运动的发展中所拥有的历史地位这样做也是不可能的。这些理由说服了我们，不过在此我们要声明，我们将继续我们的实践，并且认为缴纳党费是合作社行动的最好形式。报告人对盖得的合作社问题的观点复述得不完全正确。它并不像报告人所阐述得那样狭隘，其实它同我们的观点完全一致。他也认为合作社对于无产阶级的解放斗争有巨大的意义，前提是合作社要直接支持党。我们认为，由社会党人组成的小合作社要比那些大合作社为好，因为建立了大合作社我们就会遥遥无期地坐等社会主义。因此我们主张，合作社要按章程规定将其利润的一部分缴纳给政治组织。（比利时人、荷兰人和法国北部代表喊："好！"）

胡斯托[①]（阿根廷）：决议案虽然是一个进步，但在理论上是不正确的，它把夺取政权说成是真正的目标。但实际上，工人运动的目标远不止于此。决议案所主张的东西是极其复杂的，因此通过这样的表述无法解决的，而在这方面合作社则起着巨大的作用。然而只有当合作社与工会不被置于政治组织之下时，它才能起到这种作用。为表明对合作社的更高的评价，发言人建议，决议案中应谈到，消费合作社的使命是，不单单帮助准备生产和交换的民主化与社会化，而且要实现之。

冯·埃尔姆：英国同志的发言使我十分惊讶。我们的英国同志没完没了地抱怨，英国工会和合作社不具有足够的社会主义的精神。但是当我们在一项决议案中打算表示他们应该关心用社会主义精神去充实这些团体时，他们也不高兴这么做。说到底结论恐怕应该是，他们对自己的人民丧失信心。我对英国工人的评价比这里的英国人自己要高。发言人

[①] 即德胡斯托。——编者注

对英国合作社的判断也与事实不符。说英国合作全然是非社会主义的，这话不正确。它们不止一次地本着自由的精神促进了工人阶级的斗争。在委员会中一位英国同志说过，英国合作运动创造了一种形式；对我们来说就是要利用这种形式并且用社会主义精神去充实它。我要加倍强调这句话。这里我们看到的是大的组织，如果英国人要在这些组织内为社会主义而活动的话，那么结果也会更好。英国同志担心，这个决议案会使我们离开社会主义的最终目标。关于如何才能最迅速地达到这一最终目标的争论已经不新鲜了。但是我们德国人相信，为了工人本身而切实工作就是做到这点的一个方面。通过我们参与立法的活动，工人就会被用社会民主主义思想所充实。因为对工人进行启发教育毕竟是主要的事。（有人喊："非常对！"）在全体大会这里争论体制问题，是德国的体制好还是比利时的体制好，我认为是多余的。我本来可以期望维博不会先在这里介绍比利时的体制。在这个问题上我们有不同看法，而且实践也没有使我们相信我们的体制更不好。我们有三种运动：政治运动、工会运动、合作运动。各有自己特定的任务。但我们成功地以统一的社会主义精神去充实这三项运动。（掌声）我们曾经教育过我们的工人，要缴纳工会会费和党费。我们不愿意使我们置于一切之前的党陷入对工会或合作社的依赖。（热烈的赞同声）比利时合作运动的发展不同于我们。在这方面他们走的是另一条航道。维博同志宁可要清一色由社会党人组成的小合作社也不要大合作社。相反，我们则认为，合作社只有大，才能对社会主义有所作为。（热烈的赞同声）因此什么人参加合作社我们都不阻止。我们对所有的人说：尽管来加入吧，做个合作社社员吧！我们身为社会党人肯定要关心合作社本着社会主义精神去发展。这样，合作社就会成为我们阶级斗争中的一个武器。对英国同志来说也会是这样，如果他们尽到自己的职责的话。主要的是要有行动的愿望。（热烈的掌声）

伯格比尔（丹麦）：我可以代表斯堪的纳维亚代表团声明，我们一致同意委员会的决议案。我们将怀着自豪和喜悦的心情投赞成票。因为将把自己的名字赋予这一决议案的是一个斯堪的纳维亚城市，并且因为国际社会民主党将通过这项决议从实践上和理论上对合作社问题表明态度。瑞典代表们本来更喜欢未作改动的德国的决议案，而挪威人则更赞成比利时的决议案，但因为德国人和比利时人都赞同现在这个决议案，所以瑞典人不想比德国人更坚持德国的决议案，挪威人也不愿比比利时人更坚持比利时的决议案。我们丹麦人觉得现在这个折中议案特别合适。决议案中所要求的合作社与党之间的那种关系，正是在丹麦这里社会民主党与工会之间现存的这种关系。两个运动是完全独立的。但它们又通过人员的联系而团结一致地并且满怀同一种的社会主义思想向着胜利前进。（掌声）这个决议案就是1907年斯堪的纳维亚工人代表大会一致通过的决议的一个更加扩展了的形式。

　　常常有人说，丹麦社会民主党人以至整个斯堪的纳维亚社会民主党人特别乐观。这话确实说得对，然而乐观主义不意味着中庸之道。（掌声）我们认为，社会民主党越是乐观，越关心活生生的现实，越努力争取在社会生活和政治生活中更有影响，就会越彻底。在我们看来，社会主义不仅是单纯的理论，它是一支生动的力量。一旦工人阶级充满着社会主义的精神并且想到自己完全解放的那一天，我们就可以毫无危险地采用在争取解放的斗争中所存在的一切手段。法国老一辈马克思主义者曾教导工人把普选权从一个为资产阶级服务的欺骗手段变为阶级斗争的一个武器。从那一时刻起资产阶级就不愿意理会普选权了。同样，我们已使工会成为引向一个更高级的社会的整个工人运动的主要工具。从此以后，对于工会的保守性的担心也消失了。现在我们要把合作运动变成整个工人阶级手中的一个工具。曾经为把国际社会主义思想灌输给工人阶级而含辛茹苦斗争过的老一辈是应该给予赞扬的。这一思想如今已深入一千万工人的心中,现在我们已强大到不仅足以利用普选权,而且还足以利用工会和合作社。如果我们不愿意利用现有一切手段,我们就会损害工人的利益。(有人喊:"说得好!")社会主义的理论不应该是不带来任何成果的。我们不是宿命论者,马克思更不是,他的确说过,工人的解放必然是他们自己的事业。工人阶级越强大,越兴旺,我们就越接近我们的最终目标。改革没有使工人变得更温和,而是变得更彻底,更不肯善罢甘休。吃到嘴里,胃口就来了。丹麦工会克服了最近这次危机而会员人数没有损失,并且劳动条件也没有恶化,相反它们的力量和人数在不断增长。幸好铁的工资规律不存在了。如果工人阶级从社会这把梯子上下降得越来越低,我们就不能推翻目前这个社会。即使突然爆发一场革命,我们恐怕也无法组织和管理一个新社会。无产阶级必须要成为一个有良好组织的、心明眼亮的工人阶级,对于所要达到的目标非常明确。对工人阶级的这种改造是社会民主党的事业。我们要解除资产阶级的武装,把他们的所有武器统统夺过来:我们将把普选权、结社自由、合作社思想、精神解放交给工人阶级。而资产阶级将感到恐惧,它会设法毁掉自己的自由,自己的文明。法制将置它于死地,自由将是它的毁灭,因此我们的竞选口号必须是:在我们伟大的思想鼓舞下,拿起一切武器前进。

因此,合作社绝不是资产阶级的救命手段。相反,合作运动妨害着资产阶级的利益。我们的工会合作社斗争比起我们的政治斗争更促使资产阶级分子结成反动联盟。但是如果我对工人说,单有合作运动就够了,你们得放弃工会斗争和政治斗争,那么资产阶级会赞扬我。可是如果我们同时向工人推荐这三种手段,那么无论是小资产阶级还是大资产阶级都要发怒。如果我们表现出一种激进主义拒绝并谴责合作社,那么我们在竞选中或许能多得一些选票。不过这样做就会是自己谴责自己。贝努瓦·马隆曾说过,如果情况要求的话,我们要永远是改良主义者同时又是革命者。是的，恰恰在我们的实际工作中和进行日常斗争时，我们是革命者。改良将是革命的准备。工人阶级通过利用工会运动与合作运动还有选票作为武器来加强自己的权力手段，以夺取政权，剥夺剥夺者，并在集体所有制和人民团结与各民族团结的基础上建立一个新社会。（热烈的掌声）

卡尔珀勒斯博士（奥地利）做总结发言：他请求代表大会对决议案经过认真考虑的文稿不作任何改动。他不打算介入维博和冯·埃尔姆之间的争执。因为现在这个决议案既允许德国人也允许比利时人按各自过去的做法完全本着国际的精神继续进行合作社工作。十分奇怪的是，英国代表欧文说，他认为不能投票赞成决议案，因为上面写着，在合作社内不许削弱社会主义精神，而英国的合作社根本就没有这种精神。这是根本错误的。不仅许多苏格兰的同志向政党直接缴纳过经费，而且英国的合作社正是从社会主义的精神中产生出来的。因为英国合作社的发展是同罗伯特·欧文的名字联系在一起的，他首先把他的社会思想包含在建立合作社之中。如果说情况已经改变，如果英国的合作社今天已经不再有社会主义的精神存在，那么这是现在的社会民主党人之过。因为他们不是参与合作社的工作，而是站在局外一味批评和抱着怜悯的态度冷嘲热讽地傲视那些在合作社中为工人阶级工作过的同志。我请求大家一致通过决议案。（掌声）

代表大会在热烈的表示赞同的掌声中通过决议案，**只有极少几票反对**。

主席**克劳森**：现在开始讨论确定下次国际代表大会的时间和地点。

胡斯曼建议接受奥地利全体代表的邀请，1913年在维也纳召开。

维克多·阿德勒（受到暴风雨般的掌声的欢迎）：当奥地利代表团认为自己可以邀请国际社会党代表大会和国际工会代表大会在维也纳召开时，它明了自己请领到一份巨大的责任和一份巨大的荣誉。国际社会党代表大会逐渐由西方移向东方。我们在巴黎、伦敦、苏黎世、布鲁塞尔、阿姆斯特丹、斯图加特召开过大会，现在是在哥本哈根，而眼下就要奔赴维也纳。我们意识到，在向各位发出这一邀请时，我们是在向这座奥地利的古老城市大加恭维，而如果代表大会准予这种恭维的话，那么就可以说，对于在自己城郭之内接待国际社会党代表大会，古老的皇都维也纳将会受宠若惊。（哄堂大笑）诸位到我们那里去时，将会看到一个在艰苦斗争中变得强有力的党；会认识到，维也纳不仅是个皇都，而且也成了社会民主党的中心，在维也纳已经由奥地利各民族的无产者粗壮的手臂树立起红旗。（暴风雨般的掌声）我知道，维也纳素以欢乐著称；音乐之声四处洋溢、安适可爱、富有生活情趣。我是最终要破坏或者说指责维也纳这种名声的人。但是我们自己还应该要求，不仅有安适可爱，而且还要有劳动的乐趣和无产阶级斗争中的愉快。（再次响起暴风雨般的掌声）维也纳不单是反动的中心，它还是阶级斗争——同其他资本主义国家中所进行的阶级斗争一样严峻的阶级斗争——的中心。同志们，如果你们接受我们的邀请，就请大家相信，我们将竭诚尽力。在哥本哈根这里确实难以许诺给大家以良好的接待，不过哥本哈根现在没有参加竞赛。无论如何，你们要接受我们如下保证，即在我们奥地利你们将会看到一支真正的社会民主党的群众，你们将会获得真正的革命感受，见到坚定的老战士，感觉到真正的国际。（暴风雨般的掌声）我们将本着这样的精神来欢迎你们。请允许我再补充一句，邀请是整个奥地利支部提出来的，我们确信，你们在维也纳将会看到奥地利社会民主党是一个团结一致的党。（暴风雨般持续不断的掌声）

下一次国际社会党代表大会将于1913年在维也纳召开的建议获得**一致通过**。

莫尔肯布尔：代表大会即将结束。在此我们应当想到那些为此次代表大会付出了许多努力、做了许多工作的人。凡是从德国来到哥本哈根的人，对如下这一点肯定都感到惊喜。在格里本的旅游指南中写着，哥本哈根有九个月冬季而夏季不足三个月，肯定是个不可救药的疑心病患者兼职业诽谤家这样写的。这里有这么多阳光明媚的时日，是今年整个夏天我们在别处还未曾见到过的。（哄堂大笑，热烈鼓掌。）因此，大概我可以说，这种晴朗的天气在我们于此地所遇到的艺术中找到了自己的对称物。星期日早晨大会开幕时的大合唱十分精彩地表现了全世界无产者的齐心协力和团结合作，这在国际代表大会上恐怕还从来没有过。继愉快的、美好的开幕式之后是一幕幕愉快的场面。丹麦同志令人惊异的表现，特别是庆祝游行，它表明哥本哈根组织起来的工人为数众多。（热烈的掌声）各种数不清的组织在自己的旗帜下行进，它们证明丹麦无产阶级是多么兴旺，它可以为自己要求做国际无产阶级大军中的一个尖刀营的权利。（暴风雨般的掌声）

我们在此地度过了十分愉快的一个星期，感谢你们所呈献给我们的一切。在此请允许我以所有讲德语的代表团的名义向丹麦同志致谢。请允许我还要说一说我们的书记胡斯曼，他是国际内起联系作用的关键人物。（暴风雨般长时间经久不息的掌声）他以在这里的顽强工作证明，一个满腔热情胸怀大志的人能做出何等的业绩。（热烈的掌声）请允许我也向翻译们表示感谢，有了他们，才使我们有可能对整个大会讨论有充分的了解。从前当居住在这里的北方各民族出征的时候，就引起其他民族的恐惧。今天在丹麦民族也还保留着一些诺曼人古老的遗风。现在你们征服了所有来到哥本哈根的人的心。（暴风雨般的掌声）在有组织的力量方面，丹麦人的榜样也给了我们教益。因此我们回到自己的国家以后将本着同样的精神继续工作，以此来表达我们的感激。现在我们播下了种子，它在遥远的未来必将开花结果。而当果实成熟的时候，哥本哈根的名字绝不会被遗忘。因为这里有一支强大的、目标明确的无产阶级大军为推动国际运动前进作出过自己的贡献。（暴风雨般的热

烈的掌声）

闭幕演说没有译成大会使用的三种语言，而只是由布兰亭用斯堪的纳维亚各种语言作了转述。

同样受到暴风雨般的掌声欢迎的**希尔奎特**（美国）代表讲英语的代表团致词：美洲各代表团由于各国的地理位置的原因比起其他民族的代表团更少有可能同世界各国的同志们进行个人交往。因此对于他们来说国际社会党代表大会的重要性更大、意义更高，不是因为决议和切实的措施，而是因为无产阶级的兄弟情谊这种精神，因为同各国同志们久别重逢。为此他们远涉重洋行程近四千英里，但是为了再次表示同整个国际无产阶级同心同德，哪怕有三倍于此的路途他们也在所不辞。如果我们看一看显示出三四千万来自工会、合作社和政治组织的男女工人的那些集会，再回顾一下运动的历史和尽管遭受万般迫害却并未停止的成长过程，我们不能不说，这个运动本身就是我们必胜的保障。

历史能够创造出像我们这样一个运动，如此广泛，如此团结一致，如此不可阻挡地向前迈进，不是为了让它毫无结果地自生自灭。哥本哈根代表大会是社会主义史的一个里程碑。它之所以获得这样的意义，我们首先要归功于丹麦同志，是他们使我们这次聚会圆满成功。因此我谨代表讲英语的代表团向丹麦同志表示最热烈的感谢。（热烈的掌声）我们还要向胡斯曼同志致谢，恰恰是美国代表团及其为数众多的客人给他带来了许许多多的麻烦。他对待所有纠缠不休的人都是那么善意亲切，为此我们有责任对他表示特别感激。最后请允许我向我们国际局主席王德威尔得同志表示感谢，他以他那种献身精神、一贯和蔼可亲的方式领导了我们大会的讨论并取得现在的结果。（暴风雨般的掌声反复不断，此伏彼起。）

饶勒斯（全场热烈欢呼表示欢迎）：在丹麦同志的种种款待中我们不仅感受到了国际团结的力量，而且还感受到了丹麦人民那种感人的殷勤好客。最近,当我们在星期日下午看到那令人赞叹的庆祝队伍行进在哥本哈根的街头时,如此壮观同时又如此生气勃勃,彩旗无数、花朵鲜艳、满布着嫩绿的树枝构成一幅色彩缤纷的图画,那时我想,我们可以用莎士比亚《麦克白》剧中的话向资本家喊道:你必败无疑,如果这树林冲着你移动。①(暴风雨般的掌声持续数分钟)实际上,无产者的大森林已从这里开始向资本主义的统治移去,并且在这值得赞佩的斗争中丹麦党正在大踏步前进,通过合作社、工会和政治等领域中各种组织和行动形式的自由联合,在民主和社会主义的精神的引导下,团结在一个伟大的党内。(暴风雨般经久不息的掌声)这种团结一致的丹麦精神也贯穿于大会的整个工作之中。因此,从未有过一次社会党代表大会像哥本哈根代表大会这样洋溢着社会主义团结一致的精神。在工会问题上,我们向捷克人和奥地利德国人表达了迫切的愿望,希望他们的争端不应松弛团结的纽带。维克多同志说,三年后在维也纳我们重新看到的将是一个完全团结一致的奥地利社会民主党,我们希望他的话不久就会成为事实。我们不愿意捷克同志带着任何愤懑的心情离开此地,因为在这里我们赞赏了他们的力量,他们的朝气,他们的阶级觉悟,还有他们的国际信念,并且不愿意失去国际内的任何一支国际力量。(掌声)在合作社工作方面我们也证实了这种团结一致,因为我们建议所有参加国用社会主义精神去充实合作社。我们曾使所有社会党团结的呼声响彻云霄。那一年,在阿姆斯特丹许多民族作出团结的决议,以此来证明他们对法国的友情,而当时我们还没有取得团结。(笑声)我们感谢大家这

---

① 该剧第四幕第一场,第三个幽灵最后说了这样一句话:"麦克白永远不会被人打败,除非有一天勃南的树林会冲着他向邓西嫩高山移动。"(《莎士比亚全集》第8卷,人民文学出版社1978年版第362页)后来在第五幕第五场也有类似的话。——译者注

种同情的表示,并且以自由纪律的权威贯彻了大家的决议。愿今天尚未实现团结的各国党也能以这种自由纪律的权威来充实自己,以使全世界的无产者团结一致。

我们终于有力地表达了各族人民的团结一致,表达了世界各地各民族的团结一致。昨天国际指出,它是认真对待阿姆斯特丹和斯图加特的各项决议的,并准备用一切手段,如布兰亭所说甚至采用最尖锐的手段去反对各国政府和资产阶级引入战争歧途的企图,我们肯定还会遇到这种企图的。我们知道,为同民族主义的迷醉进行斗争,我们仍然少不了要激起各族人民的狂热。但是我们也知道,在议会中和在辛迪加里组织得越来越良好的无产阶级日益增长的威力,在各国越来越有可能通过对社会正义的大声疾呼减少战争的爆发。(热烈的掌声)累德堡同志昨天使我们想到了色当战役四十周年纪念,唤起德国人民和法国人民那些共同的可悲的回忆。我们可以毫无难堪和羞愧地谈论这个纪念日。我可以重复我在其他场合曾多次说过的话,1870年时两国人民都失败了,因为两国的民主无力胜任自己的使命。我们法国人战败了,然而即使你们德国人至今也在忍受着1870年胜利所带来的后果之苦,那次胜利招致了对德国实行野蛮的军事统治。当时战争是必然要爆发的,因为法国资产阶级和德国资产阶级都已完全不中用了:1851年法国资产阶级对无产阶级的独立行动刚刚有所恐惧,便投入拿破仑第三的怀抱;德国资产阶级则表明自己没有能力通过1848年德国革命统一德国。因此俾斯麦就必然要用铁与血来实现民主在德国未能做到的事。然而两国无产阶级决不会像两国的资产阶级那样不中用。我们一致决心全力以赴,以达到社会正义和全世界工人的解放的胜利。我们一致决心,使从这里再次响起的各国被剥削的人民的呼声继续下去,直到社会主义取得完全的胜利。(暴风雨般的掌声持续数分钟,人们向饶勒斯欢呼。)我们法国人也要满怀这种团结一致的精神再一次向我们的书记胡斯曼,向丹麦同志

表示感谢，感谢他们的亲切接待。丹麦无产阶级万岁！丹麦社会民主党万岁！国际万岁！（暴风雨般的掌声）

布兰亭（瑞典）：以挪威、芬兰和瑞典代表团的名义感谢大会的亲切接待，感谢大会期间对他们所表示的盛情。三国人民虽然无法通过大会使用的任何一种语言来很好地了解讨论情况，但是在他们共同的斯堪的纳维亚国家中他们靠得更紧了。除大的国际之外和在大的国际之中还有一个斯堪的纳维亚的兄弟之交。斯堪的纳维亚各族人民团结得越好，他们就越容易发挥自己作为精神力量的重要性，并且作为精神力量他们在国际内部将会获得自己的权利。整个斯堪的纳维亚无产阶级的团结万岁！（暴风雨般的掌声）

主席克劳森：我们即将结束第八次国际社会党代表大会。代表们就要离开这里并在各自的国家继续从事启发教育和组织的事业。为社会主义伟大事业的斗争在大会之后将比大会之前进行得更加有力。此时此刻请大家允许我代表哥本哈根的工人——他们还从未在他们的城市里看到过如此盛大的、有影响的代表大会——对于各位的光临表示最衷心的感谢。请大家允许我替丹麦社会主党向大家表示感谢，丹麦社会民主党受到了鼓舞并将永远怀着自豪的、喜悦的心情回忆这些日子。但愿你们对在这里所受到的我们竭尽全力所作的接待感到满意。我们希望，你们将怀着亲切的感受时时回想起在我们国土上的这次旅行。各民族由于语言、习俗、国家和宗教，由于许许多多的原因而分开了。然而我们大家在继续行动和为全世界无产阶级的胜利而斗争的决心中却是团结一致的。（暴风雨般的掌声）

王德威尔得：在大会就要结束的时刻，我想表达一下我内心的感情，我知道这种感情也是你们所共有的。我们在这里度过了令人难忘的日子，就在饶勒斯以他那强有力的话语使这次代表大会的工作又一幕幕在我们眼前重现时，我意识到，我们在这里度过的一周是友谊、工作和斗争的一周，是把我们和我们的丹麦东道主联结在一起并且若干年之后再次使国际的先锋战士们会聚一堂的友谊的一周。当我们每隔三年相聚一次的时候，无论我们变得多么强大、多么有力，我们都将在战友的面庞上看到党在过去三年里所经历过的考验和斗争所留下的印记。为日益接近我们的目标，更进一步地推动我们的运动和更强有力地组织我们的行动，我们度过了工作的一周，严肃而又极其紧张地工作，畅所欲言。我们还度过了斗争的一周，当今最崇高的斗争的一周，最伟大、最神圣的争论的一周。我们争论了如何才能最好地促进无产阶级的解放的方法。但是在促进解救全人类的目标上，我们从来都是一致的。（暴风雨般的掌声）落后的各族人民以自豪的心情看到了那些资本主义已十分强大并造就出一支社会民主主义大军的国家的人民，看到了社会民主党业已强大的国家的人民。然而在本次大会上我们也学到了，没有革命社会主义的鼓舞人心的力量，没有对我们伟大事业的献身，没有为我们事业的胜利而付出一切的牺牲精神，组织的所有实力都等于零。因此，在我们分手之际，我们要高呼：社会主义万岁！无产阶级解放的国际万岁！（暴风雨般、长时间经久不息的掌声）

第八次国际社会党代表大会闭幕！

  法国人唱起国际歌，接着奥地利人唱起劳动之歌，德国人唱起社会党人进行曲，瑞典人、丹麦人、挪威人和英国人各自唱起了自己的战斗歌曲。最后全体与会者热情高涨地唱起国际歌，在高呼"劳动国际万岁"、"革命的社会民主党万岁"的口号声中散会。

  晚间在哥本哈根市政厅举行告别庆祝晚会。

各委员会会议

第一委员会：合作社

第一次会议

（8月29日，星期一）

委员会选举**安塞尔**同志为主席，**冯·埃尔姆**为记录员。

贝尔特朗（比利时）阐述比利时支部提出的决议案。他说，比利时社会民主党建立了工会和合作社，从而取得了巨大的进展。他们承认同其他国家情况不同，特别理解德国的发展，在那里合作社同政党结合受到法律的阻碍。但是比利时人认为，他们的做法对所有国家来说都是值得力争的，因此接受他们的决议案将会促进他们的做法。

冯·埃尔姆阐述道：我们德国人认为比利时的先例对我们来说不值得效法。在德国政党、工会和合作社这三个运动是分开的。如果试图使党和合作社结合，无疑会使党陷入对合作社的依赖，这肯定不符合党的利益。每个工人都觉得自己有责任为这三个运动作出财政上和思想上的牺牲，这种状况应该停止。必须教育工人应当从各方面去支持政党，以使政党保持独立和强大。合作社关心的是，无分政治、经济与宗教把所有消费者联合于自身。我们当然同意，合作社应当尽可能办得有利于工人运动，并且如果工人们愿意这样做，他们也是能够做到的。例如汉堡的"生产"合作社为工人运动和为工人所做的事至少不亚于其他国家的合作社。我们肯定丝毫没有贬低比利时的功绩的意思，但是代表大会不应作出在细节问题上对各个国家有约束力的决议。应当为共同努力争取的目标制定方针。

卡尔珀勒斯（奥地利）虽然我们不能把比利时的先例引用到奥地利，但我们仍毫不迟疑地高度赞扬比利时人的功绩，而且贝尔特朗同志和安塞尔同志应当把国际代表大会讨论合作社问题看做是对他们过去多年因为这个问题而遭到嘲讽的一个赔礼。在本次代表大会上我们应当注意的是，首先要求工人参加消费合作社，不是为了个人的好处，而是他们所致力的伟大事业。我们不能事先给我们的消费合作社作什么规定，他们决不欢迎这样的做法。按照德国汉诺威的决议案去要求合作社应成为政党运动的一部分，这是不可能的。我们必须首先设法使社会党人在消费合作社内推行自己的意图。这样的话，在今后的代表大会上我们就将能够再进一步。

埃利（法国）同意冯·埃尔姆的意见。在法国，合作社是党建立起来的，因此在法国的发展与比利时的发展就不同了。所以在代表大会上应为除比利时以外的所有国家开放各种未来途径。

安塞尔（比利时）：说比利时人限制合作社的自治，这是不正确的。在比利时，合作社是自治的，必须搞清"什么是中立"这样一个问题。在罢工中，在经济斗争与政治斗争中，合作社必须站在工人一边。这就是说放弃中立。代表大会有权同样为合作社指出应走的道路。合作社本身并不是社会主义，在财政、工业和商业方面它只是资本主义的机构。因此，我们必须表明，合作社与政党的关系——即使不是组织上的关系——至少应该是密切的。阐述这点是编辑的问题，我们应交给一个委员会去制定一项建议。

斯帕戈（美国）：合作社问题在美国长期以来是个理论问题。自从斯图加特国际代表大会以后，情况有了改变。但是，在美国仍然没有哪一个大的消费合作社取得过什么成绩。到目前为止，仅仅成功地保持了操同一语言的移民、黑人等的合作社。不要给美国作政党与合作社之间要建立有机联系的规定，而应争取把比利时决议案同法国决议案合起来。

第二次会议

（8月30日，星期二）

冯·埃尔姆阐述道：卡尔珀勒斯抱怨德国党的中立。我们对汉诺威的决议案极为满意。中立不是好的表达方式，它可能引起种种误解。我们也需要非党同志参加合作社。我们党不需要从工会和合作社得到钱，我们教育自己的党员用自己的钱缴纳党费。但我们不愿给外国的合作社制造什么困难，因此现在不应该提出任何它们无法实现的要求。中立不意味着对整个政治不关心。中立不意味着敌视社会主义。反对物价上涨的斗争在我们这里也迫使合作社关心起政治。安塞尔说过，如果一个消费合作社有百万财富却不肯为罢工献出分文，这就是背叛。这是一位党的人士而不是合作社社员说的。在瑞典总罢工时情况究竟如何呢？（安塞尔插话："说的是比利时！"）是的，可我们是国际的。我们有责任把任何一个罢工都看成是自己的罢工，如果它具有如此巨大的意义的话。因此，如果我们在这些事件中不削弱合作社的财政，这不是背叛，因为它们需要达到自己的目的，而没有这笔资金就不能达到它们自己的目的。甚至党也不能为所有事献出自己的钱。

冯·埃尔姆（德国）提出如下决议案：

在消费合作组织内，排除了使生活费用昂贵的居间贸易的利润，消费者以成本价格获得商品，同他们在合作社自给生产中获得不含有私人企业主盈利的商品完全一样。这两种组织还适合于反对特别是卡特尔和托拉斯哄抬物价的趋势。所有合作社企业均应在工资和劳动条件方面以及保健方面树立榜样。它们有责任对供货者的劳动条件也施以这样的影响并从而支持工人的经济斗争。消费合作社组织也是使妇女认识到组织的价值、教育群众民主自治和促使商品分配组织及生产组织极高度地发展的手段之一。所以,消费合作社组织和与之合并的生产合作社应视为实现社会的民主化与社会化的一个手段。代表大会声明,在反对资本主义的斗争中政治组织、工会组织与合作社组织的统一行动是必要的,但是三者之中每一个组织都各有自己要完成的任务,因此每个组织在其作出决定时必须是独立的。合作社是否直接使用自己的资金支援政治运动和工会运动以及支援的规模,由合作社自己斟酌决定。合作社组织最好通过下述做法来服务于整个工人运动的目的,即不要首先把盈利归还给社员,而要用于为自给生产积累资金和用于设立社员的应急基金与救济基金。

由于这一切原因,哥本哈根国际代表大会建议全体党员和工会会员通过参加和经常购货来促进消费合作组织,并且抵制按宗教、民族和政治派别分裂消费合作组织的任何做法。

王德威尔得反对冯·埃尔姆在瑞典总罢工问题上对比利时工人的指责。他们尽到了自己的义务。必须表明,在所有这三种组织中必须有一种思想为主导,不是组织上的合并,而是要有尽可能紧密的联系。这一点在消费合作社方面比起工会更有必要。工会可以只接纳工人入会。它当然要搞阶级斗争。但是合作社却是什么人都可以接纳,甚至不具有社会主义思想的资产阶级分子也接纳。他们不向党缴费。他们放弃缴费,尽管每人每年只有一角钱。关键的问题是,合作社必须是阶级斗争的组织。德国工人会设法使消费合作社永远保持社会主义性质,德国的合作社搞的是社会主义,但是没有这么讲。比利时的合作社搞的同样是社会主义，而且也这么讲了，在社会主义运动还不十分强大的小国需要更加有力地强调阶级斗争。

托马（法国）：恰恰当合作社本身不是社会主义的时候，我们才需要使之成为社会主义的。比利时的方法在法国会导致危险的分裂。他推荐法国的决议案，因为它也赞成维护国际性。

盖得（法国）代表法国少数派发言。夺取政权是需要的。只有当合作社促进了这一目标时，它才是好的。这就是说不能否定它，而只是给它指明正确的地位。在德国消费合作社是小股份公司。冯·埃尔姆丝毫没有设法指出合作社的社会主义表现在哪里。可是托马说了，按消费分配纯利。这是资本主义的。我们不仅要对工人说，他们应该入社，而且还要对他们说，应该在阶级斗争中利用合作社。

怀特利（英国）说，英国的消费合作社也已经进行了政治活动，参加了议会委员会。它们还把兴趣转向工会。然而另一方面，社会党人至今还没有为消费合作社做过任何事情。不过他们将来会做的，并从而把社会主义带到合作社中去。

卡尔珀勒斯（奥地利）：冯·埃尔姆同志谈了比利时体制取得的成绩，我要指出奥地利的运动，这一运动尽管年轻，但是已经可以看得见了。从政党宣布每个党员都应当是消费合作社社员之日起，合作社才有了发展。当然奥地利的消费合作社什么人都可以参加。但是，在党的代表机构中现在有一名消费合作社的代表，反之亦然。在我们那里法律条例同德国是一样的；但是这些条例却没有阻止我们在选举时履行我们的义务，照样向党缴费。我们教育我们的社员，使他们不再去注意红利。我们以社会主义的精神教育他们。所以我们没有要求合作社缴费，但是在思想上我们是绝对一致的。这是我们取得进展的基础。

武尔姆（德国）：进行阶级斗争的教育是要务。谁以为消费合作社或合作社的钱可能对党有用处,谁就错了。我们用钱买不到政治上的胜利,因此我们反对消费合作社有为政党缴费的义务。个别党员同志应自觉自愿缴费。形式要视每个国家政治教育的程度而定,因此运动必须有极大的自由。如果只有一种组织,那当然很好,但是工人阶级还不统一,所以我们只好立足于分开,我们不想把这强加给别人。我们的合作社把自己的兴旺只归功于社会民主党。我们永远不可忽视,它只应该是阶级斗争的一个手段,没有了阶级斗争的精神它就不能有任何作为。我有这样一个感觉,有人在考虑那些来自比利时和法国的建议时所怀有的愿望不是去帮助合作社而是去帮助党。有人想为党强拉来一些党员。谁到消费合作社那里买东西,谁就是党员。我们是小心谨慎的,我们想要的只是有信念的党员。因此我们不能强迫自己接受那些并不适合我们情况的公式。

巴拉巴诺娃(意大利)赞成三个运动分开。

克罗格(挪威)报告说:挪威的合作社过去是按资产阶级的旨意工作的。但是如果它本着比利时的精神行事,工人也会参加。绝大多数挪威人同意比利时决议案。

莫德拉切克(波希米亚)赞同法国决议案,他反对德国决议案,因为它有可能使人产生误解。

舍斯特伦(瑞典)表示赞成德国决议案,反对比利时决议案。

维博(荷兰):冯·埃尔姆说,荷兰的合作社之所以没有取得良好的成果,是因为采用比利时的体制。然而我们的运动之所以较弱小,是因为党还弱小。

讨论**就此结束**。组成一个小委员会,成员有:**冯·埃尔姆、饶勒斯、卡尔珀勒斯、维博、安塞尔**。

最后一次会议

(9月1日，星期四)

今天下午3时委员会召开了最后一次会议。小委员会提出下述达成一致的决议案：

"鉴于消费合作社不仅可以给予社员以间接的①物质上的好处，而且负有下列使命：通过消灭居间贸易和为有组织的消费而进行的自给生产，在经济上加强工人阶级并改善其生活状况；教育工人独立掌管自己的事务，从而帮助他们为生产和交换的民主化与社会化作准备，大会声明，虽然单靠合作运动永远也不能实现工人的解放，然而它却可以是工人阶级为达到自己直接的目标——夺取政治经济权力以使全部生产资料和交换资料社会化——所进行的斗争中的一个有效武器，因此工人阶级对于使用这一武器具有极强烈的兴趣。因此，代表大会要求全体党员和全体加入工会的工人成为并永远是消费合作运动的积极成员，并在消费合作社内部本着社会主义的精神进行活动，以防止消费合作社由一个组织和教育工人阶级的宝贵的手段可能变成为削弱社会主义团结和纪律的工具。因此，大会责成党员同志在其消费合作社中力争实现下列措施：利润不是完全归还给社员，而是用于设立基金，以使消费合作社有可能自行或通过其联社和中心商店来向合作社生产过渡，以及安排社员的文化教育和救济事业；在取得工会同意的情况下调整合作社职员的工资状况和劳动条件；在各方面模范地组织合作社自己的企业和在进货时适当考虑这些货物的生产条件；合作社是否应直接使用自己的资金

---

① 原文如此。——译者注

支援政治运动和工会运动以及支援的规模,应由各国的合作社组织作出决定。鉴于合作运动本身越强大越团结,它所能给予工人阶级的帮助也就越大,大会声明,各国合作社应成立统一的联社。最后,大会声明,为了在同资本主义斗争中的工人阶级的利益,需要政治组织、工会组织和合作社组织之间在不破坏各自独立的情况下建立日益密切的关系。"①

关于决议案首先展开了长时间的关于民族的讨论,因为捷克人要求把各国合作社的联合改为各民族合作社的联合。捷克方面的**莫德拉切克**、奥地利德国人方面的**泽利格**和**卡尔珀勒斯**参加了讨论。捷克人的修正案被否决,只有他们投票赞成。**列宁**(俄国)提议,只有当资本家被剥夺以后,才能承认合作社具有民主化和社会化的作用。这个提案仅获得极少数赞成,遭到否决。**武尔姆**提出动议,不表示责成党员,而是不说"责成"说"最迫切地要求"②。这一修正案是唯一获得通过的。**武尔姆**进而倡议,把决议案倒数第三段和倒数第二段倒换一下,然后最后一段以"但是"开头。这样就不会绝对承认在合作社的中立态度上各国有决定的自由了,而是把这种决定的自由同要求工人运动的各个分支有尽可能紧密的联系这样的愿望直接结合起来。**冯·埃尔姆**反对这样结合,他声明,如果通过这个倡议,就不再受已经达成的妥协的约束。**武尔姆**随即撤回他的倡议,**维博**(荷兰)却又提出这一倡议。但这一倡议被大多数否决。最后**盖得**撤回了他那些敌视中立的消费合作运动的提案,**王德威尔得**也撤回一项修正案,其内容包括削弱对自给生产的作

---

① 这里的委员会决议案与第104—105页上的委员会决议案在行文方面略有出入。——译者注

② 在第104页上的委员会决议案的行文为"最坚决地要求",而不是"最迫切地要求"。——编者注

用的评论。

这样整个决议案连同武尔姆的修正案除两票（莫德拉切克和列宁）**反对外全体通过**。该委员会的工作到此完成。

第二委员会：工会

第一次会议
（8月29日，星期一）

布兰亭（瑞典）和**特鲁尔斯特拉**（荷兰）为主席。根据法国支部的建议决定，首先讨论**奥地利工会的统一问题**。为此提出了**奥地利工会全国委员会的下述决议案：**

"哥本哈根国际社会党代表大会重申斯图加特代表大会作出的关于政党和工会之间关系的决议，特别是如下这一点，即应该注意每个国家的工会组织的统一，这是反对剥削和压迫的斗争取得胜利的基本条件。此外，大会声明，任何把各民族统一的工会分裂为按民族分立的部分的企图都是与国际社会党代表大会此项决议的宗旨相背道而驰的。"

许贝尔（奥地利）阐明决议案：在向国际代表大会提出我们的意见之前，我不得不对于在奥地利出现了这种迫使我们在此要向我们的一个兄弟党提出控诉的形势表示遗憾。然而这个问题不仅对奥地利来说重要，而且对所有多民族的国家来说都重要。（有人喊："非常正确！"）如果国际社会民主党的一个集团不是正式利用其所拥有的一切组织手段干涉了奥地利的工会争执的话，或许现在我们就不向国际代表大会提出什么意见了。奥地利的工会争执愈演愈烈,已经有六个年头。我们曾经希望,不必因为我们的捷克同志而提出控诉来给国际增添麻烦,因为我们一向抱有这样的希望,即无可怀疑地存在着的困难在奥地利通过社会情感、通过社会民主党应该无分民族对工人阶级所应完成的伟大任务就能被消除和克服。但是我们的希望越来越破灭。最近时期,捷克斯洛伐克社会民主党竭力企图破坏和分裂工会,将其按照组成奥地利的八个民族一分为八。各民族的工人根本就不是定居在固定不变的地区,而是从一个工厂流向另一个工厂,并且在大工业工厂中今天我们还可以看到所有八个民族的工人。如果我们想从资本那里争得一些经济权利,为雇佣奴隶争得较好的劳动条件和工资条件,那么统一的组织对付直接的剥削者是绝对必要的。我们或许能把工会分裂成八个小组,然而大工业却不能分。假如工人组织分裂了而同时企业主仍保有强大的统一的组织,那么任何工资斗争都是不可能的,而资本家就胜利了。捷克斯洛伐克党出于民族分立主义的动机在捷克工人中掀起了一场运动,这不仅对工会组织而且进而对整个社会党的工作都是巨大的危险。国际在斯图加特时曾声明,工会组织越统一,工会斗争就越有成效。我们今天向大家提出这样一个问题,你们是打算坚持这项原则从而在一个统一的经济区、统一的国家内,在统一立法的情况下为了工人的利益保证工会的统一呢,还是打算允许把工会按民族拆开和分裂呢?我们相信,我们的捷克同志不是出于对德国人的憎恨而如此行动,然而他们正处于迷惘之中。因为他们在民族主义的争吵中分散了自己的力量,而且还同我们的伟大目标失去了联系。我们希望,他们一定会回到马克思多年的真理方面来,"全世界无产者,联合起来"这句话对于他们也不再是一句空话。如果是我们错了,我们愿意接受国际的教诲。如果是另外一种情况,那么国际应该给捷克人明确的指示。(热烈的掌声)

涅梅茨(布拉格):有人谴责我们出于分立主义的动机想削弱工会

运动并破坏组织的统一。但是这种指控不符合事实。在我们奥地利居住着许多民族，并且已经发展到党随着时间的推移已经考虑到了民族的划分。党是按独立的民族支部组织的。然而现在在工会运动和这些组织中我们没有同样的领导。因此我们一向致力于把政治组织和工会组织都置于统一的领导之下。不过，如果捷克的党是由布拉格领导而工会却由维也纳领导，这是完全行不通的。奥地利工会委员会成立于1893年。它从没有满足过捷克社会民主党的愿望，于是我们在1896年和1897年在布拉格成立一个特别的捷克工会委员会，这个委员会十几年来一直和维也纳工会委员会融洽地并肩工作，而且维也纳工会委员在1900年大规模工资斗争时明确赞扬过捷克工会委员会完全彻底地履行了自己的义务。在阿姆斯特丹国际工会代表大会上人们剥夺了那个捷克工会委员会的代表权，而在奥地利人们自维也纳发出的要求严格集中的逼迫越来越紧。我们曾试图仍保持捷克社会民主党对工会的影响，但是我们的所有要求都遭到了拒绝，这才出现了个别组织断绝了同维也纳工会委员会联系的情况，因为在这种严格的集中制之下它们无法得到发展。有人曾企图把这些组织排除在工会运动之外，排除在党之外，把那些人说成是坏的工会会员和坏党员，因为他们不愿服从维也纳工会委员会所宣传的那些原则。但是，如果像捷克党这样大的政党分成两部分，政治运动部分和工会运动部分，它还可能存在吗？在斯图加特时，我们没有提出此事的打算；在斯图加特我们讨论的是党与工会的统一，并作出决议，党与工会团结协作愈多，它们的行动就愈富有成果，谁也不应阻挠执行这点。应该允许我们在不过分集中的情况下使党和工会结合在一起。这样的话，我们任何时候都乐于合作，我们就决想不到要做出什么冒犯德国同志的事。你们将绝对举不出，在罢工中或在通常的工会运动中我们什么地方对德国同志没有完全尽到义务。捷克工人的多数今天已经不再是维也纳工会委员会的成员而是布拉格工会委员会的成员了。如果你们打算提出工会运动统一这个绝对原则,那为什么不对比利时提出呢,在那里少数工人加入了一个中心;为什么不对法国、意大利和英国提出呢,这些国家的工会运动长期以来就不像我们这里那样严格集中。然而在那里实现集中反倒比我们这里会容易得多。请大家考虑考虑我们的情况。政治组织没有钱。除了德国的组织以外,在可以预见到的时间内任何一个政治组织都没有希望在财政方面自立。而我们捷克人无法把财政自立的工会吸引过来,因为工会完全是分散的和有依附性的。这种情况对我们来说是棘手的,必须予以克服。这里德国同志也得考虑捷克社会民主党的需要。无产阶级反对资本主义的斗争只能在一个组织的领导下进行,它给予运动的各个分支以自由发展的可能。几年前我们指出过,奥地利最强大的组织印刷联合会就不像想要坐镇维也纳集中采取行动全国联合会那样极端集中,而是由各邦协会组成。如果我们打算满足各个民族的要求,那就必将按照这个榜样组织其他工会运动。维也纳的全国委员会似乎是各民族统一的,但是它却一向同在维也纳有一个全国代表机构的德国党保持关系。这种情况迟早要改变。我们必须找出一种工会组织的新形式。多数捷克工人说过:事情是在维也纳做的,也许做得蛮好,可那仍是在维也纳做的。(哄堂大笑)人们不能责怪捷克同志讲这样的话。因为在他们之前波希米亚的德国同志就说过:这是在布拉格做的,不论在布拉格做什么,我们一分钱都不给布拉格,我们有我们的维也纳并且永远支持我们的维也纳。(再次哄堂大笑)于是民族的对立自然就加剧了。除非通过符合所有参加者的利益并使得所有民族有能力充分发展的组织,否则这种对立无法消除。如果不这样做,那么任何决议案都无济于事。那时党和工会也就无法本着决议案的精神达到统一行动。请你们拒绝谴责捷克同志,并作出决议将维也纳全国委员会的决议案交给国际局进行调查并向下次代表大会作出报告。(掌声和反对声)

讨论确定于星期二下午进行。

第二次会议

(8月30日,星期二)

关于**捷克争执**的辩论在**布兰亭**的主持下继续进行。

贝尔(奥地利五金工人)指出要注意斯图加特决议。涅梅茨作为捷克人的代表无权以整个捷克工人的名义讲话。他实际只代表少数工会会员讲话。虽然我们正在经受着严重的分裂,但是仍然有11.8万名捷克人在立足于阶级斗争和国际主义基础上的集中的组织之内,而同时分立主义者却只有4.5万人。诚然他们的报告说有6.1万人,可是这么高的数字只是在除工会之外把那些根本就不需要解决工会方面任务的组织也包括在内才算出来的。分裂正危及奥地利的政治运动和工会运动,以致如果国际代表大会认可这些企图的话,那以后各行各业有多少民族就要有多少个组织。我希望,代表大会能够给我们以权力并对斯图加特决议进行修改,不要说"in Ländern"(在每个国家/在各邦)统一的工会组织是必要的,而是代之以"in Staaten"(在每个国家)。① 这样改一下恐怕对奥地利的运动和国际社会主义都会大有好处。

贝格曼斯阐述说,涅梅茨毫无权力援引比利时的先例为自己的分裂倾向辩护。看来涅梅茨认为,在比利时存在两个民族的工会委员会。然而情况并非如此。佛兰德人和瓦龙人之间的分歧在比利时的工会运动中从没有起过任何作用。尤其是两三年前曾十分尖锐的危机,其基础是安

---

① 在德语中,"Ländern"和"Staaten"都有国家的意思,但前者是个多义词,也指联邦制国家的组成部分——邦。从上下文看,斯图加特决议中的"Ländern"指的无疑是国家,而不是"邦",贝尔提出的修改是为了不让捷克人咬文嚼字。——编者注

特卫普的钻石工人同其他工会的这样一种观点,即工人党和工会委员会间的关系过于密切。只是这些有关组织形式的分歧导致不是所有工会都参加了总委员会。不过即使这些分歧也正在不断得到克服。总的来说,从涅梅茨的论据中我找不出一个是能够成立的。斯图加特决议要求党和工会行动统一。但是它对工会运动本身的统一提得更高了,或者确切地说是使这种统一成为党和工会更高度统一的基础。情况也必然如此。即使说企业主有其民族组织,然而一旦发生工资斗争他们就会立即集合起来。有人告诉我们,在维也纳居住着 30 万捷克工人。如果两个工会委员会发生争执,那还怎样进行罢工。国际代表大会必须坚决维护工会运动的统一。因此,我请求所有民族都来最严厉地谴责分立主义的种种企图并通过全国委员会的决议案。

海伍德(美国)就议事规程提出问题,是否斯图加特的工会问题决议也在讨论之列。主席否认了这一点,因为涉及的是解释该决议的问题。随后海伍德宣布一项修改斯图加特关于党和工会之间统一的决议的提案。

苏古普(布拉格):我们捷克人是完全按照国际的原则和工会统一的原则行事的。4 万多名工会会员被全国委员会告知,它不把这些工人看做是加入工会的并断绝同他们的一切来往。捷克社会民主党绝对不能同意这种立场。因为这 4 万人是忠实的社会民主党人,同时又是捷克社会民主党的精华。我们曾全力以赴不惜生命财产地为奥地利各民族统一的社会民主党工作,今后仍然准备竭尽全力,(有人喊:"破坏。")不,促进这个各民族统一的党。就连自治工会也曾一贯最坚决地强调过各民族之间团结的必要性。在这里我们打算争论的不是原则,而是使斯图加特决议在形式上适应工会的策略问题。这里指的是工会的策略问题:工会运动的统一是要求一个行业的所有工人加入一个遍及全国的工会呢,还是在多民族的国家中有可能按民族分别组成团体而在经济上彼此合作呢？我们打算通过国际的各个民族的组成部分来加强国际。我们在奥地利面临着有8个民族这样一个巨大的难题。为了在社会和政治方面向前进，我们给你们指出了唯一的途径。请大家仔细审查这一具有巨大影响的问题。我们要求的是奥地利所有民族和所有工人的权利，所以请大家不要在本次代表大会上作出判断。请你们让国际局仔细调查这个问题，并且如果国际局不能实现一致，那就让下次代表大会作出最后决定。

列金：除捷克人外将不会有任何国家反对全国委员会的提案。我们认为这个提案还远够不上过分。我们要问：不是我们的捷克同志通过瓦解奥地利工会而做出了违背国际原则的事吗？（有人喊："好得很！"）他们没有在原则上破坏了过去历次国际社会党代表大会和历次工会代表大会有关工会运动统一的所有决议吗？苏古普热情地谈论所有民族的国际合作，而同时他们却不能同本国工人保持和睦。我们决不应从形式上而必须严格地从原则上理解这个问题。在斯图加特我们讨论了党与工会的统一。然而工会的绝对统一这个问题早在14年前即1896年在伦敦就已经作出了决定。伦敦决议对工会统一问题作出了完全是无条件的和普遍的规定。它禁止地区性的组织，要求中央联合会及其国际团结。根据这个决议我们必须最严厉地谴责捷克的分立主义。工会组织不能按民族划分，不许这样做。如果我们在工会运动中实行民族原则，那么就没有哪一个国家的工会组织不分裂。难道我们德国应该有波兰人工会、丹麦人工会、法国人工会，或许还要有荷兰人的工会吗？（有人热烈地喊道："瑞士，美国要有33个民族工会！"）同志们，我只说德国，一个统一国家。在我们这里执行起民族工会原则的话，绝不可能不造成极其严重的损害。如果认为在斯图加特时工会国际承认过布拉格的分立主义，那就错了。根据全国委员会的代表和布拉格中央代表之间达成的一个共识，布拉格中央按照规定代行鼓动工作，而全国委员则有代表权。捷克同志越过了这些界线之后，便把自己排除在工会国际之外了。只要工会国际存在，它就只承认全国委员会代表奥地利，并且永远如此。因为工会国际遵循这样一条原则，即在运动的发生地和指导运动的机关同处一地的那些地方，所有的工人也应团结在一个组织之中而不考虑民族和语言。只有在诸如芬兰、匈牙利和克罗地亚这些在法律上不存在这种可能性的地方，才允许成立特别的中央工会；法律方面的这种不同情况存在多久，特别中央工会就存在多久。这一点根本不适用捷克同志。我们德国人给到我们这里来的数十万意大利人出了一份意大利文报纸，并派了专门的意大利鼓动员，但并没有准许他们成立一个意大利的特别组织，他们都加入我们德国的中央联合会。外国人在我国能做到的事，捷克人在奥地利更可以做到。（捷克人喊道："我们在奥地利不是外国人！"）我们的代表大会必须在原则上极其明确地强调各民族统一的观点。因此，我们甚至可以赞同一个比全国委员会的决议案尖锐得多的决议案，但由于他们没有提出更多的要求，所以我们就赞同这个提案。下次代表大会将不会再讨论这个提案，而是要讨论捷克分立主义者是否还属于国际的问题。（暴风雨般的掌声）今天我们还满意的是，这一善意的提案是促成谅解的最后一个尝试。（再次热烈鼓掌）

主席**布兰亭**通知，还有14人登记发言，发言登记到此截止。

贝格曼斯（比利时）：问题已得到充分说明；我们再让一位捷克人代表和一位全国委员会代表发言，然后结束。

维克多·阿德勒：我们也有兴趣听一听其他民族的意见，讨论再进行一段时间吧。

根据阿德勒的动议（理查·费舍附议）继续讨论。

卡尔斯基（波兰）：每个社会民主党人都必将同意列金所说的原则。我们不能干涉奥地利的私事，除非7代都得是奥地利人才可以。（笑声）但是我们可以确认重要的原则。捷克人说，社会民主党在奥地利是按民族成立的，因此，工会也得按民族去组织。这个结论是荒谬的:一个家庭如果有了一个驼子,就还要再把另一个家庭成员也弄成驼子。(笑声和掌声)相反,工会运动的高度统一必然会有助于克服政治上的联邦主义。捷克同志们,你们可要当心!如果你们贯彻你们这种联邦主义,那么,尽管波兰人有良好的愿望,你们在三年之后就会有一个波兰人中央工会,要不了几年就会有十个十一个中央工会。如果你们考虑成立四个中央工会的话,你们在摩拉维亚—奥斯特劳将怎样影响工资运动呢。就是因为资本是统一的,因为奥地利全国银行根本不管用它的资本去剥削的是德国的、捷克的、波兰的还是斯洛文尼亚的工人,所以我们需要统一的无产阶级组织。(有人喊:"这样的组织有过,有人把它破坏了!")面对着统一的企业主,谁分裂工会,谁就在犯罪。(热烈的赞成声)达到更高度的统一是可能的,集中领导工会是可能的。同时还将考虑到所有工人在文化上的需要、在语言方面的利益,这不在话下。(有人喊:"是要这么做!捷克人会反对。"德国人喊道:"如果我们安置一个捷克人工作。你们就要说他被德国人收买了!")我们对捷克同志毫无恶意,我们必须以通过这一决议案表示:你们一定要克服工会运动中的民族分立主义,以使整个无产阶级运动比过去更加团结一致。(热烈的掌声)

茹瓦夫斯基(隶属全国委员会的克拉科夫波兰总工会主席):我们在加利西亚、摩拉维亚和西里西亚有3万名加入工会的工人,并不比捷克人少多少。现在我们是应该参加德国人的总工会还是参加捷克人的总工会,抑或也成为分立主义者呢?我们最坚决地反对布拉格委员会要求波兰工人脱离全国委员会而加入捷克委员会。(捷克人喊道:"这不是事实!")我会给你们拿出一些印制好的通告和传单的,这些印刷品要求波兰工人加入布拉格的委员会,因为那里有钱,每个人的平均数比维也纳多。(全场骚动)为促使化学部门的所有波兰人的地方组织转向布拉格,在向它发出的一份通告上还盖有捷克人的组织的公章。(一片嘘声。捷克人激烈反对。）要是你们反对我的说法，我还可以告诉你们更多的事情：你们在纯粹是波兰的克拉科夫成立了一个捷克人的平版印刷工人的组织。（全场哗然。捷克人喊道："那个协会老早就有！"）不，不是老早就有的协会；我曾亲自参加了它的成立。我请求你们，不要推迟作出决定。你们不要把事情做绝！不要通过你们的分立主义把整个奥地利工会运动分裂为小小的联合会。请你们今天就作出统一的决定。三年以后什么决议都帮不上我们的忙了。（捷克帝国议会议员莫德拉切克喊道："你们的决议案今天也帮不上你们什么忙！"会场大哗。有人喊："这就是你们的国际主义！现在你们赤裸裸地自我暴露了！"全场长时间骚动。）

瓦列茨基（波兰）：斯图加特决议被分立主义者解释得面目全非。它本来规定社会民主党要通过自己的影响促进工会的统一。它本来规定工会要通过自己的整齐划一来克服社会民主党党内的争端。它没有起到这些作用，反而把社会党的政治分裂的严重的祸根植到工会运动中去了。（德布鲁凯尔："工会运动在决议之前就已经存在这些祸根！"）就连卡尔斯基同志的党也为了政治分歧之故而分裂工会运动。（卡尔斯基喊道："荒谬！"）诚然这是荒谬，但可惜却是事实。（卡尔斯基："完全不是事实！"）最重要的不是形式，而是精神。联盟就意味着团结起来更好地工作，并且当它不因民族主义的倾向而遭到破坏时，才具有这样的意义。奥地利的分立主义不是联邦主义，而是民族无政府主义。（有人喊："好得很！"）分立主义者不是真正的社会民主党人，不是在政治方面和工会方面有用的战士。捷克人的"一切种族的团结"的原则是虚伪的。我们必须建立在一国工人的团结的基础之上，而不是悬在半空中。我们不需要把工会统一问题拖延下去，因为今天我们可以说出真理，以便它在明天或后天就发挥作用。因为捷克人立场的错误是改变不了的。虽然如此，对列金同志的恐吓我还是感到遗憾。我们不赞成任何使你们捷克人反感的谴责。相反,我们要把你们引回到社会党人的统一这个积极的基础上来。像阿德勒同志当年在阿姆斯特丹时对法国的组阁派那样不是谩骂、谴责,而是进行说服,今天我们也应该对捷克同志这样说话。(掌声)

维克多·阿德勒(维也纳):斯图加特决议包含两个思想:它宣告了党与工会协作的必要性,我们在奥地利一向承认这种必要性。但决议还加上了一条:这种协作不许以牺牲工会的统一为代价。(有人喊:"非常正确!")与以往任何决议相比,在这个决议中对工会统一的强调,使之得到鲜明得多的突出,因为甚至党与工会协作的伟大思想都服从于经济方面无产阶级实际斗争的绝对需要。现在捷克斯洛伐克社会民主党根据斯图加特决议抱怨说,工会不自治,它就无法维持其与工会的任何关系。然而与工会的集中相对应的是奥地利各民族间的整个党的集中,即使现在这种集中受到了严重威胁,我们还是要加以维护。(掌声)捷克人说,工会必须要分开,因为奥地利社会民主党就是按民族分开的。但是党内的分立是大家同意了的,不是通过分裂党!捷克同志的特殊需要已经得到了充分而又充分的考虑。(捷克人喊道:"充分而又充分!")是的,鉴于现有资金可以说甚至过于充分了。捷克人、波兰人、意大利人和斯洛文尼亚人都有资金比德国人富裕的刊物。当然,一些民族的怨言总是有的。但是,难道在统一的民族组织内就不存在怨言吗?当所有的需要不是立即能够得到满足时,人们就因此就可以说,维也纳全国委员会同捷克人的工会毫无接触吗?像汉堡的总工会同南德工人那样有多少接触,维也纳同波希米亚的工人也就有多少接触。你们不赞成维也纳的集中制,但却赞成布拉格的集中制。从布拉格到维也纳和从维也纳到布拉格一样远。你们毕竟不能否认,你们想使在维也纳的众多的捷克工人加入布拉格的总工会。但是你们并没有就此罢休。不仅是维也纳,而且还有格拉茨、因斯布鲁克、林茨,你们把你们捷克的民族组织一直伸入到自古以来就是德国人的地区。在布拉格的集中制和维也纳的集中制之间有唯一的一点区别。维也纳的集中制是联合并且使我们有战斗力，而布拉格的集中制则是分裂并使我们丧失战斗力。（暴风雨般的掌声）除捷克人以外，没有任何人表示赞成你们的立场。一位波兰发言人指出了你们在阿姆斯特丹本着和解的精神所起过的作用。今天我也愿意以同样的精神说话。比全国委员会的提案更为温和的形式是根本选择不出来的。我们格外小心谨慎，不使捷克同志受到丝毫的伤害，我们仅仅申明了关于工会运动统一的斯图加特决议并指出，该决议被我们的捷克同志作了错误的解释。但是我们并没有连带着进行谩骂、建议开除，没有提出任何有可能破坏我们同捷克同志旧日的友谊的事。我们不愿伤害我们的捷克同志的感情，我们同他们多年共同战斗，并将继续和他们共同战斗。但是捷克同志们，请你们回答我们一个问题：你们真的需要分裂工会吗？在这样一个新原则之下你们究竟成长壮大没有？自从你们分离以后，奥地利的党和捷克的党的情况究竟好了多少？自从你们在自己的一系列要求中奉行了民族思想以来，我们全党和你们捷克斯洛伐克党，我们大家都更幸运了吗？我不希望得到你们的答复。显然你们也不会给我答复。但是你们作为党员扪心自问的话，你们就会向我承认，一切都更糟了。（有人喊："说得好！"）就提案再谈一句，即谈谈调查问题。国际局现在还应对什么问题进行调查呢？如果你们认为维也纳提案是错误的，那就请予以否决，但是，不要作出任何从字面理解其恶劣的意思是拖延解决的提案，这是当我们提出一些社会福利方面的要求时，资产阶级惯用的手法。我请求国际从我们的工会运动中拔出这根芒刺。虽然今天大家对于捷克同志没有表示谴责，但是通过所有怀着良好愿望并维护我们利益的工会领袖和党内同志组成的善于处理问题的国际向他们提出了警告。本次代表大会必须告诉捷克同志：朋友们，你们走的不是正确的道路，你们的道路是错误的，迷途知返，回头是岸。这话不会对所有的人都起作用,也不会今天就见效。然而,国际说的话还将被成千上万加入中央工会的捷克工人所听到,不会不发生影响。(暴风雨般的掌声一再响起)

普列汉诺夫(俄国):在委员会这里代表俄国社会民主党的有两名代表,一个是我,俄国人;一个是拉脱维亚的同志。我们的语言尽管不同,但是为了工会运动统一的利益,我们将一致赞成奥地利支持工会运动统一的决议案,这种统一是政治解放斗争的一个无条件的要求。正是在那些像我国那样党还处于分裂状态的国家,工会运动应该同样帮助我们恢复社会民主党的统一。民族问题之于我们俄国要比你们奥地利迫切得多。要是我把居住在俄罗斯大帝国的全部民族都一一列举出来的话,恐怕今天的时间都不够用了。我们不能给人为地分裂奥地利的无产阶级运动鸣锣开道。现在我对捷克同志的立场确实有了很好地理解。他们说,唯独他们的工会有钱,只有采取分立主义,捷克工会才能提供捷克社会民主党较多的钱财。钱是好东西,不仅对资产阶级来说如此,对无产阶级也是这样。(笑声)然而重要的是,怎样弄到钱。这种分立主义的不义之财必然要毁灭整个政治运动和工会运动。工人运动的统一会源源不断地给你们提供钱,甚至比你们靠分立和分裂所能得来的要多。工会统一的要求不是什么教条,而是实践的迫切需要。无产阶级的统一万岁!(热烈的掌声)

图萨尔(捷克):如果指责我们捷克人是民族主义分子,那无论从哪方面说都是错误的。作为工人我们从没有玩忽过自己的职守。但是我们提出的公正地考虑捷克人的要求的要求一概遭到维也纳全国委员会的粗暴拒绝。尽管如此,我们仍坚定地坚持无产阶级的统一行动。(有人喊:"坚持组织的统一!")然而我们认为一切都要集中由维也纳方面发号施令是不必要的。我们捷克人并不比德国人的社会民主党弱。用捷克工人的数量衡量,我们甚至还更强。在帝国议会中我们有 24 名议员,我们的报刊比奥地利德意志族的社会民主党要大。一个强大的党自己的钱要由属于另一个党的党员来管理，这种事全世界什么地方有啊？我们要求的是有共同决定我们自己的钱的权利，而且我们可以要求这个权利。我们要求有独立的组织，为的是能更好地把捷克工人组织起来，更好地训练他们进行阶级斗争。我们是——我要对列金说，我们是社会民主党人。过去当我们组成地方协会时，我们就是社会民主党人了。在我们由地方协会转入中央组织以后，我们仍然是社会民主党人。今后在我们的自治组织之内，我们将永远是社会民主党人。恐吓和强硬的语言都吓不倒我们。三年过后，我们必将通过事实来使你们信服，我们可以把捷克工人的协会组织得更好。我们必将能在各方面拿出成绩来，并用我们工作的成绩说服国际相信我们的立场的正确性。我们也要说前边一位发言的人所说的话：重要的不在言论，不在形式，而在于我们无产阶级的运动所具有的精神。而在我们捷克人的自治组织中也存在着无产阶级国际的精神。我们将永远忠于这个国际，正如我们永远忠于自己的党一样。（捷克人热烈鼓掌）此外，我必须澄清，说我们打算把波兰工人也拉到我们这里来，这种说法不是事实。（帝国议会议员迪阿曼德："我将把你们提出这种号召的通告拿给你们看。你们想得加利西亚电车工会吧！"）如果个别同志犯有这种冒犯他人的错误，那我们说这是不好的。我们愿意做无产阶级国际的好战士，并且也要这样教育整个捷克工人。

鲍威尔（维也纳）：我认为，许多外国同志对于我们所面临的问题的理解还不完全正确。我们奥地利有八个民族，但是其中只有三个民族，即德国人、捷克人和波兰人有强大的自治的组织，成立了有效能的工会。而其他民族如果搞自治，就不可能成立任何工会组织。如果在奥地利各个民族都有自成一体的经济区的话，情况就会更糟。然而捷克人走的要远得多。他们还想把在非捷克人的地区内的一个个捷克工人也都拉入他们的自治联合会里。他们不是打算按区域而是按民族把工会分开。他们对每一个同志都想问：你是属于哪个民族的？如果是捷克人，那就要把他拉进本民族的工会。比如说，一个工厂里有200名德国工人、3名捷克工人，那这3个人也应该加入布拉格的中央工会。（捷克人强烈抗议）捷克同志们抗议了，那我就指出前边一位发言人所说的事，在一个纯粹是波兰人的城市克拉科夫，捷克的平版印刷工人须加入捷克委员会而不加入工会全国委员会。如果我说，维也纳某个工厂有300名德国工人、100名捷克工人，在这种情况下捷克同志提出这100人加入捷克工会，这里就不会有任何捷克人对我提出抗议了。（有人喊："虽然这同样是愚蠢的行为。"）国际工会书记代表会议已经决定，这种按民族划分的做法是不能同意的。各个行业工会的所有国际代表会议在哥本哈根这里也开过，制鞋工人、运输工人和泥瓦工人都谴责过捷克同志的这种行为。可是捷克同志们却说，重要的不在形式而在精神。我认为，工人的斗争能力和生活状况均取决于经济组织的形式，所以组织形式不是无所谓的事情，不能只谈精神而忽略形式。（有人喊："非常正确！"）不过在这里毕竟精神是最重要的。那么捷克的分立主义是产生于什么精神呢？产生于在各个领域中大搞民族隔离运动的精神。民族主义被捷克同志解释为，他们自己必须彻底实行民族隔离。捷克同志对国际主义的理解是，他们对奥地利人进行彻底的民族隔离，然后说，必须宣告同全世界的工人友好。是什么精神在鼓舞着捷克斯洛伐克的党，前边一位发言人已经清楚地指明了。他口口声声说，我们是个强大的党。究竟这个我们是什么人呢？就是捷克斯洛伐克社会民主党。但是我们只知道奥地利有一个各民族统一的社会民主主义的工人党，它包括生活在奥地利的所有民族，如果情况顺遂我们心愿的话，那么它应该是相当强大的。（热烈的掌声）我们只把民族的支部看做各民族统一的整个党的一部分，一些特别的分支。在党按民族分开的情况下，恰恰是国际工会运动才能对此起一种力量平衡的作用。反对企业主的共同斗争，无产者在这场斗争中的团结一致，比使无产者往小里分的那种政治和国家法律方面的原因要重要得多，并且更有历史意义。捷克人的团结问题不仅是工会问题，而且也是政治问题；不仅是形式问题，而且也是精神问题。国际社会党代表大会必须表明，从国际的精神出发，在奥地利和所有多民族国家中我们需要的是各民族统一的工会运动。（暴风雨般的掌声）

海伍德（美国）：所有的国家都强调过了工会统一的意义。我们也认为工会统一是完全不可替代的。国际主义的机器是不分什么民族的。例如，在美国产煤区的一个矿井有32个民族的工人。因此，我们美国社会民主党人也拥护无条件统一的工会运动。但遗憾的是，这样一个统一的工会运动在我们的国家还一直没有。你们奥地利所存在的民族方面的困难，比起在我们美国令人痛心的缺乏工业方面的团结来说是小事一桩。整个工会运动都操纵在美国劳工联合会的手里，劳联主席就是大名鼎鼎的龚帕斯。这个联合会事实上不是工会组织，而只是一个由11人组成的咨询委员会，他们独揽一切大权，并且其所属27000个地方联合会有权独立同企业主签订为期3至5年的合同。假如斯图加特决议能措词十分尖锐，从而使我们可以对美国工人说：国际工人谴责这种体制，我们会兴高采烈地表示欢迎！（有人鼓掌，有人抗议。）

德布鲁凯尔（比利时）：我已经在开始讨论时报名发言，因为我要对捷克斯洛伐克问题讲几句话。但是，在我前边发言的人已经把我想要说的话全讲了。讨论的最重要的地方不在于我们大家观点相同，而在于在证明我们的观点时我们所使用的理由也不约而同。

高劳米（匈牙利）：我们也是一个多民族国家，我们和我们的奥地利邻国连宪法也完全相同。只是经济上奥地利比匈牙利发达得多，因此人们常说，奥地利是匈牙利的未来。然而今天我们却对这个未来感到胆战心惊。（哄堂大笑）因为，如果我们匈牙利也出现像捷克工会这种分立主义的话，那么匈牙利整个工人运动的前途就十分糟糕了。我们请求大会最断然地反对这种分裂。

弗里茨·阿德勒博士（瑞士）：瑞士也是由好几个民族组成，工人们要想在经济方面取得一点成绩的话，就必须一致合作。因此瑞士也认为，捷克的分立主义对工人运动的进步是一种犯罪。捷克人说，他们怀有国际的思想，但是他们首先试图使捷克同志和所有民族隔离，单枪匹马地进行斗争。在这方面，捷克工会会员仅仅有三分之一屈服于布拉格总工会的引诱。三分之二同整个国际的意见一致，在这里谴责捷克人的行为。奥地利到处都被人看不起，被人称为混乱和无秩序的国家，永远也不能进步的国家，对此我们侨居国外的奥地利人总是感到非常痛心。但是我们社会民主党人面对这种轻视又总是骄傲地指出，无产阶级没有误入民族的歧途。我们过去尤其为捷克同志们感到骄傲，他们站在最前哨为反对最恶劣的民族主义而斗争过。今天我们不得不沉痛地承认，我们的捷克同志在同民族主义进行的斗争中被战胜了，民族主义问题取得了对捷克斯洛伐克社会民主党的统治。捷克同志完全成了民族主义者的俘虏，他们被克洛法奇①战胜和征服了。（捷克人激烈抗议。他们有人喊："这是污辱！收回去！"）捷克同志将不会否认，今天在为你们的态度喝彩的是克洛法奇的报刊。（捷克人再次发出抗议的喊声，有人喊："德国资产阶级赞扬你们是他们的先锋战士！"）捷克同志们喋喋不休地谈到德国人的工会。但是，在奥地利根本就不存在什么德国人的工会，而只是各民族统一的集中的工会。而且必定永远如此。战时可能会有六支民族部队并肩参加战斗，但是一支部队不可能由六名司令官指挥。（捷克人喊道："关键在于，司令部永远设在维也纳！"）关键是，无产

---

① 瓦茨拉夫·克洛法奇（1868—1942），捷克著名的激进民族主义者，捷克民族社会党的创始人之一。——编者注

阶级的大军要有统一的领导去对付资本。当经济状况主宰着我们的时候，我们根本就没有能力决定是按民族分立呢还是不分立。希望国际社会党代表大会从实际情况出发，能够得出在任何情况下都保证工会运动的统一是必要的这一结论。（掌声和抗议声）

根据**德拉波特**（法国）的动议一致决定结束讨论。

主席**特鲁尔斯特拉**：我们的捷克同志们被指控犯有背叛无产阶级的国际性的罪过。我认为给被告以最后答辩的权利是正确的。

委员会决定，星期三早晨给捷克斯洛伐克社会民主党代表最后答辩发言，然后对所提出的提案进行表决。

第三次会议
（8月31日，星期三）

涅梅茨（波希米亚）作最后发言：昨天对捷克人的激烈攻击完全没有道理。其他国家不能同奥地利相比，因为在奥地利问题不是把几个小组织并入一个大组织，而是使两个同样大小的组织彼此正确相处，但是，今天却是要使一个组织从属于另一个组织。捷克人的国际主义不能流于要他们去否认自己的民族性，它应该意味着，在把工人从经济奴役和政治依赖中解放出来的共同斗争中，他们是同等重要的战士。因此，他们不可能继续承认全国委员会的领导，因为，它仅仅具有德国人的性质，至少在一些个别措施中如此。捷克人再不会因此被说服去承认全国委员会的领导。不过他们保证在所有大的政治和经济斗争中将同德国同志继续团结。所以代表大会在这里把他们当做罪犯和叛徒来对待，是绝对不正确的。这不是原则问题，而是最好的组织形式是什么的纯实际问题。如果因此便准备将他们开除出国际，那必然会激起捷克工人最强烈的反对。他们必将反对继续对他们进行攻击。（阿德勒博士喊道："我们像刽子手吗?")除了开除,国际再也没有别的手段了,而它就要用这一最尖锐的武器来对付我们!然而我们要求的是平等的权利。如果在一个房子内住着三个人并且无法相处,那就要用墙隔开。(有人喊:"特别房间!"笑声。)我们处于同捷克其他政党的极为困难的斗争之中。我们有52人通过了复选。全部资产阶级政党都联合起来对付我们。现在捷克工人一定要说:这就是国际给予我们工作的报答!我们绝不是为把事情拖延下去而要求调查,但是我们要求国际客观地听取情况。反对我们的煽动已经有数月之久。但是《前进报》、《莱比锡人民报》和《不来梅市民报》却拒不刊登我们的答辩。(激烈的抗议声)我们最终希望,国际将了解奥地利情况的真相。我们将在一切方面保持国际性。但是捷克同志要同德国同志平起平坐。我们将以斯图加特决议为基础,因为它突出了党与工会之间的一致。在我们按联邦制组织党时,也有人责备我们是沙文主义。然而如果我们没有这种分立,那么也就不会有1905年,也就不会争得普选权。分头并进、合力打击,这在我们这里已经经受了考验。我们并不是要把工会破坏到一个车间也不剩,一个人也不放过,而是要搞统一完整的民族区域。因为我们怀着几分良好的心愿,就必定会找到符合所有参加进来的民族的利益并加强奥地利工人运动的打击力量的形式。我们必须使所有工人一个不漏地加入到政治组织和工会组织中来。只有你们允许我们有必要的自由,我们才可以做到这一点。我们深知,在统一的国家内,各统一的民族区域必须互相合作。但是合作的形式,我们不能任人强加。我们不能接受像叛徒和罪人那样的待遇。请不要干扰我们,让我们继续工作下去,我们必定会找出合作的途径的。发言人最后提出一项决议案,要求党和工会中的工人的民族团结应是奥地利一致工作的基础。①

---

① 见本卷第78—79页。——编者注

维克多·阿德勒博士（奥地利）就议事规程发言：我觉得我们很难不就上述最后发言作出答复。但是，如果大家看一看全国委员会的决议案，就会发现，里边没有表示什么谴责，根本没有提到捷克人，有的只是表示团结一致的积极愿望。

卡尔斯基、弗里茨·阿德勒博士和**特鲁尔斯特拉**抗议这样一种说法，即捷克人被称为叛徒或罪人。捷克同志的良好愿望是任何人也辩驳不了的。叛卖这个表达方式指的不是愿望，而仅仅指捷克同志的工作所产生的他们自己也不希望产生的结果。

德国代表团的如下声明被记入会议记录：

"由于涅梅茨同志说《前进报》曾拒绝发表客观阐明捷克人观点的短文，德国代表团只能向委员会声明，在可以考虑到的机构中没有任何一个机构，党的执行委员会也好，《前进报》出版委员会也好，均没有接到过捷克同志的这种请求，也未曾作过此种持拒绝态度的决定。涅梅茨所指的事件根据涅梅茨的声明来看是三年多前发生的。"

签名人为：理查·费舍、列金、科恩、施滕格勒。

接着进行表决。捷克人要求将此事退回给国际局再次研究的推迟提案以185票对9票被否决。投票赞成这一提案的只是7名捷克人和2名芬兰同志。

随后表决奥地利全国委员会的决议案。比利时同志提出如下修正案：

"特敦请社会党国际局和国际工会书记处帮助直接有关的党，本着谅解精神和社会主义友好的精神来解决在这方面所发生的冲突。"

瓦列茨基和普列汉诺夫提出第二个修正案，建议在奥地利决议案的两句话中间加上一句：

"当然，在多种语言的国家中，统一的工会必须考虑其所有会员在语言文化方面的需要。"

两个修正案都被奥地利吸收进他们的决议案，随即捷克人声明，他们虽然同意这两个修正案，但他们必须投票反对，对此只得表示抱歉。法国代表多数派提议，不是重申斯图加特决议，而是重申历次国际社会党代表大会的决议，因为不然的话，在斯图加特被法国多数派所否决的党与工会间的合作要求又会被提出来。这个修正案被否决，赞成的有法国多数派和俄国社会革命党人。

随后奥地利全国委员会的决议案连同这两项补充获得通过。捷克人5票反对，法国多数派和芬兰少数派（2票）弃权。委员会指定普列汉诺夫（俄国）为在全体大会上的报告人，涅梅茨（波希米亚）为补充报告人。

第四次会议

（9月1日，星期四）

讨论的问题是，**实现国际团结**。对此瑞典工人党提出下述提案：

"鉴于无产阶级运动的突出的国际性质和第一国际以来在工人中间所一贯保持的传统。

哥本哈根国际社会主义工人代表大会要求世界各国工人，当资本与劳动之间的斗争达到如此规模，以致掀起斗争的国家的工人依靠自己的力量显然无法将斗争坚持到底时，根据各国运动的情况尽力给斗争中的同志们以道义上和物质上的支持，以此来实际履行国际工人团结的义不容辞的义务。

工人阶级在自己的工会活动中越是紧逼资本主义，双方的组织工作就越是加速。资本的力量正集中在巨大的托拉斯、卡特尔和企业主的全国性的和国际性的联合会中，而工人则把自己的力量主要联合在各国的总工会中。由于双方力量的这种集中，阶级斗争部分地表现出更为广泛的新形式。大规模同盟歇业所激起的群众性的工会斗争将会是此起彼伏，这一点我们1899年在丹麦、1909年在瑞典、1910年在德国已经看到。由此可见，今后几年的阶级斗争势必更加广泛、更加统一。因此，工人阶级必须在整个国家或者整个行业的工人没有国际支援就有可能被资本的优势所压倒时，更加能设法投入自己的全部力量。

大会把深入研究和确定国际工人团结的最合适的形式交由工会国际去处理。至于在最近期间，代表大会建议：

在各工人的工会组织之间建立国内和国际的日益密切和持久的协作；

修改那些有可能妨碍迅速而有效的国际支援行动的工会章程；

改善并扩大社会民主党工人报刊的国际联系；特别要使面临或已经发生了大规模斗争的国家的社会主义记者们不要忘记自己的职责，随时迅速而准确地向其外国同行报道情况；外国记者则应直接利用这些报道唤起各地工人的关心和同情，及时驳斥为资本服务的报纸和新闻机构为欺骗社会舆论而散布的几乎全是捏造的'新闻'。

从这一观点来看，在各国大力发展社会主义报刊，使之具有足够的力量使广大的各人民阶层不受资产阶级报刊的麻痹影响，对于整个工人运动也是至为重要的。

瑞典社会民主主义工人党
执行委员会"

另外，比利时对此提出一项提案：

"1. 授权社会党国际局在发生政治争端、罢工、解雇或其他重要事件需要立即进行干预的情况下，要求参加国际的各党拿出年度党费的十分之一的特别款项作为紧急援助金。

2. 这笔特别款项只能在一年内提取一次。

3. 去国外旅行的同志应随身携带身份证明，注明他们来自哪个国家和旅行目的；发放给这些同志的资助应由发给身份证明的党偿还。"

布兰亭论述瑞典提案：瑞典提案无意干预国际工会会议的章程和职责；但是国际代表大会有义务向整个工会提出告诫，把凡是有碍于进行有效的国际援助的一切规定从章程中删掉。为打消德国方面提出来的所有疑惑，布兰亭建议把瑞典决议案第四段措词改为："大会建议工会国际研究哪些形式是国际工人团结最合适的形式。"随后布兰亭指出社会党日报的重要意义，请求通过瑞典的决议案，否决比利时的建议。

科恩（柏林）：英国人在瑞典总罢工期间严重失职。（许多人表示赞同）还有法国人也大多只停留在发表一些豪言壮语。他们给瑞典寄去了长篇决议，结尾的话是："社会革命万岁！"外加20法郎。（哄堂大笑。有人喊："少谈革命，多出钱恐怕就更好了！"）而英国工会是有钱的，并且如果稍稍有点善心的话，法国人也是可以尽自己一份责任的。比利时人主张搞国际身份证和给予只够买一把烟草的资助的那些儿戏，我们不敢苟同。（掌声）

胡格勒（瑞士）同意科恩对法国人、英国人和比利时人的批评，并推荐瑞典人的决议案。

贝格曼斯（比利时）认为瑞典的决议案过于含糊，并且过去的援助行动太缓慢。

许贝尔（奥地利）反驳贝格曼斯，关于对布兰亭决议案的阐述，他请贝格曼斯注意明年将于布达佩斯召开的工会国际会议。

安德森（英国）声明，他不打算为英国工会辩护，但是他要解释一下态度。英国刚刚经历一个长达两年的危机；在对失业者和患病者进行大量援助以后，余下的钱财也就不多了。但最主要的是英国人没有报刊，没有一种日报。请你们给我们指点一下，如何才能创办一份工人报刊，我们将履行我们的全部责任。英国工人和德国工人一样是愿意作出牺牲的。

海伍德（美国）说，美国工人根本就不知道有什么国际团结的义务。美国劳工联合会毫无国际团结的精神，而是充满着利己的资本主义的精神。

阿德勒博士（维也纳）反驳安德森说，英国工会领袖对瑞典罢工的影响非常了解，但却没有一点点作为。按其章程规定，英国工会原则上是拒绝向外国提供援助。他希望知道，英国人是否至少现在准备修改这些工会章程。

卡尔斯基（波兰）感谢在俄国革命期间人们给予革命志士们的大量援助，并指出，比利时人要求的国际身份证的做法是行不通的。

布兰亭作了一个简短的最后发言之后，比利时提案被否决，瑞典提案获得通过。胡格勒（瑞士）被任命为全体会议上的报告人。

第三委员会：裁军与和平

第一次会议

（8月29日，星期一）

主席是**范科尔**，记录员为**格尔松·特里尔**（丹麦）。交由该委员会讨论研究的有两项内容：**仲裁法庭和裁军**以及**为迅速贯彻历次国际代表大会决议所应采取的办法**。**瓦扬**（法国）建议首先讨论第二点，**希尔奎特**（美国）和**佩尔讷斯托弗**（奥地利）强调说，这样一种程序是不合逻辑的。大家必须首先明确对裁军的态度，而且只有这样做，大家才能设法就贯彻可能的决议达成一致。

瓦扬（法国）：我的建议所指的不仅是现在要作出的决议，而是指代表大会所作出的一切决议。鉴于反对的呼声越来越高，我暂时撤回建议。

开始讨论裁军问题。要讨论的决议案计有：英国独立工党的决议案、英国社会民主党的决议案、法国社会党的决议案和意大利社会党的提案等。

累德堡（德国）：我要指出，还应讨论第五个决议案，即德意志帝国会社会民主党国会党团提出、并于1909年3月29日讨论研究过的决议案。他建议这些决议案在经过相应的编辑修改后，由各社会民主党议会党团在各国议会上提出。

瓦扬（法国）：在原则问题上大概全体同志都是一致的，那么就可以设立一个小委员会制定一个共同的决议案。当然，只有社会主义才有可能消灭战争。自然我们不能等待，而需要通过在议会中提出提案来反对军备和军国主义。

基尔·哈第（英国）：如果现在英国政府和德国政府就限制军备达成谅解，那么这不是因为它们爱好和平，而是两国再也无力承担军备负担了。工人的力量已经强大到足以阻止战争。我们应当在工会内开展热烈的反战鼓动。宣战的那天，工人必须停止工作。这不是总罢工。同样必须对资本主义报刊的煽动予以更加坚决的驳斥。我们还是应当现在就讨论这个问题，然后我们才能设立小委员会。

布鲁斯·格莱西尔（英国独立工党）：基督教已经证明自己完全没

有能力消灭战争。现在也有那么一些社会党人准备放弃自己的和平原则。无可争辩的是，一些社会民主党人存在有诉诸武力的倾向。这是一种必须加以克服的动物的本能。如果我们开展广泛的和平鼓动，那么欧洲各国的联合就不难实现。

拉狄克（波兰）：德国社会民主党国会党团在反对军备问题上所采取的态度，是不能用社会民主主义的论据来论证的。要求就军备规模达成谅解是毫无意义的，如果仍然缺少一个无论如何使那些协定能以生效的国际性的执行机构的话。只有财政上的拮据或许才会促使德国政府同英国缔结协定。如果这样，我们就必须立即启发教育群众，告诉他们这只不过是个暂时措施。此外，海军军备的限制有可能造成增加陆军军备开支的后果。《前进报》和社会民主党国会党团在德英协定问题上的态度，只不过是和海德门为海军军备所作的遭到普遍谴责的辩护相映成趣的东西。

当主席再次要求发言人尽可能说话简单明了时，发言人抗议限制他的发言自由并放弃作进一步阐述。

希尔奎特（北美）：说来说去，到现在还没有谈到主要问题。到现在为止，讨论只不过是在斯图加特时关于军国主义和反军国主义讨论的继续。为了不至于扯来扯去空谈一气，大有必要由一个小委员会来制定一项决议案，从而为讨论提供一个良好的基础。小委员会可由七位同志组成。

随后就议事规程又讨论了不少时间，主席建议，已经提出的决议案各由一位发言人加以阐明，然后中止讨论，成立一个能够提出新的决议案的小委员会。

拉狄克（波兰）要求，应让一名波兰的发言人发言阐明一项即将提出来的决议案。该决议案应一并转交小委员会。

累德堡：我们同意其他国家的决议案，对此我无需赘言。但是我必须反驳拉狄克同志的指责,说德国国会党团的态度必须被视为同社会主义的准则是不相容的。拉狄克反驳的是《前进报》的一篇文章。我否认凡是《前进报》写的我都赞成。但是,同德国国会党团和《前进报》完全一样的态度,英国同志采取了三次,并且两次提出同样的决议案。在当前的国家中,我们不能要求提出纯社会主义的提案。拉狄克对那些事情没有详细了解。(拉狄克:"我对情况了解得很清楚,并且当时就在《莱比锡人民报》上抨击过帝国国会党团!")如这位发言人所详细阐述的那样,1909年的形势要求帝国国会党团采取这样的行动,因而国会党团做了极为切实的工作。借着这次机会,我们又一次证明了毕洛夫和蒂尔皮茨①欺骗成性。就海军军备达成一项谅解的思想,由于我们的提案在德国已取得无可争辩的根本性的进展。就连资产阶级人士也逐渐对这一想法开始表示好感。这样,我们无需提出纯社会主义的要求就趁此机会对于在一个重要方面反对资本主义国家作出了贡献,而提出那种要求,根据事态情况则是根本不可能的。

德辛(英国)阐明大不列颠社会民主党的决议案。战争肯定是在资本主义时期以前很久就存在着的。然而现在它有了经济的根源。因此,我们必须消灭资本主义以确保和平。为减少战争危险,现在我们就可以作出贡献。我们的决议案为此指出了途径。

瓦扬阐明法国的决议案。我们的希望是,继续进行反军国主义的宣传。在斯图加特时,我们已就基本原则达成一致。现在需要找出实现那些想法的手段。为反对军国主义和战争,我们什么都可以做。英德间的紧张局势是对和平的最大威胁。一场战争会使无产阶级从实现自己的目标的道路上倒退好长时间。同英法两国的社会民主党议员一样,在其他

---

① 阿尔弗勒德·蒂尔皮茨(1849—1930),德国海军将军,1897—1916年任海军大臣。——编者注

国家议会中的同志们也履行了自己的义务,并对继续实行军备提出了抗议。高额保护关税制度也加剧了紧张局势。在物价上涨的时代,现在尤其有必要反对和消除保护关税。我们必须就直接行动对工人进行启发教育。基尔·哈第说,万一发生战争,应该普遍停工,这并不是总罢工。我们拥护总罢工。战争爆发时,工人应停止工作。工人已不再愚昧至此,甘心做资本主义的炮灰。委员会必须作出在宣战的情况下进行总罢工的决定。前些日子,在德国又出现了战乱的危险。请大家要竭尽全力防止任何战乱。

被选入起草决议案的小委员会的有:**累德堡**(德国)、**伦纳**博士(奥地利)、**基尔·哈第**(英国)、**瓦扬**(法国)、**克劳森**(丹麦)、**希尔奎特**(美国)、**莫尔加利**(意大利)、**若尼奥**(比利时)和**沃尔肖夫斯基**(俄国)。星期二上午继续讨论。

第二次会议

(3月30日,星期二)

小委员会仅就准备提出的决议案的基本点达成一致。

莫尔加利(意大利)说,决议案不要过于冗长。所有的力量应集中于一点:无产阶级代表要在各国议会中反复提出议案,首先通过国际协定把陆军的数量减至一半。为宣传这些思想,需设立特别组织。将在决议案中添加的理论阐述,只会使大家看不清事情的核心。

伦纳(奥地利)等人反对这种说法,他们说,这样一种做法会使反对军国主义、拥护和平的宣传受到过分的束缚。如多数派确定的决议所指出的那样,需要制订的决议案的核心应包括:1. 引言:各国工人之间没有可能导致战争的纠纷。必须强调以往历次国际代表大会有关全体无产者的团结的各项决议,并指出继续增加军备开支常常同各国政府和海牙和平会议的和平保证相抵触。军备开支导致增加直接税，妨碍社会改革的扩大并促使各国财政破产。在采取积极措施方面建议：2. 继续就军国主义和战争危险的实质进行启发教育。3. 社会党议会党团要在各国议会中提出要求仲裁法庭解决一切国际冲突事件。4. 宣传实行陆、海、空三军的裁军。在各国议会中应提出关于限制海军军备和废除私掠权的提案。5. 应提出公布各国之间签订的所有秘密条约的要求。6. 保障各国的生存。7. 对于战争危险迫在眉睫时的行动的指示。

伦纳博士（奥地利）受托执笔起草这项决议案。

第三次会议

（8月31日，星期三）

小委员会起草的决议案印妥分发。决定由德国报告小委员会的工作。

累德堡：小委员会内各种观点的分歧相当大。莫尔加利（意大利）要求在各国议会中反复提出提案缩减陆军百分之五十的建议没有得到多数的赞成。基尔·哈第的一个提案被否决，他建议把总罢工作为防止战争的手段。沃尔肖夫斯基（俄国）倡议把废除特别军事法相应地写入决议案。这一倡议被认为是不合适的。现在拿出的决议案，小委员会有三分之二的成员赞成。引言原则指出，社会民主党人原则上应拒绝用于战争目的的拨款。必须要求仲裁法庭成为必设的机构。原则上应为普遍裁军而努力。自然，为接近这一目标的拨款是不应加以拒绝的。因此，首先明确要求缔结一项旨在限制海军军备和废除私掠权的协定。因为，例如在德国有人正以需要保护商船队为理由来为增加海军军备辩护。虽然这样一种保护是无法施行的，但是废除私掠权，实行军备的借口也就随之消失了。英国决议案提出的废除秘密外交的要求受到采纳。有关拥护各民族自决权的要求与对目前压迫的抗议不是德国方面提出的,但是我完全赞成,因为德国在压迫少数民族的那些国家中是首恶。决议案结尾谈的是直接行动。在议会中只能有限度地取得一些积极成果。尽管如此,议会主义不能摈弃。它是探究仍然态度冷淡的无产阶级群众的情感和征服他们思想的一个手段。在拟定关于行动的词句时,不得不顾到各个国家的法律情况。不能给各国政府以借口对各国组织进行毁灭性打击。有必要指示国际局,当战争危险迫在眉睫的时候,立即采取步骤在有关国家各工人政党间取得意见一致的情况下,统一行动防止战争。这种必要性从下述情况已经得到说明,即在奥地利和塞尔维亚之间由于兼并波斯尼亚和黑塞哥维纳战争一触即发时,这两个国家的同志们却未能取得一致。基尔·哈第虽然不主张战争爆发时进行总罢工,但却同意生产军备的工人以及矿工和运输工人均应停止工作。这样做实际上会导致总罢工。这样的决议会立即引起组织分裂的后果。在特定的时刻采取怎样的步骤来阻止战争的爆发,仍须由各国有阶级觉悟的工人自己决定。沃尔肖夫斯基要求起码对俄国作出在战时举行罢工的规定,但是对个别国家作出特殊规定是不可能的。如果俄国人考虑到他们的不享有任何权利的状况打算这么做,那他们可以单独给自己作出这样的决定。我们采取我们所选择的形式进行的斗争本身发生了何等的效果,不久前我们一位出色的德国合作者在柯尼斯堡演说中的惊呼就说明了,为了未来选举的成就我们还不能缺少这个人。发言人在他将近一个小时的发言结束时指出了在拟定决议案时需要克服的重重困难,因此请求一字不改地通过这一决议案。

莫尔加利(意大利):为意大利党多数派的提案辩护,该提案要求不再扩充军备并要求各国陆军裁减百分之五十。原则上他对提出的决议案无可指摘,但是他认为该提案不会有什么实际意义。提案可能不会获得多数,但会在下次代表大会上再次提出。

瓦扬（法国）打算赞同多数派的决议案。他认为，采取议会手段不足以取得成就，必须规定进行群众鼓动，并且应不惜任何牺牲来阻止战争。他建议，决议案补充一段话："为防止和阻止战争，可以准备举行为战争提供物资的工业的总罢工。"

随后讨论暂停。

第四次会议
（9月1日，星期四）

主席**范科尔**宣布，讨论必须于今天结束。他只保证10分钟的发言时间。

基尔·哈第（英国）：我不能同意小委员会的建议。当无产阶级的议员还没有强大到足以阻止战争的时候，那就需要工人自己采取拒绝制造武器弹药、拒绝为轮船采煤的办法来阻止战争。当然有关国家的工人彼此要协调一致。不能只在一个国家罢工。如果不通过有关罢工的修正案，那就必须在少数派的特别报告中提到这一修正案。

沃尔肖夫斯基（俄国）：累德堡误解了我的意思。我不是要求对俄国作出特殊的规定。我的愿望是，士兵要受民法的约束。我建议，在陆海军士兵当中要比过去进行更多的鼓动，像法国最近所希望并且也已尝试过的那样。

主席**范科尔**声明，沃尔肖夫斯基的建议同议事日程无关，因此不应再讨论。讨论应围绕如何才能结束辩论这一点。全体会议至今仍然缺少讨论材料。

接下去的几位发言人放弃发言。只有4人还想发言。

图措维奇（塞尔维亚）：在最近奥地利和塞尔维亚之间的这场冲突中，塞尔维亚社会民主党人从来也没有因为所要采取的对付措施而陷入窘境。他们反对封建王朝的斗争得到了奥地利社会民主党的支援。不过如果奥地利人更有力地反对本国政府的侵略政策的话，他们对塞尔维亚人的支持肯定会好得多。兼并波斯尼亚和黑塞哥维纳在奥地利社会民主党内没有受到足够坚决有力的反对。在巴尔干，战争危险是个持久的危险。社会民主党人不应使用外交理由，而是要全力以赴地反对大国的侵略政策和维护弱小民族的自由与自决权。在较小的国家中，这是社会主义运动的生死存亡的问题，因为它们主要不是通过自己的力量而是通过大国的同志们的帮助才能对社会主义理想有所贡献。塞尔维亚社会民主党完全是按照德国的榜样建立的。但是德国社会民主党在塞尔维亚工人的眼里却声名狼藉，因为它对于大国的侵略政策没有给以应有的坚决抵制，并且对处于大国铁蹄下的巴尔干弱小民族也关心不够。这种情况将来必须有所改变。

卡尔松（瑞典）声明，他的国家的代表团赞成决议案，认为它是确定反对军备斗争的活动范围的一个原则声明。从决议案的各种措辞中可以看出进步。

德布内（比利时）代表比利时代表团声明，他们将赞成决议案。他们在原则上赞成瓦扬—基尔·哈第修正案；但是他们要投票反对，原因是德国的代表们说它是不可取的。

斯卡图拉（波希米亚）：捷克的同志们与他们的奥地利党内的同事们相反，会以极大的热情反对政府的兼并政策。今后奥地利的同乡会必须比过去更多地研究巴尔干政策。

拉狄克（波兰）书面声明：他保证他没有像资产阶级报刊所声称的那样想到要轻视社会民主党维护和平的鼓动，丝毫轻视的想法都没有。相反，他所着眼的是使鼓动具有最大的效果和尖锐性。

伦纳（奥地利）针对斯卡图拉强调，奥地利各民族社会民主党议员在巴尔干政策问题上不存在策略方面的分歧。但是，巴尔干问题十分复杂,因此没有两个政治家在这个问题上意见完全一致。在国会中,议员们最坚决地维护了和平而且也卓有成绩。无论什么样的侵略欲望,奥地利的也好,塞尔维亚和蒙特内格鲁的也好,都遭到了抵制。民族自决权一向受到拥护。报刊上强调过,塞尔维亚宣战只能招致塞尔维亚的失败。奥地利社会民主党人没有违反过国际团结的任何规定。国际代表大会所要通过的决议不能面面俱到。它只能总结作决议的时候可以被看做是各国都已时机成熟的事物。除历次国际代表大会各项决议外,尚有各个国家党的纲领。伦纳还补充说明了裁军要求。他阐述道,不言而喻,不能由此得出使国家手无寸铁的结论,而要规定由常备军向人民军队过渡。日后的代表大会仍然有权制定无产阶级的反军国主义纲领,并努力在地球上结束战争。(掌声)

皮托尼(奥地利)申明,斯卡图拉的说法是错误的。奥地利的议员们一致表示了反对兼并政策的态度。他以意大利民族的议员的身份声明说,其同乡会的议员们没有误下他们必须做的事。

讨论到此结束。

沃尔肖夫斯基关于士兵受民法约束的修正案被转为议程,从而获得处理。在此之前,委员会通过一项声明,指出之所以这样处理,是因为这件事不属于议程。

瓦扬—基尔·哈第修正案遭到大多数委员否决,该修正案全文是:

"大会认为,在所有可以用来防止和阻止战争的手段当中,最适宜的是工人总罢工,主要是为战争提供物资(武器、弹药、运输工具等)的那些工业部门中的工人总罢工,以及采取最有力的手段在人民中间进行鼓动。"

按民族进行表决。结果119票反对,58票赞成。随后通过了小委员会只字未改的提案，仅意大利的莫尔加利1票反对。累德堡被确定为在全体会议上的报告人。基尔·哈第将在报告人之后作为委员会少数派代表发言。

委员会第二项议题是为迅速执行历次国际代表大会各项决议所应采取的办法。

瓦扬（法国）扼要阐明（法国）社会党提出的如下决议案：

"在任何时候，当两个或几个国家之间有发生冲突的危险时，而被征求过意见的（有关国家的）各国党对于作出决定又表现出犹豫或拖延时，这时即使有关国家无产阶级中只有一方提出要求，社会党国际局书记也必须召开社会党国际局和社会党国际议会委员会的紧急会议，这种会议应该立即在布鲁塞尔或视情况在其他比较适宜的地方举行。"

该决议案未经讨论获得一致通过。

弗利根（荷兰）说明：委员会应研究一下，将由代表大会作出的决议也应该得到贯彻。如果不能付诸实施，现在通过的决议就只是一纸空文。因此，荷兰建议，向下次代表大会提出报告，说明所作出的那些决议案受到何等程度的重视。他提出如下决议案：

"国际代表大会承认，难以对执行历次国际代表大会的各项决议给出一般的指示。因此，执行的方式方法和正确时机的选择必须仍由各国党自行决定，但是大会明确声明，这些党有义务竭尽可能贯彻执行历次国际代表大会的各项决议。国际代表大会每次召开之前，国际局应提出报告，概述各国党执行国际代表大会各项决议的情况。"

这项决议获得一致通过。会议于12时结束。

第四委员会：失业保险与工人保护立法

第一次会议

（8月29日，星期一）

丹麦议员**奥尔森**主持讨论。经过对议事规程的长时间讨论后决定着重讨论失业问题。

讨论开始，**莫尔肯布尔**（德国）第一个发言。他说：我们在德国曾经进行过两次失业统计，一次是1895年7月职业统计时进行的，一次是在同年12月人口普查时进行的。统计结果，夏天的失业人数为20万，冬季为50万。因此，德国平均约有30万人失业。1895年是危机年份，所以失业现象尤为突出。当时我曾盘算过，在德国实行失业保险是否可行。我的决定是，如果每一个失业工人我们每天给2个马克，那我们一年就要筹集大约2.8亿马克。这虽然是一笔巨款。但是如果我们考虑到，我们的工人保险每年需要6亿，那这笔款子也是筹集得起来的。负担当然要作出相应分配；国家和企业主必须考虑在内。如果企业主也得付款，那他们就要注意在繁荣时期不让工人加班加点和星期日也不休息，最好是把多余的工作分到淡季去做。而国家可以通过法律途径促使工作时间缩短。在国家受权颁布加班等的许可时，也会对之加以限制。国家作为企业主和雇主时也会把容许延缓的工作推迟一段时间，安排在各地工作都不多的时候去做。只要失业现象使企业主和国家分文代价不付，他们对失业现象的消除就无动于衷，因为失业还会给他们带来高额利润呢。如果我们仔细阅读统计资料，就可以指出，危机之年1908年失业者有50万人左右，多于1907年。这种情况出现的原因，最近一次大危机的影响可以算在内。每 30 个工人有一个失业。现在看,这种负担也是可以承受的。我们在德国实际上已经开始依照法律对失业者实行救济。通过强制联合的法律规定来消除从前私人钾盐辛迪加差异的钾盐法包含这样一条规定,即较小的工厂停工时——由于联合起来的工厂为了能够把投资份额转给较大的工厂而发生,失业的工人必须由有关工厂救济半年。在我们提出的失业保险的要求中有一段话要求国营失业保险;当然在细节方面还有意见分歧。但是,即使国际代表大会也无法讨论细节。各个国家的特殊情况必须予以尊重。劳动权受到了各方面的抨击,这是有道理的。我们现在重提劳动所采取的形式不同于从前,但是有用的核心我们坚持了:如果劳动市场出现危机,发生失业现象,那就必须准备提供公共工作。

特罗克莱(比利时)不想谈问题的许多方面。工会首先对解决失业救济问题感兴趣。不同的国家在这方面的条件是不同的,这一点在讨论缓解和消除失业现象的建议时应有所考虑。我们必须采取阻力最小的做法。单靠工会是不能解决问题的。例如列日省工会会费收入有 1.8 万马克,然而失业者救济则需要 9 万多马克。在布鲁塞尔仅仅为手套制作工人一个月就得筹集一万法郎。这些单靠工人是办不到的。这里需要有国家政权来帮忙。当然,与此同时仍然必须保持工会的自由。法国的决议案虽然具有崇高的思想,但我们不能毫无保留地赞同。德国的决议案我们也不能无条件地接受。

布劳恩(奥地利):工会为救济失业者所做出的成绩是迄今它为救济产业后备军所做的唯一值得一提的事,而产业后备军同资本主义的发展有着不可分的联系。但工会不仅身受其会员的失业之苦,而且非会员的失业问题也阻碍着它争取增加工资和缩短劳动时间所进行的一切斗争。所以,应对失业现象负责的生产资料所有者(有时作为个人,但始终作为统治阶级的成员)也须担负用于失业救济的费用,这同样是工会关心的一个问题。形式上失业保险是公法性质的保险。工人组织对于管理施加最大限度的影响应该得到保证。考虑到造成失业现象的原因,失业保险的费用应累进地交由企业主来负担。对于全年定期使用同样从业人数的企业应课税最低,对于旺季短期以及不定期开工并且有时劳动时间过长、批准加班加点、过度使用徒工的企业,须课以最高额的赋税。这样做就会把工作较为平均地分配到全年,并减少失业现象。不过。失业救济作为工会的斗争手段来说还仍然是行业组织的一项意义重大的任务。

希克斯(女)同志(英国):失业保险不是灵丹妙药,把所有的工人组织起来才是。这种解决问题的办法,在英国已经采用了。如果要求国家为失业者提供公共工作,那就应该同时提出按照工会的工资标准付给工钱。对于失业保险问题必须说明的是,从保险的意义来讲,罢工工人和被解雇的工人都应算做失业。

第二次会议

(8月30日,星期二)

委员会继续讨论失业保险问题。但是,提出的修正案很多,争论点也很多,尤其关于罢工者和被解雇者的失业保险更是众说纷纭,结果已经提出的决议案不得不退回小委员会。

随后召开的会议上,**布劳恩**博士(奥地利)代表小委员会报告了如下决议案:

代表大会指出:失业是同资本主义生产方式是分不开的,尤其是同资本主义的发展、使妇女和儿童工业化以及同由于工人的漂泊不定而造成的流动分不开,因此它只能随着资本主义的消失而消失。

只要生产资料的私人占有仍然是我们这个经济制度的基础,失业现象就不能消除,而只能减少失业和缓和其后果。

任何不以失业者的意志为转移的不能工作的原因(疾病和事故除外)均应视为无辜的失业。

在未实现由工人组织管理的、普遍的、公法的、其费用应由生产资料占有者承担的失业救济之前,国际代表大会要求社会权力机关对工会的一切失业救济给予财政上的支持,这种支持不得以任何方式削弱工会的独立性。

工人阶级的代表应向社会权力机关提出如下要求:

1. 定期进行精确的失业统计;

2. 在其职责范围兴办足够的失业救济工程,支付工会所承认的工资(合理的工资);

3. 在危机期间给失业储金会提供特别支持;

4. 支持一切维护工人利益的劳动介绍机构;

5. 通过立法措施缩短工作时间。

布劳恩博士发言说明理由:肯定会有一些同志不完全同意这个决议案,但是这个决议案却是委员会成员所能够拿出来的最好的东西。委员会确信,由国家和社会来进行失业救济是必要的。或许现在全体同志,包括英国同志在内,都确信有必要把失业的一部分重担转交给国家和资产阶级。国家的失业救济只要不削弱工会的独立,就是绝对需要的。我请求大家通过这个决议案,它是委员会成员各种意见的折中方案。任何以沟通个别国家的特殊愿望为目的讨论都是没有用处的。决议案一般地阐述了所有国家对失业问题的要求。

菲力浦斯(女,博士)同志(英国)希望决议案把她所论述的种种补充收纳进去。在第二点中,她要求强调,失业救济不应视为一种慈善行为。在第五点中必须提出不仅缩短劳动时间而且对劳动时间作出规定的要求。她说,对于非工会会员的工人的救济必须加以强调,因为这些人遭受最严重的失业之苦。另外,还必须提出生存权的要求和争取建立劳动介绍的国际组织。

西蒙(德国):提议把第三段中的"疾病和事故除外"这句话删掉。他说,在他看来,决议案只有在这个条件下才可以接受。发言人表示强烈反对英国修正案部分,该修正案特别强调给予非工会会员以失业救济的必要性。工人参加领导管理的那些劳动介绍所应突出给予支持。这点必须在决议案的第四点中得到反映。

特罗克莱(比利时):提请注意,英国的建议大部分已由决议案的精神实现了。但是他赞同第五点在"缩短"一词之后加上"并作出规定"。他反对西蒙提出的修改建议,也反对强调给工人参加管理的劳动介绍以特别的支持。委员会的文本基本上是比较好的。最后他提议,第四点在"利益"一词之后加上"和自由"三个字。

莫尔肯布尔(德国)也认为决议案并不是处处完美,但是他仅仅主张去掉几个明显不妥之处。第一段中"以及同由于工人的漂泊不定而造成的流动"这句话是不妥当的。工人的流动即不能增加失业,也不会减少失业。但是工人的流入会使失业的工人增加。所以这句话应删掉。同样,第三段中的罪责问题也必须删去。大家一致的意见是,失业现象并非个人的罪过,而要由资本主义的生产方式负责。我们是坚决反对在工人保护立法中提出罪责问题的,因此也不允许在这里提出这个问题。因此,整段都应删去。

林德哈根(瑞典)对决议案也有不少异议。他建议,把第一段中"使妇女和儿童工业化"这句他认为不明确的话删掉。他说,无法理解为什么要突出"使妇女和儿童工业化"。

赖歇斯贝格(瑞士)特别赞成删去整个第三段。第四点应补充

"建立一视同仁的劳动介绍机构"这个要求。失业救济的费用同用于工人保护和工人保险的开支一样必须作为企业的杂费由企业主承担。

戈西普（英国）不赞成失业保险仅仅适于加入工会的工人，另外他同意菲力浦斯同志的修改建议。

瓦涅克（波希米亚）指责说，失业救济的费用不应一开始就转到生产资料占有者的身上。在他们为失业者有所作为以前，我们不能等待。现在必须立即使企业主同意承担失业救济的费用。

德伊斯（荷兰）希望否决英国人在所有部分提出的修正案。这些建议毫无社会主义的味道。赖歇斯贝格提出的要求失业救济费用必须作为企业的杂费由企业主承担，如同用于工人保险的费用一样。他反对这一要求的最后部分。他说，失业同工人保护的那些要求是不能相比的。

赖因施泰因（女）同志（美国）：美国的失业由于大量外籍工人移民而特别加剧了。因为在美国存在一股反对外籍工人移民的强大潮流，所以她请求删去第一段中"由于工人的漂泊不定而造成的流动"这几个字。这些话恐怕会被美国的保守分子煽动地用于实现他们开除外籍工人的要求。这句话包含着承认工人的流入对于本国工人的就业有不利影响。（有人喊："好得很！"）

默勒（丹麦）同意刚才发言人的话。另外他还反对英国人提出的儿童从事劳动的年龄界限的要求。

随后决议案又被退回小委员会以研究提出的这些修改建议。

第三次会议

（8月31日，星期三）

阿道夫·布劳恩（奥地利）以小委员会报告人身份就失业问题提出一个决议案：

"代表大会指出,失业是和资本主义生产方式分不开的。因此,在资本主义生产方式的制度内不可能消灭失业,而只能减少失业和缓和其后果。代表大会要求实施由工人组织管理的普遍的、公法的失业救济。工人阶级的代表应提出下述要求:1. 对失业规模提出统计报告。2. 支付工会①所承认的工资。3. 在工业危机期间给失业者以特别救济。4. 不许因失业而缩小政治权利。5. 设立和支持一切劳动介绍机构。6. 通过立法措施来消除失业。7. 强制实行失业救济。"

布劳恩对此解释说,委员会曾设法考虑所有提出来的愿望,但是事实表明这是不可能的。

在一致通过小委员会提出的关于失业问题的决议案之后,接着讨论工人立法。

沙培尔(荷兰)对此提出如下决议案:

"大会确认1889年国际巴黎代表大会和1904年国际阿姆斯特丹代表大会所作出的关于工人立法的各项决议。大会认为,自这些决议作出以来,各国统治阶级在这方面普遍无所作为,普遍证明无法实现这些决议。资产阶级拿出种种借口来掩饰他们缺乏善意和不具有为工人阶级有所作为的能力。譬如他们提出了这样一个论调,说什么在尚未达成国际协议的情况下,个别国家的工业竞争情况妨碍着实现一种良好的工人立法。他们还提出一种论调,说什么缺少承担社会立法重负的资金。各国政府,首先是欧洲各国政府长期以来就已经找到了达成国际谅解的手段和途径,例如关于妇女夜间劳动的伯尔尼公约即是。然而对这种可能性的利用却十分微少,尽管资本家从无产者的劳动中拿去了巨额剩余价值并为了军事的目的而数以十亿计地挥霍掉了。

---

① 原文为"Genossenschaften"(合作社),应为"Gewerkschaften"(工会)之误。——译者注

这一切清楚地表明，诉诸国际协议的必要性和断言缺少用于工人立法的资金，不过是为了逃避对工人阶级应负的责任和几乎是无限制地剥削工人阶级的借口。所有这些促使我们最坚决地抗议统治阶级的这种漠不关心的不负责任，并号召全世界工人阶级同企业主阶级的这种策略进行不懈的斗争。大会呼吁工人们牢记，要使统治者从漠不关心的不负责任的状态中猛醒，只有以个人严肃的和坚忍的牺牲精神为基础而有力地组织起来的工会对他们施以足够强大的压力。"

沙培尔（荷兰）进行说明：我们刚刚就失业问题一致通过了一个积极的决议案。对于一般的工人立法，我们已经有了1889年和1904年的两个好决议。因此，对已有的两个决议给予特别强调就够了。资产阶级指责工人在工人立法方面提出的一切要求，说什么考虑到竞争他们只好保持旧有的状况。他们还喋喋不休地说，没有实现这些要求的资金。要人们通过在国际上达成有关工人立法的一致来调整工人立法的说法，纯属拖延策略。我们要以我所提出的上述决议案来同这种策略作斗争。如果企业主说他们没有资金，那么就必须指出，恰恰是他们在不断地为军备开支挥霍浪费。但是决议案最后一段向工人提出的号召也是重要的和必要的。因此，请大家通过这个决议案。

莫尔肯布尔（德国）：就内容来看，大概每一个人都会议同意沙培尔的决议案，所以问题可能只是要讨论一下决议案的形式。指出资产阶级的拖延策略并不是最重要的。工人立法只有在迫于工人的压力而具有工人立法的地方才取得进展。因此，向工人发出大力的号召应是决议案的核心。仅仅引用巴黎决议和阿姆斯特丹决议是不够的，因为工人并没有把那些决议的文本记在头脑里。我们必须重述这些决议所提出的要求的精神。

罗滕施泰因（匈牙利）希望决议案的矛头不仅仅指向工业资产阶级，而是指向整个统治阶级。还有，单纯强调工会组织的必要性是不够的。

于里（法国）指出，沙培尔决议案的精神已经包括在法国代表大会所作出的决议之内了。

布伯（波兰）希望，决议案同时强调无产阶级的政治组织和经济组织的重要性，而沙培尔决议案只强调了经济组织。他要求，各个国家的工人保护立法不应在本国工人和外籍工人之间制造差别，另外，国际局应出版定期的各个国家工人保护立法概况。

林德哈根（瑞典，斯德哥尔摩市长）：决议案必须更加无懈可击。决议案没有什么新的思想。发言人提议把下面一句话加入决议案："大会声明，对于所有工业部门中根据情况并非不可避免的夜间工作的立法必须立即实行，因此，在尚未无分男女一律实行这种规定的国家，在实行禁止妇女夜间工作之后应立即按照伯尔尼公约为男子制订类似的在上述保留条件下的立法。"

瓦涅克（波希米亚）：我们不能抱怨，在统治阶级掌握政权的情况下，统治阶级几乎不为工人做什么事情。我们必须要求工人们通过自己的组织的力量去为自己争得统治阶级不会自愿给予他们的东西。因此，他希望决议案结尾的话应是："大会呼吁工人们牢记，只有以坚忍的牺牲精神为基础的有力的政治组织和经济组织，才能掌握经济权力和政权，使其在工人立法方面的要求能够得到实现。"

德斯帕德（女）同志（英国）希望把一系列个别要求吸收到决议案里。

沙培尔（荷兰）在他的总结发言中表示同意莫尔肯布尔的阐述。另外他希望，在设立一个小委员会考虑各种建议，对决议案进行审查之后，决议案将具有大家满意的形式。

决议案被移交给小委员会，莫尔肯布尔代表德国进入该小委员会。

最后一次会议
（9月1日，星期四）

在最后一次会议上，**莫尔肯布尔**（德国）经过简短说明以后提出一个决议案，重申了斯图加特代表大会和阿姆斯特丹代表大会提出的工人保护方面的要求。这个决议案写道，无论在哪里一个国家，工人保护立法都不应对任何一个工业部门有所损害，更确切说，由于工人健康状况的改善，工人的劳动能力应当得到提高。另外，决议案还要求工人享有自我管理的权力，要求对失业者、孤寡给予足够的救济。决议案写道，如果工人施以一定的压力，在工人保护立法和工人保险方面就能达到多得多的东西。

一位代表提议去掉最后一段，这段的内容是，工人保护立法不应对工业有所损害。他说，我们必须强调，通过工人目标明确地施加压力才能在工人保护立法方面实现多得多的东西。

赖歇斯贝格也要求对决议案作一点修改。他说，立法已经部分地超过了决议案中所提出的要求。我们必须在决议案中提出要求禁止妇女和18岁以下少年工人夜间工作。决议案也没有提到家庭工业。

莫尔肯布尔（德国）解释说，决议案仅适用于工厂工人，不适用于手工业和农业。我们本来还可以提出许多要求，但是我们没有提出，目的是不要使得决议案变得如此包罗万象。决议案第一段的目的是驳斥对立法的这样一种指责，即工业不堪忍受工人保护立法的进一步扩大。如果企业主对我们说，工人保护立法要花费3亿马克的开销，那么就必须予以反驳,这笔款项必须由他们拿,并告诉他们这3亿马克他们会重新捞回去的。

罗滕施泰因(匈牙利):决议案的全部要求都是根据前几次代表大会的决议、遵照委员会的特殊愿望又补充进去的。因此,现在对这些地方提出异议就会令人费解了。即使在目前时期这些要求有几个已经得到实现,但恰恰在最后所提出的适合于所有国家的那些要求不可能兼顾个别国家的要求。

由于无法对决议案取得一致,委员会决定将其退回小委员会,由该委员会将最后的文本直接递交大会全体会议。

第五委员会:其他决议案

第一次会议

(8月29日,星期一)

主持人有**埃伦博根**(奥地利)、**龙格**(法国)和**伊雷尔**夫人(柏林)。委员会研究**保尔·路易**(法国)提出的一项决议案,该决议案在确认阿姆斯特丹代表大会为法国所作的统一的决议的同时,重新表示希望分裂的各派能够统一起来,并希望国际局为这种促成统一的活动提供帮助。决议案①在热烈的掌声中被一致通过。委员会将于星期二继续开会。

---

① 即关于统一的决议案,见本卷第39页。——编者注

第二次会议

(8月30日,星期二)

讨论从波斯问题开始。亚美尼亚代表提出关于波斯局势的决议案①。

该决议案未经讨论即获通过。

接下来是萨洛尼卡工人关于土耳其局势的决议案:

"鉴于欧洲资本主义国家对土耳其奉行的政策,一个保障所有国民的人权和公民权的宪法的颁布,土耳其政府对行业结社权和罢工权的破坏以及对土耳其工人阶级所实行的专横政策的灾难深重的后果,哥本哈根国际社会党代表大会声明,唯有建立在巴尔干国家间谅解基础上的民主制度才能抵制欧洲各国的资本主义殖民政策,唯有保障广泛的自由才能促进新土耳其的发展。代表大会欢迎在土耳其兴起的社会主义运动。"

保尔·路易提议,第二部分不写"民主制度"而写"社会民主制度"。

拉柯夫斯基(罗马尼亚)反对上述修改。萨洛尼卡工人是在与社会民主党达成一致的情况下起草出这个决议案的。人们打算首先进行民主化的尝试。

伯罗斯(英国):拉柯夫斯有哪些征兆说明民主的谅解是可能的?

塞茨(奥地利):解决的办法在于社会民主制度,这样的修改我们可以拿来用在所有事情的问题上,因为按照我们的基本看法,资本主义

---

① 见本卷第44—45页。——编者注

确实要对一切弊端负责。然而这里的问题是要找出一条道路，并且人们认为在民主宪法中可以找到这样一条道路。因此，拉柯夫斯基对于修改的指责是正确的，只是要把"唯有"这种会引起误解的字眼删掉并代之以"首先只有"，这样才不给人以这样的错觉，即似乎政治民主才是全部解决办法。

保尔·路易（法国）坚持他的修改，因为通过外交方面的谅解不可能实现资产阶级民主，对于资产阶级民主的意义他并没有高估。所以，行文有必要避免引起任何误解。

埃伦博根（奥地利）：我们不可能指望在土耳其马上就出现社会主义社会。但是一个民主制度是可能的，正是为了粉碎来自欧洲的民主制度最凶恶的敌人俄国及其影响，萨洛尼卡的同志们才有这样的要求。所以我们要求土耳其资产阶级首先建立民主制度。至于以后我们拿这个民主制度怎么办，那是我们自己的事。

拉波波特（法国）提议作这样一种修改，即只有民主的和社会主义的谅解才能同欧洲各国的资本主义殖民政策进行斗争。

拉柯夫斯基：我们必须抗议在欧洲民主国家中得到过高评价的青年土耳其党的反动政策。我们必须让它明白，只有它不再粗暴对待工人联合会，才能指望得到同情，广泛的民主是防御欧洲资本主义政策的堤坝。

冯·塞茨（奥地利）提出作如下修正："欧洲各国这种卑鄙的资本主义殖民政策首先只有通过巴尔干国家彻底的、民主的宪法改革和通过这些国家主权人民的和平谅解才能予以有效抵制，同巴尔干各国及其他欧洲国家政府相反，今天只有社会民主党主张这种和平谅解。"

拉柯夫斯基（罗马尼亚）提议把决议案连同所有修正案均转交给一个小委员会。

埃伦博根（奥地利）认为移交给一个小委员会的做法是不可行的，

因为现在的意见相互冲突,只有通过表决才能解决。

选举小委员会的动议被否决。

瓦兰蒂安(土耳其—亚美尼亚)反对从关于土耳其局势的决议案中删去"民主"一词。他说,民主制度的进一步发展对于土耳其的亚美尼亚人运动的恢复有着极为重大的意义。虽然民主的青年土耳其党堕落了,但是它的意义却受到了低估。青年土耳其运动推动了甚至农业工人的工资斗争,并使工人们有可能组织起来。萨洛尼卡的组织是巴尔干最出色的,它需要国际无产阶级的同情。

第三次会议

(8月30日,星期二)

委员会德国委员向委员会提出一个关于死刑的决议案①。

关于土耳其决议案的讨论继续进行。

塞茨(奥地利)认为意见分歧已不复存在,因而决议案可以被通过。

英国人提出一个新的修正案:"只有充分的民主制度才能带来政治解放。"

所有其他修正案均撤回以后,决议案②仅作几处小小的改动便获通过。

对日本社会党人的声援③未经讨论即获得一致通过,表决前宣读了片山潜同志的一个通知,告知他由于日本政府拒发签证所以未能前来参

---

① 见本卷第39—41页。——编者注
② 见本卷第174页。——编者注
③ 见本卷第42页。——编者注

加代表大会。

抗议阿根廷寡头政治的暴政

索尔格（女）同志（法国）要求抵制阿根廷产品。

胡安·德胡斯托博士（阿根廷）描述了阿根廷骇人听闻的状况，它的貌似民主的宪法，落后的内地工人享受不到，所以不过是一纸空文。政府导致无政府主义者的滋生。今年5月1日，警察血洗了一个无政府主义者的群众集会。社会主义的工人们举行了为期7天的罢工回答了这一血腥罪行。一名俄国无政府主义者的炸弹暗杀案促使当局宣布实行戒严状态。政府制造了对工人运动的真正的扼杀。刽子手们像野蛮人一样洗劫工人的各种会所。（发言人展示了劫后惨状的照片）社会党人被同无政府主义分子混在一起，虽然他们毫不极端，甚至认同私有制的发展。尽管所有这一切，社会党人仍然获得过一些选举成就。如今实行了非常法，结社权和罢工权受到巨大的限制。发言人反对抵制，因为这只会阻止欧洲粮食的输入和只会使工人阶级的状况更加恶化。

索尔格同志大力坚持抵制。她说，一纸决议仅仅是一些无济于事的话。

决议案[①]获得一致通过，索尔格同志的动议仅3票赞成而被否决。

第四次会议

（8月31日，星期三）

俄国的和芬兰的同志们联合提交了一个揭露沙皇在芬兰的反动行径

---

① 见本卷第41—42页。——编者注

的决议案①。

鲁巴诺维奇（俄国）提议不经讨论一致通过。

拉蒙特提出修正案，世界各国在10月份第一个星期均举行反对在芬兰的沙皇统治的示威集会。

弥勒（慕尼黑）反对这一修正案：规定在某一周是不可行的，不过德国人当然要竭尽全力促使抗议活动取得成效。

托马舍克（波希米亚）同样反对修正案。

龙格（法国）：示威集会只有在同一天举行，才能取得成效。我们虽然不一定要规定在10月份的第一个星期，但是可以委托国际局就示威集会的日期同各党取得一致。

拉蒙特同意这个意见。

罗莎·卢森堡（女）同志希望这样表述：国际局应致力于使示威集会尽可能一致举行。建议的这种措辞被决定下来，决议案获一致通过。

最后一个决议案关于死刑问题。波兰代表团提出如下决议案：

"鉴于：

现代阶级国家被迫同危及其基本原则的一切行为作斗争并且一直在同这些行为进行着斗争；

这种斗争在今天的社会制度下表现在所谓的'刑罚'，也就是人们认为的儆戒性措施之中；人们没有采取任何预防性的手段或者改革来试图改造现存的关系，而且是出于这样的理由，因为社会利益被看做同有产阶级的利益是一致的，而任何激进的预防措施和改革都会违背有产者的利益。

另鉴于，今天的文化水平却允许有产阶级，为了维护他们的政权甚

---

① 见本卷第42—43页。——编者注

至运用一系列同今天的科学成果更加一致的'刑罚';

迄今存在的许多陈旧的刑法条文是有产阶级落后性的一个明证;因此,同社会生活其他领域一样,在刑法领域首创进取的任务也落到了社会主义的无产阶级身上;

在完全陈旧的'刑罚'当中,死刑必须被视为最残暴和极端违背现代伦理感情的刑罚;

这种'刑罚'的不适宜表现得极为明显,其原因就是,它要么被用于所谓政治罪行(其中只是过激地表达了广大人民群众的抗议的个别人便遭到了这种刑罚),或者用于那些人们在暂时处于无法对行为负责状态下所犯下的罪行,最后或者用于应被视为犯罪者肉体和精神变态的结果的那些不寻常的罪行。

还鉴于,在现代民主国家中,使用死刑在某种程度上把每一个公民都置于合法谋杀的同谋的地位,这种谋杀是残忍的、明知故犯的;

死刑的使用如今又达到这样一种残暴的程度,它表明统治阶级正向着过去的血腥的世纪倒退,这种倒退现在是无法以正常的观点进行辩解的;

最后,近30年在俄国、波兰及其他俄罗斯帝国的附属国,并且还有西班牙大量使用死刑,而且首先被用来对付为被压迫人民的权利而斗争的先锋战士或者是像在西班牙那样对付自由思想的温文尔雅的代言人。

国际社会党代表大会决定:举行国际性的抗议活动来反对死刑,即在仍然存在死刑的国家的议会中同时提出有关这个问题的提案,并以同一天在社会主义报刊以及专为此目的而召开的群众大会上详细讨论这一问题相配合。"

德国社会民主党代表则提出一个不同的决议案①。

讨论当中有人特别指出，恰恰是现代法学学派中存在有重新使用死刑的图谋。

门德尔斯（荷兰）指出最近在布鲁塞尔召开的刑法学家国际代表会议的讨论，会上有人企图通过取消避难权而在那些已经不使用死刑的国家恢复死刑。发言人希望决议案增加如下一段以抗议这种图谋：

>"现代刑法学界的杰出代表们前不久刚刚提出对避难权进行重大修改的主张，这些修改在许多情况下，尤其是对于逃离沙皇帝国的流亡者来说，会导致在像荷兰这样一些几十年来已废除死刑的国家也要在事实上恢复死刑。"

鲁巴诺维奇（俄国）：在第一届杜马讨论死刑时，知识界全体代表都拥护废除死刑，当时俄国司法大臣援引德国有名望的刑法学家冯·李斯特的意见说，鉴于俄国情况复杂，废除死刑恐怕是不可能的。尽管如此，杜马还是通过废除死刑，不过随后它就被驱散了。

波兰的决议案被撤回，德国的决议案②连同修正案获得一致通过。

最后还以鼓掌欢呼的方式通过一个声援西班牙无产阶级的革命的起义，尤其是抗议对费雷尔的无辜死刑的决议案。**埃伦博根**（奥地利）被确定为大会报告人。

---

① 见本卷第39—41页。——编者注
② 同上。——编者注

最后一次会议

(9月1日,星期四)

根据巴尔干各国党员同志的愿望,土耳其问题决议案(抗议青年土耳其党政府的反动措施)还应该更加尖锐。来自亚美尼亚的一位土耳其同志反对。他说,在阿尔巴尼亚也搞过残暴的行动,但那是为了镇压反革命的阴谋。敌对的一方以自己的观点描述了在阿尔巴尼亚的这些残暴行动。对此塞茨(奥地利)建议在反对青年土耳其党的统治的措辞上还是要掌握分寸,尤其是人们没有得到准确的消息,而且对于土耳其政府所使用的措辞和对沙皇制度所使用的完全一样就成问题了。主席同意删去"杀人犯"一词。决议案①删去这个词后获得通过。

---

① 见本卷第44页。——编者注

德国代表团会议

第一次会议

（8月29日，星期一）

艾伯特和**列金**主持，**迪特曼**和**克诺尔**为记录员。决定仅允许党和工会代表团的代表参加会议，同时邀请德国党的报刊代表出席。**莫尔肯布尔**、**艾伯特**和**齐茨**夫人代表党的执行委员会。**累德堡**、**理查·费舍**和**休特古姆**为帝国国会党团代表，**列金**、**扎巴特**、**克诺尔**、**鲍威尔**和**格特鲁德·汉娜**为总委员会①代表。**库诺**同志代表《前进报》。他拥有席位和表决权，巴黎德国社会主义读书俱乐部代表**施赖尔**同样拥有席位和表决权。未设立委托书审查委员会，委托书经由党的执行委员会和总委员会审查即可。每个国家要派四人进入五个委员会，因此德国分别由党和工会各派两人进入五个委员会。派入委员会的德国代表如下：**冯·埃尔姆**、**武尔姆**、**施蒂默**和**鲍威尔**在合作社委员会，**理查·费舍**、**列金**、**施滕格勒**和**科恩**在国际团结和工会统一委员会，**累德堡**、**哈阿兹**、**瓦格纳**和**萨克塞**在仲裁法庭和裁军委员会，**莫尔肯布尔**、**施塔特哈根**、**西蒙**和**布赖**在失业保险委员会，**克拉拉·蔡特金**、**阿道夫·弥勒**（慕尼黑）、**保尔·弥勒**（柏林）和伊雷尔夫人在负责废除死刑及其他决议案的委员会。

---

① 指德国工会总委员会。——编者注

根据**韦尔斯**（柏林）的提议，不进行关于提交委员会的各项问题的讨论，待委员会拿出决议以后再最后表态。柏林第四区就限制海军军备提出的提案将送交第三委员会。汉堡第三区（班贝克）的提案——希望代表大会讨论使用一种国际辅助性语言作为交流思想的手段的可能性，被列入议事日程，因为这个问题曾在斯图加特代表大会研究过。作同样处理的还有汉堡第三区（哈姆）的提案，该提案要求不仅允许荷兰新成立的马克思主义政党参加代表大会，而且还要在国际局内给他们席位和表决权。**艾伯特**通知说，原有的荷兰的党已从他们的八个席位中给了新党一个。他们在国际局中是否获得代表席位，尚未确定。最后还根据**科恩**（柏林）的提议规定，委员会开会时尽可能不举行代表团会议。这次会议到此结束。

第二次会议

（8月30日，星期二）

委员会尚未作出决议，代表团无从表态。**理查·费舍**问，是否要把德国代表团代表中间在合作社问题上的意见分歧提出来。

冯·埃尔姆：委员会内存在的分歧很多，不是今天或明天就能排除的。历次国际代表大会的决议向来都是妥协的决议。可能这次代表大会要通过的决议也是折中的决议。

武尔姆：我对合作社问题及合作社同党的关系的观点同埃尔姆的观点至今也是不一致的。但是我们有可能统一于一个共同的决议上。

随即代表团终止了进一步的讨论。

列金报告捷克人的争执和奥地利的工会组织纠纷。他说，我们的奥地利朋友希望代表大会明确声明工会运动的统一是必要的。对此我们希望施以有利的影响以缩小分离。无疑在这个问题上我们完全赞同奥地利

的德国同志们的立场。（大家表示赞成）

艾伯特（柏林）：令人遗憾的是，国际局也研究过捷克人的争执。大家知道，捷克人宣布了中央工会组织的八名捷克人代表的委托书无效。他们只承认代捷克会员向布拉格的新中央工会缴纳会费的那些中央工会的代表的委托书。被除名的同志是波希米亚党组织的成员。他们是在波希米亚当选的。八名被除名者当中有一个放弃了委托书，因为他被开除出捷克的党了。国际局暂时尚未对这一争执作出裁决。可能要采取如下的解决办法，即这八名被除名者组成社会民主党波希米亚支部，向代表大会和工会问题委员会派出自己的代表。国际局一致同意，必须坚决允许这八位同志到会，并规定在代表大会上给他们两票表决权、在国际局内给予一票表决权。

讨论就此结束。

第三次会议

（8月31日，星期三）

代表团需对之进行表态的各委员会的各项决议仍未作出。相反，**莱帕尔特**（林业工人协会）提出了比利时人对关于国际团结的组织的瑞典决议案的修正案供讨论。该修正案全文如下：

1. 授权社会党国际局在发生政治争端、罢工、解雇或其他重要事件需要立即进行干预的情况下，要求参加国际的各党拿出年度党费的十分之一的特别款项作为紧急援助金。

2. 这笔特别款项只能在一年内提取一次。

3. 去国外旅行的同志应随身携带身份证明，注明他们来自哪个国家和旅行目的；发放给这些同志的资助应由发给身份证明的党偿还。

莱帕尔特解释说：比利时人在这里提出的要求太过分了。国际局要得到工会年收入的百分之十是完全办不到的。必须告诫他们，不要通过代表大会决议来规定工会如何实现国际团结，瑞典人的决议案像现在这样提法是不可能获得通过的，该决议案写道"大会把深入研究和确定国际工人团结的最合适的形式交由工会国际去处理"。

我们必须断然拒绝代表大会对工会作出规定。在德国对于大规模斗争中的互相支援还没有什么明文规定；建立一个普遍的罢工基金总是遭到反对。我们不克服这些困难，就不可能参加任何哪怕仅仅是一时性的国际联系。事情将怎样发展，大家是知道的。先是说：国际代表大会决定向工会组织建议这个那个。而最后则删去"建议"二字说：国际代表大会作出了决议。

理查·费舍认为这种顾虑没有道理。党和工会在这个问题上完全一致。在党的执行委员会向国际代表大会提出的报告中也讨论到这个问题："我们认为国际团结的组织是个乌托邦式的要求。国际团结的实现靠的是存在于各国际组织内部的团结的感情。唤起这种感情并加以培植是个教育问题。当因正在发生的事件而有必要宣布和实现国际团结时，那么参加国际的各个民族组织的及时而有效的行动就取决于它们的领导的机智灵活。作出国际性的明文规定是行不通的。"莱帕尔特现在不愿意被人规定做什么。但是把英、法的两个决议案加以比较表明，所说的规定根本不是这种精神。我想，瑞典人会立即同意这样的写法："代表大会提交工会国际自行决定，对于采取何种形式实现国际团结是可行的进行调查研究，并且代表大会将按照这种调查研究的结果向下次代表大会提出进一步建议。"当然，我们不能像莱帕尔特那样，甚至避免表明对实现国际团结具有道义上的责任。在工会斗争中，我们有责任进行国际支援，并且这种道义上的责任至今一直是被公认的，而有关于此对工会未作出过任何规定。自然，必须采取步骤以便将来使更为有效地实现国际团结成为可能。

列金：莱帕尔特对于他从修正案中拿出来加以非议的地方理解错了。自然应该是由参加国际局的党拿出其全年党费而不是全年收入的十分之一的数额作为特别款交给国际局，如果它提出要求的话。

鲁道夫（美因河畔法兰克福）：英国工会在瑞典总罢工时毫无作为。对此普遍感到愤慨是有道理的。我们在委员会里一定要找机会向英国人表达这种情绪。（赞同声）

施滕格勒（汉堡）：引起莱帕尔特愤慨的原因不难排除。我们只要建议把"规定"一词删去就行了。① 其实我们满可以干脆地同意决议案。英国人总是拿他们那个章程给自己打掩护。总是要一一问遍他们那里的无数各级主管机构，然后才肯把钱寄出来。国际代表大会必须通过瑞典人的决议案对这种缺乏团结感情的事情坦率地说出自己的意见。

莱帕尔特声明同意施滕格勒的建议。

列金：我们会十分容易地同瑞典人就他们的决议案取得一致，所以我们可以接受这个决议案。然而比利时人的修正案却是人为地硬凑起来的，最好予以否决。另外，使用身份证明的建议也是不恰当的。它所依据的是边境地方的政治组织遭到了所谓的政治流亡者的洗劫。可是这么一纸身份证明只会使这种坏事变得更糟。

诺伊曼（汉堡林业工人）：在代表大会上必须提出一个决议案，要求工会国际进行调查研究，如何才能促使过去仅仅口头证明自己的国际团结的那些民族提供些援助。如果在全体会议上说迄今为止并不是所有民族都履行了自己的义务，这会比仅仅在委员会里说更有效。

讨论就此结束。代表团全体一致同意必须通过奥地利工会全国委

---

① 原文如此。决议案中并无"规定"一词，莱帕尔特所说的"规定"，指的是大会对工会事宜作出规定。——编者注

会的决议案。只有**胡埃**认为，假如毫无保留地赞同奥地利决议案，那就会产生这样一种看法，即这个决议案所谈到的党与工会之间的有机联系似乎会被看成对德国来说也是应予仿效的。

理查·费舍答复说，指出工会所谓的中立性不会助长捷克人的分立主义倾向。

艾伯特（党的执行委员会）强调指出，奥地利社会民主党赖兴贝格党代表大会已作出明确的决议，在组织上也要把党放在自立的基础上，当然，在奥地利党的组织方面的任务一大部分过去却是由工会完成的。

德国代表团在这个问题上也未作出任何决议。

第四次会议
（9月1日，星期四）

莱帕尔特（斯图加特）反对代表大会上午就失业问题通过的决议。他说，据德文文本看，决议要求成立国家强制的失业保险储金会，其经费应完全由企业主负担，可是却只能接受工人的管理。这个要求行不通。再说决议的行文也十分不妥。他以德国少数派的名义请求允许重申英国人和法国人的声明：他们不能赞同该决议案，遗憾的是，委员会的德国委员没有及时向代表团通报。

莫尔肯布尔说明不可能做到这一点的原因。他说，当然他并不同意关于这个问题的决议案。可是丹麦和荷兰的同志们却执意坚持，不应让工人自己也分担保险的经费。因此，关于失业保险的德国的决议案由于国际作出决议而未提及。

克洛特（柏林）建议提出把失业保险问题再次退回委员会研究的要求。

布赖（汉诺威）再次说明为什么决议案结果没能比较统一和为什么没能及时提出来的原因。

克洛特的动议和莱帕尔特关于声明反对失业保险问题的决议的动议均被否决，前者几票赞成，后者只是微弱的少数赞成。

莱帕尔特：否决也不能阻挡我们代表德国少数派在全体会议上发表这个声明。

韦尔斯（柏林）迄今我们向全会通报的只是德国多数派的决议。德国同志可以从关于代表团会议的报道中看到少数派存在哪些疑虑。

理查·费舍（柏林）无论如何我们必须通知国际代表大会的编辑委员会，指出这个决议的3种文本完全不一样，希望莱帕尔特同委员会的委员们联系并在这方面做工作。

随后**克拉拉·蔡特金**就第五委员会的各项决议作报告，报告未经讨论获得通过。

哈阿兹（柯尼斯堡）报告裁军委员会的情况，他强调说，德国代表将否决瓦扬—基尔·哈第提案，该提案要求在战争迫在眉睫的情况下宣布总罢工，否决的原因主要不是司法方面的顾虑，而是对这个问题作出决定的时机在任何方面都不成熟。

德国代表团未经辩论，赞同哈阿兹的意见。

根据**萨克塞**的建议决定，在全体会议上同样提出对瓦扬提案按民族投票表决的要求。

艾伯特随后宣布会议结束。

各国党和工人组织向大会提交的报告

英国工党向1910年哥本哈根国际代表大会提交的报告

党　员

下表说明了党在1900、1907、1908、1909年时的党员人数：

年份	工会		工联理事会和工党地方组织	社会主义团体		共计
	组织	会员		组织	会员	
1900	41	353070	7	3	22861	375931
1907	181	1049673	92	2	22267	1072413*
1908	172	1121256	133	2	27465	1152786+
1909	161	1445708	155	2	30982	1481368++

* 包括422个合作社社员。

+ 包括565个合作社社员及3500个妇女劳动同盟成员。

++ 包括678个合作社社员及4000个妇女劳动同盟成员。

1909年党的力量的增加主要是由于拥有55名会员的大不列颠矿工联合会加入了工党。

财　务

工党由两个基金提供经费：(1) 总基金：所属工会和社会主义团

体每年每千人缴纳15先令，工联理事会和地方工党成员不足5000人者每年缴纳15先令，超过5000人者交30先令；（2）议会基金：工会和社会主义团体每人每年捐2便士。

总基金负担与党的日常政治工作有关的开销，由于印刷和出售传单、海报及其他印刷品，还有一大笔收入与支出。

议会基金负担维持下院中工党议员的费用及支付候选人的正式选举费用的一部分（四分之一）。

下表概述了1907、1908、1909年这两项基金的情况：

总基金

年份	党费	总收入	总支出	年终结余
1907	1000镑	2297镑*	1793镑	504镑
1908	963	2057	2196	364
1909	1435	3053	3880	537

* 该项包括1906年的结余508英镑。

议会基金

年份	总收入	用于议会开支	总支出	年终结余
1907	13725镑*	5246镑	5990镑	7734镑
1908	8703	6000	6690	9747
1909	13826	6733	8818	14755

* 该项包括1906年的结余4792英镑。

1910年大选

在1906年，议会中的工党议员有30名，在以后的3年中，工党在13

次补缺选举中角逐，其中 3 次获胜。这样，最后议会有了 33 名工党议员。

今年，有 78 名工党候选人参加竞选，其中包括全部 33 名现议员、11 名现在由大不列颠矿工联合会承担责任而在上一届议会中代表自由党的议员。

大选结果是，党失去 8 个席位，获得 3 个，净损失 5 个。鉴于如下情形，这种结果并不令人失望。在 1906 年大选中，支持我们的势头到顶了，当选的工党议员数目使大家都感到吃惊。另一方面，1910 年大选的性质特别。政府正在捍卫一项预算，其主要规定在议会和在国内都得到了工党的支持，而且一个与上院否决立法的权力有关的宪法问题被全国认为是至关重要的。因此我们在三角斗争中所做的不如我们在正常的政治环境下所做的那样好，无法通过获得在正常的时候我们可能得到的席位来弥补我们无法避免的失利。

我们的候选人得到的选票总数为 505690 票，比 1906 年的总数增加了 183506 票。

市镇选举

下表显示了 1907、1908 和 1909 年中工会与独立工党（ILP）的提名人参加市镇选举的结果。几乎在每一个选区竞选都是在由来自工会和独立工党支部、按照全国党的路线协调工作的代表组成的地方组织的指导下进行的。

年份	候选人数	成功提名	所获议席	损失议席	结果
1907	274	78	43	31	增加 12 席
1908	313	88	35	64	减少 29 席
1909	422	108	49	28	增加 21 席

必须指出，按照法规，这些选举只与地方议会的三分之一议员有关，因为每年有三分之一的市镇议员退职。

出版物

关于出版物，几乎没什么可报告的。《工人领袖》（周刊）及《社会主义评论》（月刊）属于党内的一个团体，即独立工党；而各与我们有联系的种种工人组织出版地方周报，诸如《伍利奇先锋》、《莱斯特先锋》、《前进》（格拉斯哥）、《考文垂卫兵》及《哈德斯菲尔德工人》；但严格说来，党没有自己的报刊。在英国，创办这样的报刊十分困难，因为资本主义期刊的高效率使竞争几乎无疑会出现，除非新报纸有25万到50万英镑资本做后盾。而且，在英国，由于政治上的原因，报纸出售得越来越少，因而党无法花许多力量来诉诸其支持者的政治同情，以便获得在英国的条件下维持一份报纸所必需的发行量。这件事一直得到注意，但目前，它受到奥斯本判决的阻挠，该判决不许工会将钱用于与政治活动有关的事。

教　育

党不直接从事教育工作，但其所属团体却做了大量工作，例如工会在牛津开办了一所学校，一些工会会员由他们的工会出钱到那里学习两年；同时，还有一所与独立工党有联系的活跃的社会主义主日学校。

党的宣传几乎无一例外是通过公共集会的方式——其中数百次是我们的成员团体每周举行的——及通过出版传单（我们去年发行的有600万份）进行的。

与社会主义政党的关系

党与英国社会主义政党的关系依然是友好的，只有一个党例外。在人数上无疑是最多的独立工党和代表了知识分子中的社会主义者的费边社都参加了党，并在全国执行委员会中拥有代表。

工会组织

鉴于列金同志掌握了充分详细的信息，在此标题下所需报告的只是，今年初起大不列颠矿工联合会加入了党，使它现在能宣称拥有国内每一个重要的工会的积极而明确的支持。

议会报告
（1907—1909）

遵照1906年议会任期开始时通过的程序，议会党团从自己的议员中任命了一些委员会来考虑关于下述专门问题的议会行动：政府财政，市镇立法，铁路与运输法，教育，受政府雇用及政府合同中的雇员的工作条件与工资。此外，还任命了一些专门委员会来考虑各种由政府提出的法案，议员们还被任命参加为调查各种工业事务、行政管理改革及提出的新立法而成立的种种官方委员会。

失 业

失业立法及政府为救济工业灾难的补助金的管理问题占据了党的大

部分注意力。1907年，党提出了失业工人立法，规定应通过地方和中央的委员会机构为失业者提供工作，或使他们维持生存。政府拒绝为通过这项法案提供便利，1908年这个法案又被提出，这次，虽然遭到政府的强烈反对，在一读时它得到116名议员的支持。1909年它再次被提出，这次投票表决时115票赞成，228票反对。

去年，党在这个问题上的鼓动使得在主要工业中心建立了劳动交易所，现已得知，失业保险方案正在准备之中，或许不久将会由政府提出来。

一项被称为发展法案的政府议案——1909年预算案的补充议案，在很大程度上也借用了党的"工作权"法案中的提议。发展法案有两个部分，其中较重要的部分规定，在持续4年的时期内，200万英镑将被用于造林及农业与乳品业的改善。这一法案指定了一些专员来考虑提交给他们的议案合适与否，党争取到的一个重要的修正使专员们能自行制定方案。无疑，这项法案中的可能性十分广泛。而且，在对付失业问题方面会顺带产生许多有利的作用，因为在执行这个法案时，必须充分注意正常就业的波动。

由于如此多已经取得或可望取得的成就，党最初的法案现在又被重新起草，以便使之与新的立法联系起来，使鼓动的执行能够更明确，更有实际成效。

饥饿的儿童

当1906年工党的议员总数达30名时，他们提出的第一项议案是给营养不良的学龄儿童提供食物。这项法案被移交给一个特别委员会，在那里受到大量修改。根据委员会中工党代表的提议，法案规定根据这项立法获得食物的儿童的双亲不应被取消选举权。想使这个法案具有强制性质的努力失败了。目前，在一百个以上地区内实施了这一法案，数千饥饿儿童得到了食物。

老年穷人

多年来，养老金的呼声在大选中受到广泛讨论，但没有人作出任何努力来把许诺变成立法。1906年，当政府对养老金缄口不谈时，党在议会休会前提出了一项赞成养老金的动议。

1907年，国王的演说丝毫没提到养老金，党提出了要求立法的修正案。

1908年，党同样提到了这件事，并且当后来政府许诺的法案出现时，党竭力争取修正它的许多令人不满的条文。为把养老金领取者的年龄从70岁降至65岁、取消贫民无资格的规定及争取以五先令为最低养老金代替现行的折价计算法所作的努力失败了。政府据以谋求降低共同生活的老年夫妇的养老金的条款是党所反对的目标，结果这一条被废除了。

贫民无资格的规定将于今年年底废除。

血汗劳动

党对1908年提出的劳资协商委员会法案作出了贡献，该法案试图在血汗劳动的工业中确立最低工资。政府受到了压力，直接结果是1909年通过的劳资协商委员会法，把最低工资的原则推行于某些工资低得可怜的行业，并允许将它扩展至其他血汗劳动的工业。

矿 工

在1906年议会的第一次会议上，工党尽了一切可能促使为矿工联合会提出的八小时工做法的通过。法案进行了二读，但由于政府拒绝为考虑这项立法提供便利，没有取得实质性进展。1907年，党提出了这一法案，并得到政府将于短期内立法的保证。次年，政府的法案被制定出来，当它处于委员会讨论阶段时，党作了许多必要的修正。一项规定这一法案不应适用于工时已少于八小时的地区的修正，遇到政府的强烈反对而未被接受。最后，煤矿（八小时）法案成为法律。

矿工八小时法案是在20多年前首次提出的，但直到工党作为一支独立的力量坐在议会时，它才被载入法律全书中。

工会会员

当臭名昭著的塔夫·韦尔判决否认作为工业联合的工会的作用时，人们试图修正这一法律的再三努力都失败了。这一问题成了1906年工人运动的一个主要要求。党提出了一个法案，以保卫工会免遭雇主的侵犯。政府提出了自己的一个议案，但其条文令人非常不满，因此工党坚持提出自己的法案，并争取到了工会可以接受的立法。

从那时起，法院判定工会收取其会员的会费用于政治目的是非法的（奥斯本对铁路员工混合协会案），而党现在在推动通过一个法案以恢复有组织的劳工的这一古老的权利。

党还推动通过一项防止在劳资争端中输入外国工贼的法案，但在通过委员会各阶段后，它被全体上院议员否决了。

在1907年发生了输出英国劳工来破坏安特卫普码头工人罢工的事件后，党也提出了一个法案，要求防止对大陆工会会员的此类打击，但由于议会未给考虑这一法案提供任何便利，因而未取得任何进展。

党的相当一部分活动是就规定接受工会提出的工资、工时、工作条件的政府合同的履行事宜向部长们质询。这些条款中的行文措词得到了加强，政府雇员的条件得到了多方面的改善。

党还积极批评了工厂法的执行情况，由于它对工业中死亡和事故增加的控诉，一个政府委员会已被任命来调查此事，委员会中有两名工党代表。

国家财政

自由党政府1909年的财政法案得到工党热烈而又有条件的支持。下文对党的立场作了最好的解释：

今年年初由代表了党的各支部的四百多名代表参加的特别代表大会考虑了国家财政问题，通过了下述指导性原则：

1. 税收应与支付能力及国家给予个人的保护和好处相称。

2. 不应征收任何侵占个人赖以满足其生活和起码需要的手段的税。

3. 税收的目的应是为了共同的利益而征收财富中所有不劳而获的增额。

4. 应对不劳而获的收入征税，税收应有意地以防止大量财富保留在私人手中为目的。

此外，代表大会一致通过下述决议，它规定了议会党团在考虑政府的财政提案时的方针：

"代表会议呼吁彻底改革国家税收体制，以确保税来自于那些最有支付能力、从国家得到最多保护和好处的人。

因此代表会议表示，决心抵制一切当前被作为税收改革而提出的提高大众税收以及'扩大课税基础'的建议。会议宣布，目前的间接税沉重地压在工业工人阶级身上，因而应被废除。会议认为，社会改革的费用应由现在被富人以租金、利息、利润的形式占有的由社会所创造的财富来承担，并号召在下个预算案中进行下述改革，即：

对大笔收入征收附加税；

对国家授予垄断权的企业征收特别税；

提高房地产税和遗产税；

以及真正实质性地开始征收土地价值税。"

宪法问题等

当自由党政府在 1907 年发起有关上院权力的讨论时，党提出了一项以上院不负责任、没有代表性、阻碍国家进步为由赞成取消它的修正案。修正案得了 102 名议员的支持，而 317 名议员投票支持政府的决议。

国　际

借已故国王爱德华七世在雷瓦尔访问俄国沙皇以及沙皇回访怀特岛之机，党在议会提出了抗议，并提请人们注意作为俄国政府近年来的标志的种种暴行。

党乐意按照国际局发出的建议提出其他重要的国际事件，但在下院的法规和议事规程下无法这样做。

在通过与南非各国建立联邦的法案时，党试图取消限制欧洲人后裔的选举权和把当地人排斥在选举之外的条款，但未获成功。

党在许多场合谋求纠正英国官僚机构对印度人的错误做法，并且不放过在下院一次次提出这个问题的机会。关于其他英联邦国家，党也采取了同样的政策，党的各位议员受委托对各个殖民地给予特别注意。

书记
詹·拉姆赛·麦克唐纳
伦敦西南区维多利亚街28号

费边社向 1910 年哥本哈根国际代表大会提交的报告

1906 年大选中工党作为一股政治力量的出现,推动英国持续数年之久的社会主义运动,而费边社全力以赴地参加了这个运动。

如下统计数字表明了本社的成长:

年　代	1904	1907	1908	1909	1910
成　员	730	1267	2015	2462	2627
各种收入(镑)	1167	1383	2535	3352	3296
地方社团	7	10	27	39	46
地方社团成员*	?	?	?	500	750

* 大批伦敦社团的成员除外。

政治活动

费边社从 1884 年建立起,就对政治采取了一种略微不同寻常的态度。

在我们给 1896 年的国际代表大会的报告中这样写道:"费边社不声称自己是英格兰人或甚至是社会党,因而并不在选举中提出费边社的候选人以谋求直接的政治代表……它远不是要避开其他组织,而是促使自己的成员不失时机地加入这些组织,并使费边社的思想尽可能深地浸入它们中。"

　　本社对其成员依然坚持这种宽容态度。它不要求他们保证作为个人应支持工党或社会主义的选举人。它欢迎那些其政治活动是通过工党和独立于党、通过社会民主党和自由党、甚至通过保守党人和爱尔兰民族主义分子来体现的人作为社员，尽管是否有许多费边社社员属于这后两类是令人怀疑的。这样出现了在议会 1906—1909 年任期届满时，在 11 个费边社的议员中，6 个属于工党，5 个属于自由党；在本届议会中，8 个当选的费边社社员中，4 个属于自由党，4 个是工党党员①。

　　然而，本社的政策在一个方面已作了明显的改变。它正式参加了 1900 年工党的组建，并从那以后一直是它的成员，在它的执委会中拥有代表。但在 1909 年前，它从未通过党"宣传"任何候选人，或作为一个组织声称对国会或地方议会的任何候选人负责。

　　1908 年，它审慎地决定参与政治，从那以后，它已在 3 次竞选中角逐，在 1909 年的补缺选举中提出了一个候选人，在 1910 年的大选中提出了两个。所有这些候选人都是在工党庇护下竞选的。对费边社与独立工党之间的友好关系来说，重要的是所有这几个候选人也是本社社员，其中两名先是由独立工党提出的，而后由费边社接收过来。不幸的是，所有这些候选人都失败了。目前，本社正为下次大选安排 3 名候选人。

伦敦以外的费边主义

　　在 1894 年——即独立工党建立之年——的前几年，费边社的团体已在大不列颠的所有主要城市建立起来。但是独立工党为外省的社会主

---

　　① 这 4 个议员中，3 个同时是独立工党与费边社的成员。

义者提供了一种更适宜的组织和政治策略。因而我们的地方组织迅速被独立工党吸收了。除了在利物浦和一两个大学外，有组织的费边主义在外省几乎绝迹。偶尔冒出的一些小社团在一两年苟延残喘后也消失了。在过去的一两年中，出现了一个实质性的变化。

在牛津大学和剑桥大学，成员分别从一名没有或屈指可数发展到近百名，在众多的新建大学中几乎都建立了同样的社团；而如下事实表明了中产阶级对社会主义运动日益增长的兴趣，即几乎在每个大城市都有很多同情我们的办法的人来组织费边社团，以研究和宣传社会主义的原则。

济贫法改革

在过去一年里，本社的许多精力花在宣传皇家济贫法委员会的少数派报告。

在签署这份报告的四名皇家委员会委员中，悉尼·韦伯夫人和乔治·兰斯伯里二位是我社成员，前者同她丈夫一起是这份划时代的文件的主要起草人之事已是尽人皆知的秘密了。

这份少数派报告是一份为消灭贫困精心制定的方案，并附带提供了解决正出现于英国的失业问题的实际办法。它的原则为工党、合作运动、独立工党、工联代表大会及其议会委员会（其成员之一也是签署者）所赞成。

支持采纳这一改革办法的直接鼓动是由一个为此目的而成立的团体——"全国防止贫困委员会"——进行的，悉尼·韦伯夫人是它的名誉书记，团体中还有许多我们的社员。但费边社作为一个组织把自己的许多精力用于在全国各地举办讲座、演说来普及它的原则。

这份旨在从整体上对零工、失业和贫民进行改组的意义深远的方案作为普通议员法案在四月份提交下院时，受到了保守党领袖阿瑟·巴尔福先生的热情欢迎，自由党首相对之的欢迎也毫不逊色，这是社会主义的基本思想在英国取得进展的一个显著标志。确实，可以说它的对手——多数派的报告——已经寿终正寝了。

教育工作

本社将自己精力的大部分用于按社会主义和好好政府的原则对它本身、它的成员、社会主义政党及全体公民的教育。

它每月举办两次讲座，在讲座中探讨社会主义的一些新的方面，或社会主义在我们环境中某一方面的运用。这些讲座中最出色的讲座以及精心准备的论文（有时是由特别委员会撰写的）被作为"费边论丛"出版，这套丛书已编到第150号，由于叙述的准确适度，加上对革命原则的充分认可，其声望超出了我们的国界。

为研究之目的，它的成员结成了小组，互相探讨诸如教育、地方政府、生态学、妇女的法律与经济地位等专题，所有这些都与本社正在为之努力的社会主义国家有关。

本社拥有一个藏有5000—6000册涉及历史、经济、社会环境和社会主义的书籍的图书馆，供其成员使用，同时也作为收费图书馆对外开放。每年有近200箱书以一小笔租金出借给社会主义团体、工会、合作社，以及任何申请借书的组织如社会党、工党、自由党、教育或慈善机关等。

最后，本社安排了大量讲座，其中一些是由其成员主要给其他组织免费提供的，一些是由四次讲座组成的教育课程。教育课程的每次讲座集中于某一确定的主题，由受本社出资聘用的职业演讲者举办，他们还被派往全国任何一个地方，只要当地的费边社团、独立工党支部或其他组织能找到一个大厅并安排听众。

费边社相信，无知是社会主义前进的主要敌人，充分正确地熟悉社会历史和工业条件迟早必然导致社会主义的胜利。

代表费边社执行委员会

爱德华·R. 皮斯，书记

1910年6月于伦敦西区斯特兰

克莱门特旅馆3号费边社办公室

费边社的基础

费边社由社会主义者组成。

因此，它的宗旨是通过把土地和工业资本从个人和阶级所有制中解放出来，为了公众的利益把它们交给共同体，以此来对社会进行重组。只有通过这种方式，这个国家的自然财富和人们创造的财富才能为全体人民平等地享有。

因此，本社致力于消灭私人地产以及由此产生的个人以地租——许可使用土地以及优良的土壤和位置所带来的货币收益——为形式的占有。

此外，本社致力于把那些便于社会管理的工业资本转交给共同体。因为，在过去，由于生产资料的垄断，工业生产和盈利转化为资本主要使有产阶级富裕，工人现在依靠那个阶级的许可谋生。

如果这些措施在不带补偿的情况下得到执行（尽管给被剥夺的个人予补偿似乎对于共同体来说是适宜的），租金与利息会被用于提高劳动的报酬，现在靠其他人的劳动生活的有闲阶级必然会消失，实际上的机会平等将通过经济力量的自发活动得到维系，对个人自由的干涉也将少于现存制度。

为了达到这些目标，费边社依靠社会主义思想的传播及由此而来的社会和政治变革，包括确立男女平等的公民权。它谋求通过普及传播诸如有关个人与社会在经济、道德、政治方面的知识来实现这些目标。

英国独立工党的报告

独立工党（简称 I. L. P.）是在支部、党员和当选国会和市镇议员方面数目最大、最有影响并且正在迅速成长的大不列颠社会主义组织。

党员、当选议员和财务

自我们给上次国际代表大会提交报告以来，独立工党的支部数目从 600 个增加到 900 个，其支部成员总计从 3.5 万人增至 6 万人。它在国会中有 6 名自己的提名人，作为组成统一的工党（社会主义者与工会会员的党，它坐在资本家的保守党和自由党的对面）的 40 名议员的一部分。除了这 6 名议员之外，工党议员中还有 20 名独立工党党员，他们是由工会提名的。

独立工党总部的总收入（不包括印刷品账目和由各支部用于地方目的的基金）从 1906 年的 3051 英镑提高到 1909 年的 10242 镑，同一时期的总支出从 3568 英镑增至 8906 英镑。1909 年的收入包括 1525 英镑党费、2055 英镑特别捐款及 5935 英镑议会基金。

在 1906 年的大选中，7 名独立工党的提名人被选进议会，组成在那时总共有 30 名议员组成的工党党团的一部分。在上一次大选中，独立工党损失了它 7 个席位中的 1 个，但是统一的工党党团增至 40 名，主要由于算入了矿工的议员，其中一些是独立工党党员。在过去 3 年中纯属独立工党的候选人的平均与全部得票如下：

年份	独立工党候选人	平均得票	全部得票
1900	10	3720	37207
1906	10	7649	76494
1910	15	6138	92081

在最近一次选举中，我们在参与竞选的 10 个选区中的平均得票为 8316，平均增加 667 票。在独立工党新近参与竞选的 5 个选区中，平均得票仅为 1740。在一个纯农业的选区里，候选人是为了宣传的目的而提出的，得票仅 223 票。

在这些我们下一次可能还会参与竞选的新选区中，我们预计，由于我们继续不断的宣传，选票会有大量增加。

政治鼓动

独立工党议员在议会的主要工作是对所有公共问题提出社会主义的观点，并与其他工党议员合作，推进根据社会主义路线提出的、为了工人阶级的解放以及维护国际友谊与和平的事业的法案。

因我们的议员同他们的工党同僚联合而通过的主要法案有：

发生罢工时工会基金不受雇主要求赔偿损失的法律行动的侵犯。

对因工作中的意外事故而受伤或死亡的工人及他们的家庭普遍予以赔偿。

使市政当局有权向贫困的学龄儿童提供食物、医疗检查和治疗的。

无需缴费，70 岁以上的男女每星期领取五镑的养老金。

建立工资协商委员会来规定血汗劳动的工业中的工资。

除了上述立法外，我们的议员对于迫使政府认识到对失业采取广泛措施的必要性起了突出作用，并为此目的提出了"劳动权"法案，但被否决了。他们还提出把铁路、矿山及其他专营事业国有化的建议。

用对不劳而获的收入征收累进税来提高国家收入的原则，以及国家收回社会创造的土地价值的增额的原则，我党长期为之鼓动的这些原则被政府以初级形式体现在由劳合·乔治提出的著名的预算中，上院对这一预算的否决导致了一月的大选。

政府就两个主要问题向全国提出呼吁，即预算和对上院否决下院通过的法案的权力的限制。大选后，执政党只拥有多出保守党反对派三席的多数，但由于拥有工党和爱尔兰人党的票数，政府能再次把这个预算提交上院，这一法案现在已被上院不作修正地通过，并已最终成为法律。

限制上院否决权的问题在撰写本报告时依然处于上、下两院争论之中。在此问题上，我党议员和整个工党赞成完全废除上院。

无论在议会中还是议会外，独立工党都强烈支持妇女的议会选举权，并支持实行完全的成人普选权。

党还坚定地支持自由贸易，抵制有关强制推行一项国外进口商品关税方案的鼓动，这既是为了工人的经济福利，也是为了所有国家构成的国际共同体的经济福利。

军国主义和国际和平

关于英德战争的恐慌，独立工党一致站在和平与国际主义一边。同样，它还通过自己的全国性机关报《工人领袖》的专栏，并通过它的议员——著名的詹·基尔·哈弟和拉姆赛·麦克唐纳——正式地坚决反对罗伯特·布拉奇福德在《号角》和《每日邮报》上发出的军国主义的警报。它使英国工党和社会主义与所有增加军备的方案，与所有侵略性的帝国主义方案不发生任何瓜葛。我们希望我们一切国家中的社会党兄弟都注意到这一事实——一个对国际社会主义事业如此重要的事实。

独立工党还掀起了反对国王爱德华访俄与沙皇访英及处决费雷尔先生的强有力的鼓动,并且始终支持印度和埃及的自治要求。

市镇活动

在市镇活动方面,如今在地方政府机关中已拥有一千名成员的独立工党支持发展市镇社会主义的充分权力,坚决反对资本家剥削市镇企业的任何企图,并为市政府雇员表率性的工作与工资条件进行鼓动。

报刊与出版物等

除了每周发行约5万份的党的全国性机关报《工人领袖》及机关月刊《社会主义评论》外,许多支部发行周刊、月刊或不定期的宣传刊物。而且,由党发行的小册子和书籍——独立工党小册子和社会主义图书馆丛书——也有很大销路。

在去年,党建立了党的主要印刷出版机构——全国劳工出版社,它生意兴隆,在头6个月的营业额是7369英镑。

会堂、音乐会等

党的许多支部建造和拥有自己舒适的俱乐部和演讲厅;在全国各地,党的支部举办音乐会与社会娱乐活动。

宣传集会

独立工党的每个支部每周至少举行一次公共宣传集会,许多支部每周举行两到六次这样的集会。

党开办了儿童的社会主义主日学校，并为演讲者和妇女成员举办许多专门的教育集会。

在夏季，党举行的宣传集会——主要在露天进行——总数达每周2000到2500次之多，这个数字超过了所有其他的党举行的集会的总和。

与其他社会主义政党的关系

独立工党尽管坚决主张根据自己的精神进行社会主义教育和支持自己的政策的自治权力——这已为它的建立和成就证明是正确的，同时也一直极其渴望与其他社会主义团体一起进行共同的事业。在独立工党与费边社及其他一切接受同工会一起进行反资本主义的联合政治行动的原则的社会主义组织之间不存在任何摩擦。我们确信，除非与工会——唯一承认"阶级斗争"的纯工人阶级组织——友好地合作，在英国决无进行政治上的社会主义行动的希望。国际局以压倒优势的票数同意了这样的联盟。我们感到遗憾的是，英国站在这一联盟之外的任何社会主义组织都会使工人阶级的团结和社会主义者与劳工的彻底联合没有可能实现。

向我们所有国家的同志们致敬，祝国际社会主义与劳工的事业成功。

代表独立工党全国委员会
主席：**W. C. 安德森**
书记：**弗兰西斯·约翰逊**

英国社会民主党
1907、1908 和 1909 年三年的报告

新的支部和附属团体的数字：1907 年为 57 个，1908 年为 46 个，1909 年为 24 个。交纳党费的成员；1907 年为 14500 名；1908 年为 16000 名；1909 年为 17000 名；名义上的成员，几千以上。社会民主党及其支部、它的印刷和出版机构二十世纪出版社，以及它的靴子厂先锋靴子厂的收支：1907 年为 28500 英镑，1908 年为 31000 英镑，1909 年为 29000 英镑。1909 年收入的减少完全是对工业地区产生十分不利的影响的贸易萧条造成的。

至于市镇和其他地方选举，1907 年我们在竞选中获 66493 票，赢得 24 个席位，失去 9 席；1908 年，获 55785 票，赢得 14 席，失 16 席；1909 年，获 114191 票，赢 18 席，失 4 席。

过去 3 年中，在社会党的中央机关和二十世纪出版社出售的各种小册子为 52 万册。此外，党还散发了有关各种重要的公共问题的社会主义宣言书和传单 150.4 万份。在同一时期还发行了 70 种新的和再版的小册子，其中可以一提的有：《国际》（古斯塔夫·耶克），《社会民主主义运动中 60 年》（弗里德里希·列斯纳），《妇女选举权》（克拉拉·蔡特金），《印度起义》（亨·迈·海德门），《俄国革命》（Th. 罗特施泰因），《公民军队》（R. 埃德蒙森），《自由贸易下托拉斯的胜利》（亨·威·李），《列车谈话》（E. R. 哈特莱），《妇女在社会主义运动中的地位》（多拉·B. 蒙蒂菲奥里），《无产阶级》、《资本家阶级》、

《阶级斗争》、《社会主义共和国》、《伦理学与唯物史观》（考茨基）及《价值、价格和利润》（卡尔·马克思）。我们的机关周刊《正义》的篇幅扩大了，它的发行增加了一倍。

日常的社会主义的宣传和组织工作在扎实地进行着。在专门的活动中可以提及的有1908年关于选举改革的社会主义团体与工会代表大会和1909年关于联合王国食品供应的一次同样的代表大会。我们的同志亨·海德门于1909年6月在关于选举改革的皇家委员会中为比例代表制作证。1907—1908年冬天，社会党在主要的工业中心掀起了支持各地方当局实施为中小学生提供食物的教育法（食物条款）的鼓动，结果，许多机关被迫向这方面迈进。

1907年，经过成员的全体投票，社会民主同盟改名为社会民主党。

在国际事务方面，社会民主党在1907年5月24日热情接待了出席俄国社会民主党代表大会的代表。遵照国际局的建议，党于1907年7月14日举行了一系列集会，在第二届杜马解散后向俄国同志表示同情。1909年7月25日，社会民主党把特拉法加广场让给工党举行我们也参加的社会主义者与劳工的联合示威游行，抗议尼古拉二世的来访。10月17日，社会党在特拉法加广场组织了一次大规模的抗议示威，反对西班牙政府处决费雷尔。这年的5月29日，反对俄国镇压芬兰宪法的一系列抗议集会在伦敦和英格兰、苏格兰、威尔士的许多市镇举行。

社会民主党参加了三次议会补缺选举：1908年4月在西北曼彻斯特，丹·欧文得276票；1908年8月在哈格斯顿，赫伯特·伯罗斯得986票；1908年9月在泰恩河畔纽卡斯尔，E. R. 哈特莱得2971票。

盼望已久的大选于今年1月举行。社会民主党的候选人有：在阿伯丁（北部），是T. 肯尼迪；在布拉德福德（东部），是E. R. 哈特莱；在伯恩利，是亨·迈·海德门；在卡莱尔，是A. C. 班宁顿；在哈格斯顿，是赫伯特·伯罗斯；在北安普顿，是哈·奎尔奇和J. 格里布尔；

在罗奇代尔,是丹·欧文;在设菲尔德(布赖特赛德),是W.拉普华兹;后两名候选人不是由国家选举专用资金资助的。社会民主党的其他候选人还有A.A.珀塞尔(西索尔福德)、R.斯莫尔(西北拉纳克)、威·梭恩(西南哈姆),以及本·蒂利特(斯旺西)。总的来看,得票是令人失望的。除了亨·迈·海德门(他的得票比1906年增加16票)和威·梭恩(他又一次增加了1581票)以外,与1906年所有竞选的职位作比较,社民党候选人选票的数量减少了。1906年社民党的8个成员得29810票,平均每人3726票;1910年,13个成员得32540票,平均每人2503票。遗憾的是,由于我们布里斯托尔的同志们没像他们所期望的那样从选举专用资金那里得到许多的帮助,我们的同志J. F. 格林的候选资格被迫放弃;而且由于当地当时的局势,我们不得不劝告T. 刘易斯同志从南安普顿退出。在党选举中产生的问题以及斗争的封闭性质,无疑引起许多人认为我们的候选人资格是没有希望的,尽管他们希望我们成功;但这仅仅说明了我们在现行过时的政治制度下必须对付的困难。

选举就其结果对我们的候选人资格的影响而言,当然并不完全归咎于我们自己的缺点,不管这是些什么缺点。工党的候选人资格在三角竞争中,遭遇与我们党同样糟。只是在同托利党直接竞选时,他们才保住了席位;与1906年的结果相比,他们在三角竞争中都失利了,在7个选区中,他们的总得票数从1906年的29261票跌至1910年的21924票。因而,在最直接地考察我们的缺点以及我们的组织可能谋求的改进时,我们必须想到、考虑到我们组织外的人民大众;我们必须试图找到接近他们的最佳方式,使他们理解并接受社会主义,同时了解我们能对我们政治机构中的民主变革或帮助促成这种变革做些什么。这种民主变革会给这个国家的人民某种在他们想要行使时就有的对自己事务的真正的控制权,而不是今天在这些岛上存在的欺骗性的歪曲的民主。

在过去的十二三年中，我国社会主义力量的统一一直是社会民主党政策的固定部分。从1904年的阿姆斯特丹大会以来，社民党多次就这个国家社会主义者的统一问题同独立工党接触。从独立工党全国理事会得到的回答无一不是：工党掌握着实现社会主义者统一行动的手段。社民党的观点正相反。我们认为，加入工党的问题同社会主义者统一的问题是互不相干的，在我们看来，工党近来在议会中是愈益向与自由党政府互相谅解的趋势发展。这使我们确信自己的观点是正确的。我们相信，有一种强烈的并日益增长着的赞成社会主义力量统一的感情，并且，鉴于社会主义运动必须克服的困难，这样一种统一在我国是非常必要的。有关于社会主义者的统一，我们总是把独立工党作为必须考虑的最重要的组织，因此，在试图联合这个国家里存在的一些地方性的、分散的组织前，我们力求同他们协调一致地工作。我们高兴地看到，我们同所有社会主义组织的关系都是十分友好的；在一些重大场合，特别在俄国、处决费雷尔及荷兰问题上，我们都能够一起真诚地联合行动。我们将尽自己的一切力量来争取继续和增进这一合作，并确信这种合作在不远的将来一定会带来大不列颠和爱尔兰的社会主义力量的统一，这对从组织上巩固社会主义思想和原则在这些岛上的人民中所取得的进展是绝对必需的。

德国社会民主党自斯图加特国际代表大会以来的活动

——德国社会民主党执行委员会向哥本哈根国际社会党代表大会提交的报告

一、德意志帝国国会中社会民主党党团的议会活动

1907年我们提交给斯图加特国际代表大会的报告,是在德意志帝国的政治生活即将发生变化的印象下写成的。当时的首相毕洛夫亲王希望尝试联盟政策。他解散了1906年的帝国国会,并且——在他自己看来——在选举中获胜。他发现,保守党、民族自由党和激进党人乐于组成一个"集团"或政党联盟。这个由206人组成的集团大多数是保守党和民族自由党的农业派分子。这些农业派或是为了声誉,或作为利己主义的政治家,决不愿意牺牲他们的任何原则(这些原则纯粹出于利己的动机)。因此,这个集团唯一可能推行的政策,只能是迄今为止保守党和中央党一直遵循的政策。

只有"荣克"处于有利的形势。他们构成这个集团的多数,因而能够随意左右政策。

假如自由党人能被吸引帮助建立一个支持保守党动议的多数,那就万事大吉。但是,即使自由党拒绝,"容克"仍能轻易地获得中央党和波兰议员的投票。

中央党在工业区努力把维护天主教会的权利作为第一要务。事实上,为了宣传的目的,这个党使用了教会所能使用的一切手段。少量的

工业选民和工人选票仅仅是用来掩盖农业派利益政策的伪装。在农民和工厂主、工人和民主的利益对立的地方，中央党总是决定支持地主。这是十分自然的，因为中央党一半多的选票是从市区得到的，而在中央党议员代表的105个选区的居民不到2000人的地区中，工业利益占优势的几乎不到12个。中央党的态度取决于格拉夫·冯·施佩的领导下的基督教农民联合会的纲领。这些联合会坚持最极端的要求，企图以此与北德意志成立的农民联盟竞争。

这样，容克就能以轻松的心情期待着事态的发展。所以，只要事情无损于他们既得的阶级利益，这个"集团"的政策就由立法机关操纵。例如：预算案表决、新的结社法、银行法修正案，等等。毕洛夫也决定不讨论保守党和自由党预计不可能达成一致的一切问题。但是，现实条件远比部长们的意志强大有力，有相当多的问题是不能任意撇开的。

1908年10月28日，《每日电讯》发表了威廉二世皇帝同一个英国人的谈话，内容几乎都是政治煽动。根据这篇文章，这位皇帝说，相当多的德国人民对英国是不友好的，而他在他的国家里属于少数，因为他对英国是友好的。上述这篇文章还包含有其他向站在德国民众一边的活跃的反对派提出的声明，大意是说，可以相信专制政府将被消灭，帝国议会将得到更大的立法权。我们利用了这一个有利时机，要求改革帝国立法机构，要求完全的部长负责制。我们也要求宣战必须得到议会同意。但是，中产阶级却由于无产阶级的觉醒长期不安，缺乏自信力。议会权利的扩大必然导致社会民主党力量的扩大。自由资产阶级宁愿满足于充当封建专制国家的驯服的奴仆，而不愿同社会民主党并肩捍卫人民的权利。人民的鼓动所造成的议会的这一行动并没有产生任何明确的结果。

美好的"集团之梦"很快就破灭了。这是由于税收政策造成的。

由于愚蠢的军备竞赛，帝国的财政状况变得毫无希望。在最近20年中，帝国的军费一直在增长，见下表：

	1889 年（马克）	1908 年（马克）
陆军	461036057	855868451
海军	51069080	348973677
军队抚恤金	33711086	107495775
国债利息	37483500	154784524
总计	583299723	1467122427

军费仍在继续增长，国家陆军和海军法案保证了它的不断增长。日常进行的技术上的改进也要求进一步增加这些开支。在1898年和1900年，当新的海军法案得以通过，至1907年需要建造的战舰的数目确定时，人们认为一艘铁舰的造价约2000万马克。但是，实际上这一最新式的军舰约需5000万马克的费用。维修这些军舰的费用也以同样的比例增长。

但是，人民的纳税能力被榨取到了顶点，不仅是因为帝国、邦和共同体的需求在不断增长，而且也因为大地主和大资本家借关税保护从消费者口袋里和财政部攫取了成千上万马克。这些款项的数字可以容易地从各种商品中查明。例如，1908年，在德国销售了黑麦8902180吨，小麦5674155吨，每吨黑麦比国外贵50马克，每吨小麦贵55马克。当这些谷物在国外销售，这种差价就不复存在，作为回报，出口商得到所谓的"进口凭证"，即每吨黑麦50马克或每吨小麦55马克的支票。这些支票在6个月之内可由负责谷物、豆类、石油和咖啡的关税支付的海关局承兑为现金。由于这一制度，在德国消费的黑麦比不征收谷物税时贵了4.45亿马克，小麦贵3.12亿马克。

其他谷物、豆类等的情况也如此。财政部同样支付了部分落入大地主腰包的费用。帝国的军队和112000匹战马消费了大量的粮食，结果就支出了由关税造成的昂贵的价钱。另外还须指出：在丰收的年份，海关局开出的支票，其金额多于所征收到的上述商品的关税额。例如，1909年我国进口了581987吨黑麦，同时出口了1248814吨。这方面进口税达到了31099350马克，但进口支票却花掉了帝国62440700马克。所以，黑麦税就造成了31341350马克的关税赤字，还不包括管理费用。工业品的情况也一样。例如，大钢铁工厂主组织成辛迪加。他们向顾客收世界市场的价格，并加上关税。生铁的关税是每吨10马克。1908年德国消费了13016135吨生铁，德国工厂主在此之外还多生产了12803782吨。因而，103个生产生铁的工厂由于这一关税制度得到了128037820马克的额外收入。这笔钱是由德国的钢铁消费者支付的。

显然，在一个为了只对大地主和工厂主有利，人民的纳税能力被各种关税如此滥用的国家里，要发现新的税收以填补国库是非常困难的。但是，假如不考虑合乎需要地限制年费开支，又不得不去发现新税收。有一点是肯定的：每年约50万马克的收入是不敷每年开支的，因此必须没法再劈财源。所以，政府提议广大民众必须付约4亿马克的新税；而从遗产税中只得到9200万马克。但是，大地主也得付这些税，所以，容克反对这项提议。他们与中央党天主教农业派一起努力阻挠。然而，自由党却准备投票赞成遗产税。在这一点上，自由党和保守党没有取得一致意见的可能。根据毕洛夫的集团政策，这个问题本该暂时搁置。但帝国的财政状况不允许如此。于是，集团就四分五裂了，它的发明者也从舞台上消失了。如今，天主教和新教农业派密切地联合起来剥削全民族，5亿马克的税①被推到了烟草、烧酒、啤酒、火柴、咖啡、茶叶等消费者的头上。从宣传的角度看，这些税收为我们所做的工作胜过了成千上万激烈的演讲。

由于新税是在工人们仍深受经济萧条之苦的时候决定的，其实行的

---

① 原文如此，数字与上文不符。——编者注

后果更加令人愤怒。

关税改革者常常只举出问题的有利方面，以德国的条件作为证明关税保护效用的根据。所以，我们应努力对此作出不带偏见的说明。行业公司的财政报告为研究此事提供了可靠的依据。他们提供了上了事故保险的工人的准确数字。这些上了保险的工人的数字必然增长，不仅因为人口在不断增长，而且因为在许多行业中，只要至少雇用了10个工人或使用了电力机械的企业就适用于这一保险法。根据行业统计，企业没有增加，反而减少了。这是因为，10个以上工人的企业的增长与总人口的增长不成正比。上保险的工人平均每年增长40万人。

1907年，工业危机已开始波及建筑行业。这些行业雇用的工人人数从1906年的1376208人下降到1907年的1297922人，1908年进一步下跌为1260270人。按照人口的增长，建筑业的工人人数应以1.5%的比率增长。但是，在建筑业中并没有出现每年增加20643名工人的情况，相反，在最近的两年中，我们却发现减少了115938名。所有66个行业公司的联合报告说，在1908年，减少了100595名上保险的工人，而本应该增加约40万名。1907年上事故保险的工人总数是9018367名，1908年下跌为8917772名。

1908年，失业人数主要在大城市和工业中心迅速增长。因此，我们的同志在帝国国会中向政府提出了一个问题：为消灭失业打算做些什么？

政府不能否认失业的严重性。大量的船只闲泊码头，船员被遣散，新船滞留船厂，临时收容所人满为患。1909年2月14日，党和工会在柏林及其郊区组织了一次失业统计，失业人数确定为101300名。工资下降了，而食品价格迅速上涨，因而使失业人数进一步增多。因为工人由于收入减少和食物支出增加，必然不得不限制其工业品的消费。1908年，粮食价格之高前所未有。于是，在粮价超过了90年代中期著名的卡尼茨提案规定的比率时，我们的同志在国会中要求废除进口支票制度，废除或暂停粮食关税。

在社会政策领域，历史上从来没任何一届政府比毕洛夫年代取得更少的积极成果。迫于伯尔尼公约，政府提出了含有一些变化的行业法修正案。一个被指定研究这一修正案的专门委员会提出了政府没有建议过的改进。但是，最终只是那些写进了的伯尔尼公约中的条款在二读和三读时获得通过。1908年12月28日，这一修正案成为法律。首先，它取消了旧行业法中使用的"工厂"一词。旧法规定的一些保护措施迄今为止只对工厂有效，当雇主们被控违反保险法时，他们往往声称他们的企业不是工厂。法庭常常接受这种解释，放过被告。法庭在其判决书中有时试图给"工厂"一词下定义。一看到这些定义，人们就也许会怀疑是否还真的存在什么工厂。这种麻烦现已消失，"工厂"一词已为"企业"取而代之。上述的保护性规定已扩大到10名工人不到的企业，当这些企业使用电力时也同样适用。

女工在星期日和假日的前夕工作小时数被规定为10小时和8小时。她们和16岁以下的男童工也一样，禁止在晚上8点和早晨6点之间工作，而旧的行业法规定禁止他们在下午8点半和上午5点半之间工作。

最近，一个关于工会的法案被提交帝国国会。一个关于家庭工作的法案已通过了委员会审议阶段。然而，这个法案只是给各当局机构以新的权力。这个法案中唯一的一条强制性规定是：向工人提供工作时，应使工人知晓实际的工资标准。联邦上院、联邦政府和警察当局将获得授权，把适用于大工业企业的保护性规定沿用到家庭工业。

帝国国会最近通过了一个有关职业介绍所的法律。人们希望这个法律在一定程度上将消除职业介绍所对失业者的剥削。

帝国国会通过一个名为"钾盐法"的特别法。这项法律在德国立法史上第一次针对卡特尔和辛迪加的问题，它更多的是使没有这个法律就会破产的辛迪加能够得以维持。普鲁士、安哈尔特和梅克伦堡政府尤其对此法感兴趣，因为它们拥有钾盐矿井。他们不得不同意为了在这些矿井中的工人们的利益而采取一些在德国其他法律中没有规定的保护措施。

按照官僚们的观点，德国社会政策的"核心"将是新的国民保险法。这个法案有1754条，刚刚提交给帝国国会。这个法案及其长达一千页的附加的"详尽说明"，对一个学政治学的大学生来说，无疑是令人十分感兴趣的文献。但遗憾的是，它们的内容对工人来说并没有多少价值。首先，这一法案企图建立一个在某种程度上更加统一的检查保险制度正常实施的委员会组织。在开头的176条中论述了法案的这一内容。接下去的386条是关于医疗保险，而旧的医疗保险法只有123条。

法律措辞没有多大变化，也没有多少重要的改进。家庭佣工、农业和家庭工人将被纳入强制的保险制度。在旧法下，联邦有权通过一个单独的法令将强制保险制度扩大到上述的类别。联邦一些邦和地区已经利用了这一规定。但是，在旧法下，只要强制保险制度扩展到这些类别，他们就能享有同其他上了保险的工人一样的权利。而在新法下，他们将处于更不利的条件。强制保险将进一步行扩展到药剂师助理和学徒、剧团和乐队的成员、教师、私人教师、内航船员。

对于迄今为止上了保险的工人，主要变化如下：在目前，雇主支付保费的三分之一，而雇工支付三分之二；在将来，双方将平摊。例如，1907年工人支付了225273100马克保费，而雇主支付了106262300马克。但是，工人表面上获得的6000万马克，是以他们的权利在另一方面的巨大丧失为代价的。

目前，管理委员会中代表的权利是按缴费多少划分的。雇主选派了各委员会成员的三分之一的代表，工人选派了三分之二。工人有权利和力量把保险基金中的给付金提高到法定的最低额度以上，他们充分利用了这一有利的权利。一旦雇主控制了委员会的一半成员，这一点将不再可能。除了一些关于扩大妇女在坐月子期间的补助金的改良措施外，政府的法案同目前实施的法规相比包含了许多倒退。

非常需要的统一的组织是不会实现的。次一级的乡镇保险基金的名称将不复存在，但更次一级的农村保险基金将代之得以建立。建筑业和联邦一级的保险基金也将取消，而自愿性质的补充基金也将产生许多困难，因此它们同样必将消失。将来，我们将有地方性医疗保险基金、农村医疗保险基金、职工医疗保险基金和公司医疗保险基金。从医疗保险制度的目的看，没有任何理由可以解释这种力量的分割。但是，为了限制工人选举保险委员会的权利，这种分割是需要的。今后，雇主将在地方职工和公司保险基金机构中拥有一半的投票权，他们将完全统治乡村医疗基金机构，工人在这些基金机构中没有代表。结果，工人将总是处于少数。

为了出于政治目的而利用医疗基金反对工人，在这一法律范围内将有利于统一的保险制度的规定同样被回避掉了。接下来的653条是由目前正在实施中的5个保险法组成的，其内容发生的变化极小。

接着是增补了所谓的寡妇和孤儿保险的伤残保险法。虽然伤残保险法表面上看没有多大变化，但是，保险制度的这一部分担负了一项非常重要的任务，即提供供养寡妇和孤儿所必须的较大部分的给款项。这看上去的确是主要之点，因为整个寡妇和孤儿的保险只不过是一个财政问题。至于提供给寡妇和孤儿的合乎需要的东西和必需的东西，也不存在什么观念上的区别。

根据每一千个居民中寡妇和孤儿的数字，人们能容易地计算出这一制度所必须的款额。每一千个居民平均有41.75个寡妇和15岁以下的儿童55.22个。根据最近的行业和职业统计，每一千个居民中有510.3

个雇工、工人和佣人；这样，他们中每 12 个人就要供养 1 个寡妇和 1.34 个儿童。

政治经济学家和保险专家讨论的主要问题是如何为这一制度筹集足够的资金。中央党人在 1902 年力图把这个公众问题与极其不受欢迎的关税问题混在一起。他们宣称，从农产品关税中所得的剩余可以作为寡妇和孤儿的保险之用存起来。但是，当履行这个诺言时，关税所涉及的全部 130 种农产品中，只有黑麦、小麦、燕麦和大麦、家畜、肉和乳制度的剩余关税是在预先许诺的项目之中。中央党人计算这些关税的剩余每年达 9100 万马克。这笔钱连同每年的利息是为未来五年算出来的。所以，此后有人建议拨用这笔达 9100 万马克的剩余和利息。与中央党人的预计相反，这些建议被委员会通过了。因而这个党就立即改变了态度，撤回了其动议，用"每一人头的剩余"一词取代了燕麦、大麦、乳制品等商品的剩余。这样，国家财政来源可要靠每个人头 1.49 马克的收入，国家财政收入则随着人口的增长而增长。中央党也拒绝赞成征集任何更多的税费。这项法律从 1903 年 3 月 1 日起效了。时至今日，它为寡妇和孤儿提供了如下金额：

1906 年	0
1907 年	4200 万马克
1908 年	0
1909 年	0

显然，采取这种方法是无法实现法律规定的目标的。因此，政府提出了另一个建议。它建议首先使用伤残保险制度的基金，因为这部分有超过需要的钱。从 1891 年到 1907 年，缴纳给伤残保险基金的保险费的款额如下：

雇主缴费	1084719500 马克
工人缴费	1084719500 马克
利息	416088100 马克
总计	2585527100 马克

支出为：

截至 1907 年 12 月 31 日的抚恤金和返还的保费	1015896000 马克
管理费用	165563400 马克
总计	1181459400 马克

帝国也以国民补助金的形式补贴了这些抚恤金和返还的保费，数额达 4895204400 马克。1907 年底，积累的资金共达 1404067700 马克。

为了给寡妇和孤儿保险制度筹措基金，有人建议采取如下方案：

1. 到目前为止，许多寡妇和孤儿领不到抚恤金，原因是寡妇只有同时又是伤残人员，换言之，通常说来，只有她在体力上或精神上丧失了能力，以致不能挣得她所处的类别的妇女平均所得的三分之一，她才有权领取抚恤金。

2. 通过简单废除返还保费的做法筹措一些钱。迄今为止，妇女在结婚时有权要求保费返还。领取事故保险基金抚恤金者因此无权获得伤残保险抚恤金，但却享有同样的保费返还的权利。死者的寡妇和孤儿同样可以要求返还。到 1907 年，这些方面的支出总计高达 77181600 马克。

3. 建议每周的保费分别从 14、20、24、30、36 芬尼提高到 16、24、30、38、40 芬尼。这将使每年的保费从 450 万增加到 500 万。

4. 正如迄今为止所做的那样，国家财政每年补助给每个老人、伤残者和寡妇的抚恤金 50 马克，补助给每个孤儿的抚恤金 25 马克。

5. 但是，寡妇和孤儿的抚恤金将会非常少，以至于不能称之为抚恤金。

6. 我们的观点，即我们在莱比锡党代会上赞成的观点是：社会保险制度的改革应该有许多更高尚的理想。因此，我们在帝国国会的朋友将建议使社会保险制度完全统一和进一步扩大。这一改革应从实现医疗保险制度的统一为开端。必须建立一个保险者自我管理的统一的组织，这些保险者既包括一切为工资或薪水工作的人，也包括其他一切年收入不超过 5000 马克的人。除了给有全工资收入的人货币补助，患病和康复中的病人应有权享受免费医疗。育婴母亲应获得足够的资助。

事故保险基金必须付给保险者及其家人完全的补偿。

应以如下方式发展伤残保险制度：全收入者必须参加保险，付给残废人能使其维持体面生活的抚恤金。寡妇和孤儿保险也应相应地得到改善。

除了这些制度外，还应建立一种适当的失业保险制度。

当然，这种社会保险需要大量的钱。但是，人民有能力支付它们。不管人们是否参加保险，所有那些我们应该依靠保险给予物质帮助的情况总会发生。疾病、事故、残废和失业必然更经常发生，而且在一个较长的时期内没有保险。疾病可以预防，或者当疾病发生时，只要随即提供良好的治疗，就能够得到较快、较有效的治疗。疾疾的合理治疗也可预防许多残废病症。事故保险制度的主要任务之一应是提供良好的保护措施。假如组织适当，事故的数字可以减少到非常之少，以至于即使全部赔偿也将比现在最多只赔偿损失的三分之二的事故保险耗资更少。失业保险可使我们获得劳动力市场情况的准确看法。调整劳动时数将使防止大量失业成为可能。对失业者的救助费用将低于由于失业造成的费用。许多失业者由于生活悲惨变成了罪犯和流浪汉，许多姑娘仅仅由于贫困被迫去卖淫，社会为罪犯、流浪者和妓女所支付的费用超过了必须给失业者经常提供的救济金。

坐月子的妇女、育婴母亲、寡妇和孤儿的保险费用必然最多。每年每一千个居民中约有35个人分娩。目前这些方面的负担只是由孩子最多的最穷的家庭承受。目前，孤儿造成的贫困只压迫着寡妇和孤儿自己。

我们的原则是：疾病、残废、事故和失业应尽可能预防，而它们的费用，以及做母亲的费用、供养寡妇和孤儿的费用也同样应该由全民支付。我们的同志现在在每届帝国国会中提出动议支持我们党的正式纲领的第二章中的那些要求。遗憾的是，我们只有很少的机会使这些动议付诸讨论，每次帝国国会会议只有很少的几天可以讨论这些动议。这些动议的成功取决于各种不同集团的人数。每个集团都有权说他们赞成首先讨论哪一动议，每个集团能有一个以上的动议得到讨论的情况是绝少见的。在讨论部长们的预算案时提出决议形式的动议，这自许多年来已经成了惯例。各部长所有被要求只要有可能就准备一份提出动议的种种要求的议案。这些提议常常被反动派的多数否决，但是，只要它们偶尔被接受，就会被联邦上院驳回，它也许会说，动议将作为将来立法的资料采用。

二、政治运动

自斯图加特全国代表大会①以来，德国的政治生活一直充满了无产阶级为争取更多的政治权利而进行的激烈斗争。选举权问题——即要求对一切选举产生的机构进行普遍、平等、直接和秘密投票的权利——一

---

① 原文如此，根据上下文，应是斯图加特国际代表大会之误。——译者注

直是这一运动的中心。这些努力首先考虑的是各邦议会。

在提交斯图加特国际代表大会的报告中，我们已充分说明了这一运动是如何在1905年11月突然迅猛展开的，运动在此后又获得了更大的动力。德国无产阶级在群众大会和大规模的街头游行示威中表明，不获得直接、秘密投票的普遍和平等的权利，他们决不罢休。现在，这一问题正被热烈讨论，甚至我们的统治阶级也承认，当前事态已变得难以忍受了。

在帝国国会选举中，25岁以上的男性公民已经有了普选权。但是，这一所谓的平等被国家人口的增长大大损害了。目前的选区是1867年划定的，自那时以来，即43年来，这一划分没有发生任何变化。在一些选区中，例如东普鲁士农业区，人口自那时起下降了。与此同时，在另外一些地区，如大城市和工业中心区，人口迅速增长。例如，东普鲁士的安格堡—勒岑选区1905年有77373名居民，勃兰登堡省东普里格尼茨选区只有67307名居民，而包括了柏林的西郊和南郊的泰尔托—贝斯科选区有959289名居民。其居民人数自那时起增到100多万，但只有权选举一名议员。类似的例子可以举出很多，它们表明，我国的选举结果根本没有真实反映全体选民的政治倾向。

各邦议会有许多重要的问题要解决，如那些有关教育的事宜，还有关系到几乎所有帝国法律执行的问题。这些议会是在各邦不同的选举制度的基础上组成的。我国的一些邦，如巴伐利亚、符腾堡和巴登，有直接和秘密选举其议会的普遍的平等的权利。但是，在梅克伦堡，这一立法机构的名称和权利都被赋予了一个机构，这个机构不过是大地主的集会，封建贵族和市议会的代表的集会。存在着林林总总各种可能的选举制度，所以我们不得不再对它们作进一步的评论。这些制度的一个后果就是农业派几乎在德国所有邦都居于支配地位。1907年的统计表明，在德国，只有17681176个居民或1000个居民中只286.5个人以农业、园艺、畜牧业、林业和渔业为生，而34664776个居民或1000个居民中561.6个人依赖工业、矿业、商业和运输业。农业派却依然统治着几乎每一个邦，也支配着帝国事务。这种统治是建立在工人完全没有邦议会选举权和各类选民多寡不一的基础之上的。

普鲁士邦议会由贵族院和众议院两院组成。贵族院有364名议员，包括了238名高级贵族的代表，他们或是该院的世袭议员，或是由贵族家庭、将军和大工厂主提名终生担任的，还有10名大学代表和15名大城市的市长。

众议院由443名议员组成，他们是根据三等级选举制选出的。该院的任何决议只有得到贵族院的同意才能成为法律。为选举而划分的3个等级是按照下述方法决定的：凡24岁以上的男性普鲁士人都有投票权。选举即将到来前，选区所有选民的名单被编好，也标明了每个选民所交的直接税的数目。所有由于没有土地，或不从事应该付税的职业，或收入不到900马克以上的不交直接税的人被标上子虚乌有的3马克的直接税额。全体选民纳税总额随即被查明，然后除以三。这样，纳税最多和加起来的税额达到全体选民全部直接税三分之一的人被挑出来了。这些选民组成了第一等级。用同样的办法把那些交了仅次于最高税额的人区分出来，组成第二等级。而剩下的人，即广大民众组成了选民的第三等级。

在最近的选举中，花名册上有7682721个选民，其中第一等级的选民有293402名，占总数的3.82%；第二等级的选民有1065240名，占总数的13.87%；第三等级的选民有6324079名，占总数的83.32%。每个等级选出同等数量的候选人或代表，最后由这些代表选出众议院议员。除了富人拥有的这些特权外，在选区的划分上也不平等。有的农村选区不到8000个选民选出一个议员，而在一些城市选区，选民约有78000人，也只分配到一个议员名额。

1895年，萨克森采用了类似的等级制度，只有一个区别：投票是秘密的，即是无记名投票。而普鲁士是公开投票，选民被迫公开说出他的候选人的姓名。1908年，普鲁士政府在国王的演说中正式许诺，选举制度将得到有组织的发展，将以符合普鲁士人民的实际需要的方式组织起来。1910年2月，一个仍保留了目前制度中的一切不公正之处的法案在议会中被提出。

三级制和公开投票将不作改变。法案只是建议以直接选举代替旧的间接选举。部长、军官、受过高等教育者、国家官员、有权得到公职的后备役军人，只要他们为国家服务12年，就将从选民的第三等级中提升出来。这一法案及其议会随后对它的讨论对民众产生了极大的刺激作用，超过了最富有煽动性的演说。议会后来拒绝了政府的提议，还增添了大量的修正。但这些修正决没有使这个法案有所改进。

争取各级议会的普遍和平等的秘密和直接的投票权鼓动，自1907年以来已得到了迅猛发展。在德国从未发生过，甚至我们也可以有所把握地说，在其他国家也没有发生过的大规模的街头示威和群众集会，已证明了无产阶级的坚定决心。1910年4月10日，在遍及普鲁士各地的群众集会上，参加的工人超过了100万。

最近一些年中，一些邦的旧选举制度已发生变化。在萨克森王国，三级选举制已被多元选举制度所取代，这一新制度规定根据年龄、纳税额等标准追加选票。富人通常有4票。在奥尔登堡大公国，也采用了多元选举制，但那里只给所有40岁以上的选民一票追加票。萨克森—魏玛把间接选举改为直接选举。

最近的选举结果显示了社会主义运动的不断壮大。去年进行了10次帝国国会的补缺选举。在1907年的大选中，我们党的候选人在这些选区中在总计294808张选票中获得了78656票。而在补缺选举中，他们在总计274430张选票中获得了96310张选票。这样，我们的得票就从占所有登记选票数的 26.75% 增加到了 35%。

在各邦议会的选举中，我们也获得了类似的成绩。1908 年，普鲁士议会举行了大选。下表的统计数字提供了这次选举同 1903 年选举的对比：

	1903 年	1908 年
社会党	314149	598522
保守党	324157	354786
独立保守党	47975	63612
民族自由党	256220	318589
自由协会	16735	21993
自由人民党	73245	98600
中央党	251958	499343
波兰人党、丹麦人党等	181356	226248
农业地主联盟	12548	15013
反犹主义者联盟	2880	8959
政治态度不明者	190390	301894
总计	1671613	2507559

1903 年我们是全国的第二大党。我们获得了总票数的 18.8%，但未能在议会中得到一个席位。到 1908 年，从数字上看，我们成了最强大的政党。我们得了总票数的 33.87%，并使我们的 7 个候选人当选。其中 4 个候选人的选举被柏林市政务会官员以没有正确编制选民册为借口宣布无效。我们成功地保住了其中的 3 个议席，但失去了第 4 个议席。

1909 年 10 月 21 日，萨克森王国举行了第一次在新的多元选举制下进行的普选。一共有 634212 个选民参加投票，其中 341396 人投了社会民主党候选人的票,而我们的对手只吃掉了292816个选民。由于实行复票制度,634212个选民就有1273908张选票。记录在案的各党所得的选民和选票数如下:

	选民数	选票数
社会民主党	341396	492522
保守党	103517	281804
民族自由党	125157	236541
激进自由党	41857	100804
反犹主义者联盟	20248	55502

在91个议席中,我们的同志获得了25个。

巴登同日举行了议会大选。在这个邦的上一次大选中,我们党得票50431张。现在,这个数字提高到了80835张,并当选了20个议员,而上一次只有12个。在吕贝克、不来梅、汉堡和萨克森—魏玛各邦的立法机构选举中,我们也取得了类似的进步。

*　　　　*　　　　*

由于这个国家目前拥有的惩治权,这个运动需要作出巨大的牺牲。在最近的三年中,我们党的同志由于倡导我们的事业,遭受了下列刑罚:

1907年:监禁36年4个月2周零1天,罚款30600马克。

1908年:监禁18年8个月零4天,罚款33446马克。

1909年:监禁27年10个月零2天,罚款28750马克。

近年,青年中进行的这一运动遭到了当局的猛烈指控,当局不断对青年代表处以苛重的罚款。

三、党的组织

我们党的组织，在上一次提交的报告中已较为详细地提到过了，在此期间也发生了一些重大变化。1908年5月15日，新结社法付诸实施，有关这个法律我们稍后会作简短说明。新法同样允许妇女加入政党，迄此为止，这只在一些邦是可能的。此后，社会民主党的妇女们加入了全国各地的党组织。所有党员的统一的最低党费被确定下来。将来，各选区党的协会将根据它们党员的人数获得党的代表大会上的代表权。

开除党员的方式也改变了。

在此我们引述一些写进了我党章程中的更重要的变化：

第四条 有女党员的党组织必须允许其代表参加委员会。委员会的女委员必须与其他委员协同在妇女中进行专门的宣传。

第五条 地区和全国性组织可自行规定其缴纳党费的标准，但男党员每月的党费最低不得低于30芬尼，女党员不得低于15芬尼。定期缴纳的党费至少20%必须转交给中央基金。如果地区或全国性组织的委员会同意，党的执行委员会可允许各组织把这些基金的80%以上的数额用于当地的开支。

第六条 党组织的党务年度从当年7月1日延续到次年6月30日。各社会民主党协会主席每年必须不迟于7月15日根据执行委员会提出的质询单向执行委员会作报告。他们至少应详细说明进行宣传的形式及其发展、他们各自选区组织起来的同志人数、党员缴纳的党费金额、总收入和他们支配的这些钱是如何支出的。

地方和全国性组织的委员会必须提出类似的有关它们的活动以及使用从党的执行委员会得到的钱的方式的年度报告。

第七条 党的代表大会是党的最高权力机关。有权成为全国代表大会的代表为：

1. 各选区党的代表。代表人数取决于党员人数。仅有1500名党员的选区有权选出1名代表，有3000名党员的选区有权选出2名代表，有6000名党员的选区选出3名代表，有12000党员的选区选出4名代表，有18000名党员的选区选出5名代表，有18000名以上党员的选区选出6名代表。党员人数根据按第五条规定交给中央基金的党费金额计算的。

只要可能，凡选举了几名代表的地方应有1名女同志。

2. 帝国国会中党团的成员。

3. 党的执行委员会和监察委员会的成员。

3. 执行委员会邀请的专门报告人。

帝国国会党团成员仅对一切议会事务有咨询投票权。党的执行委员会同样仅对有关党的事务的一切问题有咨询投票权。由党的执行委员会邀请的党的机构的代表同样没有投票权。

第十四条 党的执行委员会的成员人数由代表大会规定。党的执行委员会由2名主席、1名司库、数名书记及3名助理组成，助理中1名为女同志。党的执行委员会成员有权相互代表。

主席、司库、书记、女同志代表的选举必须在代表大会上通过投票进行，由第一次投票结果决定。

如无人获得投票的绝对多数，则必须在获得最高票数的两位候选人之间进行第二轮投票。

如票数相等，结果由抽签决定。

另外两个助理委员由监察委员会选举。执行委员会在选出后必须立即组成，成立的专门通知应在党的正式机关刊物上发表。

第二十三条 凡严重违反党的纲领原则者，或行为不端者，均不再能成为党的一员。此外，凡危害党的利益或顽固抵制党组织决议的党员可被开除。

在出现争议的情况下，委员会对地方或全国性组织接纳党员事宜作出决定。

开除党员只能由党的组织（相关选区的地方性团体或协会）决定。这样的建议也只能由得到被告党员同意的一个组织的委员会提出。

决定将由地区或全国性委员会通知涉事党员、地区或全国性委员会亦可最终把决定公开发表。

第二十四条　如对地区或全国性组织的决定不满，涉事双方可在收到决定通知四周内提出任命仲裁法庭的要求。

这样的仲裁法庭由七人组成，被告党员和所涉组织各指定三名被告所属地区组织的党员。然后由党的执行委员会任命一名主席。

如被告在中央委员会规定的期限内没有指定仲裁人，被告被视为已被开除出党。这一期限至少为四周。

党的执行委员会发送书面裁决，也负责裁决的最后发表。

第二十五条　涉事双方最后可在党的下一届全国代表大会上提出反对仲裁庭裁决的上诉。这一上诉必须在裁决交给双方后四周内向执行委员会提出。

第二十六条　根据第二十三条第1款，并只有采取上述章程规定的方式，才能将一个党员开除出党。

在没有明确宣布开除某一党员的情况下，党的所有委员会有权暂时不让该党员担任党内职位，或批准就处罚进行投票。双方也可提出反对上述决定的上诉。

上述规定不得与党组织在未提议开除某名党员的情况下任命一个调查其问题的调查委员会的权利相抵触。

第二十七条　死亡、被开除或退党，党员资格随即终止。在这种情况下，党员由于其党员资格而应有的对党、执行委员会、监察委员会和单个党员的权利也无效和作废。

第二十八条　重新接纳被开除的党员的要求，只能向候补人所在的地区或全国性的协会委员会提出。

在重新作出决定之前，应向从前提出开除的组织了解情况。

候补人以及该组织可以在党的下一届全国代表大会上提出反对这一决定的上诉。这一上诉应及早向党的执行委员会提出，以使它能同其他准备提交给代表大会的动议一起公布。

帝国国会各选区的协会构成了我们组织的基础。如某一选区包括了一个以上的城市，可在每一个城市成立党的地方分部，但这些团体仅被视为整个选区协会的支部。各选区的协会联合为地区或全国性的联合会。这些联合会有其自己的管理章程，只要它们不与全党的管理总章程相矛盾。目前，我们的党组织由45个地区或全国性的联合会构成，每个联合会都由一个独立的委员会领导，都有权自设一个或两个常设书记。现在在职的有47个地区或全国性的常设书记。

地区和全国的联合会与党的执行委员会保持经常的联系。在有关它们活动范围内的一切重要问题上，它们总是能获得建议。对于普遍的、具有重要性的问题，党组织召开地区和全国性委员会的特别代表会议。

党几乎在所有的选区获得了坚实的立足点，仅仅在6个农业选区除外，在那里我们迄今尚未获得成功。下文说明了各选区协会的人数。1909年6月底，实际人数不到100名的有77个帝国国会选区。现在党员有100—200名的选区42个，200—300名的选区22个，300—400名的选区28个，400—500名的选区14个，500—600名的选区13个，600—700名的选区12个，700—800名的选区12个，800—900名的选区16个，900—1000名的选区8个，1000—1500名的选区27个，1500—2000名的选区25个，2000—3000名的选区23个，3000—4000名的选区22个，4000—5000名的选区6个，5000—6000名的选区9个，6000—7000名的选区3个，7000—8000名的选区2个，8000—9000名的选区2个，9000—10000名的选区2个，10000—11000名的选区2个，11000—120000名的选区3个。

在7个选区分别有党员14000—15000名、15000—16000名、19000—20000名、22000—23000名、23000—24000名、24000—25000名、26000—27000名。

我们较大的协会不得不任命了常设书记，以处理它们不断增长的工作。目前，62个选区有了它们自己的常设书记。

党的发展和人数

党务年	帝国国会选区总数	有党组织的选区数	有党组织的地方数	党员人数			我党人数与帝国国会社会党人得票数之比
				总数	男党员数	女党员数	
1907	397	325	2704	530466	519523	10943	16.4
1908	397	366	3120	587336	557878	29458	18.0
1909	397	378	3281	633309	571050	62259	19.1

党的收入和支出

党务年	收入（马克）	支出（马克）
1907	1191819.42	1358122.39
1908	852976.10	783958.13
1909	1105249.77	621202.45

在1907党务年举行了最近的一次大选，这是为什么这一年收入和支出较高的原因。

四、党的议会代表

我们党在共计397名议员的帝国国会有47名议员。上次大选后进行的补缺选举表明了我们党取得的显著成果。在这些补缺选举中，我们获得了4个议席，即兰道、科堡、哈雷和爱森纳赫4个地方的议席。

而且，我们党在各邦议会中有185名代表。

邦	议员数	社会民主党议员数
安哈尔特	36	1
巴登	73	20
巴伐利亚	163	21
不来梅	150	16
汉堡	160	20
黑森	50	5
利珀	21	1
吕贝克	120	12
奥尔登堡	44	4
普鲁士	443	6
罗伊斯	16	3
萨克森	91	25
萨克森-阿尔滕堡	32	7
萨克森-科堡	30	8
萨克森-迈宁根	24	9
萨克森-魏玛	33	4
绍姆堡-利珀	15	1
施瓦茨堡-鲁道尔施塔特	16	7
符腾堡	92	15

在6个邦的议会中我们仍无代表。

在上次提交的报告中,我们详细阐述了社会民主党在城市和自治村镇议会中的活动。社会民主党的地方议会议员数逐年增加。现在,在300个城市议会中我们党有代表1368名,在1779个乡村地区议会中有代表4789名。此外,在38个城市中,我们党有115名市政参事,在93个农村地区有159名参事。

五、妇女运动

党设有"社会民主党妇女局",在无产者妇女中进行专门的宣传。该局的地址是:奥蒂莉·巴德尔,柏林西南68区林登大街3号。妇女局每周在党的所有报纸上刊登有关妇女运动的文章。党为工人阶级的妇女和女孩出版了专门的传单和小册子,其中含有社会民主主义的目的和对政治时事的批评。党的各种组织配有进行专门巡回宣传的妇女演说员。作为这种活动的结果,我们政治组织中的女成员数在1909年增加了32801名,现在有62259名。为了给我们的女同志提供更好的训练,在许多城市组织了专门的妇女读书俱乐部。社会民主党女党员的机关报是《平等报》,在1909年拥有77000名固定订户。妇女局对儿童保护委员会的成立给予了极大的关注。这些委员会由工人阶级的妇女和男子组成,是在我党的妇女局和工会的倡议下建立的。这些委员会在为实行保护儿童法作准备。

六、青年运动

直到1908年,我们有两个青年中央组织,北德和南德各一个。我国的新联合法对此有一条十分反动的规定,该条款规定:惩罚18岁以下的加入政治团体或参加政治集会的青年。因此,我们青年中央组织解散了,而在许多地区,非政治性的青年地方团体仍然存在。

在最近一些年中,党和工会会员对青年运动给予了极大关注。它们的代表大会都透彻详尽地阐述了这一问题。我们党的纽伦堡代表大会(1908年)表决通过了如下关于青年运动的动议:

青年男、女工人文化教养的提高是争取工人阶级解放的斗争的一项最重要的任务。

本次代表大会承诺：下属组织将竭尽全力使工人阶级的青年得到无产阶级思想精神的教育。

为此目的，应安排定期的适合青年人理解力的讲座，也应安排严肃而有趣的活动，即体育、消遣和联谊活动。

各地应任命专门委员会，它们应由地方党组织、工会委员会和青年男女工人的代表组成。各方代表都必须至少有一名女同志。

讲座应免费，在可能的范围内，其他一切活动也应免费。

这些委员会应使工会委员会竭尽全力争取徒工的法律保护。

本次代表大会责成党的执行委员会出版一份对工人阶级青年进行教育的专门的机关刊物。

维护经济领域和政治事务决策方面的利益仍然是工人和政治组织的唯一任务。

代表大会声明：从这个决议中人们应明白，对于地方非政治性青年组织中的青年，在由成年人协助管理他们自己的事务方面不应有任何障碍。

在此稍前工会召开的汉堡代表大会通过了类似的决议。德国的青年运动如今成了我们政治和工会运动的一个重要部分。在这一领域，党和工会协同工作。

德国劳动青年中心（柏林西南68区林登大街3号）已经建立，以保证上述决议的执行。党的执行委员会、工会和青年总委员会在这个中央机构中各派有4名代表。为了这一目的，各方至少必须委派一名女代表参加此机构。

在330个地区有青年委员会，由党、工会和青年的同等数目的代表组成。它们在纽伦堡代表大会决议规定的范围内活动。柏林中心发出关于这些委员会各方面活动的专门指示，也提供各类宣传材料，主要是传单。该中心的各地方委员会相互保持着经常的联系。最近举行了一次这些地方青年委员会代表会议，来自帝国各地的129名代表出席了这次会议。这次会议制订了关于将来工作的纲领。

《劳动青年》是由柏林中心出版的专门机关报。每两周一期，每期有16页。这一新报纸在青年中得到了热烈欢迎。它的读者量不断增长。目前，它已有4万多个固定订户。

青年运动的费用由党和工会共同承担。直至现在，柏林中心的费用总数约达2万马克。

七、报刊和印刷品

自斯图加特国际社会党代表大会以来，在德国，社会民主党的日报数从65种增加到74种。它们由党的56个印刷所印刷。这些社会民主党报纸的固定订户的数字从1906年的837790名增加到了1909年的1041498名。这不包括我们的月刊和《新时代》杂志。1909年来自订阅费的收入达6706151马克，广告收入为4366761马克。但是，必须指出，经济萧条导致了订阅费的下降。我们的《新世界》画报是我们一些日报的周日副刊。它每周发行475000份。我们党的两份幽默报纸《真正的雅科布》和《邮政马车夫》加在一起发行250000份。党的学术刊物《新时代》现在已出版到第28年卷。它的发行量为每周8500份。专门对妇女进行宣传的报纸《平等报》由党每周出版一次。1909年，《平等报》的发行量为37000份。最近十年来，《市政实践》作为对市政社会主义和政治问题的评论出版，为社会党市镇议员多方面的活动提供足够的武装。这一报纸的发行量为2700份。我们党的发言人、议员和报纸编辑获得免费的《社会民主党通信》，它收集了所有对宣传可能有重要意义的文件，而且还简要地反驳了敌对组织和报纸的攻击。

这一双周报发行量为 3000 份。

党的执行委员会、地区和地方组织每年发行大量的传单和小册子。在许多地区，最受喜爱的宣传工具是农业历书，它们免费散发。1906 年至 1907 年，"前进"出版社销售部的营业额为 522082 马克，1907 年至 1908 年为 563737 马克，1908 年至 1909 年为 511727 马克。党还拥有斯图加特 J. H. W. 狄茨继承人的出版社，它对社会党人理论书籍的出版给予了专门的注意，它在本报告提交之年出版了"国际图书馆丛书"第 50 卷。

"社会民主党新闻社"于 1908 年 7 月 15 日成立。这一新闻机构为我们的报纸提供政治和工会的新闻，也准备好新法案和议会文件的摘录。它每天给我们的报纸输送新闻稿，也建立了电话、电报新闻服务。这一新闻机构每年的预算为 46000 马克，其中的 32000 马克是由我们的有资金保证的报纸分担的，而不足部分由中央基金补足。由于可能的高昂费用，人们提议建立的对外新闻服务组织还没有成立。

八、党校

1906 年秋，德国社会主义党在柏林建立了常设的党校。

最初 4 个学期（每学期 6 个月）有 26 至 31 名学生就读。入学的人选是由地区或全国性的联合会从其众多为我们的事业积极工作的男女同志中推荐的。他们的申请书被递交给教师委员会，由执行委员会挑选出许可入学者。工会根据党和工会之间达成的协议，也挑选了几个学生学习最后的一些课程。为了学校的用途，房间进行过专门的改造。每 6 个月的授课数为约 780—800 学时。学校的课程是有限制的，学生不会被硬塞给大量零乱的知识，他将能够摆脱一切日常琐事，也摆脱党或工会的所有的宣传工作，把 6 个月的时间完全用于社会问题的研究。学生将得到最初的彻底的理论教育。他们的课程如下：政治经济学、社会学、德国史（现代）、社会主义史、工人的权利、刑法、民法、自然科学、市政政治学、写作、演讲术、新闻学。

学校的经费、教师的薪水和维持学生在柏林生活的费用从党的中央基金中支出。学生的家庭在缺少他们这些挣工资者期间，将得到他们所在地区的组织的专门补助。较穷的地区也能容易地承担这一费用，因为它们从中央基金中得到经常的补助。最初几个学期开设的课程和讲座由我们中央基金支出的全部费用达203900马克。

九、教育

在曼海姆全国党代会上任命了一个教育委员会，由7人组成。该委员会向我们党的所有组织提出意见，提供帮助，配备承担科学讲座和课程的合适教员以及指导良好娱乐活动的艺术家。在帝国所有较大的城市中都成立了地方教育委员会。它们由地方党组织和工会委员会的代表组成。在一些地方它们组成了专门的地区联合会。中央教育委员会提供有关科学问题的讲座，尤其是"经济史发展阶段"和"马克思经济学教程"的流动教员。一些新的流动教员专门讲述自然科学问题和文化史。这些课程一般进行4周。它们通常在3个相邻的城市同时举行，每个城市有8次讲座。讲座通常有250至300名男女同志参加，而30至40名同志是入学学习这些课程的。例如，1908年至1909年，已有57个较大的城市和144个较小的市镇得益于这些课程。在同一年中组织了19次讲座和38门课程，有8969名同志参加，其中包括666名妇女。此外，教育委员会以定期的冬季项目的形式发布了艺术娱乐指南，也就是对戏剧、歌剧和音乐工作的介绍。指南建议推动大家欣赏专门为工人阶级组织的演出。它还发布了一个图书馆示范目录，把一套定价10马克的丛书作为图书馆的基本藏书。这一目录还列出增补书目,它所推荐的图书馆所需金额从10马克、25马克、50马克、100马克直到500马克不等。教育委员会还出版了墙上美术装饰物的插图目录,其中特别关注较为便宜、但由知名美术家设计的一流平版画。在圣诞节前夕,它经常向所有组织发放《青年文献》推荐书目。去年的书目包括了作为赠送给无产阶级儿童的礼物选出的184本书。几乎所有我们的政治和工会报纸重印或再版了这一书目。在较大的城市,在圣诞节稍前组织一次推荐的青年文献展览,这已成为惯例。这样,在较短的时期内,教育工作已成了社会民主党活动的内容广泛的一个组成部分。

十、社会民主党和工会

德国工会的单独报告已提交给了代表大会。关于组织起来的地方工会会员加入中央联合会的谈判,我们在上次的报告中就提到了。这一谈判结果已使约5000名地方上的组织起来的同志加入了中央联合会。其余的地方工会会员仍然留在地方主义的协会中,完全采取无政府社会主义工团主义的原则。但是,在政治和经济运动中,它是一个小小的无足轻重的团体。

我们党的纽伦堡全国代表大会(1908年)就此事通过了如下决议:

"本次代表大会欢迎工会地方协会同中央联合会通过谈判达成的合并。

那些不顾这些谈判、不顾我们党的全国代表大会和斯图加特国际社会党代表大会的决议,仍然留在自由工会联合会内的协会,由此表明了他们不需要工人阶级经济组织的绝对必要的统一。因此,自由工会联合会由于蓄意反对和攻击社会民主党,进行无政府工团主义的努力,使其自己处于公然反对党的地位。

与违反吕贝克代表大会的决议成立并被我们党曼海姆全国代表大会宣布严重损害了工人阶级利益的德国金属制造工人联合会的谈判,并没有产生任何实际结果。因此，本次代表大会宣布：

  党员与加入自由工会联合会的团体或德国金属工人联合会团体成员的任何合作，都违背了社会民主党的原则和利益。"

  在有关党和工会利益的一些重要问题上，中央执行委员会安排联合行动。党和工会的这种合作已被证明是一个很大的成功。

  在"五一节"问题上，党和工会达成了下列协议：

  "各地如有可能，均应在一年之初任命一个'五一节'委员会，由工会和党组织的相同数量的代表组成。该委员会选出自己的主席。

  鉴于地方和职业的情况，鉴于工会及社会民主党全国代表大会的决议，准备适当的节庆是这些委员会议不容辞的责任。节庆只能在五月一日进行，而不能在其他日子进行。

  可给那些由于参加'五一节'示威而遭歇业的工人发放专门的救济金，所有属于党或工会的工人都有权享受这一救济。

  应为这些遭歇业的工人设立地区基金，但这些地区应确定得到有关城镇的同意。这种资助的必要资金应由卷入歇业的地区的党和工会组织通过自愿捐赠和募捐提供。

  那些不能被适当地纳入地区基金组织的城镇，应设立其自己的地方基金，以资助其地方遭受歇业的工人。"

十一、我们同其他社会主义政党的关系和我们的国际活动

  德国社会民主党对外国社会主义政党的斗争给予了极大的关注。我们的报刊已尽了最大的努力，以保证为瑞典群众罢工进行的募捐获得完全的成功。在德国，我们为瑞典同志募捐到了1283161马克。除了给那些外国社会主义政党报纸一些补助金外，我们还给布鲁塞尔的社会党国

际局每年 2500 法郎的补助。

十二、合作运动

由于法律的限制，合作社不能加入政党。但是，德国无产阶级对政治上中立的合作社给予了关注。工人们对这些政治上中立的合作社发生了强烈的兴趣。我国的关税保护政策引起了生活费和所有日用品价格的猛涨。新的间接税的确迫使工人阶级试图从合作社中获益。正因为这一原因，工人们十年来组织了普遍的、大规模的专门宣传运动，目的是为了吸引工人同伴全部加入合作社。因此，中间阶级和"德国合作协会总联合会"的自由主义领袖们在其克罗伊茨纳赫代表大会（1902年）上发动了一次真正的政变；他们把99个协会开除出了联合会。被开除的协会组织了一个新的运动，在1903年5月17日和18日召开的德累斯顿会议上，建立了德国合作协会中央联合会。我们的党员得到了该中央联合会的友好对待。

德国合作社中央联合会年卷（1909年第7版）提供了当前合作运动情况的下述统计数字：

加入的合作社数	1068 个
提交报告的合作社数	1060 个
会员数	949744 人
商店数	2829 个
雇用人数	14910 个
年营业额	349728334 马克
所属合作社制造的商品	44482900 马克
收益	21102782 马克

库存	36457971 马克
财产和机器	8308435 马克
土地和房产的账面价值	48500087 马克
合作社资本	32467578 马克
借用资本	51315909 马克

1908年，在爱森纳赫合作社代表大会和汉堡全国工会代表大会上，人们讨论了合作社和工会之间的工资协议问题。合作社中央联欢会已经同面包工人联合会和运输工人联合会达成了工资协议。为了解决可能产生的任何分歧，由工会和合作社代表组成的常设工资委员会已经成立。

十三、其他组织形式

在德国，各种各样的工人合作协会、所谓的自由工人补助保险基金，等等，由于法律的限制，同政党没有关系。

德国工会总委员会关于德国工会运动的报告

由于对工会运动的全面回顾每年都是由全国工会中心的国际书记处提供的,我们乐于遵照社会党国际局的愿望行事,对情况作一简要报告。

在以前的报告中,我们已详细介绍了德国工会组织的历史、发展和各种形式。因此,本报告只简要叙述一下从上次斯图加特国际代表大会(1907年)以来德国工人运动的发展情况。

"自由"工会

在这些年的工业萧条中,工会遭受了严重的损害。这次萧条远远超过了以前的任何金融性经济危机,给工会基金带来了沉重负担。工会为了至少在一定程度上减轻其会员的普遍的痛苦和匮乏,早已作出了一切可能的财政上的牺牲。1907年,中央联合会报告说会员平均数仍增加了175797名(与1906年的344906名相比),而截止1908年底,有75183名会员退会。1908年会员平均数减少了33775名。1908年底是上次工业萧条低潮的最低点,1909年劳动力市场稍稍有了改善,人们逐渐感觉到失业人数的减少。局势的这一点点改善使我们中央联合会有可能恢复前年失去的人数。1908年底会员总数为1797963名,至1909年底上升为1892568名。会员人数净增了94605名,这证明了工会已相当出色地克服了灾难性危机。不过,这一结果归功于我们组织内部的团结一致,归功于这些组织救济金和保险金体系的扩大和效能,最后——但不是最不重要的原因,应归功于罢工时期他们的有力的方法。

从 1906 年到 1909 年,加入工会总委员会的中央联合会的数字从 66 个下降到 57 个,原因是各种各样的联合会的合并,现在这些联合会组成了大工业组织,他们中的一些工会加入了其行业中适应所有工人的大工业联合会。最近成立了家庭佣人(男女)联合会及农业工人、林务员和葡萄园工人联合会,但它们并没有被包括进我们的统计资料,因为它们是去年才成立的。

下面的统计表回顾了"自由"或独立的联合会的发展、其人数的增长、资金等。

1891—1909 年"自由"工会的发展

年份	中央联合会数	会员平均数(全年)		收入		支出		中央联合会的总基金
		共计	女会员	报告的联合会	马克	报告的联合会	马克	
1891	62	277659	—	49	1116588	47	1606534	425485
1892	56	237094	4355	46	2031922	50	1786271	646415
1893	51	223530	5384	44	2246366	44	2036025	800579
1894	54	246494	5251	41	2685564	44	2135606	1319295
1895	53	259175	6697	47	3036803	48	2488015	1640437
1896	51	329230	15265	49	3616444	50	3323713	2323678
1897	56	412359	14644	51	4083696	52	3542807	2951425
1898	57	493742	13481	57	5508667	57	3542807	4373313
1899	55	580473	19280	55	7687154	55	3542807	5577547
1900	58	680427	22844	58	9454075	58	8088021	7745902
1901	57	677510	23699	56	9722720	56	8967168	8798333

（续表）

年份	中央联合会数	会员平均数（全年）		收入		支出		中央联合会的总基金
		共计	女会员	报告的联合会	马克	报告的联合会	马克	
1902	60	733206	28218	60	11097744	60	10005528	10253559
1903	63	887698	40666	63	16419991	63	13724336	12973726
1904	63	1052108	48604	63	20190630	63	17738756	16109903
1905	64	1344803	74411	64	27812257	64	25024234	19635850
1906	66	1689709	118908	66	41602939	66	36963413	25312634
1907	61	1865506	136929	63	51396784	63	43122519	33242545
1908	60	1831731	138443	62	48544396	62	42057516	40839791
1909	57	1852667	133888	59	50529114	62	46264031	43480932

自由联合会财政状况的改善归功于会员会费的不断增长。据加入的联合会报告：

年份	平均每名会员		
	年收入（马克）	年支出（马克）	基金（马克）
1891	6.68	9.62	2.56
1895	11.53	9.86	6.96
1900	13.89	11.89	11.38
1905	20.68	18.61	14.60
1907	27.55	23.12	17.82
1908	26.50	22.96	22.30
1909	27.57	25.24	23.73

正如人们将从下表看到的那样，除了罢工支出外，最重要的支出是那些为失业者和病患者设立的救济金。下表表明了危机对工会的影响以及自1891年每年救济金发放的数额。

救济金的全部开支1906年达9363270马克，1908年达21445030马克，1909年达22189130马克。

德国工会发放的疾病和退休救济金不可能像英国工会那么多，因为德国规定了全国性的工人强制保险制度，对此，我们已经在我们提交给斯图加特国际代表大会的报告中较为全面地谈及。我们的工会全部都建立了这些救济基金，主要是由于强制保险基金支出的救济金不足。这样，工会支出的救济就构成了一种补充救济金，对此，工人们很关注。

中央联合会的年支出*

年份	法定救助（马克）	死亡抚恤（马克）	旅费（马克）	失业救济（马克）	疾病救济（马克）	退休金（马克）	殡葬费、搬迁补助和其他救济（马克）	总计（马克）	正式刊物（马克）	所有救济金。包括正式刊物的费用（马克）	罢工开支（马克）
1891	10843	14737	144338	64290*	—*	—*	—*	234208	154015	388223	1037789
1892	9705	236964	382607	357087	—*	21972	25284	1033619	285475	1319094	44943
1893	12542	28331	328748	220926	304648	—*	41762	936957	292157	1229114	65356
1894	12902	14630	350455	239750	425489	—*	41744	1084970	265957	1350927	188980
1895	15871	40307	302603	196912	454114	—*	42080	1051887	274398	1326285	253589
1896	18349	37346	310000	243201	430038	57947	53837	1150718	362708	1513426	944372
1897	30147	30973	289036	260316	454494	68088	64906	1197960	439259	1637219	881758
1898	43378	39978	283267	275404	419634	79587	78419	1291667	518949	1810616	1073290
1899	54752	55435	313391	304677	652825	91524	131484	1604088	603559	2207647	2121918

（续表）

年份	法定救助（马克）	死亡抚恤（马克）	旅费（马克）	失业救济（马克）	疾病救济（马克）	退休金（马克）	殡葬费、搬迁补助和其他救济（马克）	总计（马克）	正式刊物（马克）	所有救济金。包括正式刊物的费用（马克）	罢工开支（马克）
1900	68486	97092	461028	501078	656026	113530	205459	2102699	713338	2816037	2625642
1901	89705	198173	607127	1238197	772587	130941	194668	3231398	782737	4014135	1878792
1902	93485	250661	709778	1593022	793878	154398	250129	3845351	798480	4643831	1930329
1903	150721	250310	613870	1270053	944059	189442	301961	3720416	884662	4605078	4529672
1904	206782	536209	646821	1599424	1416935	213626	621709	5241506	1097257	6338763	5869519
1905	311239	486765	712820	1991924	1920639	273960	800355	6497702	1415397	7913099	9674094
1906	342339	795209	758222	2653296	3281741	351181	1181282	9363270	1594009	10957279	13748412
1907	346773	1010045	869148	4375012	5635387	384562	1385808	14006735	1878392	15885127	13196363
1908	326765	1440263	1184353	8134388	8473853	419581	1465627	21445030	2071297	23516327	4819399
1909	288137	1074684	1125829	8593928	8896354	493505	1667284	22189130	2001487	24190617	6904431

＊截至1897年，有几个协会没有向总委员会提交报告。上述统计中没有包括的有：1891年有7个联合会；1892年有4个，1893年有7个，1894年有6个，1895年有5个，1896年有2个，1897年有4个。自1897年后，所有入会的联合会都提交了报告，虽然其中许多联合会在某些年度仍不完全。花费在救济方面的总金额必然远超出上面所引的数字。

除了正式刊物的费用外（每个联合会都有一个正式刊物，大都是周刊，是免费发给每个会员的），用在教育上的开支——即用于图书馆、讲座、教育课程等，1907年为319783马克，1908年为238524马克，1909年为147759马克。令人遗憾的是，去年由于救济金费用的增长，可用于这些方面的金额不得不受到限制。

总委员会出版了自己的周刊《通信报》，它免费发给所有积极的工会会员、委员会成员等。该报每周发行27000份。

自1906年以来，遵照科隆工会代表大会（1905年）的决议，我们一直为工会会员组织专门的课程。从那时以来，举办这些教学课程已成了常规。现在这些课程每门延长到6周一个学期，凡参加者在此期间完全脱产，使他们能把全部时间和精力用于他们自身的教育和进一步的发展。

各课程讲授如下主题：德国工会运动的历史和理论、德国的反对派工会、其他国家的工会运动、工人保险、劳工保护、劳动合同、政治经济学、统计学、雇主联合、银行和财政事务以及工会文献。每次课程的学生限制到72人，自1906年8月以来已组织了15次，共有917名男女同志参加。

工资运动、罢工和同盟歇业

正如总委员会的统计资料所清楚表明的那样，工业萧条和危机所带来的不利影响同时导致工业斗争次数的减少。这些统计资料是以所属中央联合会的年度报告为根据的。1907年用于罢工和同盟歇业的费用为12364082马克，而1908年的费用为4474039马克。1909年的统计表还没有完成，该年的统计数据未被列入。我们编制了1890—1908年期间罢工和同盟歇业的发展及后果统计表。

1906年，我们的工会报告发生了有183756名罢工者参加的2045次进攻性罢工；而在1907年，进攻性罢工的次数只有1635次，只有142944名工人参加；在1908年，罢工次数下降到了678次，只有30187名工人参加。这表明去年进攻性罢工减少了957次或58.5%。但是，雇主方面加强了活动，企图强迫工人接受更不利的劳动条件。因而，防御性罢工次数增加了，1907年为834次，1908年为1117次。这样，这一年的罢工次数增加了283次或39.9%。

1890—1908年罢工和同盟歇业的详细情况

年份	运动次数	参加工人数	损失工时		报告的运动数	结果							至1月1日尚未结束的罢工和歇业	总支出（马克）
			天数	工人数		次数				百分比				
						成功	妥协	失败	未知	成功	妥协	失败		
1890—1899	3772	425142	—	—	3537	1706	834	893	104	48.2	23.6	25.2	—	11402758
1900	852	115711	1223702	62273	852	375	215	217	21[1]	44.1	25.3	25.5	19	2936030
1901	727	48522	1194553	38913	727	267	171	237	30[2]	36.8	23.6	32.6	18	2515888
1902	861	55713	964317	48153	802	350	156	296	29[3]	43.6	19.5	36.9	16	2237504
1903	1282	121593	2622232	88964	1259	623	239	350	26[4]	49.4	19.0	28.5	21	5080984
1904	1625	135957	2120154	128700	1576	878	317	349	32	55.7	20.1	22.1	49	5551314
1905	2323	507964	7362802	414703	2273	1219	534	477	43	53.6	23.5	21.0	50	10933721
1906	3480	316042	6317675	301590	3418	1838	765	714	101	53.8	22.4	20.9	62	13297862
1907	2792	281030	5122467	274052	2708	1337	687	614	70	47.9	24.6	22.0	84	12364082
1908	2052	126883	2045585	105859	2016	891	398	678	49	43.4	19.4	33.1	36	4477039
总计	19766	2134557	28973487	1463207	19168	9484	4316	4834	505	49.5	22.5	25.2	—	70797182

注：1. 2次五一同盟歇业；2. 2次五一同盟歇业，两次都停工；3. 2次五一同盟歇业，两次都停工；4. 4次五一同盟歇业。

1900—1908 年的进攻性罢工和防御性罢工

年份	罢工次数	罢工人数	罢工以成功告终				罢工以妥协告终			
			次数	占比	人数	占比	次数	占比	人数	占比
进攻性罢工										
1900	514	86786	237	46.1	27350	31.5	161	31.3	33088	38.1
1901	291	22761	109	37.4	6487	28.5	92	31.6	7241	31.8
1902	289	32659	117	42.4	8011	24.5	71	25.7	17556	53.7
1903	603	58763	281	46.6	17042	50.3	154	25.5	22379	41.6
1904	886	81427	509	57.4	37882	46.5	213	24.0	24428	30.0
1905	1261	333238	722	57.9	47473	14.2	307	24.6	48381	14.5
1906	2045	183756	1121	55.7	91693	49.9	538	26.7	62374	33.9
1907	1635	142944	830	51.7	51344	35.9	472	29.4	53006	37.1
1908	678	30187	312	46.0	10843	35.9	175	25.8	9813	32.5
总计	8209	967523	4238	51.7	298134	30.8	2183	26.6	278266	28.8
防御性罢工										
1900	792	14295	122	41.7	4670	32.7	43	14.7	1350	9.6
1901	401	17301	149	37.1	4886	28.2	70	17.5	4618	26.6
1902	516	16263	225	43.6	6412	39.4	76	14.7	3835	23.6
1903	597	22067	310	51.8	9929	45.0	73	12.2	2485	11.3
1904	627	23128	337	53.7	12998	56.2	82	13.1	3774	16.3
1905	809	30679	445	56.9	18711	61.0	102	13.1	5481	17.8
1906	1014	38930	575	57.7	18187	46.7	120	12.0	5788	14.9
1907	834	33348	412	51.6	16455	49.3	106	13.3	5466	16.4
1908	1117	36120	525	47.0	16185	44.8	139	12.4	6808	18.9
总计	6207	232131	3100	49.9	108433	46.7	811	13.1	41405	17.8

同时，同盟歇业的次数以大约相同的比率下降。雇主宣布同盟歇业次数如下：1908 年为 257 次，有 60576 名工人；1907 年为 323 次，有 104738 名工人。因而，同盟歇业的次数下降了 66 次或 20.4%，与此同时，遭遇同盟歇业的工人少了 44162 名或 42.2%。下表汇编了同盟歇业及其结果：

1900—1908 年的同盟歇业

| 年份 | 同盟歇业次数 | 遭受歇业工人人数 | 损失劳动时间 | | 结果 | | | | | | | 截至1月1日尚未结束 | 总支出（马克） |
| | | | 工作日数 | 报告的工人人数 | 次数 | | | | 比率 | | | | |
					成功	妥协	失败	未知	成功	妥协	失败		
1900	46	14630	182866	8927	16	11	12	2[1]	34.8	24.0	26.0	3	600493*
1901	35	8460	124275	6088	9	9	13	2[1]	26.0	26.0	37.1	—	283576*
1902	56	6791	117196	4910	8	8	25	3[2]	14.3	14.3	44.4	—	308023*
1903	82	45763	1512771	32066	32	13	24	3	39.0	15.8	29.3	4	798801*
1904	112	31402	607286	35579	32	22	32	14	37.2	25.5	37.2	12	1870647
1905	253	144047	1797256	135821	52	125	57	9	21.5	51.5	23.4	10	4193250
1906	421	93356	2320069	89028	142	107	117	44	33.7	25.6	27.8	11	5315079
1907	323	104738	2374772	103596	94	109	91	9	29.4	33.7	28.2	19	6147079
1908	257	60576	905949	45838	54	84	102	11	21.0	32.7	39.7	6	1823675
总计	1585	509763	9942440	461823	440	488	473	97	27.8	30.8	29.8	—	22340623

注：1. 5 月 1 日 2 次同盟歇业。2. 5 月 1 日 12 次同盟歇业。* 未包括砌砖工。

持续的萧条和随之而来的大量失业必然使一切产业工人运动成功的机会减少。但是，这决不能导致人们得出这样一种猜测，即工会运动的作用在不景气的工业时期真的遭受了损害。在这样一些艰难时期，工会发现自己多少处于防御地位，此时它的主要目标是防止在以前的较为有利时期中所争取到的条件的恶化。除了极少的例外，德国工会的确在很大的程度上实现了这一点。不仅如此，在1908年萧条达到最高点时，工会通过谈判或罢工，甚至使59324名工人缩短了工作时间，减少的工时每周达183751小时；而且，236641名工人周薪提高了365923马克。工会还为175687名工人取得了其他各种各样工作条件的改善。

工会理事会和工人书记处

德国工会理事会是中央联合会支部和那些未成立中央联合会的团体的地方联合会。工会理事会的特定目标有：在尚未组织起来的行业中进行工会宣传；为选举各种各样的国民保险基金委员会、仲裁法庭等的工人代表做必要的准备；为旅行的工会会员和流动图书馆等提供和维持寄宿处或场所。如发生大罢工或同盟歇业，总委员会指示进行大规模的募捐，组织募捐也是这些工会理事会义不容辞的责任。募集到的所有钱款上交给总委员会由其分配。1909年年底，工会理事会的数目达654个，其中64个有它们自己的工会房屋，34个还拥有自己的地产并在上面建造了房屋，30个理事会只有租用的房屋，48个理事会有自己的会议室，28个理事会有自己管理的寄宿处，30个理事会支配和管理着供它们专用的私人旅馆。6个理事会经办了一个中央职业介绍所，464个理事会共同经办了一个图书馆，54个理事会有独立的阅览室。由272个工会理事会任命组成的专门的教育委员会推进教育方面的种种努力，与此同时，284个理事会成立了专门的青年委员会，在劳动青年中进行教育和宣传工作。172个工会理事会创办了法律援助办事处，它们在40226个案件中提供了免费的法律建议。88个理事会设立了常设的工人书记处。这些书记处给工会会员和未加入工会的工人提供免费的法律建议和帮助。在关于工人保险制度、劳资合同等的案件中，它们准备必要的文件，并派人出席法庭。这些书记处的数字从 1906 年的 83 个提高到了 1909 年的 112 个。除了 3 个办事处外,其他完全是用有组织的工人的捐款维持的。据 102 个书记处的报告,1909 年总收入达 484316 马克,年支出达 452037 马克。由下可见这些机构的发展情况:

工人书记处(1901—1909 年)

年份	报告的书记处数	来访者人数	处理的案件数
1901	29	167363	173548
1902	32	195679	197927
1903	36	200575	205906
1904	48	226260	238540
1905	67	283767	295374
1906	83	365132	382261
1907	96	419832	438213
1908	103	488895	515039
1909	112	543304	569246

下表是对处理的许多问题的回顾。

书记处活动回顾(1901—1909 年)
(一)

年份	工人保险		劳动合同		民法		市政或国家事务		刑法	
	提交报告的书记处	处理事件数	提交报告的书记处	处理事件数	提交报告的书记处	处理事件数	提交报告的书记处	处理事件数	提交报告的书记处	处理事件数
1901	28	46838	28	31149	27	49694	28	14169	27	12923[1]
1902	32	57586	32	32722	32	57595	31	18190	32	14448[1]
1903	36	59786	36	32937	36	58974	36	20247	36	12824[1]
1904	48	71487	48	38760	48	68539	47	19971	48	15526[1]

(续表)

年份	工人保险		劳动合同		民法		市政或国家事务		刑法	
	提交报告的书记处	处理事件数	提交报告的书记处	处理事件数	提交报告的书记处	处理事件数	提交报告的书记处	处理事件数	提交报告的书记处	处理事件数
1905	67	89286	67	48498	67	87018	67	32218	66	21531
1906	83	114920	82	60497	83	112426	83	42234	82	29051
1907	96	130447	95	67597	96	127762	96	57719	96	31838
1908	103	154784	103	73759	103	149814	103	75348	102	33017
1909	112	171375	112	75949	112	164883	112	93751	112	33397

(二)

年份	工人运动		结社法		私人保险		商业事务		其他	
	提交报告的书记处	处理事件数	提交报告的书记处	处理事件数	提交报告的书记处	处理事件数	提交报告的书记处	处理事件数	提交报告的书记处	处理事件数
1901	20	1319	—	—	24	1959[2]	—	—	24	13770
1902	27	6167	—	—	30	3191[2]	—	—	28	9043
1903	31	2713	—	—	36	3464[2]	—	—	31	11361
1904	39	3380	—	—	46	5818[2]	—	—	29	10253
1905	55	5297	47	1366	55	2473	51	2271	46	5416
1906	72	10064	62	1016	76	2946	71	2565	80	6542
1907	83	7412	82	995	90	3629	83	2733	76	8081
1908	93	7509	66	1093	97	4889	91	3535	93	11291
1909	103	6676	87	1481	106	6500	101	4369	105	10865

注:1.包括结社法。2.包括商业事务。

在总计 5148 个案件中，91 个书记处承办了委托人在法庭的个人辩护。1909 年，总委员会第一次为这些工人书记处组织了专门的讲座课程。这些课程为期 4 周。为了进行写作练习，学生人数限制在 25 人内。提供的课程讲座有：工人保险（20 讲），习惯法、公民的权利和义务（20 讲），民法（20 讲），刑法（20 讲），民事诉讼及在仲裁和商业法庭上的诉讼（12 讲），工人保护（16 讲），劳动合同（24 讲）。

持不同意见的工会组织

除了加入总委员会的中央联合会外，在德国还存在下述组织：希尔施-敦克尔同业公会联合会、基督教工会、独立地方工会。下表回顾了它们的年收入、支出和它们的全部财产。

全部工会组织

	会员人数			1909		
	1907	1908	1909	年收入（马克）	年支出（马克）	基金总额（马克）
中央联合会	1865506	1831731	1832667	50529114	46264031	43480932
希尔施-敦克尔同业公会联合会	108889	105633	108028	2806220	2346830	4372495
基督教工会联合会	274323	264519	270751	4612920	3843504	5365338
独立基督教工会	80437	80437[1]	—[2]	—	—	—
独立地方工会	117325	100081	—[2]	—	—	—
总计	2446480	2382401	—	—	—	—

注：1. 旧的数字。2. 1909 年的详细数目尚不清楚。

希尔施-敦克尔同业公会联合会的会员总数1907年从11858名下降到108889名，1908年下降到105633名。尽管在后一年有拥有1300多名成员的两个团体加入了希尔施-敦克尔同业公会联合会，但是，在这两年中还是减少了9616和3256名会员，而实际上失去的会员人数甚至更高。这些联合会的会员1909年增加了2395名，其会员总数在去年底为108028名。

希尔施-敦克尔同业公会联合会的资金报告包括了收入、支出以及这些联合会及其影响下的救济团体的财产。它们合起来的基金1909年为4372495马克，包括希尔施-敦克尔中央工会基金的财产1677464马克、各种联合会的地方基金186934马克、医疗保险基金1234328马克、死亡救济金1273770马克。

1907年，**基督教工会联合会**拥有274323名会员，而1906年它们的平均会员人数不到27207名。1908年，它们报告的会员人数为260767名，年收入达4612920马克，年支出达3843504马克，财产达5365338马克。自去年以来，加入基督教中央工会的联合会的会员总数提高了6232名。1909年，它们拥有270751名会员，但包括了2个新近加入的团体：铁路机械工人联合会（8920名会员）和服务员联合会（1185名会员）。1909年底，基督教中央工会的会员总数达280061名，包括符腾堡铁路服务员联合会（1861名会员）。1908年，6个独立基督教工会没有加入基督教工会联合会，而此后，其中2个工会加入了基督教中央工会联合会，即：铁路机械工人联合会和符腾堡铁路服务员联合会。关于其他4个团体的态度没有掌握详细的材料。一个至1908年基督教中央工会一直声称为其所属的互助协会，到1909年加入了新近组成的波兰人全国联合会。实际上，我们没有关于余下的其他小团体是否是真正的典型的基督教工会的资料。事实上，基督教中央工会发表的统计报告中已第一次把它们略去了。

根据手头的报告，1908年**独立地方工会**拥有入会的会员100081名，而前一年底的会员为117325名。明显损失的17240名会员主要是地方工会的。

除了上述工会组织外，还存在着相当数量的**私人雇员团体**。1908年，它们总计有54个联合会，拥有712528名会员，如扣除希尔施-敦克尔同业公会联合会和总委员会的联合会，则为49个联合会，有678669名会员。

关于**黄色工会**或工贼团体，统计年卷提供了下述详细数字。据此年卷，1908年它们包括了3个地方团体（拥有1015名会员），7个工人联合会（拥有13613名会员），69个车间俱乐部（拥有50710名会员），总计79个团体，65538名会员。它们报告的年收入为347784马克，支出达268871马克，总资产达380574马克。

尽管雇主对这一运动给予财政援助，尽管1908年的行业条例最为不利，但是，雇主引诱更多的工人加入这些黄色工会组织的努力白费气力。雇主以这类诡计来极大地并持久地损害工人运动的做法是决不会成功的，他们的联合的努力必然被德国工人充分发展的阶级意识击得粉碎。我们在1907年的报告中所预言的、自此之后已的确实现的是：黄色工会只能为那些极其卑劣的雇佣阶级的帮手们提供活动的领域，而这些人在德国工人运动的行列中是决不会得到容忍的。

奥地利社会民主工党的议会活动

争取到普遍和平等的选举权后的第一次选举使帝国国会有了87名社会民主党议员。在随后的补缺选举中,我们又赢得了2个议席,但其中一个当选的议员由于地方争端退党,并辞去了他的席位,而这一席位在后来的补缺选举中被资产阶级政党夺取。这样,目前在奥地利国会下院中有88名社会民主党议员,其中有52个德意志人,24个捷克人,6个波兰人,4个意大利人和2个鲁塞尼亚人。

下院的所有社会民主党议员都属于"社会民主党议员联盟",该联盟分为五个民族支部:德意志社会民主党人"俱乐部"、捷克社会民主党人"俱乐部"、波兰社会民主党人"俱乐部"、意大利社会民主党人小组和鲁塞尼亚—乌克兰社会民主党人小组。在所有关于经济、社会、政治和教育的根本问题上,各民族的联盟像一个统一的整体一样行动,根据多数成员的意见作出决定。与此相反,在所有民族事务上,这几个民族小组保留其完全的自决权。因此,迄今为止甚至有可能在有关民族问题的重大决策方面保持整个各民族联盟的统一。

*   *   *

最初,在我们巨大的选举胜利的影响下,各民族的资产阶级政党联合起来反对我们。德意志、捷克和波兰资产阶级政党的议员都加入了贝克政府,教权主义者和自由党人、工业党人和农业派、大资本家的代表和较低一级的中间阶级的政党都在这样的竞选口号下联合起来了："孤立社会民主党！"而与此同时，内阁的构成却表明公共生活在选举改革的影响下在迈向民主化。的确，此届政府是议会多数的忠实反映，小资产阶级和农民占有了迄今为止只是由那些脱离群众的傲慢的封建贵族和官僚占据的部长席位。所有的资产阶级政党支持这一政府，反对派只由社会民主党和鲁塞尼亚的农民代表组成。

有产阶级曾希望他们的联盟会限制社会民主党的扩大。在这一点上，他们的希望完全落空了。我们对资产阶级多数派及其政府的违法和失职等错误的批评，在选民的心中引起了极强烈的共鸣。资产阶级政党为了留住他们的选民，不得不对我们的要求作出让步。这样，我们就成功地争取到一些重要的改革，这些改革部分是由贝克政府实行的，部分是由它做好准备而由下一届政府实行的。关于商业雇员的法律地位的新法律，商业性企业中工作时数的法规，事故保险扩大到建筑业，火柴业中白磷使用的限制，工厂视察的扩大和改进，防止中毒的措施问题，政府的官员、服务人员、雇用的工人的待遇和法律地位的改进，取消服后备役达11—12年的后备役人员的军营服务，关于士兵提出控告的权利的法律的修正，减轻对侵犯财产的惩罚的刑法修正案，对一些已国有化的大铁路的服务人员的利益的维护——所有这些改革的进行，部分是对我们要求的直接反应，部分是由于我们的合作和有力的批评。

有产阶级慑于我们在争取选举权的斗争和随后的选举中的胜利，以及我们的工会和合作运动的壮大，在看到尽管所有的资产阶级政党结成了反对我们的联盟，但我们仍然能够对国会事务施加巨大的影响时，他们变得十分不满。雇主协会马上愈来愈强硬地利用1908年爆发的工业萧条来强化他们针对工人的恐怖行径并组织"黄色"工会，这一事实表明阶级对抗变得十分激烈。他们在政治领域里也没有袖手旁观。在奥地利这个自1848年以来7个民族一直进行着夺取国家、省和公社权力的痛苦斗争的国家，一直存在着这样一种非难，即国际社会民主党是不关心甚至是有害于民族利益的，这是资产阶级手中一件有效的用来对付无产阶级的武器。因此，为了打击社会反对派，民族纷争的余烬再次被煽起火焰。60年来德意志人和捷克人竭尽全力相互斗争，以致即使有关人士抱有最好的愿望，维持政府多数派中的这两者的联盟也是一件十分困难的事。但是，上述在议会中为反对我们而联合起来的政党开始在选民中煽动沙文主义本能作为反对我们的一种手段时，这就成为绝对不可能的事了。民族意识这一用来在议会之外反对我们的武器，就使在议会之内为反对我们而结成的联盟不再可能了。

在1908年夏天，德意志人、捷克人、波兰人的联盟以及贝克政府就已经遭受到民族宿怨的危害。如果联盟没有同时遇到其他更为强大的敌视它的力量，破裂的危险或许仍能避免。在法院中早已存在一股人们能够察觉的反对贝克内阁的封建集团和官僚集团的情绪，贝克内阁虽然是资产阶级政府，但毕竟是一个民主政府。在吞并波斯尼亚的准备接近完成之际，对一个"强有力的"政府的渴望变得愈为强烈。最终，这些反动集团巧妙地利用政府由于其多数派内部的民族冲突所陷入的困难，成功地推翻了贝克内阁，取而代之建立了比纳特内阁。

比纳特政府在本质上是不同于前任政府的。它不是一个议会政府，而是一个官僚政府。它不代表所有民族的资产阶级，依靠的是德意志、意大利和波兰资产阶级，而捷克和南部斯拉夫资产阶级政党以及鲁塞尼亚人则反对它。它从来没有获得超过多数派几票的荣誉，当反对派资产阶级政党在斯拉夫联盟中联合起来时，总是抱有颠覆它的希望。国会被卷入到无休止的激烈的政治纷争的混乱中，扰乱了所有严肃的改革工作。从这一政府产生第一天起，社会民主党人联盟就一直同它进行着斗争。

但是，我们的任务并没有局限于反对这一政府。斯拉夫资产阶级政党很快就开始利用妨碍议案通过的权力反对政府。国会的议事规则使20名议员就能提出无数的必须立即讨论并比其他任何问题更优先的紧急动议,从而非常有效地阻碍议事日程的进行。过去人们用这种妨碍议案通过的手段摧毁了旧的特权国会,现在也使表面上民主的国会遭到同样的命运。于我们而言,这种捷克—斯拉夫集团妨碍议案通过的做法是非常危险的。它不仅妨碍了所有经济改革工作,不仅起到了资产阶级政客小集团逼迫政府向他们的特殊利益让步的手段的作用,而且也召来了这样一种巨大的危险,妨碍议案通过的激烈的场景甚至使国会也在人民群众的眼中贬值了,这样就为"强有力的"政府将会轻蔑地把无能和无效率的议会抛在一旁并为各民族规定它们各自的代表不能带来的共同生活方式这样一种心理状况做好准备。这种危险是我们必须反对的,所以我们要尽我们的可能与斯拉夫联盟妨碍议案通过的做法作斗争。1909年12月,与这种反对妨碍议案的做法的斗争达到了最高点,也就此结束了。当讨论几个极为重要的商业条约和一些劳工保护法受到妨碍议案通过的做法阻碍时,工人阶级组织了反对妨碍议会通过者的街头示威,同时,国会努力连续开会86个小时以突破阻挠。这一行动证明是成功的。由于妨碍议案通过的那些政党不愿意让其他政党同样利用妨碍议案通过的机会而放弃采取这些手段,他们提出了一个动议,这个动议提议在一年之内改变议事规则,使阻挠议会议程即使不是绝对不可能,也至少十分困难。这一动议得到了社会民主党人联盟的有力支持,并得到通过,成为法律。民主的国会不仅借此获得了防止沙文主义政党进一步进攻的保护,而且免除了那些当权者突然袭击的危险。这样,就赢得了我们能够继续进行每天反对政府的议会斗争的阵地。

我们不得不根据外交政策领域的事件开展政治斗争。首先是吞并波斯尼亚事件及其随后的发展。同其他民众一样,社会民主党对这一事件完全大吃一惊。当议员们被召集举行会议时,我们发现已面对既成事

实。我们的议员代表这样阐明了我们对这一事件的态度:

"奥地利社会民主工党坚持它的原则:只有各民族人民拥有自己决定自己命运的权利,党将一如既往竭尽全力通过实现国家民主化而为实现确立各民族真正的自决权的必要条件而奋斗。党认为,兼并占领的波斯尼亚和黑塞哥维那地区不过是对长期存在着的事实的正式确定,而这种事实本身并不比从前更好地保证和平发展和这些国家居民愿望的实现。我们期望并的确全力要求国家的这种行动应遵照宪法提交奥地利帝国国会批准,然而,我们仍必须抗议在这种重要的事件上使帝国的立法机构实际面对既成事实的这样一种做法。我们也不隐瞒自己的担心,即这一行动将会加大威胁我们和平的危险,并用做强加给奥地利各民族新的军事负担的借口。

而且,这一行动对我们的近东政策的影响绝不有助于加强我国同巴尔干国家的经济关系。有一种危险的确是很明显的,即巴尔干半岛形势健康发展的希望所仰赖的青年土耳其党政权可能垮台或瘫痪。同时我们还指出,我国外交部的巴尔干政策同我国在巴尔干财政政策中占支配地位的保护农业倾向存在着非常突出的矛盾。对于这样的事实,即迄今为止进行的对被占领地区的管理并没有在文化上和政治上促进居民的进步,我们也必须提出我们的抗议。直至今天,这些地区居民的很大一部分仍把它看做是外国的甚至是不友好国家的管理,确实,对于这种错误的做法应问心有愧。因此,我们不得不首先要求竭尽我们的全部力量立即纠正这一失败,为波斯尼亚和黑塞哥维那制订的宪法应为该地区的政治发展提供真正的保证,并赋予那里的工人阶级至少有一点政治权利和拥有今天在奥地利已有的社会机构。"

在奥地利国会召开后不久,我们几次成功地迫使把合并及其由此引起的欧洲危机这一问题提到议会讨论的首要问题。在四次吸引了整个公众的注意力的大辩论中,我们强调了无产阶级的国际团结,反对资本主义大国的帝国主义政策。在面临最大的战争危险的时刻,我们的发言人从奥地利的下议院讲坛向塞尔维亚社会民主党发出了友爱的敬意。1909

年3月26日，我们成功地使国会进行了一次难忘的赞成维护和平的示威。但是，我们同时也尽我们最大的努力来履行对波斯尼亚和黑塞哥维那人民的责任。首先，我们为被吞并的地区要求制订一部民主的宪法。在这方面即使我们没有获得彻底的成功，但我们取得了很大的成就，使这两个省的选举团中（在选举团中人们根据宗教信仰投票）采用了普选制。我们推动政府把劳工保护法和工人保险推广到这两个省的努力也不是完全没有成果的。我们提出的在国家承担损失的情况下把波斯尼亚的克梅茨从封建枷锁下解放出来的要求尚未获得同意。不过，我们希望波斯尼亚和黑塞哥维那议会的召开将使朝着解决波斯尼亚农民问题迈出一步成为可能。

奥地利—匈牙利与巴尔干国家的商业联系的问题与外交政策有着密切的关系。许多年来，二元帝国①的财政政策一直处于农业派的强烈影响下。因此，反对这一政策一直是我们的重要任务。1907年11月和1909年10月，国会不得不开多次会议来讨论我们提出的关于采取措施抑制生活必需品高昂的价格的动议。诚然，由于农业派的强烈反对，我们没能成功地使这些措施获得通过，但是，这些辩论在城镇和工业中心的群众中产生了很大的影响，使真正有效地反对农业派的运动第一次成为可能。迫于这种鼓动的压力，1909年12月议会不顾农业派的反对，通过了一个授权政府与巴尔干政府缔结商业条约的法案。不幸的是，由于匈牙利议会的解散，迄今为止，法案还没有获得它的认可，政府到现在未能行使这一权力。虽然如此，但事实毕竟是农业派许多年来第一次在公开的战斗中被击败了，这给我们带来了对未来的乐观的希望。

但是，我们的注意力没有仅仅局限于奥地利同巴尔干国家的关系。

---

① 即奥匈帝国。——编者注

我们还必须关注对外政策的其他问题。我们反复要求奥地利政府，为了奥地利工人在德意志帝国寻职，应该对普鲁士中央政府机关对户外工人的登记注册制度提出抗议，并采取措施反对普鲁士政府实行的专断的驱逐制度。我们一直抓住每一个机会，对沙皇政府在俄国、波兰和芬兰采取的恐怖手段提出抗议。不顾德意志和斯拉夫沙文主义者的攻击，我们倡导实现受奥地利统治的意大利人文化上的愿望，尤其是在的里雅斯特建立一所意大利语大学，我们把恢复与伟大的意大利民族的密切的和友好的关系看做是欧洲和平的保证。

在议员们（由于匈牙利的政治危机没有被全数召集）讨论政府的财政提案时，我们开始了反对扩充陆军和海军军备的斗争。政府关于发行新的国债的提案给我们提供了对把我国的经济财力浪费在军国主义和海军至上主义上提出抗议的机会。我们尤其全力反对建造奥地利无畏战舰。日后在关于政府制订的财政计划的辩论中，将会发生最重要的战斗。由于我们的鼓动，资产阶级政党没敢接受政府提出的间接税（提高啤酒税、征收苏打水和矿泉水税）。政府最近被迫提议提高直接税（个人所得税、红利、董事酬金税、遗产和继承税），同时计划提高间接税（烈酒税和火柴专营税）。反对这一方案的斗争将是我们不久的将来的主要任务。

但是，在进行反对政府的斗争的同时，我们并没有忽视我们在立法院中的有关社会改革的责任。在长期和相当大的压力下，政府最终提出了一个法案，内容包括修正医疗保险（把它扩大到农业工人、家庭工人和佣人）和事故保险，为各类工人建立医疗和养老保险，并为所有年收入不超过 2400 克朗（相当于 100 英镑）的自雇者（小独立生产者、小销售商等）建立养老保险。国家给每份养老保险和伤残保险的补助每年应再增加 90 克朗（3 英镑 15 先令）。关于这一法案各条款的斗争正在社会保险委员会中进行，该委员会在我们的要求下成为常设机构。遗憾的是进展非常缓慢。政府把每一次拖延看做是国库的一次增收，而资产阶级政党更关心减少被保险者的自主权，而不是促进改革的实现。在这种情形下，这一工作要取得圆满结果还是一件遥远的事。

借助议员自发的提议，我们已成功地对有关劳动保护法的一系列问题提出了讨论。这些动议中最重要的是关于工作时数的法律限制问题。我们要求把所有在工业和商业企业中工作的工人的工作日从最长11小时逐渐缩短为8小时，并且立即在煤矿和不间断工作的企业中实行8小时工作日。此外，我们为在面包店、面粉厂、铁路、油井、盐场、公共机构和森林工作的工人提出了专门的保护法。自然，所有这些动议都受到了来自资产阶级政党方面的抵制。尽管这样，我们期望至少一些改革得以实现。在这里我们不可能详细讲述我们在社会改革领域里的工作，我们仅提一下正由维也纳人民出版社出版的名为《社会民主党人联盟在奥地利国会下院中的活动》的报告。（直到现在已出版两辑，报告了在1907年5月17日至1909年2月5日第18届议会任期和1909年3月10日至7月11日第19届议会任期的活动。报告我们今年一年活动的第3辑正在准备中。）

民族间的长期不和是奥地利一切社会工作的最大障碍。它给资产阶级利益的代表提供了阻碍一切改革的一个常用的借口。因此，在一个沙文主义最为狂热的国度里，维护我们联盟的统一和它的工作的一致正是我们的首要任务。直至现在，在这方面我们是完全成功的。在最激烈的民族纷争时期，所有民族的无产阶级议员都一直忠实地站在一起。我们的工作由于外部和内部的纠纷变得困难了，但是，我们在共同的工作中获得的经验使我们可以期望：各民族无产阶级的国际团结将一再表现出比民族主义的诱惑更强大的力量。在奥地利这个阶级斗争被民族对立切割、搞得复杂化和模糊了的国家，工人阶级的国际团结不能只是节日期间的一句响亮的空话——它必须在平凡的日常工作中作为活生生的力量起作用。

社会民主党人联盟议会委员会：
阿德勒　达申斯基　迪阿曼德
涅梅茨　佩尔讷斯托弗　皮托尼
雷塞尔　塞茨　泽利格　绍库普
托姆西克　维蒂克

1910年5月1日于维也纳

奥地利德意志社会民主工党
向 1910 年哥本哈根国际社会党代表大会提交的报告

我们提交斯图加特国际代表大会的报告已经陈述了我们为争取帝国国会平等的选举权进行的激烈斗争以及在第一次选举投票中取得的重大胜利。在本报告要汇报的年度内，没有再发生过奥地利工人运动史上类似重要的事件。在激动人心的伟大斗争之后，这是一段相对平静的开展社会主义工作的时期。

在第一次选举告捷、87 名社会民主党人进入议会后，我们现在应该进行的是平凡持久的日常工作，以巩固在这场伟大斗争中取得的地位。我们现在工作的重点是加强党的政治组织工作。实在地说，我们不能放松内部工作。在过去 3 年中的一半时间内，我们在进行重要的斗争。现在要进一步巩固在帝国国会选举中取得的胜利，领导开展争取进入仍然掌控在特权阶层手中的帝国州议会的斗争。

1907 年夏天，下奥地利州议会选举斗争进入白热化。工人迸发的斗争热情迫使统治州议会的基督教社会党成员不敢公开反对平等选举权。他们先是企图推迟选举改革，此举失败后，又试图通过宣传选举改革是白日做梦使人们对此产生厌恶，用另外一个反动的裹着民主外衣的改革计划取而代之。工人的警惕性和斗争精神挫败了他们的企图。基督教社会党最终同意对现存的选举制度作一些微小的调整，允许工人阶级在州议会选举中拥有有限数量的代表。

1907 年 9 月初波希米亚再度开展了更为热烈的争取选举权的宣传。

在这个民族纷争不断的地区，选举权的民主改革迫在眉睫，因为只有民主才能够抑制那里的民主主义沙文主义潮流，并为一个真诚的民族方案铺平道路。那里的德意志和捷克社会党人肩并肩向反抗的资产阶级和封建特权发起挑战，他们多次组织公众集会，向舆论表明劳动者已经准备就绪，时刻准备诉诸武力行动。面对强大的压力，政府于1908年10月9日在波希米亚议会提出了选举改革法案。这个法案无法满足工人阶级的愿望，因为它没有取消现有的议席分配制度，仅同意在现存的有产阶级的议席中增加无产者的席位。在德意志资产阶级眼中，这个微不足道的举措走得实在太远，他们成功阻止议会对此展开的辩论。然而他们玩弄的小把戏未能挽救资产阶级，面对无产阶级的强大攻势，这个必然失去的特权最终旁落。

下奥地利和波希米亚是党组织最重要的工作据点。在这两个地区的带动下，其余地区的州议会选举改革斗争也如火如荼展开。西里西亚的资产阶级承认有必要进行选举改革，但同时又企图将改革与自己的利益结合在一起。1908年10月，选举改革委员会向省议会提交改革草案，这个草案不仅没有给至今受剥削的人应有的权利，反而加强有产者的权利。这种令人羞耻的改革主张掀起巨大的反抗风暴，被立即叫停。估计不久将有一个新的相关草案出台，希望能好于上述草案。

与波希米亚和西里西亚相比，施蒂里亚、上奥地利、萨尔茨堡和福拉尔贝格围绕选举改革的斗争更加富有成果。实在地说，完全的平等选举权在任何地方都未能实现，但小小的改革保证了省选区中有工人的代表。

尽管我们党作出相当大的努力，但摩拉维亚和克恩腾的情况没有大的改观，仅仅保留了前几年取得的微弱成果。布科维纳的选举改革也无大的进展。

取得局部的成果后，选举改革的斗争逐渐平息，但1908年10月奥匈帝国兼并波斯尼亚和黑塞哥维那这一重大国际事件震动了奥地利。这个行动的第一个后果是土耳其抵制奥地利货物。随后塞尔维亚和黑山拒绝承认兼并。双方炫耀武力，战争一触即发。各种形式的爱国主义肆虐，我们党坚定地反对资产阶级沙文主义，在议会展开了反对穷兵黩武和平息战争情绪的工作，我们的议会报告对此有详细说明。

最终和平得到维护。政府错误的对外政策给奥地利人民带来巨大的财政负担。一方面，战争需要更多的武器；另一方面，要成为军事强国，需要拆除旧武器制造新武器。人民负担加重，日常开支迅猛增长，我们党领导人民开展了反对增加税负和粮食涨价的运动。

在1909年9月19—24日举行的赖兴贝格代表大会上，我们党最终完成了十分必要的**组织形式的转变**。在此之前，我们的组织比较松散，地方党员极少被组织到常设的和专门的支部中，大多数仅仅限于参加公开组织的集会。显然松散的组织难以组织抗议和教育活动，而这些活动对政治运动的发展又是必不可少的。为此，几年来我们一直在尝试把自己的组织建设得更加坚固。在短短的时间内，我们已经进行了一些改革，鼓励建立社会民主党支部。赖兴贝格代表大会决定将社会民主党支部作为党组织的唯一的基础，完成了这一改革。

大会确信我们组织的这种更加严密的形式将使组织更具战斗力和活力。这一判断非常正确。只要看一下赖兴贝格代表大会以来的组织发展，就能觉察到这一可喜的成果。赖兴贝格代表大会前大部分组织是分散的，参加组织的人数为112538名，而现在各支部的党员达到126000名。在1907年举行的最近一次大选中，社会民主党候选人在奥地利的德意志人选区中获得511590张选票，当然这方面我们地方组织还有许多工作要做。无论如何，最近取得的成就不容否认，不仅我们的党员人数在增长，而且党的活动更多，新的组织形式提高了战斗力。

大选。在这段时间，帝国国会举行了如下选举：

1908年7月8日，我们参加了西里西亚农村第7选区饶尔尼希—弗赖瓦尔道的补缺选举。我们的候选人获得的选票从之前的3395张上升到1907年的3464张。上次联合起来反对我们的资产阶级政党这次以分散的候选人的形式参选，这使得我们的候选人能够进入第二轮投票并以4502对4238票胜出。

我们还在因斯布鲁克的选举中获得帝国国会的第二个议席。我们的票数从1355票升至1731票。在第二轮投票中我们以2416票对1966票获胜。

在德意志人选区得到其他补缺选举中，结果没有什么变化。在非德意志人选区，我们不幸在的里雅斯特失守。

省议会选举。以下省举行了选举：

在下奥地利，1908年10月举行了首次基于新选举制度的议会选举。维也纳的选举权是普遍的和平等的，尽管为了执政党的利益受到居住期3年的选举资格、不平等的议席划分和选举名单制度的限制。此外，新选举法为下奥地利省规定了一种库里亚制度①。我们候选人在维也纳获得107986张选票，获得5个议席。在该省各选区，我们获得27173张选票，赢得第6个议席。

克恩腾省议会的选举于1909年3月24日拉开序幕。帝国的这一地区实行库里亚制，我们的机会很小。在普选的库里亚，我们得了10509票，比上次选举多出4063票，增长65%。在第二轮投票中，我们得到1个席位，创下本州选举历史上的纪录。

萨尔茨堡选举法给工人阶级的选区规定了2个议席。我们囊括全部两个席位，在萨尔茨堡议会选举中共获选票7744张。

上奥地利议院的选举法貌似非常现代但内容反动。议院69个席位

---

① 古罗马的政治区划，由若干氏族组成。——编者注

中65个属于有产阶级。法律规定余下的4个席位为比例代表制，资产阶级和工人政党就此展开争夺。社会民主党的名单获得11896票的支持，赢得1个议席。

在施蒂里亚，选举法划定了一个工人占据主导地位的库里亚。在这个库里亚的8个德意志人选区中，我们在第一轮投票中夺得4个选区，在第二轮投票中又赢得第5个选区，得票总数为35478张。

福拉尔贝格这个小省也在此期间举行了省议会选举。我们共计得了1733票，没有获得席位。

在奥地利各省议会目前有16名德意志社会民主党议员和15名其他民族的社会民主党议员。其他民族的社会民主党议员在的里雅斯特有10名，在摩拉维亚有5名。德意志社会民主党的省议会议员分布如下：下奥地利6名，施蒂里亚5名，萨尔茨堡2名，摩拉维亚1席，上奥地利1名，克恩腾1名。

奥地利德意志社会民主党最近成功地使许多党员进入市镇议会。事实证明，即使划分库里亚的非常反动的选举制也无力阻止这一切。在1909年9月25日于赖兴贝格举行的第一次社会民主党市镇议员代表会议上，报告表明当时在奥地利各市镇议会有1275名讲德语的议员。此后，我们在布科维纳和福拉尔贝格的议会又获得了一些席位。在1275名市镇议员中，30名属于第一等级的选民，98名属于第二等级的选民，1017名属于第三等级的选民，130名属于第四等级的选民。17个市镇——规模都不大——的市长由社会民主党人担任。

社会民主党人在市镇议会的活动。奥地利德意志社会民主党当选议员的379个市镇大多数是小市镇。这不可能不对我们市镇议员的工作产生某种影响，因为实行井然有序的管理制度要求很多的工作，会遇到不少困难。社会民主党议员常常一到议会，就使建立真正的簿记制度和得当地组织公共工作成为可能。同时，社会民主党议员自然在各方面尤其关注工人阶级的利益。在所有市镇，无论是小村庄还是大城市，社会民主党议员在工作报告中都提出了改善工作条件、合理安排供水、照明、排水、修缮道路、对居住条件作出规定等要求。教育问题尤其是我们市镇议员的一项重要工作。我们确信在所有社会民主党参与的市镇，没有一个议员没有提出改善教育问题的议案。我们议员经常不得不站出来反对教权主义议员滥用权利，用纳税人的钱为教会服务。另外，他们也反对把公共经费用于民族主义政党和其他政党的目的。

社会民主党市镇议员不仅致力于市镇当前的任务，而且在其市镇工作的范围内致力于无产阶级的总体利益。他们在其议会中提出动议，要求支持我们针对养老和伤残保险进行的鼓动、发表支持我们的选举改革运动的宣言、反对政府反民主的税收，并且坚持主张市镇应宣布支持取消一切食品税，并为免税进口生活必需品而开放边境。

社会民主党人在省议会的活动。农业派在奥地利各省的行政管理部门完全占据支配地位。胆小怕事的资产阶级政党把市镇居民交给他们统治管理。为数不多的社会民主党省议会议员一有机会就与这股势力开展斗争。

为使全体人民拥有代表权，社会民主党要求对省议会的选举法进行民主改革。与此联系在一起，他们还提出了市镇选举法民主化的要求。此外，我们在省议会的党团还提出以下值得单独注意的措施：改善公共教育和公共福利、建立精神病人收养院、建立省城医院、孤儿收养所、制订医疗卫生规章制度、改革家庭佣人的反动法律条款等。在关于农业的辩论会上，我们议员支持提交的改善通讯手段、铺筑马路、制订有利于农民的捕猎和土地密集种植法的建议。在拟议增加间接税一事上，社会民主党在所有省议会中开展了反对的斗争。

社会民主党的刊物。奥地利社会民主主义运动的发展也表现在我们刊物的逐渐增长上。增速虽然没有我们希望的那样迅速，但近些年来还是出现明显改善。奥地利德意志社会民主党现在共有26种政治报刊：2种日报，4种每周出版三次的报刊，9种每周出版两次的报刊，11份周报。

除机关报外，我们还有供奥地利德意志无产阶级阅读的专刊：社会民主主义妇女机关报《女工报》，面向无产阶级青年的《青年工人》，科学杂志《斗争》，致力于教育工人阶级的《教育工作》，反对酗酒的杂志《戒酒者》，幽默杂志《白炽光》和几份体育刊物。工会组织有50种自己的刊物。

工会运动。从1900年至1907年间，奥地利工会运动一直向前发展。后来爆发的危机使运动在1908年陷于停顿。1908年，奥地利工会的会员总数为482279名。截止到1908年底，其中447227名隶属于维也纳的奥地利帝国工会国际委员会，35052名属于布拉格的捷克—斯拉夫工会委员会。1909年底，各民族的中央工会拥有会员415256名，这些工会的基金共计9373011克朗（约合390580英镑）。此外，工会还将260万克朗（约合108334英镑）用于罢工、同盟歇业以及殡葬补助。

工会组织总共拥有50种德语刊物、44种捷克语刊物、8种波兰语刊物、1种斯洛文尼亚语刊物、1种鲁塞尼亚语刊物、3种意大利语刊物。德语刊物的发行量为318700份，捷克语118300份，波兰语21350份，斯洛文尼亚语3800份，鲁塞尼亚语1800份。

在奥地利德意志人居住区，党与工会的关系一如既往非常之好。尽管党内部分捷克同志与各民族的中央工会有过可悲的摩擦，但这没有影响双方关系。我们像从前那样坚信每个国家工人斗争的成功只能依靠各民族组成的中央工会，而不是按民族组成的单独的工会组织。党和工会组织的共同愿望是努力捍卫无产阶级的利益。所有微小的摩擦在这个共同愿望面前必须止步。我们诚心诚意地团结在一起，因为我们知道这样才能最好地为奥地利工人阶级的利益服务。

合作运动。工会运动由于经济危机停滞不前时，合作运动逆势而上。1908年年底，奥地利消费合作社中央联合会共有483个合作社，社员206620名。1909年参加这个组织的合作社达到485个，共有社员250161名。其中德意志合作社335个、捷克92个、波兰30个、意大利17个、斯洛文尼亚10个、罗马尼亚1个。

1908年中央联合会所属合作社的营业额达到59606408克朗（约合2483600英镑），1909年达62509161克朗（约合2604548英镑）。1906年奥地利加入消费合作社批发协会的组织的营业额超过750万克朗（约合312500英镑），而3年后的1909年这个数目几乎翻倍，达到16056824克朗（约合669034英镑）。消费合作社也少量地生产一些自己需要的产品。

除消费合作社外，还有许多生产合作社、建筑合作企业、餐饮、旅馆和合作咖啡馆。在生产合作社中，面包生产合作社在许多城市已经有相当大的生产能力，最大的面包厂和大麦磨粉厂都在维也纳。面包厂每天生产45000个面包，磨粉厂每天碾磨12个车皮的大麦。

到目前为止合作社发展势头良好，估计不久这些合作社将成为决定许多商品市场价格的非常重要的因素。

妇女组织。近年来妇女组织以超出预期的速度迅速发展，尽管在此方面存在法律上的障碍，因为法律禁止妇女参加政治组织。1907年之前，奥地利女工只是被组织进工会。此后人们系统地进行在政治上把妇女组织起来的工作。1909年底妇女政治组织拥有成员6412名，最近几个月人数上升达到14000名。

妇女政治组织的中心活动是开展密集的教育活动。一些大的工业中心和许多小城市都成立了当地妇女组织，这些组织定期举行报告会、阅读班和讨论会等活动，并通过创办青年图书室加强对儿童的教育。

在宣传和教育活动之外，这些组织还开展了争取妇女政治权利的斗争。在维也纳的一些城区,有产阶级妇女拥有一些政治权利,而无产阶级妇女被剥夺了一切政治权利(省和市镇选举权)。为争取妇女平等的投票权,我们的女同胞举行了抗议集会和游行活动,尽管取得这场斗争的最后胜利将是很久以后的事情,但是我们相信她们会坚持不懈地参加这一斗争直至最终的胜利。

奥地利女工组织的机关刊物《女工》近年来发行量增长较大,它双周出版,发行量超过 20000 份。

奥地利**无产阶级青年运动**发端于 1893 年,是仅逊于比利时的历史最为悠久的青年运动。古老的青年组织。这一运动近 3 年来发展相当迅速。目前,青年工人联合会在奥地利德意志人居住区,特别是在波希米亚工业区有 170 个地方小组。我们的意见是应该给青年小组更多的独立性,为此,我们的青年组织是自治的,工作人员都是青年工人。为使该组织的中央机关能够顺利开展工作,我们党在各个机构的岗位上都安排了一定数目的青年工人,以保证他们有时间开展宣传和组织工作。党的执行委员会、工会委员会和工会的执行委员会都给青年中央机关的执行委员会提供资金援助,而地方青年小组则由以上组织的地方团体给予帮助。党的章程和 1907 年工会代表大会的决议都规定成员们有义务鼓励和支持青年组织。青年工人联合会(其机关刊物为每月发行的《青年工人》画报)大力开展自己的工作。党和工会将自己的活动场所提供给他们开展活动。党组织还给他们提供了大部分讲演者,他们从这些讲演者给他们阅读的科学报刊或所做的讲座中汲取了丰富的精神食粮。青年组织也投身于实际工作,如为改革技术教育和通过有关学徒工的法律进行宣传。在社会民主党议员的一贯支持下,这些斗争获得了一些成果。青年组织没有开展专门的反军国主义宣传。由于青年人拥有自己管理自己的组织,他们在组织工作中从一开始就受到教育。目前该组织拥有成员 8000 名,它已经向党和工会输送了一些优秀人才。尽管受到诸多攻击，但它在迅速成长。它的确让党感到欣慰，也看到希望。

教育工作。人们注意到，奥地利的社会主义运动与其他国家相比尽管规模在扩大，但却没有向纵深发展。在为选举权而进行斗争的时期，党很少有时间进行教育工作。但在第一次大选一结束，党就与工会一起制订一个教育工做法案，在维也纳成立了专门的教育委员会。教育委员会于1908年11月1日开始开展活动，1909年10月1日，其活动拓展至奥地利所有德语区。教育委员会举办有关政治组织和工会组织的各种问题的单独的讲座、一系列课程和教学，并且——尤其是在维也纳——与在大众教育领域享有盛誉的资产阶级教育家创办的最重要的教育机构保持紧密联系。教育委员会也尽可能在维也纳以外的地区组织讲座，但对各省的主要工作是给他们提供一些信息。为此，它于1909年9月创办了自己的一份名为《教育工作》的机关刊物，其内容包括讲座的大纲以及示范性的阅读课程等。借此，我们成功地在几乎各地全国推动了许多教育工作的展开。维也纳的主要教育机构是工人学校，它每星期两次授课，每年举办四个学期，教授政治经济学、社会主义史、公共法和劳工法。为使各省工人有机会接受系统的教育，党的执行委员会决定举办为期1个月的每天6小时的课程。明年夏天将进行首次授课。

尽管使无产阶级的活动在很大程度上陷入瘫痪的经济危机，我们仍然成功地开展了需要组织花费不少经费的一项广泛的教育工作，这一事实非常有力地证明了我们运动内在的力量。

* * *

奥地利是一个定居着8个民族的国家。其中任何一个民族的人数都没有达到能够压倒其他民族的多数。因此，尽管各民族都想要压倒其他民族，但没有一个民族能独自在这个国家占据主导地位，结果是各方结下了强烈的仇恨。在这场民族纷争中,社会民主党处境艰难。它必须设法找到一个能使各个民族在这个共同的国家中和平相处的方案,以证明现代工人阶级运动在自己内部能够消除民族纷争。

社会民主党倡导民族自治原则。它要求在国家中实行民族自治,与此相应,它试图在党内执行民族自治原则。社会民主党的整个组织包括奥地利的德意志、捷克、波兰、意大利、斯洛文尼亚和鲁塞尼亚人的社会民主党组织。每个民族团体在党内都有自由发展的可能,但对外则是一个统一的整体。共同纲领是我们行动的基础,全党同志都受到共同愿望的鼓舞。到目前为止,这种组织形式在政治运动中获得了圆满成功。

奥地利特有的民族和政治条件使这个帝国的工人阶级面临比其他国家无产阶级更大的困难。尽管如此,但奥地利工人阶级运动仍一步步准确地向着自己的目标前进。根据我们过去的成功经验,我们希望我们无产阶级将最终战胜奥地利的各种困难。

书记:

维克多·阿德勒博士
斐迪南·斯卡雷特

1910年5月1日于维也纳

奥地利帝国工会委员会
向 1910 年哥本哈根国际社会党代表大会提交的报告

在我们回顾的这段时期尤其令人感觉到的世界市场和国内市场的普遍萧条,对奥地利工会内部的力量并非不无影响。危机的影响体现在失业工人人数众多,这使工会为至少部分地减轻我们"神圣的"资本主义制度造成的苦难而支出额外经费成为必要。危机的另一个影响是在过去的 3 年中,约 4 万会员离开了工会。另一方面,在最近 5 年间有了很大发展的雇主协会成为一股工会将来不得不与之进行艰苦斗争的力量。所谓的"社会良知"使我们的雇主采取了在其他地方表现为有计划的同盟歇业的挑拨和挑衅的手段。尽管如此,中央工会经受住剧烈的经济危机以及剥削者进攻的双重压力,不顾政治上、经济上的不利形势和民族之间的不和而竭尽全力与他们的敌人进行斗争。

工会的处境。奥地利帝国工会国际委员会的附属组织在 1909 年年底共有 415256 名会员,在前一年则有 447227 人。1909 年年底,其总基金已达到 9373911 克朗(约合 390580 英镑)。在罢工、同盟歇业中及遇难者抚恤方面的总开支达 2248725 克朗(约合 93697 英镑)。1909 年中央工会的资金周转总量为 20700000 克朗(约合 862500 英镑),而 1908 年则是 19676000 克朗(约合 819833 英镑)。

工会报刊每月的发行量

德语刊物	318700 份	占总发行量的 67.89%
捷克语刊物	118380 份	占总发行量的 25.21%
波兰语刊物	21350 份	占总发行量的 4.56%
意大利语刊物	6200 份	占总发行量的 1.33%
斯洛文尼亚语刊物	3800 份	占总发行量的 0.8%
鲁塞尼亚语刊物	1000 份	占总发行量的 0.21%
总发行量	469430 份	

工会与党的关系。虽然两个组织有严格的分工而且完全平等，但工会与党的关系依然是整个奥地利工人阶级社会主义运动的富有活力的纽带。中央工会把这一点视为一个基本的原则，即为了能够在这个被显而易见的经济区域分隔的国家成功地开展反对剥削者的直接的阶级斗争，同时又通过成立各行各业的各民族的和统一的组织来特别兼顾到国际主义和统一性，作为雇佣奴隶的工人恰恰在深受民族不和之苦的奥地利应该受到社会民主主义的教育。

建立中央工会的过程中存在的困难。近年来，各民族的和统一的工会在整个帝国的建立遇到了一些困难，它们有的出自其他原因，有的是由党自身造成的。奥地利社会民主党按民族划分的做法——这对于党来说是必要的，导致党内一些狂热的民族主义者为了给党组织予适当的支持并使组织更为完整而试图在工会中进行同样的划分。

对奥地利捷克社会民主党执行委员会的抗议。由于奥地利社会民主党的组织按照民族划分（这种划分实际上在1894年就已有之，在1894年因党代会的决议而成为正式的做法），试图阻止中央工会成长的做法事实上从未停止过。起初，这种尝试是小心翼翼的；而在1897年总部在布拉格的捷克—斯洛伐克工会委员会——一种民族的行政委员会——

成立时，这种尝试就是明目张胆的了。据说，捷克—斯洛伐克工会委员会的成立是由于上一年①在维也纳举行的工会全体代表大会拒绝了捷克党提出的按照民族分设奥地利工会全国委员会书记处的要求。事实上，工会代表大会确实拒绝了捷克执委会的这一要求，但理由是工会委员会书记处过去已经一直由一名捷克党执行委员会自己指定并选入总委员会的代表负责处理一切必须用捷克语处理的事务。尽管这样，拒绝捷克党执委会的要求在当时并没有妨碍中央工会的发展工作，特别是由于后者竭尽全力并采取各种可能的手段来满足工人在语言和民族方面的种种要求。这使中央工会没有遇到太多困难便争取和团结了讲德语和不讲德语的工人成为工会会员。杂志、传单、章程和规定，所有的这些印刷品都根据不同的语言需要印刷而成。各编辑、秘书和其他职务的选择和任命也完全与各语言群体相一致，地方分会的建立也顾及讲不同语言的工人的要求，而分会又为工人提供合适的宣讲员和图书管理员。尽管如此，并非每一个中央工会都能马上满足语言方面的要求。必须坦率地承认，在许多情况下，不讲德语的受托人（工会中担任职务的人员等）不得不付出许多努力才能获得人们的完全认可。但与此同时，每一个不偏不倚的旁观者都会承认，许多中央工会当时仅仅是由于财政上的困难才不能满足语言方面的所有要求，因为它们的会员人数和民族群体都非常小。与此相联系，人们也不能忘记，奥地利的工会组织在领导、宣传、教育和管理事务方面的开销大大高于只有一两个民族的国家的工会组织。在考虑捷克同志提出的要求时，还有一个非常重要的情况使人们不能立即接受这个要求。人们认识到这一有关语言的要求被用于民族分离的目的，因此是在为按民族分离工会做准备。在1905年阿姆特丹工会联合会书记国际代表会议上，布拉格的捷克—斯洛伐克工会委员会代表

---

① 即1896年。——编者注

甚至在没有预先和奥地利工会总委员会商量的情况下就要求承认捷克—斯洛伐克委员会为奥地利第二个独立的全国性中央组织。代表会议拒绝了这一旨在破坏工会运动的统一的无理要求，会议甚至拒绝把该委员会提交的对动议的理由的书面陈述记入会议记录。尽管如此，我们在此对该说明部分进行概述，部分则引用原文，以说明这一要求的理由是什么。

"捷克人民的绝大多数是600多万居住在大工业区的无产阶级，但在混居的地区他们又是人数较少的少数民族。

其政治组织——社会民主党组织——是世界最悠久的社会民主党组织之一，这一组织作为党和民族组织的独立代表的权利既未受到帝国，也未受到国际代表大会的否认。由于捷克语无论现在和过去都与德语以及其他没有丝毫关系，因此，不可能用德语在捷克—斯洛伐克工人中开展组织工作和宣传工作，也不可能使他们履行历史的发展赋予无产阶级的更为重大的责任。

我们工会运动的发展依赖于政治组织的工作和合作，**我们不会容许我们的工会在精神上和管理方面受到其他民族成员的支配。**

要求独立的代表权，我们不过是用它来保护社会民主主义的一个基本原则，即人民的自治权。捷克工人如同其他所有有阶级觉悟的工人一样，其个性**不会容忍自己在任何时候受到其他民族成员的支配**，因此，我们渴望消除一切可能对整个工会运动和全奥地利工人的团结和必要合作产生不利影响的任何问题。在捷克—斯洛伐克工人中的宣传工作只能用捷克语进行，**正如这个国家未能通过刻板的中央集权使各族人民融入这个帝国一样，我们维也纳的德意志同志也不可能完成同样的任务，既使我们情愿为他们倡导的刻板和毫无理由的中央集权而放弃自己的权利。**

捷克—斯洛伐克工会委员会成立于对社会党人实行大规模的政治迫害后的1896年，现在它已成功地将21000多名工人团结在自己的旗帜下。

这种发展同样应归功于为自己的解放而斗争的无产阶级的非凡的力量，他们坚信在为自己的组织和自己应有的权利奋斗。捷克社会民主主义工人们正努力在社会民主主义阵营中争取他们作为一个独立的民族和国际有组织的工人中的一个组织应有的地位。

我们充分意识到自己的文化、社会和政治责任。我们很难忍受这样的事实，即那些更小的、在工业方面比我们更不发达的民族的权利受到承认（他们可能仅仅是由于国王恰逢其会的通婚或者其勇士的斗争，才保住了民族独立和国家的立法权），而我们的权利却不能得到同样的承认。

奥地利君主政体之所以注定要灭亡，是因为它不允许自己的各民族人民享有他们发展所不可或缺的自由和权力。社会民主党如果找不到保证自己组织的独立、自由的发展和进步的方法，也将犯一个致命的错误。"

拒绝承认布拉格捷克—斯洛伐克工会委员会为帝国第二个工会中心的要求，使捷克党的同志和捷克工会的分离主义者在捷克工人和组织中发起了一场激烈的、主要是反对奥地利总（帝国）工会书记的运动。他们把总工会书记在这件事情上的态度解释为他在阿姆斯特丹支持拒绝捷克工会委员会的要求是为了把捷克工人排挤出工会国际，并且想激怒他们。而真正的事实——拒绝捷克的要求纯粹是为工会着想，被隐瞒了。为了在中央工会中搞民族分离，这些搞分离的捷克同志把工会国际的决定用做他们在捷克工人鼓吹中央工会的民族分离的自以为是的论据。不幸的是，他们的努力至少已经部分得逞，尽管1905年举行的工会特别代表大会确认了阿姆斯特丹会议的决定并谴责成立民族分裂组织的做法。这样，形势变得日益严重。

此前，捷克社会民主党尚未正式介入这一重大的工会冲突，而在非正式场合，其领导人频频鼓励工会分裂的企图。但1910年初发生的事件使捷克党借机正式出面支持分离主义者。

布吕恩一些支持中央工会的捷克同志从前能以社会民主党人的身份能在捷克党组织内工作，并一如既往发挥一定的影响。现在，他们的这种影响受到拒绝，借口是他们是支持中央工会的人，因此不是"可靠的"捷克人,而是拿钱为中央工会工作的"受雇于维也纳(即受雇于德意志人)的人"。这意味着我们在布吕恩的人正在做某种冒犯捷克分离主义分子尊严的事情,并因此被视为捷克民族的叛徒。当然,我们的捷克工会会员不会容许这种"同志般"的待遇。为了对捷克社会民主党在此期间通过的一份正式决议(该决议见下)作出答复,摩拉维亚捷克工会组织在布吕恩召开了一次会议。结果,会议通过了一个与之针锋相对的决议,并决定创办一份捷克文的中央工会报。捷克执委会并没有就此罢休。它也在同一时间召开了一次工会会议,在会上成立了一个摩拉维亚捷克—斯洛伐克工会委员会,使这个地区同样出现分离。捷克社会民主党执委会的这种行动也以一种"令人满意"的方式导致党内出现了过去仅在工会运动中存在的分离。现在,支持中央工会的分子和分离主义分子无论在党内还是在工会内都相互对立,这一事实只要稍稍熟悉我们党内情况的人都可预见,而我们捷克党的领导人却长时间麻木不仁。目前,在报刊和集会上,双方都在倡导自己的观点和原则。如果人们听听这些"事务性的"辩论就会注意到那些我们社会民主党人极其不希望出现的倾向。分裂主义者宣称党和工会的民族独立,狂热地进行活动,甚至使不明所以的群众提出了全体捷克人民不分阶级的团结的口号。

分离主义者的政策显然肯定会给阶级斗争的开展带来极大的危害,而且尤其给工会的斗争带来极大的危害。如果工会组织的民族分离在每一个工业中心、每一个行业、每一个工厂和每一个车间发生,那么斗争行动所必需的资金肯定会因它们被分散掉而随之减少,为斗争进行的准备以及统一的行动和决策也会随之受到削弱。每个了解工会运动的性质和历史的人都必定清楚,无论是防御还是进攻,两个组织都更为缓慢、开支更高并且效率更低。但捷克党不是以工会组织的利益,而是以捷克**政治组织**的利益为理由来为分离运动、为工会的分离辩护。对这样的理由我们可以作这样的回答：政治组织的民族自治无论过去和现在都在政治上都是必要的；但如果认为这种政治上的自治也必须包括工会的民族分离则是一个严重的错误，不仅对工会，而且对党的最终行动方向都是一种危险，因为这会使人产生一种工会和党的利益对立的错误观念，从而为我们过去避免了其错误的工团主义倾向铺平道路。

捷克分离工会组织约有4.5万名会员，但10万名捷克工人仍然属于中央工会，并与德国、波兰、鲁塞尼亚、斯洛文尼亚和意大利的41.5万名工人并肩组成一支令人尊敬的忠诚的队伍。

我们相信捷克社会民主党的上述活动违反了斯图加特国际代表大会关于社会主义政党与工会组织的关系的决议，把这份报告提交给哥本哈根社会党代表大会。这份报告对于那样一些负责同志也是一个警报，这些同志在日常工作中具有美好的信念，但迷失在民族逆流和混乱中，失去了对未来的清醒认识，并且常常为了当前实际工作的利益而放弃了战斗的无产阶级的历史和革命使命。

双方关于所争论问题的主要决议

布拉格工会委员会1905年提出的要求

"为缓解维也纳工会委员会与布拉格工会委员会之间的分歧，防止国际混乱及各组织的争执和维护各民族会员的平等权利，布拉格捷克工会委员会提出如下建议：

一、(a) 承认和建立各民族会员都享有权力的自治工会委员会。

(b) 承认由各民族工会委员会代表组成的奥地利工会国际总委员会，该委员会有权处理超出各民族委员会权限的一切事务。这个委员会首要的职责是维护和发展与奥地利之外的工会组织的关系，选派代表参加国外工人阶级代表会议和大会。

二、上述组织和捷克工会委员会的代表承认下述工会组织形式。

1. 各民族的协会和联合会。

2. 全帝国性的协会。

3. 全帝国性的联合会。

4. 国际工会理事会的协会。

（a）全帝国性协会的执委会应在其活动和新闻报道中注意各民族的完全平等，这是奥地利社会民主工党的目标。

在执委会、工会代表大会和国际会议上，各民族应根据其人口比例享有代表权。

中央执委会应在年度报告和国际出版物中报告各民族会员的人数。

（b）不受协会法定章程中提到的地域的限制，保证各民族有权选举各自的宣传和工资委员会。这些委员会的职能如下：管理以他们自己的文字出版的报刊，选举编辑、书记及其他带薪公职人员；解决只涉及本民族会员或在帝国其他地区未设有支部或总部组织的纠纷。

（c）当30名会员在尚未建立本民族支部或工会的地方或城区声明希望建立支部或协会时，执委会不应妨碍这种民族支部的建立。在这种情况下，属于总工会的地方支部有权决定向哪一个委员会缴纳该委员会章程规定的会费。"

帝国工会委员会的答复

帝国工会委员会在慎重考虑布拉格委员会的建议后声明：

"帝国工会委员会当然相信，自己及中央机构的职责是通过各种方法满足会员在语言方面的要求。

而且，我们声明：

1. 必须坚持工会代表大会通过的关于开展中央工会运动的决议。

2. 由于布拉格工会委员会提出的组织方案的目的是建立与中央工会对立的

全帝国的独立的民族工会和协会，这一目的如果实现会给整个工会运动带来严重损害，中央工会的职责是全力以赴地反对这些有害于各民族工人阶级利益的企图。

3. 根据我们组织的章程并考虑到工会为改善工人阶级社会地位而进行斗争的需要，所有以地方、地区和总协会的形式脱离中央工会的组织，都必须被视为处于奥地利工会之外并不再有权享受互助安排之利的组织。

4. 捷克工会委员将其活动范围扩大到波希米亚的捷克部分之外，并使自己变成帝国捷克工会委员会的企图，必须受到最强烈的反对，因为这样的企图违反工会全体代表大会通过的决议，其目的是破坏各行各业的工会运动并削弱工会斗争。

5. 帝国委员会代表在阿姆斯特丹工会联合会书记国际代表会议上反对接受捷克工会委员会代表的做法是以斯图加特和都柏林代表会议的决议为依据并与之完全一致的。因此，在布吕恩举行代表大会的工会委员会明确同意其代表在阿姆斯特丹的做法，这种做法完全符合中央执行委员会的工会政策的要求。"

1905年工会非常全体代表大会就捷克工会委员会提出的纲领表决如下：

赞同纲领	2364 票
反对纲领	197202 票
弃权	30686 票
缺席代表	8640 人

分离主义者的决议

1910年5月27日至28日在布拉格人民宫举行的捷克社会民主工党代表会议就组织形式的争端作出如下决议（摘录）：

"依据国际的基本原则——各民族在一切事务和一切情况下享有完全的平等、自决权和独立作出决定的权力,捷克社会民主工党坚持自己在一切有关于其政治、工会和合作社组织问题上作出不受任何机构和任何人约束的决定的权利,同时宣布它无论在过去还是将来都不会忘记与国际上组织起来的无产阶级团结一致,这是阶级斗争的共同行动所不可或缺的。

捷克组织在政治领域的自治同样要求工会组织的自治作为当然的补充。捷克的社会民主主义运动——其政治运动和工会运动实际上是一个独立的整体,不能被分为两半,一半由布拉格的捷克中心管理,另一半由维也纳的德意志中心管理。尽管纲领相同,但捷克和德意志无产阶级之间在发展上存在不同,因此,在组织和管理技术以及策略上不可避免要求和需要相应的不同。由于多民族的中央工会的形式不可能将这些不同的利益统一起来,所以内部分歧不断出现,造成彼此间的不信任并削弱整个无产阶级的战斗准备和战斗力……"

中央工会派的决议

1910年4月3日至4日在布吕恩举行的支持中央工会的捷克社会民主工党代表的会议讨论了摩拉维亚近来发生的事件并声明如下:

"1. 捷克无产阶级战斗组织的最高原则无论如何都始终是阶级斗争和国际主义。

我们庄严地声明,无论何时何地,我们都将竭尽全力捍卫具有阶级觉悟的、受到国际鼓舞的工人阶级的团结一致。

唤起和培养工人们的阶级觉悟,教育工人了解他们在由阶级组成的国家中的地位,与各国无产阶级一道为社会主义社会取代资本主义社会而斗争——我们把之视为工会和政治组织的最崇高的任务,也是共同的任务。正因如此,我们献身于社会主义、国家主义和无产阶级的团结一致。现在我们再一次声明,我们将以毫不动摇的信念坚持这些原则。

2. 但在实践中,工会与政治组织的分工是完全有必要的。无产阶级行动的两个方面都为了工作的有效和成功而自行其是,这样的做法是不能接受的;它们中任何一方有关其行动的决定应该受到其权限的限制。工会的斗争尤其不能容许任何外部影响,因为这种斗争完全是由它为之服务的无产阶级的经济要求引领的,并视雇主阵营的普遍情况而定。一个让自己的内部事务受外界干扰的工会组织,会丧失其斗争的灵活性、战斗力和削弱它为斗争所进行的准备。雇主的力量源于他们对生产资料的占有和无序使用,源于国家和政府给他们提供的保护和他们强有力的国际组织,在这些组织中,政治上相互对立的人——不同国家和信仰的人——商讨共同的行动。无产阶级的力量也如此,它来自其阶级觉悟和组织的统一。我们通过集中我们的力量来反对资本的集中,通过团结受剥削的人来反对剥削者的联合,通过汇聚无产阶级的自我牺牲精神和热情来反对剥削者共同犯下的暴行。

只有通过国际性的和统一的组织,我们才有可能争取到奥地利尚未被争取的加入组织的条件已完全成熟的 200 万名工人。在这个受资产阶级民族仇恨严重撕裂的国家,统一的工会组织对于争取改善劳动条件、提高工资的斗争以及在整个国家进行宣传都是生死攸关的大事。

其主要思想是按民族来分离工人的分离主义工会组织危及统一行动和国际团结,因此,从国际和阶级斗争的立场出发,我们不能支持他们。

我们向奥地利其他民族的无产阶级兄弟致意,并告诉他们,我们将继续进行共同的斗争,继续进行共同的运动,并且渴望与他们一起在统一的中央组织的共同的旗帜下取得进一步的胜利。"

捷克受到委托的公职人员在波希米亚会议上 关于支持党的统一的声明

下述声明仅以 7 票反对,绝大多数票赞成通过。出席会议的 436 名受到委托的公职人员代表了全波希米亚政治组织及捷克社会民主党的主要机构:

"1910年5月15日至16日举行的波希米亚捷克—斯洛伐克社会民主工党受到委托的公职人员会议完全赞成党的执委会的决定，它希望在工会运动和政党之间可以建立持久的亲密关系。如果捷克—斯洛伐克社会民主工党像我们党在其他国家得到其他各民族的支持那样得到自己独立的工会组织的支持，这一目标就会得到最好的实现。

使这一原则成为指导我们整个党和全体党员的座右铭，使这一对捷克有组织的无产阶级的壮大和成功极有助益的原则变成行动，对于我们党来说至关重要。

会议相信，捷克社会民主党牢牢地依附着的国际将随加入它的国家组织的壮大而壮大，同样，当各民族工人都受到其独立和统一的政治组织和工会组织的支持时，奥地利的国际也将变得更强大。

愿我们的同志和组织工作朝着这一方向前进，愿全捷克无产阶级都为这种思想鼓舞！"

我们认识到我们对于奥地利各族无产阶级的利益所负有的责任，将上述报告和说明文件提交哥本哈根国际社会党代表大会。

代表奥地利工会总（帝国）委员会

安·许贝尔 书记

1910年5月于维也纳

奥地利捷克—斯洛伐克社会民主工党的报告

在斯图加特国际社会党代表大会上,我们报告了捷克无产阶级所能取得的巨大成就。在1905年和1906年争取平等投票权的伟大斗争中,我们赢得了整个捷克民族的支持。在1907年的选举斗争中,我们在波希米亚、摩拉维亚和西里西亚得到了40多万张选票及24个议席。这样,我党就成为捷克民族中最强大的政党。

社会民主党的这个惊人成就使所有资产阶级政党——从最保守的政党直至最激进的政党——都充满了恐惧和震惊。目前,他们正竭尽全力使社会民主党所取得的胜利化为泡影,即使省和市镇议会选举的平等和普遍的投票权不可能得以实行,或者在无法得逞的情况下至少是推迟它的实行。因此,我们不仅要为议会的民主化、为反对奥地利依然强大的君主专制以及资产阶级政党对它的支持作斗争,而且还要为反对资产阶级更加阴险的专制主义而斗争。貌似具有民主和一些社会主义色彩的资产阶级的煽动面向捷克的小资产阶级,宣扬捷克人民的政治独立和国家独立的要求,它狂热地致力于诋毁社会民主党人在政治方面和社会领域中的成就,这种做法即使不能完全阻止社会民主党的胜利进军,但也妨碍了这一征程。

虽然从表面上看,这场斗争没有上次大选斗争那样艰苦,但事实上,它比捷克有阶级觉悟的无产阶级过去反对资本主义国家及其支持者的反革命企图的任何斗争都更为严峻和困难。

捷克的小资产阶级政党(在我国还谈不上一个资本主义的资产阶

级，因为工业和商业几乎完全掌握在德意志资产家手中）从前分为许多派别，没有任何起决定性作用的组织，仅靠笼统的民族口号维系在一起。但由于选举斗争，他们正组织成一个个严密而有纪律的团体，像社会民主党一样缔结互助协定，共同反对社会民主党。

担心自己的利益范围的德意志资产阶级，希望依靠法律所确立的德意志人的权利来保护这种利益范围，因此，他们通过妨碍议事的做法阻止了波希米亚议会的一切行动，并在同时阻止了已被三个政府通过的省议会和市镇议会投票权的十分温和的改革的实施。德意志资产阶级的阻挠使国家陷入危急的形势。中小学里的授课受到限制，临时聘用的教师被打发走了；财政困难的医院不能收治病人；修建道路、铁路、治理河流等工作都停顿下来，因为必需的基金跟不上来。德意志资产阶级政党坚持这一举世无双的现代的文明丑行，理由是他们必须首先保证他们所拥有的民族特权，然后他们才准备撤除障碍，对国家的财政安排不再设置任何障碍。

严重的工业危机及其随之出现的生活必需品的涨价，使斗争的形势更为复杂，而社会民主党不得不孤军奋战。雪上加霜的是，国家在最不适当的时候兼并了自1878年起占领的波斯尼亚和黑塞哥维那，因而给欧洲带来了极其严重的战争危险。尽管危险严重，可是战争并未爆发，这在极大程度上应归于社会民主党的有力行动。社会民主党在议会中、在群众大会和自己的报刊上激烈地反对战争。为了支付这次莫名其妙的兼并所付出的巨大花费，政府想要增设新税。随后，应由谁来承担因兼并产生的这笔费用，社会民主党与资产阶级之间展开了一场新的斗争。工人们不能忍受现有税负之外的任何负担，他们抗议间接税；而一贯把全部负担都加到工人阶级肩上的资本家们则不接受任何直接税。

同时，奥地利帝国的奥地利和匈牙利之间出现了同样激烈的斗争。例如，如果奥地利议会打算与另一个国家签订更为有利的商业协定，那么，匈牙利的混乱状况就会使之无法得以实现。

不止如此，由于这个由几个从前独立的国家或脱离祖国的民族聚居地组成的国家正在进行反对德意志资产阶级的霸权地位和从前独立的国家争取实现独立的斗争，奥地利工人阶级的斗争更为复杂。正在进行的最剧烈的斗争是在德意志人和捷克人之间展开的。捷克人要求重新恢复自己民族被窃走的政治独立，德意志人则要求其他民族完全屈服于他们的霸权并使各地使用德语为官方语言。为了更好地达到这个目的，德意志人要求按照语言把他们占多数的几个地方脱离波希米亚，从而保障他们的经济权利。因此，捷克资产阶级政党非常强烈地这种企图是可以理解的，这将使他们毫无可能实现恢复17世纪的伟大斗争中历尽艰辛而赢得的独立的希望。

无论对于捷克还是德意志无产阶级，结束这些斗争都至关重要。无论波希米亚和摩拉维亚，还是在全奥地利，工人之间在思想上的完全分裂是不可能出现的，工人阶级之间的斗争也是不可能的。

在进入这些斗争展开的主要场所——议会——之后，捷克社会民主党越来越关注这些斗争。由于奥地利共同的民族纲领，它肯定会加入民族自治的行列，尽管在动机和目标上与捷克小资产阶级不同，但它要求的当然包括实现捷克民族的自治。

社会民主党的首要任务是教育工人提高阶级觉悟和开展阶级斗争。但这并不意味着让工人放弃其发展本民族和进行民族斗争以恢复民族自治和民族主权的责任。民主的原则——只有国际[①]对它所作的诠释才是最纯粹的——当前不仅仅是理论，它的影响在各处，甚至在现实生活中都可以感受到。劳动阶级的斗争将不会仅仅限于工资斗争；根据党的纲领，它的开展是为了夺取政治权力和建立民主国家，而民主国家建立的

---

① 指第二国际。——编者注

基础只能是民族的独立自主。

因此，捷克社会民主党的立场非常艰难。它不仅必须为反对外国资本家及其政府、争取劳动阶级的经济利益而斗争，还必须为捷克民族在经济上的解放和人民的独立负起责任。在这个方面，它也必须同捷克小资产阶级作斗争。捷克小资产阶级支持整个捷克民族的政治解放、民族解放和经济解放，其目的不是为了解放捷克无产阶级，而是为了把它从德意志资本家手中夺过来，置于自己的统治之下。

为了进行复杂而艰巨的斗争、同时开展各方面的工作，捷克社会民主党人必须给自己的组织奠定巩固的基础。在1907年比尔森党代会上，党不得不改革自己的政治组织，使之能满足对它提出的所有要求。定期向党组织缴纳党费的同志已从10万名上升到13万名，党组织的数量也由1180增加到2462个。我们将给出一些数字说明党开展的密集的宣传活动。在过去的两年里，捷克社会民主党在自己的活动区域，即波希米亚、摩拉维亚、西里西亚、上奥地利和下奥地利，举行了57708次会议，其中743次被解散或禁止了。同时，在同一区域有1845名同志因宣传党的精神和从事党的活动被起诉，其中1337人被处以总计12年8个月零4天的徒刑，罚金6293克朗20赫勒。

事实上，捷克社会民主党所属工会的总会员人数已由2000人增加到1.5万人。

党当然考虑到应该推进工人的斗争。捷克党总是和工会保持最紧密的联系，他们总是形成了一个整体。党的章程规定每一位同志都必须是其工会组织的一员。

捷克社会民主党完全赞成斯图加特社会党代表大会的如下决议①：

---

① 见本书第22卷第177页。——编者注

"为使无产阶级从精神奴役、政治奴役和经济奴役下彻底解放出来,工人阶级的政治斗争和经济斗争都是同样必要的。

正如社会党党组织的任务主要是在无产阶级的政治斗争方面一样,工会组织的任务主要是在工人阶级的经济斗争方面。由此可见,在无产阶级的解放斗争中党和工会都必须执行同样重要的任务。

这两个组织中的每一个组织都有一个由它的性质决定的、独特的领域,在这个领域里它可以完全独立地决定自己的活动。然而,除此以外在无产阶级的阶级斗争中还有一个不断扩大的领域,这个领域的工作成败取决于党组织和工会组织是否能协调地行动。"

这些原则自确立以来就得到捷克社会民主工党的践行,它们也使党决心保证对自己建立和推进的经济组织的应有影响,把握斗争的指挥权。为此,党把捷克社会民主党人的工会组织集中在布拉格市中心的一个地方,以便使党和工会确立并保持完全一致的目标。但在这一问题上他们遭到德意志同志的反对。由于一部分捷克工人是正式加入维也纳中央工会、并以此与德意志社民党保持密切联系的工会的会员,维也纳中央工会决定,加入工会的捷克工人,必须加入正式隶属于维也纳中央工会的工会,否则,他们将不被视为工会会员。

当捷克工人的一些团体在被德意志同志禁止加入布拉格的中央工会,为了保持捷克党和工会的紧密联系而不得不组建自己的工会时,这些德意志同志声称这是分裂其工会组织,并拒绝与捷克工会的一切合作。在这些德意志同志看来,捷克社会民主党组织工人成立工会的做法应受到制止,这种不恰当的做法的结果将破坏党和工会的统一,完全阻碍捷克社会民主党的自由发展。因此,他们将永远无法完成推动捷克无产阶级进行阶级斗争的任务。

正式加入维也纳中央工会的布吕恩工会的会员做得更过分,他们竭力把捷克政治组织的管理权抓到自己手中。为了维护运动的统一,这种直接针对党的基础的攻击自然遭到了反击。

因此，维也纳中央工会在布吕恩发表了一份文件（他们还想在布拉格发表另一份文件），以破坏捷克社会民主党和工会的协议和捷克社会民主主义工人运动。维也纳中央工会借此使各合作社隶属于奥地利工会，这样一来肯定会给这个国家整个社会民主党的进一步发展带来极大的危害。不久之前，工人中的无政府主义是经过艰苦的斗争才在这个国家得到根除的。

除了工会以外，党目前也在全力以赴推动合作社的进一步发展。在这个问题上，德意志同志也表明了与工会问题相同的看法。德意志人的合作社要求捷克人的合作社完全服从维也纳中心，并指责这些同志犯了错误，因为他们把捷克的合作社纳入布拉格的中心并与捷克社会民主党的同志联合起来，共同开展工作。

虽然这些令人遗憾的冲突不利于社会主义国际①的存在，但捷克和德意志无产阶级在政治和经济领域的联合行动没有受到干扰。尽管有阶级觉悟的无产阶级的斗争条件复杂而艰巨，奥地利社会民主党的统一仍得到最好的维护。

在几个地区举行的补缺选举丝毫没有改变党的议席数。

在1908年波希米亚议会选举中，尽管重新登记了城市选区，我党仍获得21649张选票，其中有两名党的代表进入第二轮选举，一名进入了最后轮次的选举。

在实行选举改革设立了第五普选区的摩拉维亚，捷克党在议会中有5个议席。他们的活动首先是反对教士支配摩拉维亚的公共事务，其次是争取教育自由和取消常常受到教士染指的对公立学校的拨款。此外，

---

① 指奥地利社会民主党，由于它为多民族组成，各族社民党人常常称它为"国际"。——编者注

党的议员竭尽全力争取改革市镇议会的选举制度，现在这种选举直接与纳税额挂钩，并且是口头投票。我们的同志也把注意力转到不断上涨的食品价格和租金上，他们要求议会采取保护人民的措施，他们迫使资产阶级政党撕下假面具，暴露出其部分民族、宗教信仰和种族而同属一个反动团体的本来面目。

尽管工人们被排斥在选举之外，但捷克社会民主党人还是进入了市镇议会。在过去的两年中，他们参加了786个市镇的选举，并在564个市镇中取得了成功。

据统计数字——它绝对不准确，捷克社会民主党在市镇议会中有1621名议员，其中19人在第一轮投票中当选，163人在第二轮投票中当选，1412人在第三轮投票中当选。他们中共有15位是镇长，12位是市长，还有许多市政委员会委员、教育委员会委员，等等。

我们的报刊杂志。我们的报刊杂志与社会民主主义运动同步迅速发展。捷克社会民主党总共有80种报刊，其中有26种政治报刊（日报3种，双日报1种，三日报3种，其他为周刊）；42种行业报刊；剩下的12种专为党服务，其中有1份学术评论——《学术》，1份文学刊物，2份戒酒报刊，1份青年人刊物和1份儿童刊物。

过去的两年中，这些报刊被没收311次，编辑被起诉的案子有53起，在45起案子中编辑被判处3个月19天的监禁，罚金2000克朗。

除此之外，党有一个出版委员会，它的任务是负责出版党的文件。除了学术书籍，该委员会还出版党的历书、五一和其他节庆活动的宣传品以及许多针对当前热点问题的小册子。去年，出版委员会新出版党的文献和小册子印数达58万份。

党还保存着有关捷克社会民主主义运动和及其发展的全部资料的档案。

工会运动。自 1892 年以来,捷克工人的工会活动更多了。许多较老的工人教育协会和救助协会转变成从事工资斗争的现代工会。一些工会加入了其他民族的类似工会,这样就建立起全国性的工会,它们大多数由维也纳管理,结果也就是由德意志同志管理。其余的工会考虑到它们的基金是为了援助,并认为这个中心忽视了隶属于它的捷克工人在宣传、工资和教育方面的要求,因此拒绝加入维也纳的中心。

按照行业组织起来的捷克工人与加入中央工会的其他工人一起成立了他们自己的工会委员会。它在两次工会书记国际代表会议上得到承认,会议像给其他国家一样给它分配了独立的代表。只是在看重全国性的形式和管理的 1905 年阿姆斯特丹国际代表会议上,只有维也纳工会委员会有代表资格。这次会议取消了捷克工人在此前享有的平等权利,捷克无产阶级在工会国际中被降低到与那些工业不发达、不享有其他民族享有的平等权利的小民族相同的地位。由于维也纳工会委员会的代表对于通过这个决定起了主要作用,所以,被这样排除工会国际之外的工人,把其怒火转向那种不让其他民族的工人在其行业组织和工会国际中享有与德国工人相同的权利的制度。维也纳工会委员会对那些由于得不到平等的权利而未加入或者退出奥地利中央工会的工会的敌意,最强烈地表现在它要求其他国家的同行们不要与捷克工会合作,不要把其会员视为同志或工会会员。

由于这种严厉的措施,在阿姆斯特丹工会书记会议上被宣布为奥地利按照行业组织起来的无产阶级的唯一代表的维也纳工会委员会遭到捷克工人越来越强烈的反对,达成协定也不再可能。

布拉格工会委员会的基本情况如下:

	1907 年	1908 年	1909 年
工会组织数	55	54	56
会员数	71101	65910	69337
其中的独立捷克工会数	34	32	35
有投票权的会员	40757	38356	40945
工会收入（克朗）	737744	737578	920675
工会支出（克朗）	629954	683715	694505
账面盈余（克朗）	563512	621702	711961
援助会员的支出	301206	381999	345322
其中援助失业会员	72460	107074	106587
反抗基金收入	158393	138074	131453
反抗基金支出	156807	94124	120689
账面盈余	300273	376751	468369

捷克工会在最近 3 年开展的活动如下：

	1907 年	1908 年	1909 年	总计
委员会会议	583	632	730	1900
出席议会并发表演讲	1217	1437	1563	4217
事故仲裁诉讼	426	404	425	1255
书面或口头法律建议	5134	2703	3564	11401
委员会出资的法律援助	82	34	38	154
宣传费（克朗）	5800	3744	3422	12966
帮助工人获胜	11927	6633	7943	26503
罢工中与雇主交涉	62	42	32	136
成功的罢工	11924	2773	1822	16539
委员会给罢工组织的资助（克朗）	8378	8926	10155	27459

在1897年至1909年年底的工资斗争中，工会委员会拨给各组织227126克朗作为资助。

工资斗争和罢工有各工会自行开展，自己承担费用，自担风险。工会每年所组织的工资斗争和罢工中参加的工人数量如下：

	1907	1908	1909
提出增加工资的要求或罢工	30760	22460	23100
未经罢工即达成协议	24487	16115	11807
罢工	6273	6147	11293

通过协议，每周缩短工时半小时至18小时，工资提高3%至33%。

参加工资斗争的工会为罢工和受罢工影响的会员支出的经费在1907年为267148克朗，在1909年为86862克朗，在1909年为149361克朗。

在建筑行业，雇主协会与3万至3.5万名砌砖工人、建筑工人、木工、石匠、火炉工达成了集体协议。

在冶金、木材、碾磨业也达成了同样的集体协议，许多是与地主达成的。还有许多小商人在其合作社中与会员缔结了协议。

妇女运动。 从上次国际代表大会以来，妇女运动有了很大的改进。尽管仍有改进的余地，妇女工会和妇女政治组织显示出很大的进步。在波希米亚，1.8万名妇女加入了工会，6000名妇女加入了政治组织。这些妇女积极从事组织和教育工作，她们在党所领导的所有政治示威中，尤其在反对食物价格上涨、学校教会化、增加军事税和大幅提高间接税方面发挥了杰出的作用。

为争取平等的政治权利——选举所有代议机关的普遍和平等的投票权，反对波希米亚议会中的干扰活动，她们组织了种种公开大会。

为了把布拉格和波希米亚其他城市的保姆组织起来，女佣联合会召开了许多群众大会。这些多数处于最艰难境地的女工的组织有了一个前途光明的开端。该联合会向波希米亚议会呈送了一份请愿书，要求撤销仆役法令，但由于议会不积极，请愿书还未受到处理。

捷克社会民主主义妇女最先出版了一份报纸《妇女周报》，它大大地推动了她们在妇女中的宣传和解释工作。该报每周发行1万份。

今年，青年妇女的组织工作也在大力进行。为此，人们还专门出版了一个宣传册。男女青年组织携手同行，他们的合作特别在最近富有成效，为社会主义思想深入捷克妇女心中铺平道路。希望在下次国际社会党代表大会上，我们能报告他们的更为积极的成果。

青年运动。青年运动的组织和力量：捷克社会民主党的青年组织分为两部分，即党的地方政治组织的自由支部和体育俱乐部。

根据1907年比尔森党代会通过的决议，在每一个地方政治组织中都要建立青年支部，作为地方组织的一部分。这些支部由青年人和工人体育俱乐部选出的五人委员会来领导，该五人委员会的职责是指导青年支部的教育和宣传活动。青年组织有一定的独立性，它隶属于地方政治组织，由地方政治组织承担它的所有宣传费用。全国的青年宣传工作由青年支部选举出来的委员会领导，该委员会在布拉格设有波希米亚分部，在布吕恩设有摩拉维亚分部，在维也纳设有下奥地利分部。

到1907年年底，党的青年组织在波希米亚、摩拉维亚、西里西亚和上奥地利有224个支部，6221名成员，其中女青年969名。1908年仅在波希米亚就已经有380个支部，其中男青年为7139名，女青年为2196名。1909年的数据还不完整，但从已有的数字看，青年运动又有了很大的进步。

1909 年年底，在摩拉维亚的 3 个区（第四区组织没有提供报告）有 40 个支部，610 名成员。

1909 年，在上奥地利的维也纳有 8 个支部，300 名学徒。它们主要从事教育活动。

除了组织问题——与党的关系以及制定同工人体育俱乐部的共同章程，党的青年组织还把注意力集中到争取成人职业教育以及在征兵和行军期间进行反军国主义宣传。在改革成人职业教育——把夜校和主日学校的授课时间由晚上和周日改为上班时间——的斗争中取得了可喜的进展。布拉格市表决通过为建立一所成人技术学校拨款 50 万克朗。据州委员会的统计，在 1907 年到 1908 年间，310 所捷克成人学校中有 140 所每天开放到晚 6 点，23 所在每天上午开放，还有 29 所每个星期天关闭。

反对军国主义的宣传采用了公开和秘密集会以及发放传单的方式，通过这些宣传，青年人认识到军国主义的灾难性后果。宣传所取得的第一个成就是，青年人在通过体检即将入伍之际不再沉湎于酗酒和放纵自己。但这被当局——尤其在波希米亚和摩拉维亚——视为对奥地利爱国主义的一个重大威胁；不得不去服兵役的社会民主党人遭到迫害，因为他们太过于冷静了。一开始，那些在扣眼里插着红色康乃馨前去应征的青年会被罚款 10—20 克朗。在这种做法徒劳无功之后，那些身着黑色衣服或仅佩戴黑色领带应征的青年会被抓起来关 2—5 天。对这些反军国主义青年的处罚会被报告给他们即将服役的军事部门的主管，以使他们被当做危险的社会民主党人看待。但对社民主党青年的这种迫害证明是最好的宣传方式。表达出自己的反军国主义情感的青年人数每年都在增加。他们应征时不仅穿着葬礼礼服，而且驾驶盖上黑布的马车，还有乐队演奏哀乐。这是极佳的反军国主义宣传方式。那些嗅觉敏锐的军官相信，最镇静和最有能力的新兵多是社会民主党人。

奥地利的政府机构和司法机构正在开展对反军国主义宣传的狂热的迫害。反战集会遭到禁止，讲演者的讲话只要涉及反战就会导致会议被取消，俱乐部被解散，财产被充公，干部受到指控，无数的房子遭到搜查，引人关注的重大案件被用来反对反军国主义者。在1909年传闻大战迫在眉睫的时期，情况尤为恶劣。

《青年报》是党的青年组织的机关报，它是党的财产，有时也出版宣传小册子。为了有系统地在青年中进行社会主义教育，党的青年组织起草了一份教育和社会保护纲领，纲领不仅要求为徒工提供教育，而且要求为他们提供社会保护。

捷克青年人的社会主义组织十分胜任自己的任务。他们大力在青年人中开展有系统的社会主义宣传和教育工作，唤起他们的阶级觉悟，使他们懂得社会党人所致力于的阶级斗争，这样，当时机成熟时，他们会成为历史悠久的党的新鲜血液，为社会主义的胜利而奋斗，使之成为现实。以提高他们的阶级觉悟和为社会民主党的事业培养人才。党在进行这项工作，以保证党的事业后继有人和社会主义的胜利。

工人体育俱乐部。党的一个最新的组成部分是正在迅速发展的工人体育俱乐部。13年前，当捷克资产阶级政党疯狂地反对社会民主党人时，他们甚至连资产阶级的索科尔体育俱乐部也没放过，这些从前普通而平静的俱乐部陷入暴风骤雨之中。社会主义也被传播到这些地方。那些反对改变社会民主主义原则的同志被驱除出从前的"民主主义者体育俱乐部"，建立了自己的工人体育俱乐部。

起初他们认为不会取得多少成果，但坚持不懈的工作带来了惊人的成就，特别在最近两年更为如此。1903年我们有31个工人体育俱乐部，1909年已有372个。过去3年中，工人体育俱乐部的活动如下：

年份	俱乐部	会员	徒工	学生	安排的讲座	远足活动	会刊订户
1907	175	6378	1220	2124	323	343	4419
1908	302	11000	1850	4250	470	513	7500
1909	372	14890	2640	5320	549	760	10000

会员中80%是青年，徒工也是会员的一支主力军，他们无疑是未来重要的后备军。很多俱乐部成立联合会。联合会还出版供指导体育锻炼的老师使用的教材和历书。

许多俱乐部为学生、徒工和其他会员安排晚间辩论会。青年人在这种辩论会中为进入行业组织和政治组织作好了准备。工人体育俱乐部也在女青年中发展了2000名会员。

俱乐部每年为体育俱乐部教师安排14次授课，在课上由教授向教师们作体育运动的理论和实践指导，并讲授社会主义原则，因此这些课程是体育和智育教育的示范课。是向学生灌输社会主义理论，并指导学生的理论和实践的锻炼。捷克工人体育俱乐部在美国有5个，它们已成为我们移居美国的同志的会场。

合作运动。合作运动，或者说消费者组织运动，只不过最近才深深地吸引了捷克同志的注意。在上世纪60年代的确出现了按舒尔采-德里奇模式创建消费合作社的尝试，但由于运动既没有正确的指导，也没有稳定的基础，所以很快便消失了。尽管后来零落地出现过一些新的尝试，但也没有什么意义。捷克工人阶级在争取自己的解放的斗争中，全力以赴地进行政治运动和工会运动。

在1907年举行的捷克社会民主工党代表大会通过决议，把合作组织视为党的一个部分。从此，捷克工人对合作运动更感兴趣了。这一年，捷克消费、生产和经济合作社中央联合会在布拉格成立。除了宣传和组织活动外，这个联合会的目的是按照1903年6月10日的法律整顿合作社，该法律规定联合会必须每两年对合作社进行一次整顿。在联合会的合作下，"亚罗什大宗采购公司"于1909年成立，目的是安排所属合作社的采购。

到1909年12月31日，联合会有125个合作社，会员3万名，营业额约150万克朗，纯利润达30万克朗。这些合作社的流动资本达51.7万克朗，固定资本达到19.5万克朗。合作社的种类：消费俱乐部88个，工人面包房9个，工人印刷厂3个，香肠厂2个，工人旅社13个，储蓄银行3个，工人建筑合作社4个，运输合作社2个，以及1个制帽工人合作社、1个图书装订工人合作社和1个煤矿工人合作社。合作社有商店185个，店员624人。到1910年4月底，合作社数量增加到147个，约有会员3.5万人。

中央联合会出版《合作社员报》，发行150份，目的是给在合作社工作的同志提供信息。联合会还出版《先锋者报》，发行15000份，读者是消费俱乐部会员。

1909年9月1日，大宗采购公司开始工作，在头8个月中，它的销售额达80万克朗。捷克的合作运动是由布拉格的中央联合会组织的，就此而言它完全具有社会民主主义性质，与党有密切联系。一些合作社把部分利润贡献给党和工会的事业。新成立的合作社的主要原则是：商品只出售给会员，现金支付，把纯利润留作储蓄金。近来，由于食物价格上涨，捷克工人阶级对合作运动的兴趣大增，许多地方正在成立消费合作社。每一家新合作社都必须得到合作社联合会和管理机构的同意，因此，新合作社只能在条件有利的地方成立。联合会是伦敦国际合作社联合会的成员，与德国、英国和瑞士的合作社联合会有联系。通过亚罗什大宗采购公司，联合会与英国消费合作社联合会的大宗采购合作社保持着业务关系。

教育事务。1897年捷克党创办了劳工学院，它是面向波希米亚的所有捷克-斯洛伐克工人俱乐部的教育联合会。它的教育工作非常成功，成果斐然。但它的真正腾飞是在1905年到1907年期间。

劳工学院为捷克工人提供系统的教育，其手段是：在布拉格和各地安排文化和教育课程，组织读书小组，讲授课程。劳工学院有一个藏书5000册的中央社会主义图书馆，布拉格的工人都可以到此借阅图书；它还有50个各配有25本图书的流动图书室，借给各地缺乏经费的俱乐部使用；学院的社会主义阅览室全日对布拉格及其周边全体有组织的工人开放。此外，该学院自1908年起出版了关注工人的教育利益和俱乐部生活的《劳工教育报》，反映工人阶级生活的评论员的书信、剧本和诗歌也常常得到出版。该院还为各俱乐部图书馆购买合适的书籍，就有关教育问题的一切事务提供建议和帮助。

劳工学院是俱乐部的一个联合会，现有4万多名会员，这些会员同时是我们400个组织、俱乐部和协会的成员。学院还为工人组织票价便宜的音乐会，为各俱乐部购买了约4000本书。它也举行有报告人参加的晚间辩论会，会上就劳工运动的普遍的、重要的问题进行讨论，对问题作出解释，使人们达成共识。

劳工学院还有几个自己的部门：著名的工人戒酒者自由联合会，其成员正在工人中展开反对酗酒的斗争；社会民主主义大学生自由联合会，它把大学生团结起来，在工人中开展共同的工作任务；旅游部，它负责安排带有科学和其他讲座的远足活动。

捷克—斯洛伐克社会民主工党
执行委员会

1910年6月于布拉格

布拉格捷克—斯洛伐克工会委员会和奥地利捷克—斯洛伐克社会民主工党中央委员会向哥本哈根国际代表大会提交的报告

——奥地利捷克工会和德意志工会的冲突

我们不仅要从有组织工人人数的增长方面来评价工人运动的发展，而且要从他们引起别人的注意以及所做扎实、系统的工作方面来评价。工人阶级积极开展工作而不是去品头论足，这样的效果会更好，工人的组织也就影响更大。实践活动自然要在策略和组织方法上引起许多非议，无论是英国、法国、德国还是意大利，甚至在奥地利都是如此。尽管在理论上存在争议，尽管在代表大会上、在讨论会上乃至在组织内部存在着严重的意见分歧，人们总是恪守一条社会主义的原则，这条原则是各国工人的共同指导思想。

各处产生的这种矛盾只能证明工人运动是某种形势发展的结果，并不是任何教条指导的结果。工人运动只有在自由交换意见中才能获得成功。形势的变化引起人们的非议并为此作出解释，而不是相反。在别的国家，工人运动的发展（可能是以不同的方式）伴随着形式上或组织上的意见分歧，甚至原则上的分歧，在奥地利也不例外。诚然，这些意见分歧并不是原则上的分歧，而是关于组织的分歧。或许我们能把这些分歧提交本次代表大会解决，尽管我们怀疑它们能够在此被以不伤害任何一方的方式加以解决。因为这些分歧并不是由于工人运动的发展引起的，而是由地理的、种族的不同，主要是由奥地利帝国的各种经济分工引起的。说句实在话,这个帝国是一个做什么都不可能的帝国。

只有深谙奥地利的经济、政治和教育的形势,人们才有可能对奥地利工人运动的策略和组织形式加以评判。

正是因为代表奥地利工会的维也纳工会委员会决定把这一内部争议提交哥本哈根代表大会,我们才拿起笔来向国际工人代表大会报告事情的真相。

主要的原因是什么呢?这个争议在1905年阿姆特丹工会联合会书记国际代表会议上剥夺了捷克—斯洛伐克工会委员会的独立代表权后达到了顶点。这种做法是维也纳工会委员会的代表煽动所致;这位代表坚决主张在每一个国家——当然也在奥地利,只承认一个工会全国性中央组织的存在。这一决议把曾经公认为是独立的捷克工会委员会排挤在外,这自然在捷克有组织的工人队伍中引起了人们痛苦的感情,因为他们不明白他们被排挤出工会社会主义国际是由于他们的民族不拥有一个独立的政府。

当他们看到工会社会主义国际把独立代表权赋予了芬兰中央工会,后来又赋予了克罗地亚和波斯尼亚-黑塞哥维那中央工会(尽管这些国家实际上同其他民族合并在一起),这种痛苦之情与日俱增。甚至后来在巴黎(1909年),美国的工人联合会因没有加入工会社会主义国际而受到指责,尽管它们在原则上并没有与其他国家社会主义工人阶级的活动保持一致(这点可以通过它们提交给1907年斯图加特代表大会的报告证实[①])。同样,法国工会在工会社会主义国际中受到欢迎,尽管他们公开反对无产阶级采取的政治行动。

捷克工人阶级按照国际的意图,在自己的政治组织、工会组织和合

---

① 指美国社会党和美国社会主义工人党分别向斯图加特代表大会提交报告,见本书第23卷第3—46页。——编者注

作组织中组成了一个充满阶级斗争意识的整体，他们过去对阿姆斯特丹代表大会（1905年）所作出的决议感到惊讶不已，现在仍然如此。那次大会既不讲策略也不讲原则就作出了那样的决定。甚至在斯图加特工会代表会议（1902年）上，捷克中央工会代表还出席了会议并借此机会声明，捷克委员会和该州的奥地利委员会之间达成的协议指的**仅仅是在罢工期间相互支持，其他时间两个委员会应保持自治**（参看1902年斯图加特第二次工会联合会书记国际代表会议备忘录）。证明这种独立性的正式证据可以在各中央工会的地址簿里，在德意志总委员会的机关报上找到，在《通讯录》中，直到1905年还能看到捷克中央工会的地址。

但是，阿姆斯特丹的决议只不过是维也纳工会委员会意图的公开表露，捷克工人运动防备着这些意图，它必须这样做——如果它不希望消亡并变成一个无生命的、毫无价值的有机体。我们有必要进一步研究奥地利当前的形势，以便搞清所谓中央和自治组织之间存在的争议。这并不意味着原则的分歧，而是形式上的分歧。这种形式仅仅是用来表明分歧所在。简言之，分歧在于：所谓的中央组织以维也纳委员会为后台，这些组织企图把奥地利各组织与维也纳的中央总部联合在一起；而所谓的自治组织再相互联合在一起，试图对政府采取一致行动，而在别的方面，每个组织在各自的省份独立工作。

对于组织外的人士来说，这一分工看来是不必要，如果人们承认有必要在一起工作。但是，这主要是活动领域分工的问题，就像在各个民族和国家的工人组织的国际联盟中那样。这些组织各自在自己的领域中工作，代表该民族的工人运动，组成了国际工人大军的一部分。人们看到这在奥地利还处于很低的水平。例如，在这里，工人政党自1897年以来就以民族自治组织来划分，这些组织一起讨论奥地利的普遍问题并一起作出决定，他们的最高裁决机构就是党的政府代表，由所有的民族组织的党的执行委员会组成。这些民族组织独立地召开自己的代表大会，他们没有争议就独立组成了他们的组织。说实在的，奥地利工人运动的这种分工和安排起了推动、促进的作用，这在别的国家也受到赞赏。

这一政治运动形式上是统一的、集中的、奥地利式的。随着工人运动的发展，随着其责任变得越来越大，有必要化分其力量，进行更广泛、更深刻的鼓动宣传，这些力量在讲多种语言的奥地利都倾向于化分和独立。卡·考茨基同志在他的小册子《民族主义和国际主义》一书中把这一切想象得很美好。他在这本书第27页（《新时代》第26期附录）中写道：

"在像奥地利这样的国家里，社会民主党必须把民族纲领添加到它当前与其他国家的姐妹党一样的纲领中。除了宣传和行动方面的考虑，组织方面的考虑也应该使他们有义务这样做。在奥地利，起初只有德意志无产阶级发展到足以担负起社会主义宣传的任务，但在近40年的宣传中，国内的民族一个接一个跨入了现代国际文化民族的行列，每个民族都产生了在为争取这种文化而奋斗的无产阶级。但是，至于语言问题，无产阶级仅能以民族文化的形式享有同一种语言，对无产阶级来说，在这种文化中，只有通过他们自己民族的语言才能相互接近。同样的道理，社会主义宣传和组织尽管在意义上具有国际性，但在形式上的确具有民族性。**因此，奥地利社会民主党需要有一份民族纲领，这不仅是为了国家而且也是为了党和工会，该党还必须采取使不同的民族能在同一组织中友好合作的形式。**"

尽管考茨基同志在别的场合说，他这么说决不是指独立的民族工会组织，但是，由于他熟悉奥地利的形势，他承认工人运动的发展必然会给这里带来变化。

我们希望证明，捷克独立工会组织并没有违反社会主义原则，只不过他们想在其领域内按照这些原则的精神工作以取得更多的成就。为此，我们必须引证一小段历史。

原先——大约30至35年前，既没有政治运动的问题也没有工会运动的问题，更不存在合作运动的问题，**仅仅有社会主义运动**，这主要由工人教育协会来进行。从这些协会中产生了第一批社会主义宣扬者，他们自然是以秘密的方式试图唤醒人民的政治觉悟的。许多协会在物质上还受到其会员的支持。当时的工会都是活动有限的地方工会。这里，我们必须补充一句，捷克协会的境况比起德意志协会的境况要差得多；由于政治上的原因，捷克协会受到当局更多的迫害。即使是在工会成立的上个世纪90年代，捷克工会的地位得不到承认，而德意志工会的地位却得到承认。1893年在捷克工人运动的中心布拉格，当局出于政治原因宣布实施紧急状态，这种状态持续了差不多3年整，它自然使工人运动落在了后面。这样，捷克工人不得不参加了迫害人民的活动，尽管捷克的资产阶级看到工人的阶级觉悟正在觉醒时也对工人们进行迫害并将他们驱逐出境。

在这种情况下，捷克工人运动不可能像德意志工人运动那样获得重要的地位，更不用说奥地利其他的民族了。此外，由于政治生活集中在维也纳，工人运动的头绪也聚集在那里，只有在那里成立的工会组织才能取得最快的发展。

1893年，维也纳工会中央得以选举产生，它的任务是促进工会运动和政治运动的发展，尽管这些运动各自的任务不尽相同。然而，1896年捷克工会仅有4000名会员这一事实表明，尽管当时捷克行业工会和教育工会有会员18228名，维也纳工会委员会对捷克工人运动的发展影响甚少。在当年工会组织的代表大会上，人们的愤怒情绪爆发了。捷克代表特别要求：

1. 工会委员会应选举两名书记，其中一名应能说会写捷克语。

2. 除其他事务，按捷克同志的需要做出统计资料并加以必要的解释是捷克书记的特别职责。

3. 需要时，懂捷克语、波兰语、斯拉夫语和意大利语的同志不仅在中央工会的管理中，而且在州和地方工会中拥有一席之地。

这些从工人运动实践中自然产生出来的要求遭到大多数德意志代表的拒绝。辩论中，捷克工会委员会的同志抱怨说，维也纳中央工会对捷克工人运动做得太少了，太不公正了，捷克工会运动主要是由受人忽视的政治组织推动其发展的。但是，这一切都是徒劳的。因为木已成舟。所以捷克的同志于1907年1月在布拉格成立了独立的捷克中央工会——捷克—斯洛伐克工会委员会。

捷克—斯洛伐克工会委员会在其纲领中特别声明，他们愿意准备考虑不仅同其他民族的工会组织而且特别是同奥地利工会组织建立友好关系。布拉格工会委员会仅仅是为了**自卫**而创建的，并且还得到维也纳工会委员的承认。为此，在相对不长的时间里，这种友好关系恢复并持续到1905年。

后来没有发生更大的争论，因为每个委员会都在各自的领域独立工作；在共同利益的问题上，他们总是同意按照一项总的原则共同协商。独立的、当时很强大的各种州一级的协会也使这一活动过程成为可能，这一活动过程证实预言奥地利工会的分工是不可能，至少是无益的声明是多么的错误。

因为，恰恰相反，刚刚尝试把各州一级的协会联合起来，争议就出现了。捷克工会委员会一点儿都不反对这种尝试，因为他们即使有所保留也试图朝这个方向努力。似乎1900—1904年的工业危机有利于奥地利工会组织的内部联合。在讨论和辩论中，人们指出了在奥地利搞中央集权制是危险的，这是事实。但是，这些危险不为人们注意。捷克的同志们坚信，1896年的事件不会重演。不幸的是，他们这次估计错了。我们相信这不是德意志同志一方的恶意所致，而是他们多多少少受到奥地利资产阶级政府影响的看法造成的，尽管中央集权制的破产应该是一个警钟。

当维也纳工会委员会在私下和公开的活动中迅即开始另一个策略时，没有几个捷克工会能够同德意志人联合起来。例如，我们在奥地利有一个政府劳工理事会（一个政府的咨询机构），它由三分之一工人代表组成。捷克工会委员会第一次同意维也纳工会委员会的要求，派代表参加政府劳工理事会。提名期一过，维也纳工会委员会没经任何事前协商就提议另一人作为捷克工会委员会的代表。由于后者的拒绝，那位代表是直接从维也纳指派的。他们这样做不过是乘机利用政府不了解事情的真相。因此，在理事会中只有德意志和捷克民族工人的代表，只有基督教社会党的代表，而根本没有捷克有阶级觉悟和有组织的工人阶级的代表。只是在第三届政府，这一不幸的局面才因一位碰巧是捷克人的资产阶级商业部长的上任而得到些补偿。在选举农业咨询委员会时，布拉格工会委员会再次受到排挤；被提名的仅仅是德意志工人代表，而没有捷克工人运动专家。

然而，这时中央集权制工会的初期缺陷暴露出来了。有些工会要求一定的自治权，但这是毫无价值的，因为它们没有经济基础。达成的协定仅仅是一纸空文。除了许多有资历的工联主义者对绝对的中央集权制怀有恐惧感，后来的工人运动发展和吸收新会员也变得非常困难。工联主义者很快就感觉到这些情况，这些情况都是在奥地利既有的社会和民族的环境中产生的。工会有必要获得所有从事各行业工作的工人以壮大工会的队伍。只有在这些环境中成长和生活的有经验的人才能使以后工人运动的发展和吸收新会员得到实现。中央工会的遥控是行不通的，因为中央工会处在截然不同的经济、政治和教育的环境中。

某些工会中央机关的做法令人绝对不可理解，因为他们对自己官员的信任胜过了对会员选举产生的委员会的信任。这样，石匠工会在捷克领土上的组织工作由于工会书记的不忠诚和不称职的行为而遭到长达数年之久的伤害。商业学徒工中有一个州一级团体性的联合会。1904年，波希米亚协会本来打算加入中央工会，但中央工会的成立没有依照波希米亚协会的愿望。前者要求中央工会满足它行政管理的自然需要时遭到了断然拒绝。成立第二个德意志商业学徒工组织也违反了波希米亚协会的愿望，而且没有征求布拉格工会委员会的同意。由于未能达成协议，维也纳工会组成有竞争性的地方组织。结果，波希米亚软弱的商业学徒工组织四分五裂。其他工会，如五金工人工会、图书装订工人工会、平版印刷工人工会和石匠工会，也发生了意见冲突。图书装订工人工会和平版印刷工人工会尤其不同意合并。

由于捷克工会委员会的人没有被接纳为会议代表，阿姆斯特丹代表会议之后争吵达到了顶峰。维也纳工会委员会想规定，所有到那时已为他们的捷克同志直接向布拉格工会委员会交纳了会费的中央集权制的各工会今后应通过中间结构来交纳会费，以此来体现中央集权制工会的更高的权威。然而，由于在这些工会中关于合并已有规定，即捷克会员应直接由布拉格工会委员会代表，捷克会员反对违反这种规定。这样，维也纳工会委员会开始对布拉格工会委员会的独立进行有系统的攻击，并最终阻止了每次对各个工会本来有可能一道共事的条件的讨论，这些条件是使捷克工人运动能向前发展所作的各种安排和协调。

尽管各种工会之间发生了这一切冲突，布拉格工会委员会还是为了达成某种谅解而努力工作。由于肯定不会达成任何协议，布拉格工会委员会在阿姆斯特丹代表会议之后精心制订了下列方案①，充当进一步开

---

① 由于文本不同，如下建议与本书第289—290页的建议略有出入。——编者注

展活动的框架和基础:

为消除维也纳工会委员会与布拉格工会委员会之间存在的一切分歧,避免国内各个组织内部的动乱、破坏和冲突,共同捍卫各民族工会会员之间的平等权利,布拉格捷克工会委员会提出如下建议:

一、(a) 承认并建立自治的工会委员会,委员会的行动领域要扩大到容纳其民族的所有工人。

(b) 承认由各民族工会委员会代表组成的奥地利工会国际总委员会,处理不属于各民族工会委员会的一切事务。这个委员会的职责是处理一切奥地利境外的工会事务以及派代表参加国外工人代表大会和会议。

二、在捷克工会委员会中的上述组织的代表在下列条件下承认下述工会组织形式:

1. 民族工会、协会、联合会组织。2. 全帝国性的协会。3. 全帝国性的联合会。4. 州一级协会和国际联合组织。

(a) 奥地利帝国各工会组织的主席应在他们的活动和宣传中奉行绝对的民族平等,这是奥地利社会民主工党的目标。

在委员会、工会代表大会和国际会议上,各民族应根据其人口比例享有代表权。

中央执委会应在年度报告和国际出版物中报告各民族会员的人数。

(b) 不受地域的限制,保证各民族有权在各联合会和团体中选举各自的宣传和工资协定委员会。这些委员会将管理以他们自己的文字出版的报刊,选举编辑、书记及其他公职人员;对举行只涉及本民族会员或在帝国其他地区未设有支部或总部组织的地方性罢工作出决定。

(c) 当一个没有该民族工会的地区有 30 名工会会员自己打报告成立地方民族小组时,委员会不应表示任何异议。该地方民族小组可以选择希望向哪一个委员会缴纳该委员会章程规定的会费。

这些建议完全符合奥地利工会运动的实际需要和其特定的环境。如今,维也纳工会委员会的理论辩护人奥托·鲍威尔也提出了差不多同样的建议。在1905年10月15日的会议上，维也纳工会委员会作出如下答复①：

奥地利帝国工会委员会在慎重考虑布拉格委员会的建议后声明：

帝国工会委员会认为，自己及中央机构的职责是通过各种方法满足会员在语言方面的要求。

而且，我们声明：

1. 我们将无条件地执行工会代表大会通过的决议，即实现工会运动的集中。

2. 由于布拉格工会委员会提出的组织方案的目的是建立背离集中化做法的独立的民族工会和全帝国组织，这一方案如果实现会给整个工会运动带来极大损害，中央工会的职责是全力以赴地反对这些将严重损害各民族工人阶级利益的企图。

3. 根据组织的决定并考虑到工会为改善工人阶级社会地位而进行斗争的必要性，所有建立自己的地方团体而脱离中央工会的组织，都必须被视为处于奥地利工会之外组织，不得与奥地利工会订立任何互助协议。

4. 捷克工会委员将其活动范围扩大到波希米亚的捷克部分之外，并使自己变成捷克民族工会委员会的企图，**必须受到最强烈的反对**，因为这样的企图不仅违反工会全体代表大会通过的决议，而且阻碍了各行各业的工会运动以及斗争的胜利。

5. 帝国委员会代表在阿姆斯特丹工会联合会书记国际代表会议上反对接受捷克工会委员会代表的做法是以斯图加特和都柏林代表会议的决议为依据并与之完全一致。因此，在布吕恩举行代表大会的帝国工会委员会明确同意其代表在阿姆斯特丹的提案，这种提案完全符合中央的工会策略的要求。

维也纳工会委员会于是在1905年12月8—10日召开了该委员会属下组织参加的代表大会。会上，他们的建议以197202票对2364票获得

---

① 由于文本不同，如下答复与本书第290—291页的答复略有出入。——编者注

通过。捷克代表的30680票不计在内，因为这是合并进工会中心组织的会员投票表决的问题，这30680票属于捷克工会委员会。除了这30000多捷克工会会员没有被代表外，至少60000名捷克工会会员不支持这个决议。自然，争议不会被一次临时代表大会作出的决议平息，因为争议触及工会运动的本质，更不用说这次代表大会无权作出这一决议。

正是这个原因，自州一级联合会合并以来每个工会的代表大会都以各种形式讨论了这一争议，特别是关于组织实际上缺少什么的问题。在这些组织的讨论达到高潮时，独立的捷克协会诞生了，如石匠协会、制鞋工人协会、木匠协会、五金工人协会、制革工人协会，等等。人们认为对工会运动实行有系统的中央集权制是不可能的，不仅因为存在自然的语言差异，而且因为存在经济差别。会费、补贴和各组织的决议都有区别。在罢工和工资运动中，这些差别和差异极为明显。中央委员会根本不可能胜任对整个运动的领导。正因为如此，工会委员会所做的一些安排同组织的利益相违背。在一些组织中，任命的官员，甚至捷克报纸的编辑对其工会会员使用的语言一字不识。在这种情况下，捷克工人运动怎么会兴旺发达？工会代表大会不再是工人的代表大会，而成了一种单纯的展示。人们即使怀着最好的善意也不可能达成适当的谅解，更不用说让会员感到满意了。确实，有翻译进行沟通。但是，这些翻译使谈判延长了一倍，费用也增加了，而什么特别的成果也没有。有一个中央委员会组织会节省钱财，这种说法在操一种语言的国家可能对，但在奥地利这种说法很荒诞。

例如，1900年五金工人代表大会花费了360000多克朗，讨论仅用德语和捷克语进行。假如波兰斯拉夫和意大利工人运动发展到一定的时候，可以拥有更多的代表，假如这些代表为了能听懂讨论而要求进行翻译的话，情形会怎样呢？

当决定大力说服独立工会中的捷克同志相信建立一个中央组织会带

来好处的决定时（我们不应忘记，在维也纳，人们联合起来拒绝同制鞋工人工会的会员来往并告诫其他国家提防他们），形势变得严峻起来。当带头攻击独立的捷克工会的维也纳工会委员会批准建立石匠的附属工人工会、五金工人的附属木匠工会（即五金工人的支部组织和各个行业的分会组织）时，形势变得更为恶化。各个行业的工人分裂了。但是，遥远地区操不同语言和处于不同形势下的不同行业的工人联合起来了，他们甚至加入同一个工会分会。几年前在波希米亚，一个由农业工人、小贩、屠夫组成的联合会诞生了。后来，德意志同志们不顾中央集权制的原则，同其他分会一起帮助这些分会成立了工会。

然而，在独立的捷克五金工人工会成立后，爆发了有史以来最大的争执。关于这个组织，这里有必要说上几句。1904年，在波希米亚有一个五金工人的州一级的联合会，它心平气和地同维也纳五金工人工会一起从事活动。这一年，它们合并了，条件是执行委员会设在波希米亚并在那里指导工会运动的发展。图书馆和报纸也应设在波希米亚。自然，其他工会的活动势必要影响捷克五金工人工会，因为它是捷克—斯洛伐克工会委员会的一个组成部分。除了别的原因，正是以下重要的经济原因导致了它们的分裂：捷克工会报纸的资产在布拉格，因为捷克执行委员会规定它拥有这家报纸的管理权，这很自然。再者，工会委员会的大多数人不懂捷克语，其结果是他们不能做报纸的编辑工作。但是，当1905年和1906年在波希米亚爆发了大罢工时，工会委员会因害怕现金可能会被挪用来资助罢工，就命令其官员把所有的现金（一小部分除外）转移到维也纳。这道命令完全无视捷克执行委员会的存在，完全是对它的无礼和不信任，就好像执行委员会要滥用这笔钱似的，即使它有正当的理由也不行。这样，更严重的冲突就要来临。在比尔森，4000名工人遭遇闭厂；在克拉德诺，1200名工人遭遇闭厂。雇主们想要扼杀仍处在襁褓中的工人组织。我们为拯救工会想尽了各种办法，但均告失败。尽管这时据工会报告已向罢工工人和其他地区的无组织工人支付了10万多克朗,克拉德诺被拒之厂外的有组织工人仅收到74.80克朗,比尔森的工人仅收到2993.70克朗。我们一点儿都不愿意批评向波希米亚以外的地区支付经费的做法。但是,如果用捷克没有交普通罢工基金的事实来对这一不成比例地分配经费的做法做出解释的话,我们的回答是,当时除了维也纳,别的地方也没有交普通罢工基金。

上述款项是用所谓的4赫勒基金支付的,它来自普通会员所交的会费,数额各地一样。但即使那时,假如在罢工时不存在罢工工人人数和要求的问题,支付的资金数额差异也不会如此引人注目。可是,令人吃惊的是,支付这些款项的基金的存在鲜为人知,甚至捷克工会会员拒绝相信该基金会的存在!他们首先不得不从决算表中查找它,以便向工会委员会证明他们受冤枉了。我们仅能看到该基金在1906年7月31日的数额达78048克朗,这在当时是捷克工会会员反对成立一个中央罢工基金会的主要理由,因为他们一直被蒙在鼓里。信任是组织的基础。更何况,当时还有在布拉格为工人之家购买一幢房子的问题,该项目可以使党的机构集中在一起,使印刷厂(党的刊物的发行量相当可观)得以建立,总之,是非常有用的。

至于别的联合会的情况,支付给五金工人的基金也用在了维也纳,所以执行委员会要求这些基金中的一部分(10000—15000克朗)应以有息贷款的形式投资于工人之家的建造。其他联合会支持这一要求,但工会委员会向驻布拉格的联合会官员拍了一个粗暴无礼的电报,答复说,他如果胆敢按执行委员会的愿望去做,胆敢投资1赫勒,就会受到法律制裁!除此之外,工会委员会还要求捷克工会会员所缴纳并拥有的基金剩余部分,即罢工基金,应集中使用。这一要求在两次会议上受到讨论并遭到一致拒绝。1908年12月联合会开会那天,捷克代表为投票多数所压倒,联合会决定取消捷克代表的其他自治权,决定任命的官员应比选举产生的委员有更多的权力。于是，捷克工会会员召开了州一级代表会议，决定成立捷克五金工人的独立联合会。为了对这一决议作些说明，我们将引用那一天联合会会议的决议和州代表会议的决议：

联合会会议的决议如下：

"为了处理联合会委员会委托地方管理机构管理的活动领域中的事务，联合会委员会将依照工业形势和组织形势任命书记或给其提供补助。这些书记将在由工会会员选举产生的地方委员会举行的地方会议上获得同意，并与地方书记一起组成地方管理机构。"

第二个决议是关于罢工基金集中使用的问题，这在别的情形下是不会遭到捷克同志反对的。但是，他们迄今为止所受到的待遇并没有表明这种集中使用基金有任何好处。

在1908年12月26日召开的州代表会议上以54票对4票通过的如下决议表明了捷克工会会员的情绪：

"在全面审查了五金工人最近一次联合会代表会议作出的有关罢工基金使用和州执行委员会指定地方书记提名的决议之后，1908年12月于布拉格'工人之家'举行的捷克地方小组和波希米亚五金工人代表会议认为，该决议违反了州协会与联合会合并时达成的协议，因此不能给予同意。

迄今为止，布拉格州执行委员会代表签约的一方，根据协议规定为我们组织的利益诚心诚意地工作。为此，我们对它充满信心并宣布支持它保留处理有关全国事务的权力以及支持它在党内、工会内、委员会内拥有代表。我们一点儿都不反对提名地方书记处理地方事务并无条件地保留波希米亚罢工基金的自我管理的权力。由于我们相信在联合会中我们无法获得发展波希米亚组织的必要条件，我们委托执行委员会处理必要的事务以维护我们的利益，甚至筹备一个独立的'捷克五金工人联合会'。在该联合会中，工会会员的一切权力都得到保留，除非有另行通知。

同时,我们声明我们将按照阶级斗争的原则和一般的国际行动原则进行活动,在任何情况下都不会违反这些原则。

此外,我们声明,我们采取的步骤绝不是出自民族沙文主义的考虑,唯一的原因是我们工会运动的实际需要。

有鉴于此,我们要求执行委员会立即同奥地利五金工人联合会举行谈判,商讨在同雇主进行的工资冲突中采取统一、全面的行动方式的条件以及一切有关奥地利五金工人的问题。"

但是,这次局势的发展并不像1904年。那时,9872名工会会员投票赞成合并,9241名工会会员投票反对;1909年,29995名工会会员投票赞成分裂,288名工会会员投票反对。因此,1904年有近三分之一的人投反对票,现在只有近十分之一的人投反对票了。但是,从前独立的捷克联合会受到其他联合会的语言攻击,现在则面临他们经常的竞争。可惜,对这一点我们不得不抱怨我们其他国家的同志。任何形式的交流都遭到拒绝,捷克联合会的会员在车间受到抵制。奥地利联合会以高昂的代价把无足轻重的地方小组在波希米亚保留下来,目的仅仅是为了分裂捷克的工会运动。在奥地利联合会的煽动下,国外的联合会拒绝同捷克联合会进行任何方式的交流,尽管它们的许多会员,特别是德意志会员经常穿过捷克领土,而我们的地方小组过去自愿给它们提供一切可能的帮助。简言之,形式被置于原则之上,在一些情况下,宁愿同工人阶级不共戴天的仇敌达成协议也不同自己阶级的同志达成协议。

目前,取消捷克工会运动独立中央的努力有增无减。尽管布拉格工会委员会中有许多中央联合会的代表,维也纳工会委员会还是在布拉格成立了一个工会分会,直接和工会代表大会的决定唱对台戏。很自然,党的委员会希望进行干涉并发表他们对这些事件的意见,即独立联合会的会员过去在中央工会同其他同志平等的,这时,经常性的攻击就开始了。连接波希米亚但处于德意志人统治下的摩拉维亚发生的事件对此起了很大的作用。摩拉维亚资产阶级中盛行的那一套同样在工人中盛行。德意志的同志支配了首都所有较重要的机构,尽管其成员是捷克人。当然,这不可能持续长久。捷克的小组开始行动起来。德意志的同志不得不放弃一个又一个职位,他们因此努力遏制这一自然的发展趋势。他们所采用的方式毫无特别之处。当人们想转移合作社和工人信贷协会中的权力时,他们却为开除努力煽动捷克解放的人布置了反攻。然而,这次整个摩拉维亚没有站在维也纳一边,尽管其工会最拥护中央集权制。因为大多数捷克会员开始看清并认识到,如果他们在政治运动中站在捷克同志一边,他们应该通过工会合并和合作运动确立他们的地位,没有什么比这样做更自然了。

但是,危机发生了。过去,只要德意志同志能依靠摩拉维亚的捷克同志,他们就能心平气和地无视其他捷克同志。然而,现在形势变了。许多工会分会决定支持捷克独立联合会,反对把所有经济力量集中在维也纳,这会带来捷克政治和合作组织的独立将受到威胁的危险——这方面我们是有证据的。4月3日和4日在布吕恩召开了两次代表会议,一次是赞成中央集权的小组召开的,另一次是赞成独立的小组召开的。拥护中央集权的代表会议的成员没有邀请捷克社会民主党的事实表明了与会者的看法,他们却毫不犹豫地抱怨说该党没有代表。最明显的是两个会议所通过的决议的差异。

中央集权派会议决议的主要内容如下:

"捷克无产阶级战斗组织的最高原则无论如何都始终是阶级斗争和国际主义。会议庄严地声明,无论何时何地,我们都将坚持具有阶级觉悟和国际主义思想的工人阶级的团结一致。"①

---

① 由于文本不同,决议的这段文字与本书第292页的决议略有出入。——编者注

"……分裂主义工会组织的基础是根据工人的民族成分来区分他们。这些组织威胁着和平的进程和国际大团结。因此从我们的阶级立场和国际主义立场出发，我们不能同意他们的做法。"

"……我们声明，3月28日在布拉格召开的党的会议作出的决议是没有事实根据的，对那些诚实和值得信任并为党作出很大贡献的捷克同志来说绝不应该受到这样的轻蔑。恐怕党的代表这样对同志分类是在做有损于党的事情，因为这个决议可能会引起不满而不是激发高高兴兴的热情。如果我们能使党的代表们甚至全党注意到这一点，那么我们就是在履行我们的职责。不过，我们声明，我们并不把自己看做是不平凡的，我们将继续为工人阶级的阶级需要而工作，为国际民主原则的利益而工作。"

独立派会议的决议如下：

"关于捷克—斯洛伐克社会民主工党的党代表所作出的决议，关于工会和政治组织为改善捷克工人的生产条件、为领导工人进行工资斗争和政治斗争所采取的联合步骤，摩拉维亚州工会代表会议声明，为了合作，唯一的途径就是执行社会主义国际的命令。我们坚持团结独立的捷克组织，这些组织的最高机构是捷克—斯洛伐克工会委员会，它的代表大会是捷克工人运动的一个组成部分，同国际组织的工人阶级一起载入社会民主胜利的史册。我们承认现奥地利中央组织是平等的并拥有平等权利，因为它们赋予捷克工会会员自治权，这是1905年10月15日工会委员会提出的要求之一。摩拉维亚工会代表会议投票赞成成立一个作为州委员会的摩拉维亚工会委员会，它将成为捷克—斯洛伐克工会委员会的一个组成部分。摩拉维亚工会委员会将是捷克无产阶级在摩拉维亚工会工作的会议场所和中心。"

在第一项决议中，我们看到的是党代表的决议的虚伪。在另一项决议中，我们看到的是坚决的不让步。后者提供了达成协议及友好合作的途径。但这一切都是无用的！尽管在化工和裁缝工人分会中人们最初承认捷克工会会员应属于捷克—斯洛伐克工会委员会，后来在维也纳工会委员会的煽动下,这一决定被撤销并遭到恶毒的攻击——攻击不仅指向捷克—斯洛伐克工会委员会,而且指向社会民主工党。他们违反党的所有章程和决议,还发行了一份讽刺刊物《无产者》,该报的专栏充斥着对捷克党的攻击,那些攻击工人的最顽固不化的敌人到处引用这些攻击。为了评价这份报纸,我们把有关党的代表——也就是德意志同志们——片断摘引如下:

"我们的政治家在去年夏天休假期间冒出了一个高明的想法。假如这不是一件令人伤心落泪的事,我们真会为此感到自豪。因为,当他们经过两年的议会竞选从维也纳返回家乡时,他们可怕地看到自己已经囊空如洗。在这种情形下,人们通常很难知道该怎么办。但是,我们的政治家们并不觉得这样困难。在他们到达布拉格以前,他们制订了一项计划。为了避开不愉快的问题——如89位代表为他们的选民做了什么有益的工作,他们引起了一场大骚乱。他们在各地安排了反对物价高涨的平静的示威游行。其他政党对这一喜剧性事件感到如此开心,以致他们也纷纷仿效。四面八方传来了赞扬我们的政治家的高明想法的颂歌。然而,我们知道,那些过高的价格并没有因为这些示威游行而降下来,恰恰相反,价格问题急速恶化。高明的想法还在,但我们不知道它是否值得人们的赞赏。"

德意志同志现在希望否认这些恶毒的攻击。但是,他们对这些攻击是有责任的。他们使用中央集权制联合会的钱带头煽动反对独立工会运动,这点可以通过维也纳工会委员会的备忘录得到证实。备忘录内容如下:

1910年4月3日第8号①备忘录:"许贝尔②报告在布吕恩举行的工会代表会议。工会委员会以小册子的形式用捷克语和德语发表了会议的

---

① 原文如此,从下文看,似为"第3号"之误。——编者注
② 维也纳委员会书记。

备忘录。"

但是，这次会议与在布吕恩举行的代表会议是在同一天召开的。在维也纳，工会委员会已经针对他们的决议作出如何去鼓动的决定。

1910年4月29日第5号备忘录："许贝尔报告反对摩拉维亚分裂主义的努力所取得的行动进展。经过很长时间的讨论宣读了该报告。"

"进展"是指创办了讽刺刊物《无产者》。维也纳工会委员会的书记在一次全奥地利帝国党的会议上承认，工会委员会出钱支持《无产者》。

在被认为是代表12万名有组织的工人的维也纳工会委员会中有14位同志，除3人外几乎都不懂捷克语。这是无可否认的事实。正如有些地方提出的那样，是德意志同志领导了对捷克工人运动的攻击，而不是捷克同志自己。《斗争》杂志的所作所为也证实了这一点。它引起了那些不明真相的国外同志对我们的批评。至于捷克同志，还是在这里把事情真相讲出来为好。这些同志都是工会中央组织的雇员，我们并不责怪他们，因为我们十分理解他们的处境。

为了说明他们的行动多么不恰当，我们来举一个冶炼工人的例子。冶炼工人有自己的联合会，联合会中的捷克会员在工会委员会中有自己的代表。现在，维也纳中央工会已采取了开除他们的行动。冶炼工人试图找出其中的理由。由于不得其解，他们只能开始进行攻击。布拉格工会委员会的声明最好地揭示了他们的活动方式。冶炼工人没有答复这一声明，因为他们知道自己不对，所以他们无法给予答复。

布拉格工会委员会的声明如下：

> 办事机构设在维也纳的奥地利冶金工人中央工会主要官员提议并下令，在波希米亚冶金工人分会的工会会议和私人聚会中，冶金工人组织将不再向捷克—斯洛伐克工会委员会交纳每人每月3赫勒的会费。这笔会费将交纳给维也纳

工会委员会。奥地利冶金工人中央工会的许多记者说,不遵守代表大会决议的原因是捷克—斯洛伐克工会委员会正在做不利于冶金工人组织的工作。本工会委员会声明,这种说法和类似的说法纯属捏造,其目的是想把会员们引入歧途。冶金工人中央联合会的捷克同志仍然是本工会委员会的成员,而且他们已交纳了3月份的会费。冶金工人的代表几个星期都没有出席工会委员会的会议,而且一声招呼也不打。冶金工人的执委会以及工资委员会对工会委员会的不正确的活动全年一句怨言也没有,既没有以文字形式也没有通过他们的代表提出他们的怨言。他们甚至没有把他们的怨言告诉工会委员会,即使后者给他们发去了直接的书面要求。为此,我们愿意提请冶金工人中央联合会的捷克会员以及在工会委员会中有代表的工会组织成员注意下列事实,即为破坏工会委员会而工作并以维也纳奥地利工会委员会成立的一个委员会取而代之是这一无理煽动的目的。摩拉维亚发生的事件就是充分的证明,波希米亚也会发生这样的事件。

奉捷克—斯洛伐克工会委员之命特此声明。

1910年4月29日于布拉格

这里,我们仅希望补充一句,在工会委员会中有21名中央联合会的代表。

下面就是到今年年初为止所发生的事情:在不得不建立单独的独立联合会后,在创办了《无产者》之后,在抵制党的日报以及进行了其他反党活动之后,维也纳工会委员会对整个捷克工人运动的攻击直接导致了其他分会创建独立的联合会,最终导致整个捷克工人运动的彻底独立以及捍卫它们的团结。如果作为工人运动经济基础的工会组织由那些不了解情况和不懂其会员语言的同志和那些尽管有着良好的愿望但理解不了其会员的需求也不能帮助他们的同志来领导,其危险是显而易见的。但是如今,当我们的政党拥有130000名党员、合作协会拥有35000名会员、工会运动拥有120000名会员(包括中央联合会的捷克会员)

时，我们的义务和责任就加重了。因此，联合起来的中央组织必然感到痛苦，因为德意志的领导同志没有意识到捷克工人已经发展得如此壮大，因此希望参与决策；因为在为共同的权利作出规定时需要共同工作，不可能只要求别人盲从；信任和合作不可能通过理论性决议来保证做到——这样的决议不过是一纸空文，保证信任与合作只有而且只能通过实际的组织工作。

我们还有待去证明，在中央联合会中我们没能得到的，通过自己的联合会得到了，并且没有削弱工人运动，没有违背工人阶级运动的国际原则。首先，我们要问能否把工会组织的教育活动同经济活动分开。难道缩短工作日、提高工资的行动不是很有教育意义吗？有当然有，但同时必须承认，如果工人不能认识到他们的经济状况，因此找不出造成这种状况的原因以便能够选择正确的道路去开展活动，仅凭工人的经济状况是不能激励工人去解放自己的。我们常常看到，经济上最拮据的分会组织最差。只有不断丰富工人的知识才能唤起他们的想象，使他们从事有系统的组织活动并放弃其进行突然的社会革命以使自己在一夜之间成为世界主人的非分之想。

J. 韦伯同志在《斗争》杂志上发表了一篇赞成中央集权制的文章，文中写到："确实，用何种语言教育孩子是重要的，但更重要的是看到没有让孩子饿着肚子去上学。"上面一段话只不过是一个漂亮的比喻，嘴上说说，仅此而已！因为经验告诉我们，正是因为孩子在学校里学不到使他们在今后的岁月中能够应付生活中的艰辛的必要知识，即使他们有痛苦但还没有完全陷入痛苦之中，要想赢得他们去从事经济斗争难上加难。奥地利的状况令人可惜，因为非德意志民族的工人阶级不得不为获得最原始的公民权利而艰苦奋斗。政治上独立的民族的工人阶级完全不用进行这样的斗争。

工人只有通过他们的组织才能征服世界，通过组织他们可以获得作为一个公民的平等权利和合作的地位，组织不仅仅是寻求正义的手段和条件，而且是未来社会组织的萌芽。在目前的社会条件和法律下，不仅要使工人不能沾染上资本主义的恶习，而且要通过提高工人的经济地位使其履行阶级责任并投身于联合起来的工人运动之中，这是工会组织的特别职责。为此，我们扪心自问，独立的组织是否已经履行或将要履行这一职责？试问，这些组织是否将不会损伤工人的经济权力——这全靠他们相互之间的关系如何？捷克工会组织过去像其他民族的工会组织一样履行了工人运动的国际主义义务，现在仍然在履行；它们不仅在平时支持其会员，而且在经济斗争中保护他们。过去的3年中，它们为罢工和闭厂付出了371620克朗。

绝不应低估这些成果。许多工会分会的工人一天工作9个小时，泥水匠和雕刻工人甚至工作8个小时。工资和其他条件在很大程度上靠集体合同来确定。在拥有成百上千工人的不同工会分会中，例如石匠分会、泥水匠分会、木匠分会和五金工人分会，所有重大的斗争都获得了圆满的结果。因此，不能说我们的工会完成不了它们的使命。

为了能够驾驭重大的斗争，我们的组织建立了一个相互支持的政治联盟；姐妹分会由委员会代表，联合起来在整个工业部门共同开展活动。除此之外，我们正着手准备把姐妹分会合并为一个联合组织。捷克工人的原则是：一个工厂的工人在一起比同分会但相距甚远并在不同的条件下工作和操多种语言的工人在一起好得多。捷克工会委员会已表明他们理解阶级团结，因为他们不仅伸出了友谊之手而且不顾挫折忠实于这种团结。在瑞典的闭厂斗争中，受挫的捷克工人捐献了5000克朗以支持德意志的木匠，而捷克木匠联合会捐献了1500克朗。我们还能列举其他许多团结的事例。政治组织向法国同志的中央机关报《人道报》捐献了1000克朗，且不说几年来他们向鲁塞尼亚、波斯尼亚和其他地方的姐妹党捐献的大笔款项！

可不可能对拥有40945名工会会员、各分会发行38种报纸、其发行量从500到10000不等的工人运动进行一下彻底回顾呢？当然不可能，仅谈谈力量的削弱都不可能。力量的削弱可能表现为会员的减少。但如果不是因为其他的情形，特别是过去几年非常严重的工业危机，情况不会是这样。

首先，让我们看看奥地利的整个组织状况。很不幸，维也纳工会委员会发表的报告仅到1908年。即使如此，对这些报告的研究也很有意思。维也纳工会委员会公布的有组织的工会会员的人数为：1904年，189121人；1905年，323099人；1906年，448200人；1907年，501094人；1908年，482279人。从这些数字可以看出，1904至1907年期间，尽管工会中争议不断，会员的人数呈上升趋势；只有在1908年工业危机发生时，会员人数下降了。1909年会员人数也呈下降趋势，中央联合会损失30000人。这里有必要补充一句，在这个数字中包括几千名已加入捷克联合会的五金工人和石匠。因此，还不完全是损失的问题。

现在让我们看看在捷克—斯洛伐克工会委员中有代表的独立联合会的情况。1905年在阿姆斯特丹工会联合会书记代表会议上，人们以独立的工会仅有8000名会员为由拒绝捷克—斯洛伐克工会委员会享有独立代表的资格，尽管实际上它有21000名会员。1906年独立联合会有30356名会员，1907年有40757名，1908年有38356名，1909年有40945名，尽管当时联合会遭到拥护中央集权制的德意志姐妹组织而不是当局的迫害。

会员的损失是独立的捷克组织的过错，这种说法是毫无根据的，这已被各分会会员的人数所证实。1908年，在下列尚未独立但拥护中央集权制的捷克联合会组织中，会员数字如下：金属制造工人，6174人；纺织工人，5822人；石匠，5612人；冶金工人，2435人；化工工人，1612人，等等。尽管有捷克联合会的存在，下列中央联合会吸收会员的结果是：工业学徒工 1581 人，平版印刷工人 1188 人，商业和运输工人 1018 人，石匠 529 人，面包师 295 人，以及装订工人 214 人，等等。

为了使上面的描述更为完整，我们将列举分裂前和分裂后的几个工会分会的情况来证明组织的人数并没有下降。我们将挑选 1905 年和 1908 年，这两年的经济形势差不多；从经济观点和由于选举使斗争显得更为振奋人心的角度来看，1905 年是条件更有利的一年，我们选择这一年作为对照并不是因为它对捷克联合会更为有利：

分会	1905 年独立联合会成立之前有组织人员总数	1908 年独立联合会成立之后有组织人员总数		共计
		捷克联合会	奥地利联合会	
制鞋工人	7292	3700	4750	8450
木匠	3400	1800	7533	9332
石匠	3232	2299	4792	7081
建筑工人	3400	6371	4962	11333

我们有意不列出没有合并的联合会，例如面包师联合会、平版印刷工人联合会、磨房工人联合会，等等。上述 4 个分会斗争最为激烈，由此可以看出，组织无疑受到削弱。当我们看到 1909 年度报告时，人数差距会变小。我们仅谈谈 1909 年以来使其联合会分裂的五金工人的情况。1905 年，奥地利五金工人联合会有 46516 名会员。分裂前的 1908 年有 61256 名会员；分裂后的 1909 年底奥地利联合会有 50858 名会员，捷克联合会有会员 6724 人，共计 58582 名会员。当然，五金工人那时不仅失去了捷克会员，还失去了不急于分裂的德意志会员。相反，仅仅检查"分裂主义"的活动中心——波希米亚五金工人组织——的记录，我们就发现，1905 年该组织有 11588 名会员；1909 年底，奥地利联合会有 4485 名会员，捷克联合会有 6725 名会员，共计 11109 名会员。这

里我们还必须补充一句,在波希米亚的德意志领土上,1905年有300名会员;1906年至1907年甚至达到6000名会员。那么,会员的损失又何在呢?

在对独立联合会的攻击中,有人指出独立联合会的建立意味着对没有组织的工人的奖赏。我们应注意他们是多么言过其词。由于当面证明了他们的错误,他们不得不声明人数对他们并不重要。然而,事实已经澄清,组织的人数并没有下降。那么,是他们现有的权力使他们感到失望了吗?我们再看看维也纳工会委员会的数字,这些数字肯定对独立的组织不利。如果我们把捷克联合会的基金和奥地利联合会的基金对比一下,对捷克联合会肯定有利。我们把这些数字列举如下:

	奥地利联合会		捷克联合会	
	会员人数	每名会员拥有的基金数额（单位：克朗）	会员人数	每名会员拥有的基金数额（单位：克朗）
制鞋工人	4750	8.00	3700	9.27
石匠	4792	5.90	2289	8.08
平版印刷工人	3077	106.00	638	125.69
面包师	6635	3.51	2013	13.59
油漆匠及装修工人	5052	15.32	584	35.58
图书装订工人	3428	44.00	617	44.50
木匠	7533	7.69	1800	18.83
学徒工	10863	5.89	1396	20.42

这是1908年的数字。我们尚未得到1909年的总的报告,但是我们得到了几个联合会的报告。1910年,捷克制鞋工人联合会拥有39271克朗现金,而奥地利制鞋工人联合会仅有29660克朗。特别有趣的是平

版印刷工人的对比。1909年情况如下：

	会员数	收入	支出	余额	12月31日资产	平均每名会员拥有
捷克平版印刷工人	654	41.154克朗	30.542克朗	10.611克朗	90.804克朗	138.84克朗
奥地利平版印刷工人	3180	158.405克朗	147.991克朗	10.414克朗	248.958克朗	78.28克朗

我们还可以拿图书装订工人进行类似对比。1909年12月31日，奥地利图书装订工人联合会有余款40181克朗，而捷克联合会有余款20385克朗。前者有会员712人，后者有会员3000多人。近3年，捷克联合会的基金增加了9831克朗。建筑工人联合会又怎样呢？1909年底，捷克建筑工人联合会有现金23654克朗，奥地利建筑工人联合会有现金10711克朗，这其中还有从其他联合会那里收到的4922克朗。别的联合会也一样。工会运动正受到削弱的说法难道不是捏造的吗？

我们还可以指出，就在1909年许多奥地利联合会甚至还有赤字，这当然不是力量强大的证据。我们提及此事并不是想给这些联合会难堪，而仅仅是对那些说捷克联合会无能的声明的自卫。下面，我们把捷克联合会基金状况列出一个总表以证明它们并没有衰落。

独立的捷克联合会在这一年年底的基金总额如下：

	1907年	1908年	1909年
活动经费	563.512克朗	621.702克朗	711.961克朗
保护基金	300.273克朗	376.751克朗	468.389克朗

任何想以专家身份进行评价的人还要注意，1907年是联合的高潮，

1909年联合处于低潮。独立的捷克联合会正像中央联合会那样也不得不为工人的权利而全力斗争。根据从单独的联合会那里所能看到的报告，这些联合会在1909年为不同的事务支出了下列款项：

	总计		
	协会	会员	克朗
差旅补助	21	35689	18.269
失业工人救助	23	32592	135.633
医疗补助	27	37642	139.575
残费金	7	8637	51.341
丧葬费	24	37269	19.344
紧急救助	21	36639	53.800
		共计	417.962
法律保护	17	33176	4.395
报刊经费	24	39743	92.376
教育经费	24	34135	18.947
宣传、代表大会经费	26	40159	31.516
管理经费	29	40810	168.947
杂项	26	38638	95.577
		共计	413.778

这些数字表明了大量的组织和宣传工作，尽管还不能充分显示出来，但仍然可以从无产阶级力量的不断壮大、在车间以及社会上获得的平等权利和对其领导越来越大的影响中看到这些工作。它们是捷克工人忠实国际社会主义的原则并继续沿着社会主义道路前进的保证。

当马克思发出"全世界无产者联合起来"的战斗口号时，他肯定不是在考虑工人形式上的联合，而是考虑思想和利益的结合。马克思在历史发展和历史唯物主义观点中证明，各国资本主义利益一致，因为它是生产资料的所有者的，尽管它在不同的文化、政治和经济条件下运转。生产方式决定了社会生活、政治生活和精神生活的过程。因此，如果工人们联合起来，把生产资料的私有制原则改变为社会生产原则并使其为全社会服务，那么，人们将在世界上创造更美好、更令人满意的环境，社会、政治和教育的压力将会减轻。

这是各国工人阶级的目标。正像资本家联合剥削阶级一样，工人阶级联合被剥夺了权利的阶级。如果资本主义坚持延长工作时间和降低工人的工资，那么，工人阶级则争取缩短工作时间和提高工人的工资，争取工人劳动保护法和平等的公民权。这样，通过逐渐扩大影响，他们将渗入到社会统治机构中，保护群众利益，而不是保护少数资本家的利益。每一个人都将过上富足的生活。尽管所有的政府仍然保护私有财产和剥削的权力，但它们将因工人阶级的力量的壮大和成熟，以及各国情况的发展而走上社会化的道路。它们将把铁路、矿山、工厂变成公司，它们将制定劳动保护法和保险法，所有这一切都处在有阶级觉悟的工人的影响之下。这是他们经济和社会地位的提高所带来的结果。

难道人们认为目前独立的联合会的工人阶级在为反对这一切而工作吗？他们在哪方面破坏了这一国际进程的原则呢？他们的反对者举不出一个例子来支持这一论点。相反，捷克工人阶级在自己的根据地上更为活跃、更为强大。他们相信自己的力量并向社会主义的目标稳步前进。他们通过自己的政治组织、工会组织和合作组织的紧密团结——即联合起来的工人运动，终将实现这一目标。

不过，我们在辩护中可以毫无顾忌地谈及我们奥地利社会民主党的共同纲领。该纲领在有关奥地利的问题上作出如下规定：

1. 奥地利必须变成一个民主的、民族的国家的联合体。

2. 成立民族自治机构取代世袭的王室领地，民族自治机构的立法和行政管理应移交给在公平、普遍和直接的选举权的基础上产生的民族议会。

3. 同一民族的各个自治领地将共同组成一个民族统一联合体，民族事务将以自治的方式处理。

在导言中，特别声明最为要紧的是抵制官僚主义政府的中央集体制。因此，党的纲领建议成立一个各民族的联盟。它所建议的正是目前在工会运动中正在受到反对的，只不过其形式更为复杂。谁会想到，在民族独立工会能够在需要的情况下联合起来进行全面的防御和进攻之前，有着众多民族、宗教团体、党派利益冲突的奥地利能被转变成一个崭新的、美好的国际联合会？我们认为工人组织将很快首先成为新思想的工具和更好的社会秩序的基础。我们知道不存在一面为资产阶级政府服务，一面为我们自己服务的双重道德。这些理想可能会遭到反对：这是未来的理想，工会的责任存在于当前，存在于现实生活中。确实如此，那么，我们的理想是乌托邦吗？一点也不是！我们的理想产生于实践。正因为工会是工人实践的武器，并在特定的条件和社会法律下解决当时在实践中产生的问题，工人们必须通过有利的发展来达到这些特定的条件。

现代资本主义带来的生产集中和经济技术的变革实际上迫切需要有一个强大而活跃的工人组织。这个组织能够有力地反对资本主义的阴谋诡计，反对资本主义追随者和政府的阴谋诡计。工厂中有觉悟的工会会员和值得信任的聪明人才有资格代表积极活跃的组织。这些人对于保卫已经夺到手中的阵地有着迫切感，他们不会放弃他们在工作中的影响和工人的平等权利。他们靠同工人一起工作和劳动而不是盲目信任来建立最大的信心，这种信心保证了工人组织的强大和稳定。奥地利联合组织过去缺乏这种信心。这就是为什么它在过去的政治组织和现在的工会组织中屡屡失败的原因。

我们还可以通过一个组织来证明,由于采取了联合行动安排,即使该组织处在奥地利的环境中也可以有很多收获,并因此到现在为止成功地避免了内部冲突。这就是印刷工人组织。它由15个自治并相互联合的州协会组成。没有一个中央组织能同它相提并论,无论是在力量方面还是在所取得的收获方面。值得一比的民族社会组织和基督教社会组织也不如它。为把印刷工人组织从联盟转变成有着严格的行政管理的政府协会形式所作的努力(这种努力自1904年以来就以各种方式进行着)并没有获得成功,因为还不到火候。在如此众多的工会会员中搞中央集权制既体现不出信心,也体现不出友爱。

我们还要指出这样一个事实,即同样是在奥地利,雇主成立了覆盖整个州和实行地方自治的组织。新兴的捷克资本家也在着手组建自己的组织,尽管是同其他组织结合。他们为此成立了建筑行业的组织。但是,这一切改变不了他们的阶级意识;相反,这些意识更清楚地表现了出来。在捷克资本家大体形成的过程中也同样发生了同样的事情。这些资本家在其发展过程中受到民族政治独立和奥地利政府所推行的政策的抑制,这种独立和政策直接阻碍了非德意志民族的发展,现在他们开始起来强有力地捍卫本阶级的利益。

这些不同的政治斗争和民族斗争主要是经济上的,工人阶级不得不为捍卫自己的利益寻找一条正确的途径。我们在这里无法区分"语言文化"和"经济活动"。但是,必须牢记它们二者是相互完善的。生活不能被分割,只是资本主义主宰了世界,生活才被分割开来。资本主义制定了保护自己和禁止工人联合行动的法律,其目的在于使"政治"观点和"工会"观点产生分歧。我们当然不会追随他们走这条路!如果资产阶级鼓吹的陈腐的世界主义幸存下来,我们必须拒绝接受它的清规戒律,这些清规戒律已被我们的敌对阶级所采纳。原来实行的那种组织上的严格的中央集权制不过是继承了旧的阶级社会的衣钵。由于人民在经济方面的改善，奥地利政府在政治上的中央集权遭到了破产。经济的实际情况导致成百上千的捷克工人脱离了中央组织。我们的抱怨不过是中央组织不稳固的证明。

　　如果工人阶级今天有自己的组织并愿意独立作出斗争的决定，这并不意味着他们希望分裂联合行动。正如我们已经证明的那样，捷克工人在共同的利益需要合作的方面都自告奋勇地要求献身于联合行动。他们绝不因自己的行动伤害工人的阶级利益，因为他们的阶级立场保证了这一点。在国际上采取某种步骤不是靠方式，而是靠运动的原则、要求和责任。如果我们今天能保证我们的组织完全能胜任的话，谁还会指责它们对社会主义没有感情和不稳定呢？让我们再回顾一下历史吧。1848年和1867年这两年对捷克民族至关重要。正是因为长达两百年的屈从，捷克人民并不准备采取行动来夺回他们在政治上的独立。我们本来会有像现在奥地利所拥有的民法。有了这些民法，我们就会是一个独立的民族。如果是这样的话，按照我们的维也纳同志的观点，我们本来会成为好同志，尽管我们要成立独立的组织。是什么决定了民族性呢？工作，原则，实践还是资产阶级的阶级法律？这里我们愿意补充一句，奥地利的捷克领土至少享有国际书记处在谈芬俄问题时提到的那种源自历史的权利。

　　我们并不为资产阶级意识形态所奴役，恰恰相反，我们仅仅需要一个良好的组织，这样的组织也许能从社会的观点出发成功地反对资产阶级的意识形态。我们的目标是使捷克工人阶级的统一的工业组织合并在一个统一的工会中央联合会（行业工会中央所在地）中，再同党和合作社的中央机构联合在一起领导工人阶级为无产阶级的神圣权利而进行胜利的斗争。

　　现在我们已有5个或更多的不同行业的"中央组织"，这给我们取得进展带来了更多的困难。这时，我们需要团结。在众多的不同民族的工人在一起开会的地方，如果有适当和完善的联盟，就能消除争吵。但是，中央组织拒绝接受这些条件，尽管德意志政府、希尔施-敦克尔组织和基督教社会党组织偶尔在一起活动；前不久，他们甚至呼吁代表大会抗议政府保险法的新的版本。①

尽管面临所有这些威胁和今后还将遇到的攻击，我们仍将坚持我们的原则，因为我们完全相信我们的事业是正义的。我们确信，对我们的不利决定只会是由于不了解这些情况造成的。在奥地利占主导地位的条件不可能同操一种语言的国家的条件相比较。因此，我们期望维也纳工会委员会把捷克工人说成不信奉社会主义工人并借此在国际中挑起反对他们的情绪所做的努力将受到驳斥；我们期望我们的辩护将在以如下方式进行的调查中认可，即对奥地利占主导地位的条件进行全面、公正的调查，这样，任何一方都不会被忽视，从而从工会的立场出发作出正确的评价。我们正是以这样的方式向国际提出我们的看法的——公正、稳重，不站在资产阶级法律的基本原则上，而是站在建立在知识和经验基础之上的无产阶级现有权利的原则上。捷克工人阶级只有同国际完全协调一致才会在其组织中工作。国际联合了为建立更美好和崭新的社会秩序而努力奋斗的全世界的工人阶级，国际简要地说明了这一社会秩序的原则。他们不愿否定既有的原则，这一点毕竟通过他们为保护既有的原则所做的努力反映出来，通过他们希望以更好、更完善的组织形式来获得更大的成就而工作并为此付出的努力反映出来。

---

① 见《通讯》，1910 年第 20 年卷第 14 号，柏林。

匈牙利三年来反对封建反动和选举改革的斗争

从斯图加特国际代表大会至哥本哈根国际代表大会的这一时期，对于匈牙利社会民主党来说是一段经历严峻考验和艰苦斗争的时期。遍及全国的社会主义宣传运动，在很大程度上促使了持续40年之久的所谓"自由主义统治"的垮台。这一宣传运动的起因是非常议会内阁，即被称为"看守内阁"费赫尔瓦里—克里什托夫政府，于1905年把实行普遍、平等、秘密和直接的投票权作为他们的纲领。但是，无论这个政府还是接替它的联合政府，除了选举改革之外没有拿出任何切实可行的纲领。在上述背景下，选举改革对其他政治问题造成什么影响，下面一段皇帝于1906年5月22日在两个政府机关的成员面前发表的讲演便可以说明：

"从当前的宪政结构看，把政治权利扩大到社会各阶层，以此为全体人民提供政治生活的保障，这将是我们现任政府最重要的职责。为此目的，政府将制定出计划以便实施自由的普选，与此同时捍卫一个民主国家的正当要求，保持匈牙利的民族特色……老爷们、先生们，这些是我们政府承担的职责，这些问题必须首先无条件地加以解决，决不能用其他借口来回避或推迟。"

在世界上其他任何一个文明国家，以如此严肃和明确的方式发出的选举自由的声明，都意味着这个问题将得到迅速而彻底的解决。然而，种种情况和对这些政客的了解使匈牙利无产阶级完全无法信任联合政府。要我们对由下述几个人领导的政府抱有信心还为时过早：参加

1848年革命的路德维希·科苏特的儿子弗兰茨·科苏特，蛊惑民心的教权主义和民族主义政客阿尔弗雷德·阿波尼伯爵，彻头彻尾的封建主义农业党人尤利乌斯·安德拉西伯爵和因其巴拿马主义闻名全欧洲的菲斯卡尔·波洛尼。这样的政府无法得到有抱负的现代无产阶级的信任，而且，这个国家的工人还从未遇见过比他们更顽固、更恶毒的敌人。

这帮绅士及其追随者以令人难以置信的煽动手段，以及在任何一个欧洲文明国家都不可能容忍的对原则的背叛的方式上台执政。自上台以来，他们经常不知羞耻地公开宣称：他们执政的目的并不是真正实现皇帝在讲演的承诺，而是使选举改革销声匿迹。尽管他们只是在后来才承认这一目的，但他们的行动却早就直接指向这个目的。他们建立了极其反动的政府，其镇压工人运动的手法所表现出的屡见不鲜的残暴，与其他国家的人们仍记忆犹新的臭名昭著的班菲政府的迫害年代的行径相比更有过之。不过，如众人所知，匈牙利的工人运动正是在那时受到了血的洗礼。

热衷于巴拿马主义的联合政府的司法部长波洛尼甚至认为假装公正——这个职位的当然要求——都没有必要。他念念不忘工人运动，公开宣布现在已经是和那些无家可归的煽动者算账的日子了。联合政府的第一个动作就是粗暴地镇压蒸蒸日上的农业工人运动。经过多年的斗争，1905年政府终于批准了匈牙利农业工人联合会和大会的章程，但这个章程并无法律为其保障。现有的政府法令，其目的是将劳工自由限制到最小程度。因此，匈牙利工人的自由总体而言都很有限，百万农业工人的自由更少的可怜。

在压迫工人方面，地主和"行政区"内的贵族——他们是行政区的治安官——在全国各地实行一种与文明相悖的制度。政府的统计数字表明，那些没有移民国外的工人竭力维持着悲惨的生活，靠每天90赫勒到1克朗的工资艰难度日。1905年政府批准农业工人联合会章程时，农业工人像迎接解放一样欢迎这一组织。几个月后，这个工会的委员会已经能出版有关其发展的报告了。根据这份报告，加入联合会的人数如下：

截至 1906 年 6 月 30 日	284 个团体	13814 名会员
截至 1906 年 9 月 30 日	363 个团体	22969 名会员
截至 1906 年 12 月 30 日	428 个团体	40599 名会员
截至 1907 年 3 月 1 日	532 个团体	48616 名会员

为了完全实现前面讲到的"算账的日子"，联合政府实际上已经把这颗刚刚发芽的美好的种子踩在了脚下。

政府的法令使新的团体无法成立，现有的团体遭到解散，那些为工人讲话的人遭到起诉和处罚。如果联合会会员表明他们认为其组织的活动和目的是为了改善工人的地位，他们也将面临同样的命运。在联合政府执政的第一个夏季里，至少有 5000 名农业工人被关押在国家监狱里。这些人的唯一罪过是要求在夏收中得到更为人道的待遇，并且每日增加 5—10 赫勒的工资。下面我们将提供有关这种事例的一个典型：有一个地区的割草工，由于他们拒绝起早贪黑地干活而只拿填不饱肚子的工资，所以他们拒绝做收割工作，结果这些农业工人被治安官判处 36000 天的徒刑。

在这种情况下，早在 1908 年我们不得不在我们党关于 1907 年的工作报告的一开始就指出，我们在前一年的活动可以概括为这样一句话："抗议反动统治，为选举自由而斗争。"而政府做的第一件事便是炮制使工人组织更难以成立的新法令。

例如 1907 年 12 月内务部长尤利乌斯·安德拉西伯爵的第 122000 号法令，其结果是使全国各地的组织工作遇到了新的、几乎无法克服的困难。姑且不提其他内容，这个法令授权治安官——匈牙利最愚昧、最残忍的官员——无论何时都可进入工人组织，参加该组织的集会和会议，以及检查该组织的账目——简言之，授权他任意阻挠这种组织的发展。直到1907年，联合政府对工人的敌意并未因它对工人组织的不断骚扰而减轻。鉴于上一年夏天的农业工人运动，他们起草了一个法律作为特别法，这个法律在各方面都比1898年班菲政府执政时颁布、至今仍然生效的闻名全国的"奴隶法"更加严厉。同年，政府在铁路工人组织自由的问题上也犯下了罪行，他们给全国的铁路员工作出专横的规定，致使铁路工人组织解散。政府的法令甚至不许铁路工人阅读任何行业报纸，禁止工人们公开或秘密地加入社会民主党。同一年，联合政府在社会政策方面的法令也被制定出来，这就是新的医疗和事故保险法，该法我们将在后面详细讨论。这个法令针对工人已经赢得的权利和受到保障的自主权。一方面，政府炮制出一个又一个的反对工人组织的法律和法令；另一方面，受到其完全保护的雇主协会同时纷纷建立。这些协会不仅在组织方面被允许做工人组织如果做了就会遭到无情解散的任何事情，而且，其受到政府批准的章程保证他们有极大的权力去恐吓那些不愿用雇主协会认为合适的方式进行反对工人组织活动的雇主。

我们很容易看出联合政府的目的，他们想回避进行劳工改革这一唯一的任务。为此，他们奉承雇主。而另一方面，他们压制工人阶级的组织，以除掉那些最激进并且一直要求改革的人们——工人阶级中被组织起来的部分。这个联合政府甚至放弃了其反维也纳的政策，即反对皇帝的政策。使全国都惊愕的是，这些反对派的领袖们不断地抛出挑起军事问题和其他问题，同时却奴颜婢膝地把他们所能得到的最好的东西，甚至所有的一切都送给维也纳。在这方面，商业部长弗兰茨·科苏特表现出最大的"善意"，因此在任职的第二年，这个赶走了哈布斯堡皇帝的路德维希·科苏特之子获得了奥地利帝国莱奥波德大十字勋章，这是对哈布斯堡王室的表兄弗兰茨·约瑟夫①所称道的他所作出的贡献的表彰。

当然，政府的这种政策不能阻止工人争取选举自由的伟大斗争，它至多不过是让工人付出更大的牺牲而已。我们已经认识到政府在选举改革方面的所作所为是厚颜无耻、背信弃义的。因此，我们号召全国劳动阶级不停地进行宣传，而且不断地举行示威游行。1907年10月10日，当为期一天的大罢工发生时，这些示威达到高潮。10月10日的总罢工可以说是一次辉煌的胜利。在布达佩斯，工人普遍停工参加群众集会。此外，我们还收到匈牙利大约两百个镇的可靠报告，这些报告里都指出示威罢工取得辉煌的胜利。有意思的是，商业部长弗兰茨·科苏特命令部下收集这次罢工的数据，在其收集的数据中，报告的参加人数是184921人。尽管只有产业工人参加了这次罢工，但人们当然知道，实际上参加罢工的工人人数要比报告中所指出的多许多。从那时起，联合政府、其议会和官员变本加厉，企图破坏对资本主义的这场伟大的阶级斗争所取得的胜利。对产业工人的迫害还在继续，方式比以前更加无耻和残忍。

政府承诺的把选举改革方案提交给众议院的时间已经过去很久了。对工人阶级不断的、强烈的示威，政府的回应是停止工人组织的活动，并以俄国式的镇压方法来惩治示威群众。

在1908年，游行示威几乎成了经常的事情。我们的示威是人们所说的和平示威。工人们所做的不过是成群结队地在街道上行走，经过议会大楼前或政治俱乐部前时，呼喊着要求选举权的口号。他们没有采取暴力行动，也没有损坏任何财产。至于警察的行为如何，我们可参看政府报刊上的两篇文章。关于1908年9月16、21、23日晚上的游行示威，

---

① 即当时的奥匈帝国皇帝。——编者注

联合政府的刊物《布达佩斯》这样描写警察："好像警察已经忍耐不住了，他们在狂热地吼叫着。"联合政府的另一份刊物说："我们甚至在野蛮的俄国也见不到这样一群实施惨无人道的暴行的大耍酒疯的哥萨克宪兵。"在群众的一两次示威后，警察为了追捕示威者，挥舞着出鞘的刀剑，闯进咖啡店在顾客面前逞凶。在1908年10月8日的一次示威中，警察们再次兽性大发，更凶残地镇压示威。为了反抗警察的暴行，一些示威者行使了自己的自卫权，这被说成是"还手了"。结果，当晚就有50名同志被强行拉进警察局。从这一天开始，全体警察都在追踪那些稍为知名的同志。几个党的领袖受到了传讯；为寻找"证据"，他们的住所遭到搜查。10月9日，有23名同志被带去审讯。10月11日，17名同志因"教唆谋杀和袭击官员"的罪名遭到逮捕。被带到警察局的大多数人都遭到侮辱性的拷问，他们被拖到一间房子里，警察用最惨无人道手段，企图让这些同志说出他们想要的供词。我们已经以《布达佩斯的哥萨克政府》为标题单独出版了证明警察犯下的血腥暴行的文件。我们设法使匈牙利联合政府的罪行不会被文明世界所遗忘。

流血的示威和联合政府的破坏行动都在继续着。1908年的最后一天，工人阶级与政府反动势力的斗争达到了高潮。这一天，首都工人阶级举行了一整天的群众性政治罢工，反击尤利乌斯·安德拉西伯爵的丑恶行径——中止钢铁和冶金工人联合会以及布达佩斯的细木工支部的活动。

这次持续一天的罢工尽管事先未做准备，但有62000名产业工人参加，它充分显示了社会民主党的战士们的崇高目的和无与伦比的牺牲精神。

我们的伟大斗争也使我们的奥地利党加入了进来。1908年9月28日，奥地利党的委员会在维也纳召开了一次大会。这次由奥地利和匈牙利的各民族社会民主党代表参加的会议，是支持匈牙利选举改革的有力证明。会上，维克多·阿德勒同志在他的长篇政治报告中指出，促使匈牙利进行选举改革的种种因素是不可抗拒的。他还以有力的论据指出奥地利和匈牙利无产阶级的利益是相同的。

在此期间，联合政府小心翼翼掩盖的方案被揭露了。按照这个方案，他们企图以多元选举权取代真正普遍、平等和秘密的选举权，以兑现皇帝在1906年的讲话中许下的关于选举改革的人所周知的诺言。这个方案已由我党的中央机关报《人民呼声报》公布了，政府不得已承认是其制定者。由内务部长尤利乌斯·安德拉西伯爵炮制的这个多元选举权方案是对其他国家那些现行的不公正选举制度的反动透顶的汇编。根据这个方案，资本家阶级的人有3张选票，其他阶层的人有2张选票，工人阶层有一张选票，人数众多的文盲有十分之一张选票。文盲的间接选举权在这个方案中受到利用；至于选举形式，方案打算保持公开的形式。如果尤利乌斯伯爵的这个方案得以实施，匈牙利的封建地主阶级和资产阶级就能永远把权力和政府保持在他们手中。各种数字和统计数据表明，预计实行的改革不会改变政府现有的结构，也不会改变国家的社会结构。尤利乌斯伯爵在维也纳宫廷里争取了很长时间，才使他这个必须提交议会的方案得到了暂时的认可。直到维也纳皇室因兼并波斯尼亚而感到自己处境不佳时，才被迫同意匈牙利政府的所有要求。1908年11月，联合政府把多元选举权方案提交给议会，由议会交给了它的审议委员会。

1908年12月6日，我们举行了一次党的非常代表大会，大会决定：为了反对多元选举法令的通过，工人阶级应进行一次普遍的、群众性的政治大罢工。

多元选举权方案没有被通过，因为联合政府在执政四年之后不光彩地垮台了——比先前的任何一届政府都不光彩。

联合政府是建立在对民众的煽动和欺骗的基础上的；他们曾以十分

令人关注的方式上台执政。当那些处于社会下层的受压迫的劳动群众以及中小地主和小资产阶级，对他们国内的政治压迫感到不满而开始觉醒时，封建地主阶级意识到了危险，他们便用直接反对奥地利及其君主的蛊惑人心的口号争取到大多数选票，从而上台执政。在联合政府的政客们掌握政权后，他们做的第一件事情就是抛弃那些曾经帮助他们上台的原则和口号，他们比从前的任何一届政府行事更为反动，对社会下层民众的憎恨和迫害更是有过之而无不及，从而现出了他们的真面目。联合政府不愿倾听普遍、平等和秘密的选举权的呼声。联合政府中的那些大地主阶级代表和他们的忠实走狗们宁可失去自己的权力，也不愿意支持实行选举改革。但联合政府中曾经轻易地相信他们的大话的中等地主阶层和小资产阶级的代表们想再次碰碰运气，便抛出了激进的口号。于是，联合政府内部开始出现了分裂。导致联合政府垮台的主要是他们曾利用过的直接针对奥地利和皇帝的那些原则，特别是针对从奥地利独立出去的建立独立的民族银行的口号。

随着联合政府的崩溃，胸怀抱负的无产阶级可以庆贺对他们进行最残酷的迫害的统治者下台了。下列表格表明了匈牙利工人阶级在1899年到1910年期间——包括在臭名昭著的班菲年代——所遭受的残酷迫害：

年份	处罚时间			罚金
	年数	月数	天数	
1899—1900	35*	1	18	26846 克朗
1900—1901	2	8	29	3465 克朗
1901—1902	—	1	19	840 克朗

(续表)

年份	处罚时间			罚金
	年数	月数	天数	
1902—1903	—	5	—	2677 克朗
1903—1904	28**	6	14	25827 克朗
1905—1906	41***	8	19	19519 克朗
1906—1907	2	10	12	2990 克朗
1908—1909	36	5	15	23730 克朗
1908—1909	36	5	15	23730 克朗
1909—1910	27	8	15	11740 克朗

注：* 不包括班菲年代。
　　** 包括收割时的罢工所受到的惩罚。
　　*** 包括埃勒斯德大屠杀中遇难者的23年。

1910年1月11日，库恩-海代尔瓦里受托组建新的内阁。库恩政府没有提出任何纲领便上台了。在发表的议会的首次讲演中，库恩以政府的名义宣布支持普选权，而不是多元选举权。此外，他宣布打算以适当的方式处理结社和集会权的问题。在写这个报告时，我们正处于选举的前夕。所以，今后的情况我们还不能定论。不过，我们必须怀疑地看待卡温的保证；如果我们考虑到他的支持者，则更应如此。库恩赢得了自由党人的支持，这个党在联合政府上台前曾经统治了40年之久。在自由党人中，他的主要支持者是政客斯特凡·蒂萨伯爵，而蒂萨是以其保守政策出名的，他5年前在自由党政府下台时担任总统。尽管斯特凡·蒂萨是库恩建立的党的一员，但他仍然声称要在全国掀起最猛烈的宣传活动，以反对普遍、平等和秘密的投票权。在选举问题上，库恩党的候选人的看法和纲领大相径庭。工人阶级也积极投入竞选活动。工人阶级抨击投票权的反对者，他们力争通过广泛的鼓动和声势浩大的示威使要求真正令人满意的选举改革的那些候选人赢得多数选票。

此外，在联合政府统治时期的残暴迫害中幸存下来的工人阶级已经做好进一步斗争的准备。他们迄今为止的斗争已经致使具有进步思想的资产阶级分子采取行动要求选举改革。正如本报告的数据所表明的那样，工人阶级为了捍卫本阶级的利益已付出了巨大的牺牲。此外，本报告也表明，工人阶级已是这个国家政权的反对力量中的一支强有力的阶级力量。正如联合政府的统治表明的那样，阶级压迫者反对有阶级觉悟的工人，而工人决不会轻易放弃他们的权利。或许长期的艰苦斗争使我们的一些战友失去耐心，他们在国内外的党的机关刊物上对党的策略和态度提出了异议。我们只能再一次请人们参看我们这个报告的数据；我们能够问心无愧地说，我们像国际的其他成员一样履行了自己的职责！但正是由于同一原因，我们常常吃惊地发现，在他们，特别是一些德国党的机关刊物对匈牙利工人运动和匈牙利无产阶级的批评中，并没有遵循国际的目标和国际团结的精神，而匈牙利工人阶级和他们的领导者在极其艰难困苦斗争中有权要求这一点。不过，当我们能向国际报告说，在经过一场艰苦的斗争之后匈牙利无产阶级成功地争取到未来的发展和进步所必需的政治权利时，我们有充足的理由希望上述情况也会改变。无论斗争多么艰巨，我们仍将遵守我们一再重复的诺言：我们永不停息，直到取得胜利！

党的收支

	从 1907 年 3 月 15 日到 1908 年 3 月 15 日	从 1908 年 3 月 15 日到 1909 年 3 月 15 日	从 1909 年 3 月 15 日到 1910 年 3 月 15 日	共计
	克朗			
收入	79689.24	91492.76	74169.60	245351.60
支出	91700.26	91396.31	68995.95	252092.52

匈牙利语《人民呼声报》① 和德语《人民呼声报》② 的收支

	从 1907 年 3 月 15 日到 1908 年 3 月 15 日	从 1908 年 3 月 15 日到 1909 年 3 月 15 日	从 1909 年 3 月 15 日到 1910 年 3 月 15 日	共计
	克朗			
收入	363172.66	362795.33	374122.57	1100090.56
支出	353043.48	362784.04	375924.63	1091752.15

较大数额的开支

（用于宣传、中央和地方书记处以及援助被囚禁的党员）

	1907	1908	1909	共计
	克朗			
中央书记处	22285.87	1542.23	20076.51	61903.81
地方书记处	12517.00	9060.30	1825.00	23402.30
宣传	49722.19	45821.98	28123.83	123668.00
援助被囚者	7176.00	16971.80	18970.61	43118.41
总计	91700.26	91396.31	68970.61	252092.52

---

① 匈牙利社会民主党机关报（日报）。
② 奥地利社会民主党机关报（周报）。

匈牙利社会民主党最近三年被处罚的统计

	从1907年3月15日到1908年3月15日	从1908年3月15日到1909年3月15日	从1909年3月15日到1910年3月15日	共计
国家监狱	13年6个月零4天	6年9个月零15天	4年4个月	24年7个月零19天
监狱	8年1个月零2天	6年10个月零1天	5年1个月零11天	24年零14天
拘役	3年6个月	22年10个月	18年3个月零4天	44年7个月零4天
共计	25年1个月零6天	36年5个月零16天	27年8个月零15天	89年2个月零6天
罚金（克朗）	14978	23730	11740	50448

刑事诉讼情况

	从1907年3月15日到1908年3月15日	从1908年3月15日到1909年3月15日	从1909年3月15日到1910年3月15日	共计
	件	件	件	件
叛乱	5	2	2	9
煽动	32	51	29	112
伤害官员和他人	95	56	91	242
美化和支持犯罪	—	—	5	5
敲诈勒索	—	—	21	21
诽谤中伤	13	16	11	40
干预政治	6	25	3	34
政府处理的案件	170	279	191	640
共计	321	429	353	1103

匈牙利党的报刊

党的匈牙利语中央机关报《人民呼声报》除星期一外，每天出版。编辑部在布达佩斯第五区孔蒂街4号。

党的德语中央机关报《人民呼声报》，每周出版一期。编辑部在布达佩斯第五区孔蒂街4号。

党的匈牙利语学术刊物《社会主义》月刊，每月出版一期。编辑部在布达佩斯第五区孔蒂街4号。

党的罗马尼亚语中央机关报《真理报》和《人民呼声报》，每月出版一期。编辑部在布达佩斯第五区孔蒂街5号。

党的塞尔维亚语中央机关报《人民呼声报》周刊，每周在萨格勒布出版一期。编辑部在萨格勒布利卡街55号。

党的斯洛伐克语中央机关报《斯洛伐克工人报》，每周在波若尼[①]出版一期。编辑部在波若尼瓦沙特尔街12号1单元。

《卡萨工人报》，每周出版一期。编辑部在卡萨迪克·弗伦斯街11号工人之家。

《工人报》，佩奇的同志主办的地方刊物，每周出版一期。编辑部在佩奇兹里尼街13号。

《人民意志报》，泰梅什堡的同志每周出版两期。编辑部在泰梅什堡（内城）纳多尔街2号。

《西匈牙利人民呼声报》，波若尼同志的机关刊物，每周出版三期。编辑部在波若尼瓦沙特尔街12号1单元。

《劳动者报》阜姆同志的意大利语报，每周出版一期。编辑部在阜

[①] 即布拉迪斯拉发。——编者注

姆菲乌马拉街2号。

党的组织

匈牙利社会民主党没有合法的地位。和俄国同志的组织一样,我们的组织只有极小的合法性。没有结社和集会的权利,建立正当的政治组织几乎是不可能的,这一点对于资产阶级政党也是如此。但是,政府允许建立一些"资产阶级"政党。政府认为这些党不会在无产阶级中发展,因为如前所述,工人阶级中拥有最基本的公民权——选举权——的人甚至不到其总数的百分之四。

因此,我们的党组织不像其他国家那样,是由政治协会、俱乐部或地区联盟组成的。我们党的组织形式是人们所说的各行各业的"自由组织",党的工作是在几个其章程得到政府批准的工会的掩护下进行的。

我们不得不在这种不稳定和不太灵活的基础上开展艰苦的斗争。只有当我们成功地争取到政治权利,使我们作为一个党和政治团体存在的权利不再随时受到政府或某些政府机构的质疑时,让举行政治集会成为党的组织基础的期盼才会成为现实。现在,任何超过十人的集会都被警方认为是"秘密集会",党费的征收也被视为"秘密征收",因此这两者都被视为"犯罪活动"并被罚以重金。(见党被处罚的统计①)

因此,社会民主党现在有的党员是隶属于总委员会的工会的会员,他们大多数都缴纳必要的党费。工会和党以及双方的工作人员由于这个国家的情况而紧密地团结在一起。

此外,我们党的组织章程和其他国家兄弟党的章程一样。前面谈到的工会的自由组织是地方组织,党的组织章程在民主的基础上,将其与

---

① 见本书第354页。——编者注

党在全国各地联合起来。至于党费，每个组织的成员每周缴纳4赫勒，其中2赫勒给地方组织和附属组织（选举俱乐部、地区组织等），2赫勒上交给党的中央管理机关。

这些党费就是上表①列出的党的收入。现在，党包括66个行业联合会自由组织、6个首都的区组织和大约228个地方组织。

党内教育

与过去的几年相比，我们现在能够在"党内教育"的标题下报告1909年我们取得的明显进步了。根据以往的经验，党组织避免了使授课老师经常遭到逮捕的做法。它们组织了一系列讲座，只要有可能，每一个单独举行的讲座都与其他讲座有联系。教育工作由党的委员会选出的教育委员会领导。大部分教师是由党选派的，不过，一些组织也独立安排讲座。木材工人、青年工人、党组织以及除了布达佩斯以外的全国各地方组织都独立安排讲座。

在课程安排上，还有许多改进的余地。最大的问题是，由于组织者对教师的挑选十分严格，胜任的教师很少。一些教师的身体状况不好，必须让他人代课。可是，不管代课教师再优秀，代课常常会削弱听课者的兴趣。

指导委员会选择举办的讲座有：社会主义，历史，自然科学，政治经济学，卫生学，美术，社会主义政策，党的纲领，外国工人运动，工会运动，匈牙利工人运动史，市政政策，专题讨论，等等。

据一份统计报告，党的教育工作是相当广泛的：在冬季的6个月中，有492名作上述讲座的教师被派到布达佩斯的44个组织以及到17

---

① 即第353页的党的收支表。——编者注

个地方城镇。如果在公布的报告中有数字与实际不符的情况，我们必须指出我们在教育工作初期所遇到的困难，以求得谅解。实际上，我们在冬季派出的教师比报告中提到的要多。

在匈牙利，如果没有党和工会的努力，教育工作是不会取得这样大的成就的。特别值得一提的是党校。在那里，各行各业的工人每天下午前来学习，而行业组织的干部则晚上来参加学习。党校开设两门课：政治经济学和作文。

女工运动

女工运动全国委员会被迫使自己局限于采用极其温和的工作方法，这自然抑制了运动的发展。

女工运动的发展非常缓慢，因此我们必须立即给它提供帮助。尽管组织女工的工作受到重重困难的阻碍，但女工运动全国委员会已尽了自己的最大可能履行职责。它不仅支持工会运动的发展，而且支持党组织的发展。应劳动妇女组织的要求，党举行了讲座、集会，特别是召开了许多反对住房和食品高利贷的会议。

组织内部和外部的工作都得到推进。委员会在争取妇女参加组织方面做出了特别的努力。这种努力在几个当地组织对女工运动漠不关心的地方获得了圆满成功。此外，为了教育会员，委员会还举办了数次科学讲座。

青年工人运动

在报告谈及的这些年里，青年工人运动还没有走上稳定发展的轨道，而这样的轨道对于吸引首都和全国各地各行各业青年工人及徒工参加到运动中来却是必要的。虽然当局像对待工人那样，竭力通过颁布种种法令来阻止青年工人运动，但这一运动仍然发展了起来。1909年3月，科苏特颁布了一个禁止青年工人和徒工成立联合会或组织，甚至不允许他们参加工人组织的法令。尽管当局用心险恶，但这一法令显然不过是一纸空文。它不仅没有破坏青年工人运动，反而使青年工人更加关心这一运动。

从1909年9月以来，《青年工人》以2000份的印数再次出版，其中有1000份被送到全国各地。今年上半年，首都（中部第五区和第六区）有3个小组，600—700名成员。在这3个小组中，今年举行了近100次讲座。在首都之外，虽然有几个地方组织不得不与当局的迫害作斗争，但仍有10个镇的青年运动非常强大。

为了能在白天听课和告别星期日教学，首都的青年工人们已展开了一场规模更为浩大的运动。运动的主要手段是举行不事先通知警察局的集会、示威游行和学校罢课。在当前的情况下，这场运动大体上自然只能取得这样的成果，即使徒工学校的改革受到人们的关注。

在圣诞节，青年工人们举行了第四届全国代表会议。参加会议的有12个镇的37名代表。这次全国代表会议讨论了青年工人运动问题，特别是青年工人们的要求。为庆祝这次代表会议而举行的青年工人集会没有得到市政府领导人的批准，其借口是违反《治安条例》。青年工人从此再也不向官方事先报告任何集会，他们现在能不受干扰地商讨自己的事务。

约有500名青年工人参加了1月16日的示威游行。

1909年，匈牙利工会委员会再次研究了青年工人和徒工的教育问题。到目前为止，虽然新的制度还没有完全建立起来，但已经有四个部门的小组开始工作了。工会委员会已经于1909年通过了一项有关徒工教育的规范，但这个规范未能实施下去。委员会同党的委员会一起起草了另一项规范。尽管它还没有获得最终实施，但青年工人的教育问题肯定将在这个基础上得到解决。

根据这个方案，工会委员会和党的委员会的共同任务是，在全国推动对青年工人的统一的、社会民主主义的教育。教育和组织工作将在支部内进行。青年工人的机关刊物也将由党的委员会和工会委员会选出的委员会出版。

我们希望青年工人运动将在此基础上稳定发展。

在市政政策领域的活动

我们在市政政策领域的活动大部分与食品、住房高利贷有关，同时也与首都的几项市政事务有关。就各种问题，我们举行过许多集会，遭受高利贷剥削之苦的民众都被邀请来参加这些集会。集会邀请书通过到家走访的方式被认真地发到各处。尽管这样，除了组织起来的工人外，极少有其他人参加集会。

1909年5月，由于煤气工人的救济问题，布达佩斯的市政事务遇到了危机。5月10日，在外部舆论的压力下，煤气委员会以多数票通过了一项有关煤气厂内部管理的决议。但市政委员会中的那些煤气厂管理人员为推翻委员会的这个建议而用尽伎俩。问题以有利于资本的方式得到解决。最猛烈地反对内部管理决议的弗兰茨·海尔陶伊被任命为市煤气厂经理，其年薪为8万克朗。资产阶级的报刊为这个巴拿马式的解决方案欢呼，只有我党在《人民呼声报》和许多集会上抗议这一方案。

首都的党组织调动了更大的力量反对中断首都建筑方案的实施，这个方案由内务部长负责在已有的、并不令人满意的工程的基础上执行。

我们可以说，面包厂的建立是我们积极鼓动的结果。现在我们正在开展进一步的宣传，以确保这个面包厂不断发展，使之最终能满足首都的面包需求。

从1909年11月1日起，新的住房出租条例生效，这也是我们去年宣传鼓动的结果。

市镇选举于1909年11月进行。我们党没有提出任何候选人，这是因为，首都市镇选举的投票权与比全国议会选举的投票权还要受到更多的限制，工人阶级被完全排除在外；所以，即使从宣传的角度考虑，我们也不可能取得任何成就。我们只得让首都的各个派系有新的机会去展示它们的巴拿马倾向。这些派系控制市镇选举到了何等程度，可从这个事实看出，即尽管选民都是中产阶级的市民，48个掌握实权的党由于派系制度没有参加许多区的选举。① 在选举期间，我党举行了近百次集会和会议；在这些集会和会议上，我们抨击首都现行的政策，强烈要求对城镇法进行民主改革。

我们在各地的同志在许多城镇的市镇选举中采取了有力的行动。在40多个地方，我们的同志参加了市镇选举。他们在许多地方提出了自己的候选人，并在一些地方的选举中取得真正的胜利。我们在下列市政机构中有席位：

在巴陶塞克有3个席位，在伊丽莎白法尔瓦②有14个席位，在基什孔豪洛什有3个席位，在洛夫林有3个席位，在大毛罗什有5个席位，在瑙吉杰克饶有14个席位（占全部议席），在欧罗什哈佐有2个席位，在佩奇有1个席位，在帕波有3个席位，在山多尔哈扎有11个席位，在绍罗克沙尔有3个席位，在索斯赖根有5个席位，在塞切尼特勒普有19个席位，在韦尔塞克有3个席位，在韦尔比萨什有7个席位，总之，

---

① 原文如此，大概是指这些党事先分配好选区，各党只在指定的选区竞选。——编者注

② 今佩斯伊丽莎白，为布达佩斯市的第20区。——编者注

在15个市政委员会中共有96个席位。

匈牙利的工会运动

如下引自我们关于工会的报告。

1909年,工会委员会共有27个全国性组织(1908年有28个;在商业雇员组织和私人职员组织合并后,全国性组织减少了1个)。上述全国性的组织共有769个分部和小组。由于受到迫害,分部和小组已减少到115个。这些组织大部分被当局勒令中止活动,但它们还以自由组织的形式在活动着。1909年,地方共有25个独立组织,其中马车夫、咖啡店员和服务员的组织的活动被中止了很长一段时间,他们仅是在最近才能够恢复活动。

到1909年12月31日为止,工会全国性组织共有会员85266名,其中男工80095名,女工5171名。1908年,全国各组织的会员人数为102054名。值得注意的是,从1908年到1909年,男工的数量从96564名下降到80095名(约17%),女工的数量仅从5400名下降到5171名(不足6%)。首都之外的会员为48110名。

下表说明了产业工人组织在人数和资金方面的变动情况:

产业工人组织的人数和资金

(1901—1909)

年份	会员人数	收入（克朗）	支出（克朗）	现有资金（克朗）
1901	9999	—	—	58920
1902	15270	—	—	68311
1903	41138	373800	201189	141002

（续表）

年份	会员人数	收入 （克朗）	支出 （克朗）	现有资金 （克朗）
1904	53169	846820	706520	667057
1905	71173	1131987	878367	896793
1906	129332	1680059	1330308	1247643
1907	130120	1944233	1819480	1136176
1908	102054	1762106	1932224	1194058
1909	85266	1506637	1421116	1279579

收入的减少不仅是由于会员减少，而且是由于在前一段时期，有几个组织无法从其会员中征收会费。1908年的收入为1762106克朗27赫勒，1909年的收入为1506637克朗42赫勒，减少了255468克朗85赫勒。另一方面，支出也出现较大幅度的减少。1908年的支出为1932224克朗22赫勒，1909年为1421116克朗36赫勒，减少了551107克朗22赫勒。1909年用于救济的资金总额是712758克朗31赫勒，占收入的47%，其中不包括拨给各城镇组织的用于救济失业工人的不菲金额。

在过去的5年里，下列数额的款项用于救济失业工人和外出差旅：1904年为161282克朗，1905年为204984克朗，1906年为229629克朗，1907年为315760克朗，1908年为453742克朗，1909年为367874克朗。用于私人事务的开支，1908年为180760克朗，1909年为111789克朗。

尽管收入和开支大量减少，但在1908年，工会为救济失业工人共支出327256克朗，用于旅差支出40818克朗，用于特别补助支出40309克朗。

如果仔细阅读上述报告，我们会为工会的倒退感到震惊。我们的行业组织共失去16500多名成员。收入不足25万克朗，而开支达50万克朗。尽管这些数字表明了运动的倒退，但它动摇不了我们，我们甚至乐观地看待它，因为我们的损失无论如何都比我们预计的要小得多。如果阅读国外行业组织的报告，我们可以看到，它们也报告了运动走下坡路的状况。在这些行业组织最强大的、最发达的国家，人们同样感受到经济危机的影响。我们的行业组织不仅经受危机——当前社会制度的伴生现象——造成的动荡，而且不得不经受公共权力——当局和雇主联合会——的严峻考验。一切可以采用的暴力和野蛮手段都被用来对付我们的行业组织。政府和资本家沉瀣一气，把迫害工人组织作为共同的事业。

因此，如果我们考虑到经济危机、政府和雇主三个因素结合在一起造成了工人组织的倒退，如果我们在进一步考虑到我们的组织曾以最不寻常的方式——或者说跳跃式地——发展过（在1901—1907年的6年间，会员人数增加了14倍），而且组织起来的工人没有意料到可能到来的经济危机，并没有对此作任何准备这个事实，那么，我们就能对我们的组织感到完全满意，也就没有什么理由抱怨了。我们有理由为我们现在的队伍自豪，因为它在大迫害时期保持团结一致，这个事实证明了它的自尊和它的不屈不挠。

经济危机过去了，对组织的迫害在减少。工会无一例外都在忙于弥补损失。近几个月来，会员的数量增多了，有几个组织今年又招收了数千名新会员。

合作社活动

从下文可以看出，合作运动在匈牙利已经发展壮大。党的领导尽其所能地支持了这个运动。他们在各种集会、会议上，或者在报刊杂志上发表文章，不断鼓励首都的党组织开展合作运动的鼓动工作。如下以统计数字为依据的报告也证明了工人阶级反对提高食品价格的农业派政策方针所做的努力以及合作运动的不断壮大。

(1) 总消费合作社

与西方国家类似的现代合作社的做法相同，总消费合作社采取的主要商业原则是现金支付。无疑，这使合作社只能逐步和艰难地把可以向商人赊账的工人争取过来。

不过，由于工人们认识到了现金支付的好处，这一不足之处在变得越来越不成为问题。在首都和郊区以及全国各地，每月都有成百上千的人参加合作社。

合作社社员的增长

时间	社员人数	股份（每股20克朗）
截至1904年12月3日	767	1022
截至1905年12月3日	1292	1567
截至1906年12月3日	1447	1685
截至1907年12月3日	3152	3378
截至1908年12月3日	5174	5799
1909年12月3日	7931	8292

因此，从表中可以看出，社员人数在迅速增加，尤其在近三年增加较快。当然，这种情况在每一个组织和合作社的每一个分社中都可以看到。

以20克朗为1股构成的资本增长缓慢，其唯一的原因是工人经济状况不佳。

尽管如此，截至1909年12月3日，购买股份的金额已达58362克朗。

储蓄部门受到真正信任合作社的社员的支持，存款的数额不断增长。

随着合作社社员人数的增加，合作社的业务关系自然每年都在扩展。为了较好地处理业务，合作社不断成立新的分社。在1909年初成立了4个新的分社，到这一年年底，新成立的分社达到14个。此外，在拉科斯帕尔奥特-新夫法罗设有一个仓库。合作社将很快在拉科绥特尔普、绍罗克沙尔、拉科希森特米哈莱和其他地方开设仓库，以扩大业务并满足社员的需要。

业务的增长可以从下表（6月30日的结账报表）看出：

1904年	7805.23克朗
1905年	133909.45克朗
1906年	139662.71克朗
1907年	183445.77克朗
1908年	304602.13克朗
1909年	529004.11克朗

在以往经营的基础上，合作社在1910年的成交额可望达到100万克朗。

这个数字还不包括木材、煤炭贸易以及使营业额大大增加的辅助性贸易。去年，合作社已经开始分红。

总消费合作社不希望把它的活动范围限制在首都及市郊，而想把合作运动扩展到全国各地，最终成立一个设有总部的批发贸易公司，它已经开始着手这项工作。因此，总消费合作社向地方合作社提供建议和商品。而且，它密切关注地方合作运动的发展，以使这一运动在可靠的基础上发展。总消费合作社总部时刻准备着为地方合作社提供建议和信息。

为了宣传自己的主张，总消费合作社出版了一份名为《联合会向导》的刊物。刊物的发行量为2000份，它详尽地介绍了国内外合作运动的状况，不时发表经济方面的文章。这份刊物在合作社的分社可以买到，每份4赫勒，每年的订阅费为2克朗。

总消费合作社经常宣传合作社的益处。考虑到生活在布达佩斯及其城郊的众多工人，它尽力通过增设分社、增加股份数量的方法与工人阶级取得联系。

为了实现上述计划，首先必须建立合作面包房和合作旅店。总消费合作社的委员们正在努力实现这两项计划。很可能在方案公布之前，我们就能报告他们工作的结果了。

（2）"协和"餐饮合作社

为了抵制小餐馆和食堂搞的食品盘剥制度，"协和"餐饮合作社得以成立。这种食堂形式的组织在那些不料理家务的工人中越来越普遍，因此，合作社在1909年开设了两个餐厅并租了一个饭馆。

到1909年12月31日，合作社有1200名社员。尽管有不少社员不在合作社的餐厅就餐，但大约有600名社员在此就餐。去年合作社的营业额为12万克朗，食堂的雇员有28人。

无论怎么说，合作社取得的成果都是令人满意的。在此就餐的同志花很少的钱，就能吃到比其他餐馆好的食品。由于合作社不仅要同其他餐馆竞争，而且要同创建初期的困难和由此而出现问题作斗争，所以这个合作社更加值得称赞。

由于合作社社员的支持和那些不料理家务的工人们的觉悟，这个在工人运动中起着非常重要的作用的机构将逐渐完善起来。

联合政府的"社会创新"

自上次国际代表大会以来，匈牙利劳动保险这一曾经被完全忽视的问题由于两个表面上看来很有必要的法律而备受关注。这两个法律分别是"工商业雇工医疗和事故保险法"和"农业雇主和农业工人之间法律关系的准则"。

这两个法律都因政治原因而得以出台。没有人想改善工人的处境；相反，制定这些法律的目的是更进一步地限制工人的组织自由。

工商业雇工强制医疗保险法于1891年制定。而事实上，强制保险的适用范围非常有限。当时对事故保险并没有作出规定。1891年工商业雇工强制医疗保险法第14条允许工人参加私人保险，并规定工人应付三分之二的保险金，而雇主只付三分之一。按照这一比例，保险管理委员会委员的三分之二由工人从自己的各种医疗储金会中选出。

统治阶级把社会民主党力量的不断增强和发展归结为医疗储金会拥有强大的自主权。他们宣称，医疗储金会是工人牢不可破的堡垒，只要有关医疗互助社的法律保持不变，工人阶级就不会束缚在锁链之中。

韦克勒—科苏特府（这个政府声称的民族斗争被工人斥之为骗局）竭尽全力反对组织起来的工人阶级。在工人看来，修改医疗保险法是削弱工会运动和工人阶级的手法。联合政府的"社会创新"主要是在这样的背景下出台的。但是，由于匈牙利最高法院已同意给残疾工人予雇主们强烈反对的高额补偿，所以事故保险法还是制定了出来。雇主们出于纯粹的商业动机要求出台事故保险法。政府为反对工人可以不择手段，所以，雇主们早就知道，强制事故保险要比法院许给工人的补偿要便宜得多。

"农业雇主和农业工人之间法律关系的准则"不过是一个卑鄙的反罢工法。其中仅有一段就工人的医疗保险作出这样的规定,即富有的农业雇主只需给自己长期雇用的工人及他们的妻子、12岁以下的孩子担负45天的医疗费。但是,雇主被允许从受雇者的工资中扣除一部分用来支付其家庭成员的医疗费。如上所述,这一法律并没有起到社会保险的作用,不过是以此为幌子,用严苛的规定阻碍工人罢工而已。

1907年"工商业雇工医疗和事故保险法"第55条包括以下原则:1. 保险的强制性质;2. 保险组织的集中统一;3. 医疗保险和事故保险的统一;4. 地方中间机构的一致性;5. 同等代表;6. 设立仲裁机构。

但法律本身完全违反了这些基本原则。它确实规定保险是强制性的,但其范围如此有限,以致大部分工人没有受到法律的影响。农业工人完全没有受到法律的保护。而且,法律对7万名矿工未作任何规定,把他们留在过时的兄弟会中,并从他们的工资中扣除百分之五到百分之六作为兄弟会的救济金。工商业雇工总计为1363849名,截止1909年底,仅78万名雇工加入强制保险,剩下的58.3万名雇工仍然享受不到公共保险。保险理赔过程漫长而且花费高,这种简单化的原则源自官僚主义。在大多数情况下,工人要得到事故保险金,不得不等待一年到两年半的时间。

最能说明这个法律本质的是这样一个事实,即它虽然效仿德国和奥地利的劳动保险法,但只是采用其中最不利的规定。例如,德国规定事故受伤者应保证66.28%的收入,而奥地利只保证60%,当局就采用奥地利的规定。奥地利的法律规定患病工人的补贴为每日工资的60%,而德国的法律只规定为50%,当局就采用德国的规定。

自主权仅是一纸空文。法律中缺少的条文使为检查保险基金而设立的国家保险办公室能够撤销任何自主作出的决定。它甚至就保险机构职员领取多少薪水作出规定。

自从新法律通过后，患病工人得到的补助减小了。拥有 16.8 万名会员的布达佩斯医疗储金会，从前能支付病人 26 周的全部费用及再加上 13 周的半数费用。现在，它只能担负 20 周内的费用，在 1909 年出现了 46.1 万克朗的赤字。

几个地方的医疗储金会几乎破产。这种状况是由这样一条荒谬的规定造成的，即只雇用 5 名工人的小雇主只缴纳其收入的 2% 作为医疗保险。其他雇主和工人要缴 3%。这种给医疗储金会造成数百万克朗损失的荒唐规定，纯粹是出于政治意图而制定的。如下事实表明了这一条款的不公正性：一个在麻纺厂做工的女工，每周工资为 7 克朗，她就要缴 3% 作为医疗保险金；而一个每周工资为 30 克朗的小作坊工人只需交 2%。

根据财政部门的统计和公布的接受保险的工人工资，我们就可看出事故保险的悲惨状况。

从下表中我们可以看出，1908 年共有 780823 人参加强制保险。其中 153871 人属于第一类别，225042 人属于第二类别，190131 人属于第三类别，104605 人属于第四类别，51099 人属于第五类别，32274 人属于第六类别，12932 人属于第七类别，10874 人属于第八类别。人们可以从这种分类中得知匈牙利工人的工资是十分可怜的。

匈牙利参加强制医疗事故保险的工人收入状况

每年平均日收入（克朗）	工人人数
1	153871
1.5	225042
2.5	190131
3.5	140605

（续表）

每年平均日收入（克朗）	工人人数
4.5	51099
5.5	32274
6.5	12932
7.5	10874

换句话说，569044名工人每天最多挣3克朗，只有211784名工人收入每天超过3克朗。如果工人完全丧失劳动能力，他能得到年工资的60%。如果工人工伤致死，他的妻子可得到其收入的20%，每个孩子可得到15%。

全国组织起来的工人正在进行反对这两个新法律的斗争，他们正在努力使势在必行的法律修改工作更好地体现工人的利益。

有关匈牙利的统计数字

（摘自社会民主党选举宣言）

地主和土地的奴隶

在我们美丽的祖国有3708个面积超过7000"约赫"①的大庄园，其总面积达11903246标准"约赫"。另一方面，有1279718个仅有5"约赫"的小庄园，其土地面积达2155506"约赫"。土地拥有面积达20"约赫"的庄园共有2123634个，其所占土地面积共有1087081标准

---

① 过去在南德意志和奥地利通行的土地丈量单位，其标准依地区而不同。在奥地利，1标准"约赫"约为0.58公顷。——编者注

"约赫"。从上述统计可见，2123634个小土地所有者所拥有的土地要少于3708个大庄园主。

如我们以1"约赫"的土地平均仅收入40克朗计算，1个大庄园主的年收入可达12.6万克朗。这难道还不够他们吃穿玩乐吗！而许多拥有2万"约赫"或者更多土地的大庄园主，其收入可达200万到300万克朗。

那些不得不向国家、社区、行政区、教堂缴纳税金，向银行支付利息的小土地所有者是如何生活的呢？这些可怜的人完全靠自己的血汗劳动来满足各方面的需要。但这对他有什么用？他们辛勤地耕种土地，几乎没有什么东西可拿出去卖掉。即使有好的收成，各种苛捐杂税也会随之而来，况且牧师、银行还会千方百计地降低这些产品的价格。在他们必须买些什么时，由于食品税和关税抬高了价格，他们又不得不高价购入。在这种情况下，小农们如果不联合起来，就只能苟延残喘。1908年，有15000个庄园被拍卖，总售价达4000万克朗。每个庄园的平均价格是2500克朗；因此，它们大多数是穷苦人的小庄园。同年，登记注册的393682名土地所有者拖欠的约金、罚税、杂税的总数达8.46亿克朗。在对103590位土地所有者的债务执行清偿后，有1.035亿克朗被转给债务人，582万克朗被注销。这些土地所有者的债务在一年中增至3.5亿克朗。

这不是悲惨的状况吗？而我们可以向你保证，高级牧师和贵族的财产是不会被拍卖的，他们的土地受到法律的保护。

根据1900年的普查，匈牙利有1100万人口靠农业维持生计，而三分之一的土地为2000人占有。法律规定伯爵和高级牧师对自己的土地有"永久所有权"，这些土地不得出售。所以，劳动者不可能占有一寸土地，他们只得每日为生计而劳动。农业部长曾在他的正式报告中证实了人们怎样挣得工资，怎样"享受这种奢侈生活的"。报告说，农业男工的平均日工资是 2 克朗 5 赫勒，女工是 1 克朗 36 赫勒，童工是 96 赫勒。可是，他们一年能干几天活呢？正常年景是 200 个工作日，因此，男工一年能挣 410 克朗。在丰收的好年景，一个长工年平均可挣 500 克朗。由此可见，一个地主一年轻而易举地装入腰包的收入，6 个长工干 40 年才挣得。

农业无产阶级不仅要用他们的汗水，还必须用他们的鲜血浇灌土地。1908 年，有 10834 农业工人在劳动中出了事故，其中 8988 起是严重事故，296 起致死。在致残者中，有 6927 人是一家之主，因而有 24019 人失去了赡养人。农业工人基金和工人基金给予这 10834 名伤残工人总数达 500793 克朗的救济金。因此，每个付出生命或健康的农业工人所得到的只不过是 50 克朗的救济金。

"工业一片繁荣"

1900 年，匈牙利雇用 20 名工人以上的工业企业有 2251 个。其中雇用工人超过 1000 名的企业有 41 个。

尽管我们不可能像核实庄园一样轻而易举地核实工业企业的财产和收入，但一些不得不公布自己的资产负债表的企业为我们展示了这种"繁荣景象"。

1908 年，工业股份公司的总利润达 6700 万克朗。这些利润不是公司经营的结果，也不是资本的"正当"利息，因为利息仅为 5%，而股东们却平均分得 12% 的红利。

但是，工人们从他们双手创造的这片繁荣中又得到了什么呢？

在加入劳动保险 78 万名工人中，有 15.4 万名工人每天挣 1 克朗工资，有 22.7 万名工人每天挣 1 克朗 20 赫勒，有 19.9 万名每天挣 2 克朗50赫勒。中等的年收入是700克朗，即每天1克朗1赫勒。① 因而，从1900年普查的结果看，1031078名工人和他们的1363846位家属无疑过着十分悲惨的生活。

像农业工人一样，产业工人用生命和健康来为资本家创造利润。1907年，有19458名产业工人发生事故，其中233人终身致残，213人死亡。我们的祖国给了他们什么呢？每人20克朗75赫勒的医疗费，而死者的遗属得到40克朗90赫勒的殡葬补助。

矿工的遭遇更加艰辛

1908年，匈牙利的矿山的产值达到1.5亿克朗，这笔巨大的财富是69258名矿工——其中有5974名儿童——从地下挖掘出来的。这些在地球的心脏中寻找财富的人不得不付出自己的健康，甚至生命。

在这笔财富中，工人们得到了多少呢？据官方的报告：矿工的日工资从100—580赫勒不等；其中女工的日工资在40—240赫勒之间，童工的日工资在28—250赫勒之间。因此，在成年的男矿工每天为1克朗、女矿工为40赫勒工作时，那些本应在阳光照耀的草地上嬉耍的孩子们却要在地下为挣得不够糊口的28赫勒而劳动。事故的危险更是雪上加霜。1908年，有1452名矿工发生事故，其中151人死亡。

谁在承担社会的开支

10年前，土地税达6150万克朗；到1908年，土地税上升到6650万克朗。在国家每年14亿克朗的支出中，地主们只贡献出这一小笔。而这一小笔在很大程度上也是由拥有小块土地的农民缴纳的，而不是那

---

① 这两个数字有矛盾，原文如此。——编者注

些拥有数万"约赫"土地的伯爵和主教们。下面的例子说明了地租分派的"公正性":

多伦陶行政区的亚历山大·纳科伯爵共有13000"约赫"土地,每"约赫"土地缴纳1.52赫勒的土地税。而同一地区拥有3—5"约赫"土地的农民,每"约赫"土地缴纳3.56赫勒的税。文克海姆伯爵为他在多博兹省登记的6128"约赫"土地和1125"约赫"林地缴纳给国家每"约赫"10赫勒税金,而农民却是每"约赫"2克朗10赫勒的税。

1908年,土地的各种直接税共计2.565亿克朗,这是由各种各样的大地主、银行家、工厂主、资本家、房产主,以及筋疲力尽的小地主、小店主、小商人和级别较低的官员们支付的。

其他上亿克朗是从哪里来的呢?可以说,全部是从忍饥挨饿的穷人身上搜刮而来。

1908年,国家以食品税的形式从人民手中收取了2.245亿税款。其中烧酒税为9125万(10年提高了3105万),糖税为4550万(10年提高了近3000万),肉税为850万(这只提高50万,因为人们越来越吃不起肉了),葡萄酒税为1950万(提高了450万),啤酒税为1900万(提高了6500万),石蜡税为1325万(提高了325万),等等。

我们应该如何生、如何死?

因此,匈牙利人工人的命运是:越干越穷,最终沦为乞丐。许多工人买不起干面包来果腹,只有节日里才能尝到肉的味道。他们的住所破旧不堪,连富人家的猫窝狗窝都不如。在布达佩斯,有10到15人住一间房的情况;据官方的报告,甚至还有30人住在一间屋的情况。

这是生活吗?

移民和自杀的数字回答了这个问题。

1907 年，有 209169 人移居国外。1908 年，有 3621 人自杀。自杀的原因多数是因为贫困。在这个大屠宰场，死神肆意地挥动着他的大镰刀收割生命。

1908 年，匈牙利有 194871 名 5 岁以下的儿童死亡。在死去的人中，每 100 名中有 44 名是儿童。他们的死因是什么？有 66076 个孩子死于遗传疾病，不是因为他们的父母体弱多病、严重营养不良，就是因为母亲在怀孕期间在田间或厂房一直劳动到临产。11953 人死于穷人病——痢疾，6957 人死于麻疹，5071 人死于百日咳，7620 人死于白喉。其实，他们最主要的死因是没有得到医生的治疗，而没有得到医生的治疗，又是因为父母没钱请医生。

在成年人中，肺结核夺去 65694 人的生命，其中 45% 的肺结核患者因得不到治疗而死。全国的医生很少，1908 年只有 5193 名。在外省，约 4500 人中才有一名医生。在一个拥有 9000 人的 125 平方公里的地区，竟然只有一个药店！全国公立医院医生的总数为 2217 人，他们的工资低得可怜，平均为 2346 克朗（包括住宿费和车马费）。而在另一方面，全国有 13664 名传教士，5209 名修女，2328 名修道士。

因此，5000 个收入菲薄的医生负责人民的身体健康状况，而 21000 个靠民脂民膏养肥的僧侣在照看他们的心灵。

工人阶级不得不遭受国家和社会的这种错误的做法。

在国家的机构中以及在法律的起草过程中，工人阶级都没有发言权，议会中也没有人民的代表，只有大地主、主教、工厂主和为他们服务的官僚。

在法国，26% 的居民有投票权；在奥地利，27% 的居民有投票权；在德国，22% 的居民有投票权；而在匈牙利，仅有 6% 的居民有投票权。

在法国、奥地利和德国，人们有普遍的、秘密的投票权；但在匈牙利，只有一小部分居民有投票权，而且这种投票还是公开的，在压力之下进行的。

正因如此，大地主、主教、工厂主把持着议会并制定出只能使富者更富、穷者更穷的法律。

大地主需要廉价的劳力，牧师需要愚昧的人，工厂主需要便宜的工人；而我们的愿望与他们完全相反。

我们希望在这个国家干着有用的工作的人都能过上体面的生活。

这个希望只有在我们获得普遍的、平等的和秘密的投票权时才可能实现。

投票权是一切权利的基础。

法国社会党（工人国际法国支部）向哥本哈根代表大会提交的报告

从斯图加特代表大会以来，工人国际法国支部在日益发展的国家政治和社会事务中，取得了越来越大的影响。

党努力使更多的工人群众加入它的组织。为了实现这一目的，党越来越有步骤地组织宣传工作。这些工作有的由联合会在各省的积极分子开展，有的直接由党的中央组织的代表开展，有的由党的议员开展，后两者是在全国范围内进行工作的。

党还设法每年召开一次代表大会：1908年图卢兹代表大会、1909年圣艾蒂安代表大会和1910年尼姆代表大会。在历次代表大会上，党都重申了社会主义目标，制定了无产阶级实现这一目标的最好方法。

为了社会解放事业，党也把它的活动逐渐发展到整个政治生活领域，以便在漫长的社会主义征途中，正确引导群众运动，利用所有宣传鼓动力量。

这些活动在议会中有了反响。在上一届立法会议中，我们的议会党团根据阿姆斯丹代表大会的提议，阐明了阶级对立，逐步维护了工人的利益，努力完善社会立法和尽可能使工人阶级实现其政治和文明使命。

坦率地说，这不是一个过高的任务。因为我党在上次大选中取得了巨大成功。这次大选几乎使我党在议会中处于仲裁人的地位。这为我党未来的发展，带来了极大希望。

1906年利摩日代表大会（在斯图加特代表大会上向国际局提交的报告中的统计材料截止于这次党代会）时，党有43462名定期交纳党费的党员。1907年南锡代表大会时，党员增加到48237名。1908年图卢兹代表大会时，党员已有49348名，1909年圣艾蒂安代表大会时，党员有51692名。到1910年2月召开的尼姆代表大会时，党员已发展到53928人。

也就是说，党在利摩日代表大会到尼姆代表大会期间，稳步地发展着，增加了10466名党员。

这种可以感觉到的增长虽然有点缓慢，但它的稳步发展却是令人鼓舞的。我们能从这些肯定无疑的事实中认识到，从现在起这种前进的速度将会大大加快。

党员们首先结成小组，而小组又根据基本行政区域联合成地方支部。目前党约有2500个小组和1500个地方支部。地方支部又成立省联合会。联合会既像党的许多基层组织，又像党的中央机关，既是协调性的组织，又是独立活动的组织。

目前党有82个省或者地区联合会，其中80个在国内，2个在殖民地。这就是说，实际上在每一个省都有同各种资产阶级政党进行斗争的领导机构。

这些联合会每年各自派出代表，共同举行全体代表大会。此外，每三个月召开一次全国委员会会议。

因此，全国委员会和全体代表大会就是党作出最终决定的会议。在这些会议上，所有代表都畅所欲言，表明观点。

在上述会议闭会期间，党的事务由每年全国代表大会中选举产生的22位成员组成的党的常务执行委员会负责处理。

1909年党（中央机构）的财政收支情况如下：

收入　　　　　　128894.40 法郎
支出　　　　　　103478.15 法郎

收入来自：

1. 中央机构向每个党员募集的党费，即党员每年领取党员证和每月登记时所交纳的款项，前者为 25 生丁，后者为 5 生丁。

2. 每个立法代表按月向中央机构捐款 100 法郎现金。巴黎市议员按月捐款 10 法郎。

3. 党报《社会党人报》的利润和隶属于党报的书店的营业利润。

支出款项中一部分是用做党中央机构工作经费，另一部分由中央用于支持联合会的宣传工作。

为了表明党在这方面取得的进展，我们可以回顾一下 1906 年利摩日代表大会上中央提出的财政收支：

收入　　　　　　59751.75 法郎
支出　　　　　　48136.55 法郎

这表明党的经费在 3 年中增加了 1 倍之多。如果仅就收入一项而言，我们可以断定，我们不久就能达到 1906 年 3 倍的数字。

这里必须指出的一点是，上面提到的收支仅仅涉及中央机构，不包括各个联合会、小组和其他许多机构的收支，如党报等，尽管它们都是我们组织的一部分，或者与我们党有密切联系。

要对全党总的财政数目作出一个哪怕是粗略的估计，也是很困难的。然而可以断定，全党的财政数目至少是中央机构的十倍。

去年 3 月结束的上一届立法会议任期期间，我们在议会努力发挥了自己的作用。

在过去3年中,我们的代表在议会中不停地工作着。可以有把握地说,议会讨论的任何议题,不管是涉及工人利益,还是只是关系到文化的整体发展和文明进步,都被我们的代表从社会主义的角度来作解释,资本主义的观点遭到驳斥。

议会在讨论任何关于教育、卫生或者维护工人的立法和措施时,都会有一场激烈的争辩。在每次争辩中,我们代表都狠狠地谴责了军国主义、殖民主义和提高海军开支的政策。他们每次都疾呼,国家之间应奉行和平和和解的政策,实行裁军,同时还提倡各国之间通过协商签订降低关税的条约,使我们进入一个普遍和平友好和繁荣昌盛的时代。

在争论改革军事法院、修改以实行所得税为标志的税收估算方法、建立老人养老金以及通过建立普遍的社会保险来保护工人不受资本主义制度危害等问题的过程中,我们议员取得的成就特别令人注目和重要。

他们也在全党的支持下急切地致力于选举法全面改革,以比例代表制代替原来的每选区单名制投票,这样就能使各党按照相应的实力进入议会,并以此来宣传普选权。

法国选民赞扬了我们议会党团的觉悟和无畏。自从上次大选以来,对社会主义和对党的信任与日俱增。我们可以看到,许多社会主义者的选票在以惊人的速度增加着,议会中的社会党代表也日益增多。

在1896年[①]5月的大选中,党获得877999张选票。今年我们获得1106047张选票,也就是说,增加了228048张选票,或者说增长了20%。

1906年5月的大选中,我们党在议会得到了54个议席。今年我们党又增加了22个议席,即已有76个议席。这些议员代表由下列公民担

[①] 原文有误,就内容看应为1906年。——译者注

任,这里同时介绍一下他们原来的职业:

阿尔贝·普兰,机械工人;阿尔迪,律师;奥布里奥,职员;巴尔特,药剂师;巴斯利,矿工;贝杜斯,职员;贝图勒,职员;布埃-阿莱,葡萄栽培学家;布伊松,工厂主;布弗里,矿工;布勒尼埃,织布工;布雷东,工程师;布里凯,律师;布里宗,教授;卡布罗尔,药剂师;卡德纳,鞋匠;卡梅莱,零售商人;科利,铁路职员;孔佩尔-莫雷尔,园艺师;德让特,帽匠;德洛里,织布工;杜瓦齐,医生;迪布莱,钢铁工人;迪卡鲁热,陶工;迪富尔,零售商人;Ch.杜马,律师;E.杜马,机械工人;福雷,铁路雇员;富尔芒,教授;盖斯基埃,织布工;戈尼乌,矿工;古德,海军职员;格鲁西埃,机械制图员;盖得,记者;饶勒斯,教授;拉格洛西埃,律师;拉芒丹,矿工;劳赫,机械工人;拉沃,铸工;勒库安特,排字工人;洛斯特,排字工人;马努斯,织布工;马里耶东,律师;曼格,皮革工人;梅利耶,医生;米勒,药剂师;米斯特拉尔,职员;莫勒,律师;米伦,教授;内克图,机械工人;尼古拉,农场主;德拉波特,记者;普雷沃,教授;克南,职员;拉芬-狄更斯,教师;兰吉耶,记者;罗布兰,律师;罗尼翁,雕刻师;鲁瓦奈,记者;鲁热,葡萄栽培师;卢-科斯塔多,教师;罗齐耶,职员;萨班,农场主;塞莱,药剂师;桑巴,记者;塔尔布里埃奇,教授;蒂夫里埃,医生;托马,教授;瓦扬,医生;韦伯,教授;维涅,葡萄栽培师;瓦兰,机械工人;瓦尔特,机械制图员;维尔姆,律师。①

这些议员来自32个联合会,具体分布情况如下:

埃纳省,1名;阿列省,4名;阿登省,2名;奥布省,1名;奥德省,1名;阿韦龙省,1名;罗讷河口省,3名;谢尔省,3名;科多尔

---

① 就文中数字看应有76人,但原文名单中只有74个人。——译者注

省，1名；德龙省，1名；菲尼斯泰尔省，1名；加尔省，2名；上加龙省，2名；吉伦特省，1名；埃罗省，3名；安德尔省，1名；安德尔—卢瓦尔省，1名；伊泽尔省，3名；汝拉省，1名；马提尼克岛，1名；涅夫勒省，1名；北部省，6名；加来海峡省，4名；罗讷省，3名；索恩—卢瓦尔省，2名；塞纳省，18名（其中1名同志——绍维埃尔——不久就去世了）；塞纳—马恩省，1名；德塞夫勒省，1名；索姆省，1名；塔恩省，2名；瓦尔省，2名；上维埃纳省，1名。

这些粗略列举的数字充分显示了党的力量。如今，在全国各地的选举中，无论北方还是南方，不管是大工业和商业中心地区，或者农村地区，都选出了党的代表。依靠所有雇佣劳动者——工人和农民——征服整个法兰西，这是我们现在正在进行的事业。

我们党在参议院中还没有代表。不过，由于在这方面开展的活动，最近在几个省的参议院中已有了我们党的代表，他们成为非常重要的少数派。这使我们对不久的将来充满了希望。

在区议会中也有党的代表，总计有81名大区议会议员和63名市镇议会议员。

今天，党已在法国500多个城市议会中，拥有大约3800名党的代表。虽然在最近一次市镇选举中，我们失去了像布雷斯特、图卢兹和第戎这样一些重要城市，但我们在其他如尼姆、加来和蒙吕松这样重要的城市里获得了胜利。此外，我们党已完全控制的市政府也还有许多个。所以我们说，党获得的要比失去的多得多。

党的正式党员人数的增加和我们的候选人所获选票数的提高，表明我们的运动在前进；党的报刊——无论是联合会直接领导的还是控制的报刊——也同样在前进。

首先是日报。

3个联合会拥有自己的日报,其发行量已超出本联合会的地域范围,扩大到相邻省的联合会。这三种报纸是:上加龙省联合会的《法国南方社会党人报》,伊泽尔省联合会的《民权报》和上维埃纳省联合会的《中部地区人民报》。此外,如今《人道报》也可视为党报。实际上,党依据报社的章程在其行政委员会中取得了多数,报社领导也是由党的全国代表大会任命的。

地区性的报刊还有2种半月刊,4种周刊和3种月刊。

严格地说,目前党不拥有,也没有建立任何一个对它的成员进行教育的机构,至今党也没有这样的意图。但是,另一方面,党开始尽力帮助许多这样的机构。可以这样讲,许多已经建立的这种机构,是在党保护之下迅速发展的。相当多的基层组织拥有儿童俱乐部,党员的孩子在那里受教育和玩耍。同样,许多社会主义青年组织正在尽力将青年们吸引到自己旗帜之下,把他们培养成为工人阶级未来的战士。社会主义体育运动联合会也在朝着这个方向努力。许多基层组织经常举行招待会、音乐会和戏剧晚会。他们还组织参观,以便使广大工人群众及他们的家属进一步对我们党所进行的日常工作产生更大的兴趣。为了更好实现上述目的,我们许多基层组织之间建立了非常友好的关系,利用这种关系更好地开展工作。然而,在这些组织间不存在任何合并,或者一个隶属于另一个的趋势。

这类机构在北部、加来海峡和塞纳等省的联合会中尤为成功。

最近,巴黎党组织对两个它认为有重要作用的机构给予了特别的关怀。

一个是社会主义学校。它于1909年11月在社会科学大楼成立,吸引了一大批专注的听众。

另一个是"野营"。它是今年在波尔尼克(下卢瓦尔)的一座党所有的漂亮大楼建立的供党员及其家属休假使用的度假胜地。

就这样，工人国际法国支部通过它的努力活动，逐渐使党的活动覆盖社会生活的所有领域。在党的力量极大增长的同时，党对社会主义的宣传也尽力为使无产阶级扩大影响、提高斗争力量的机构提供了帮助。

书记：

路易·迪布勒伊

皮埃尔·列诺德尔

安热勒·鲁塞尔

意大利社会党的活动报告

(1907年—1910年6月)

政治活动

意大利社会党的政治活动自1907年以来所取得的成绩,可以从政治选举(选举国家议会议员)的成果和为市镇议会选举(市镇议会议员的提名)而进行的斗争这两个方面来看。

1909年3月,为众议院的换届进行了大选,由此产生了第23届意大利王国议会。在上届议会(第22届)中,社会党最初有30名议员,后来由于议会内部纷争,所有议员辞职,在重新举行选举后,社会党只有25人当选。

第23届议会中我们有41名社会主义议员,其中39人是社会党的正式党员和议会党团成员,1名是独立人士,另外1名虽然是我们的党员,但已脱离了我们的议会党团。

1909年3月大选后,直到第二次复查选票时,议会中当选的社会主义议员是43人。但到议会开幕时,组织选举的议会委员会否定了我们3个伙伴以及都灵第四选区的1个伙伴的当选,并重新进行选举。新的社会党候选人在重新举行的选举中落选,所以我们失去了4名议员。

社会党议员的增加意味着投票给我们候选人的选民的显著增加,因此社会党在1909年的大选中证明了自己是意大利各党中最强有力的党,是一个正规的、有自己特征的组织。我们提出了我党的大约150名候选人（全意大利有508个选区），并为他们争取到很多选票，所以，大约20多位候选人仅仅是由于差了10票左右才落选的。

大部分当选的议员和许多获得相当数量的选票的候选人，都来自意大利北部和中部地区（伦巴第、皮埃蒙特、利古里亚、威尼托、艾米利亚、托斯卡纳、马尔凯、翁布里亚）。南部仅选出2名社会党员，然而其中1人后来还被取消资格。

值得注意的是，1909的大选在全国各地举行，另外两个反对党——共和党和激进党——的主张与我们党有相似之处，因此，在那些没有提出社会党候选人的选区中，成千上万个我们的支持者转向共和党和激进党的候选人。从中我们可以得出这样的结论，即我们获得的选票的总数实际上远远超过现在在大选数据中列出的数字。

在结束对意大利社会党近期政治活动的汇报之际，我们要缅怀安德烈亚·科斯塔。他是国际社会主义的宣传家和先锋战士、我们议会党团的领袖，并在本届立法议会任期担任众议院副议长。他的去世是我党的一大损失，使我们全党沉浸在巨大的悲痛之中。

特别是在1907年夏天以及以后的一段时间里，社会党在城市和省区的选举中显示了力量。党不仅在农村的许多地区获得了更多的选民，而且夺取了许多小市镇的议会。在意大利北部和中部的几个省中，我们的人还进入了省议会。尤其值得一提的是，在罗马、佛罗伦萨和热那亚等意大利大城市中，我们和其他民主党派联合，取得了选举的胜利并进入市政府。

组织的发展

1908年9月党的佛罗伦萨全国代表大会召开时，党员有4万名；到年底时，党员增加到 4.3 万人。

但在那次大会上，工团主义派别最终脱离了党。此外，大会还决定提高党费，从过去的 60 生丁提高到 1.50 意大利里尔。这条规定适用于全体党员，以保证我们的正式机关报《前进报》的出版。明确地说，这项决定是为了我们这份报纸，因为募集来的经费，三分之二用于它。

正如人们自然可以预见的那样，这两个因素导致党的支部数量和支部党员人数的明显减少。从 1908 年的 4.3 万人下降到 1909 年的大约 3 万人。造成这种明显减少的第三个原因是大选，党的所有支部都耗去了巨大的经费；第四个原因是那场 1908 年 12 月 28 日发生的可怕地震。这场地震毁坏了雷焦卡拉布里亚、墨西拿两个大城市和这两个省区中的许多其他城市。在地震中，我们有许多同伴遇难。地震也迫使当地几乎所有的政治、经济组织中断活动。

党员的减少绝不意味着意大利社会主义力量和党的力量的削弱。我们的理由是，今天我们已经看到党的支部和党员人数正在发展。我们相信，到下届全国代表大会（明年 10 月 6—10 日在米兰召开）时，党员的人数将会接近 1908 年时的人数。

工会和合作社活动

工会组织如今在意大利非常活跃。工会虽然宣称自己是非政治组织，不参加政治活动，但是它赞同我们党，在任何场合几乎都遵循党的指导和坚持党的经济原则，并按照 1908 年社会党全国代表大会召开前几周在摩德纳举行了劳工总联合会全国代表大会讨论通过的决议行动。

合作社的活动也在全面发展。我们的一些同伴，几乎已在整个意大利北部和中部省份中，尤其是艾米利亚、罗马涅、利古里亚、皮埃蒙特、伦巴第、托斯卡纳、拉齐奥等省的所有生产和消费合作社中担任领导工作。

另一种组织形式是互助社。在社会党人的指导下,互助社不断转型,与时俱进。社会党人一方面继续发展原来的组织,另一方面努力建立新的组织。我们党独自发起的业余大学如目前已在一些大城市和小城镇中设立。在小乡镇,我们开始建立大众图书馆,这些图书馆因我们的工作而欣欣向荣。

党的报刊杂志

我党书记已向国际局分别递交了全部社会主义报刊(5份日报和大约120份周报)的名称目录。

这些报刊的发行量,尤其是周刊的发行量,是随着时节而变化的。当大量工人为了寻找工作而移居外国时,我们每种周报仍能发行2000份,5种日报总共也能发行10万份左右。

在我们结束对社会党的全部活动的简短回顾之际,必须指出这样一个事实,即我们与其他国家的社会党保持着经常和真诚的联系。

政治书记

蓬佩奥·乔蒂

西班牙社会主义工人党的报告

我们党在国际中一直是支薄弱力量。西班牙同志们从斯图加特代表大会以来直到今天都尽了自己的义务，不仅在机会许可的一切地方宣传党的原则，而且参与到一切有利于宣传我们自己的思想的政治事件中。我们不能埋怨结果：它们是与现实的努力相符合的。现在，对我们最近几年中的斗争作一个扼要的汇报。

宣 传

为了在广大工人中传播我们的思想和认识，我们党把宣传看做头等职责。在这方面，我们几乎不断地在一切有可能吸收新力量或大大加强我们已有力量的地方举行宣传集会。这给我们带来了丰硕的成果。由此，我们吸引了农民协会的支持，它们增强了我们的队伍，以致今天在我党内已共有200个支部。有些支部人数很多，如马德里、毕尔巴鄂、维哥等的支部。

我们不把宣传限制在社会主义思想上，而是在有关工人中进行工会的宣传。同时党发起了一起鼓动运动，用公共集会、小册子及工人刊物的文章来支持矿工，增强他们的精神支柱，使他们走上联合的道路。我们预料这颗种子会带来好的收成。

马德里人民之家

参加劳动者总同盟——西班牙最强大的也可以说是独一无二的工会联合会——的会员有42000人，他们是我们党的同路人，遵循党的策略。我们把他们的胜利看做是党的胜利。马德里人民之家的建立就是这样。地方工会单独努力花了50多万法郎来购买和改建一所老建筑，这座建筑现在成了所有的抵抗工会——会员人数达3万名——及我们党马德里支部的所在地。拥有咖啡厅的社会主义合作社设在人民之家，合作社在那里获得大发展。其合同总额达到几千法郎。

马德里的榜样促使其他地方的工人高尚地进行竞赛，已经有一些城市有了自己的人民之家，还有不少城市也将建立自己的人民之家。

所有这些都证明，西班牙的工人运动不顾恶劣的条件——我们已概括了这些条件——及这些年我们所一直经历着的工业的持续危机而前进着。

五一节

它是西班牙所有工人组织所纪念的一个节日。每年示威游行的数字很高，在一些城市，尤其是马德里，一些队伍打着迎风飘扬的旗帜，蔚为壮观。

这一天在我们心中是无限神圣的。

立法斗争

在毛拉先生的保守党政府的痛苦时期，针对损害工人阶级利益一系列措施，我们有理由与两个政府制定的极端反民主的法律草案进行斗争。其中一个是地方管理法案。它对市政立法的改革，使市议会今后将掌在重要人物手中，剔除工人。在工人有市议员的地方，高昂的税被废除了。这个法案未被议会通过，与它的始作俑者一起失败了。

另一个由毛拉先生为了镇压恐怖行为而设想出的法案被称为恐怖法；但它的条文带有如此明显的反动性，以致各党都提出了抗议。我们党参加了议会委员会为听取公众意见而进行的公民调查，我们的朋友伊格列西亚斯表达了西班牙工人的心声。他的演说是如此轰动——资产阶级报刊首先承认了这点，以致使这个法案无法通过。这一胜利为我们党赢得了极大的声誉。从此以后，人们承认，今后要考虑国家政治领域中出现的这支新生力量。

以后的事件进程证实了这一预见。

巴塞罗那决议

里夫战争宣言引起举国舆论的悲痛情绪，它们不愿意看到国家卷入这场冒险。我们党忠实于自己的和解立场，用各种可行的方式倡议反战。我们在全国为反对里夫冒险的集会而活动；是我们的朋友敢于在火车站反对士兵出征；是我们党同劳动者总同盟一起，在全国准备罢工。我们完全单独进行活动，没有一个资产阶级政党在这困难时刻帮助我们。

总罢工定在8月3日，但由于政府的挑衅，7月25日就在巴塞罗那爆发了。罢工组织者不欲使这场运动超出平静的限度，由于人民的自然冲动，引出了一场反教士的革命，人们是被战争的新的不幸所激怒的。从这时起，反叛者不管法令条文，把巴塞罗那的一些修道院的人赶出来，放火焚烧了这些修道院。他们在乡村周围炸毁铁路，剪断电话线、电报线。突出的是，在这些骚动中，没发生一次抢劫，这证明它纯粹是一场民众运动。如果我们社会主义者没有制造这场运动，作为形势的结果——形势要求支持人民，我们也应接受这场运动。出于这种考虑，我们到处捍卫群众的这一自发运动。

反动派并不迟缓。毛拉先生的教权派政府在反动派的怂恿下，开始在巴塞罗那和卡泰罗尼亚的主要城市大肆逮捕，抓了数千人，把群众驱往法国边界；为了使教士满意，它立即组织战地法庭，开始枪毙人，其中最后的主要受害者米凯尔·巴罗、克莱门特·加尔西亚和弗朗西斯科·费雷尔都没参与这些事件，尤其是费雷尔，在整个事件中，他不在巴塞罗那。

患了真正的精神错乱症的政府开辟了一个恐怖的时代。为了使罢工流产，它赶紧在全国各地把最著名的工人投入监狱。它对反王朝的党派——共和党人和社会党人——发动了疯狂的十字军式的进攻，把他们投入黑牢，向他们的报刊提出起诉，禁止他们的集会，封闭工人和共和党人的中央机关。总而言之，它像在特别时期那样对付我们。我们的朋友伊格列西亚斯是首批入狱的一个。

回忆这个痛苦时期不能不令人义愤填膺。战地法庭迅速开庭，似乎它感到要赶快惩罚被控告的公民，那些未被处决的被捕者不是被判数月徒刑就是被流放。对因某个警察的简单的控告而被关押的其他罪犯，当局只是把他们关在监狱里，在整整几个月内不经过法官的审讯。在这些日子里，还有些工人被莫名其妙地关押。

为了帮助那么多受反动派迫害的人，我们不得不在我们的中央机关报《社会主义者报》上发起捐募款，得到了25000比塞塔，这包括由其他国家的同志们所交的数目。

我们同共和党人的联盟

身处这一非常状态的社会党人相信,向资产阶级民主力量提出接近的时机到了,因为他们由于自己的地位而同意接近。我们的全国委员会首先同各共和派政党会谈。由此产生了建立在捍卫受毛拉先生的暴虐行为所威胁的自由之上的共和党人—社会党人联盟。其目标是推倒现政府;如果有可能,推翻君主统治,建立共和国。这并不是说,我们不放弃自己的原则参加这一联盟只是为了获得两党共同的目标。

这个联盟为上述目标举行了一些集会。应当承认,我们的态度得到了整个世界因处决费雷尔所激起的愤怒的帮助,毛拉先生令人痛苦的统治最终结束了。

赢得这第一个目标后,我们继续在选举中与共和派联盟,我们一起为市议会选举进行竞选活动,取得了好结果,在不同的市镇选出了议员——马德里2名。我们也一起参加了议会竞选。在选举中,共和党人—社会党人的联盟取得了辉煌的胜利,在所有大城市(包括马德里)都获得了决定性胜利,联盟的每个候选人都得到了千万票以上。

我们的第一位议员

在马德里选举的议员中,有我们的老朋友伊格列西亚斯。如果从前同样是作为共和主义者竞选,那么今天,他被他们看做是全国最正直、最有献身精神的一个政治家。我们曾期望单独靠社会主义的力量把我们的朋友选入议会,但形势迫使我们像现在这样做。

此外,西班牙无产阶级只会感到满意。在议会开会的短短时期里,我们的朋友伊格列西亚斯不顾他危险的健康状况,猛烈地抨击了过去几年毛拉的残酷政策，把人们从这座"法律殿堂"中从未说过的东西展现在资产阶级议员面前。

伊格列西亚斯在演说中如此杰出地表达了人民的心声，以致我们不仅从朋友们，而且还从共和党人那里收到了一些对他的议会活动的庆贺，鼓励我们沿着这条道路前进。

我们期待党从这一切政治鼓动中获得良好成果。

我们的报刊

我们的报刊在这段时间内没有增加。除了工会的机关报外，我们在毕尔巴鄂、奥维耶多、维哥、莱昂、瓜达拉哈拉、阿尔科伊、雷乌斯、帕尔马、费罗尔和哈恩有周刊。但我们打算在尽可能短的时期内，最晚从1911年开始把我们的中央机关报《社会主义者报》改为日报。为达到这一目标，我们发起募捐并发行无息股票。我们已经有了40000比塞塔，我们还让一些居住在国外的西班牙人分担认捐。德国的同志给我们送来了5000比塞塔，法国人、比利时人也为此送来了捐助。

今年我们在马德里创办了宣传我们思想的一个杂志《社会主义生活》。这是一份精彩的附有插图的16页周刊，它对党起了很大作用。

除了《社会主义生活》（它属于个人）外，所有这些机关刊物都是党的财产。

合作运动

西班牙工人已经懂得合作主义的好处，我们努力在有办合作社意愿的地方创办了一些合作社。

在我们的马德里人民之家中，建立了一个合作社，每年经营额有数千比塞塔，今天已有两个分店，位于城里不同的场所，以便更好地为大量顾客服务。

在毕尔巴鄂、奥维耶多、维哥、巴塞罗那、阿尔赫西拉斯及其他地方也有合作社，人们还打算创办一些有益的组织。

所有这些合作社都明显地具有社会主义性质。

团结一致

在我们力所能及的范围内，对国内外各方同道都实行团结一致的原则。

我们为受沙皇迫害的俄国同志发起募捐；在西西里和卡拉布里亚地震时，我们也实践了团结一致。

国内的工人也是他们的同志们团结一致的对象。在一切重大罢工中，人们获得了同事件的重要程度相当的金额。最后，在毕尔巴鄂矿工罢工时，人们向这些工友送去了数千比塞塔。

此外，我们的中央机关报还为帮助全国委员会进行反对反动派、资助党的议员等活动发起募捐。

代表全国委员会：
弗朗西斯科·莫拉　副主席
弗郎西斯科·努涅斯　副书记
1910年8月于马德里

附 录

哥本哈根国际社会党代表大会代表名单

英国（84）

姓　名	代表组织或机构	居住地
詹·基尔·哈第，下院议员	独立工党	伦敦
约·布鲁斯·格莱西尔	独立工党利斯卡尔德地方组织	利斯卡尔德
W. C. 安德森	独立工党朗塞特地方组织	朗塞特（曼彻斯特）
C. 德斯帕德夫人	独立工党巴特西地方组织	巴特西（伦敦）
C. G. 阿蒙	独立工党柏孟塞地方组织	柏孟塞（伦敦）
C. M. 劳埃德	独立工党贝思奈尔-格林地方组织	贝思奈尔-格林
海伦·弗赖尔小姐	独立工党布里克斯顿地方组织	坎贝威尔
J. D. 摩尔根	独立工党加的夫地方组织	加的夫
E. W. 里斯	独立工党加的夫地方组织	加的夫
T. 贝亚德·西蒙斯	独立工党伦敦市组织	伦敦
P. H. 诺丁	独立工党肯利地方组织	肯利（萨里郡）
P. 诺丁夫人	同上	同上
约·B. 艾斯丘	独立工党	柏林
赫蒂·考恩小姐	独立工党	伦敦
G. N. 巴恩斯，下院议员	独立工党	伦敦
斯特林·罗伯逊博士	独立工党克莱德班克地方组织	克莱德班克
J. R. 巴尔	独立工党爱丁堡中心组织	爱丁堡

A. 哈维-斯密斯	独立工党芬斯伯里地方组织	芬斯伯里（伦敦）
马丁·哈多	独立工党格拉斯哥区组织	格拉斯哥
马丁·哈多夫人	独立工党格拉斯哥市组织	格拉斯哥
L. 格莱西尔小姐	独立工党加文希尔地方组织	莫弗特
本·赖利	独立工党哈德斯菲尔德地方组织	哈德斯菲尔德
W. H. 黑格	独立工党哈德斯菲尔德地方组织	哈德斯菲尔德
哈里·托马斯	独立工党哈德斯菲尔德地方组织	哈德斯菲尔德
A. N. 伍德	独立工党哈德斯菲尔德地方组织	哈德斯菲尔德
埃德加·怀特利	独立工党海德地方组织	海德（曼彻斯特）
安德鲁·福里斯特	独立工党凯尔蒂地方组织	凯尔蒂
约翰·司各脱	独立工党凯尔蒂地方组织	凯尔蒂
M. E. 麦克唐纳夫人	独立工党莱切斯特和威斯敏斯特地方组织	伦敦
詹姆斯·温顿	独立工党利斯地方组织	利斯
T. J. 琼斯	独立工党梅琴地方组织	梅琴
Rev. W. E. 莫尔	独立工党纽卡斯尔中心组织	盖茨黑德（纽卡斯尔）
赛姆·塞鲁亚小姐	独立工党北肯辛顿地方组织	北肯辛顿（伦敦）
莉奥诺拉·斯特利布蕾斯小姐	独立工党锡科比地方组织	新布赖顿
E. 派克	独立工党希普利地方组织	伦敦
E. B. 劳埃德	独立工党瑟比顿地方组织	瑟比顿
罗伯特·威廉斯	独立工党斯旺西地方组织	斯旺西
阿瑟·P. 格伦费尔	独立工党汤顿地方组织	布里奇沃特
汤姆·迈尔斯	独立工党桑希尔地方组织	迪斯伯里
弗鲁·艾诺·马姆伯格	独立工党托特纳姆地方组织	伦敦
H. 布罗克豪斯	独立工党西布罗米奇地方组织	西布罗米奇
埃米·布罗克豪斯夫人	独立工党西布罗米奇地方组织	西布罗米奇
瓦尔特·戈德博尔德	独立工党西哈姆地方组织	西哈姆

G. 桑德斯-雅科布斯	独立工党西哈姆地方组织	西哈姆
H. 桑德斯-雅科布斯	独立工党西哈姆地方组织	西哈姆
E. V. 桑德斯-雅科布斯小姐	独立工党西哈姆地方组织	西哈姆
杰奥·彭森	独立工党怀特菲尔德地方组织	曼彻斯特
哈·奎尔奇	社会民主党	伦敦
赫·伯罗斯	同上	同上
阿·斯密斯	同上	同上
厄·贝尔福特·巴克斯	同上	同上
D. B. 蒙蒂菲奥里夫人	同上	同上
D. 欧文，市议员	同上	伯恩利
S. 奥利弗	同上	伦敦
C. N. L. 肖	同上	同上
J. 琼斯	同上	同上
E. S. 里韦特	同上	滨海绍森德区
J. L. 马歇尔	同上	伦敦
A. 格伦迪	同上	同上
A. S. 汤贝	同上	普利茅斯
B. M. 梅拉多小姐	同上	波特兰角
F. 萨默·博伊德	同上	伦敦
萨默·博伊德夫人	同上	同上
R. 斯莫尔	同上	哈特希尔
玛格丽塔·希克斯小姐	同上	伦敦
J. 邓洛普，市议员	同上	南希尔兹
H. 霍布森，市议员	同上	托伦特河畔斯托克
A. M. 德辛博士	同上	布拉德福德
J. H. 戈尔，市议员	同上	沃特福德
克里奇利	同上	雷丁
约·巴顿	同上	索尔福德

埃谢尔·本谢姆小姐，博士	费边社	伦敦
玛丽昂·菲力浦斯小姐，博士	同上	同上
斯蒂芬·桑德斯	同上	同上
斯科菲尔德小姐	同上	哈德斯菲尔德
朗曼小姐	同上	伦敦
M. 默比小姐	同上	同上
詹·拉姆赛·麦克唐纳，下院议员	工党	伦敦
W. 鲁滨逊	同上	同上
A. 戈西普	家具行业协会	伦敦
H. 奥贝尔	码头工人联合会	同上
本·蒂利特	同上	同上
威·梭恩，下院议员	煤气厂工人联合会	同上
A. 皮尤	钢铁工人联合会	同上

德国（189）

社会民主党代表

姓 名	居住地	代表地区或机构
阿德勒，爱	基尔	石勒苏益格-荷尔斯泰因
巴德尔，奥蒂莉	柏林	柏林大区
鲍德尔特，奥	魏玛	魏玛
鲍曼，林欣	汉堡	石勒苏益格-荷尔斯泰因
拜姆斯，海尔曼	马格德堡	马格德堡
贝尔滕，保尔	杜塞尔多夫	埃尔伯费尔德
伯斯克，埃米尔	柏林	柏林大区
博格曼，海	柏林	勃兰登堡省

布吕尔，保尔	利希滕贝格	柏林大区
毕林，阿伯特	特罗伊恩	茨维考
克里斯坦格，W.	艾斯莱本	哈雷
库诺，亨	柏林	《前进报》
迪克赖特尔，亨	阿尔滕堡	阿尔滕堡
迪斯曼，罗	哈瑙	法兰克福
迪特曼，威	索林根	埃尔伯费尔德
德恩克，L.	汉诺威	汉诺威
敦克尔，K.	斯图加特	符滕堡
艾伯特，弗里茨	柏林	社民党执委会
埃尔利希，格奥尔格	奥伯弗罗纳	开姆尼茨
冯·埃尔姆，阿	汉堡	石勒苏益格-荷尔斯泰因
爱尔福特，恩斯特	弗伦斯堡	石勒苏益格-荷尔斯泰因
恩斯特，欧根	柏林	柏林大区
费舍，理查	柏林	帝国国会党团
弗兰克，路，博士	曼海姆	巴登
弗里德兰德，维利	柏林	柏林大区
弗罗梅，卡尔	汉堡	石勒苏益格-荷尔斯泰因
盖尔，F.	莱比锡	莱比锡
格雷，保尔	采伦多夫	开姆尼茨
格拉德瑙尔，格奥尔格	德累斯顿	德累斯顿
格拉德瑙尔，安娜	德累斯顿	德累斯顿
格罗塞，贝	汉堡	汉堡
格林瓦尔特，路	汉堡	汉堡
君特，M.	贝恩堡	安哈尔特
哈阿兹，胡	柯尼斯堡	东普鲁士
哈伯兰德，卡尔	巴门	埃尔伯费尔德
黑尼施，康拉德	多特蒙德	多特蒙德

哈弗坎普，奥	不来梅港	不来梅
亨斯巴赫，克莱门斯	科隆	埃尔伯费尔德
亨克，阿	不来梅	不来梅
亨尼希，奥古斯特	莱比锡	莱比锡
亨舍尔，理查	柏林	柏林大区
亨策，C.	汉堡	汉堡
赫特维希，M.	德累斯顿—勒布陶	德累斯顿
希尔登布兰德，卡	斯图加特	符滕堡
霍夫曼，阿道夫	柏林	柏林大区
霍夫曼，卡	比勒费尔德	比勒费尔德
霍夫曼，保尔	柏林	柏林大区
霍夫里希特尔，A.	科隆	科隆
考茨基，卡尔	柏林	柏林大区
凯尔，威	斯图加特	符腾堡
科赫，尤	马格德堡	马格德堡
科尔布，威	卡尔斯鲁厄	巴登
累德堡，格奥尔格	采伦多夫	帝国国会党团
莱纳特，罗	汉诺威	汉诺威
利平斯基，理	莱比锡	莱比锡
勒贝，保尔	布雷斯劳	布雷斯劳
莫尔肯布尔，赫	柏林	社民党执委会
弥勒，阿道夫	慕尼黑	南巴伐利亚
弥勒，C.	施科伊迪茨	哈雷
诺斯克，古	开姆尼茨	开姆尼茨
平考，卡	莱比锡	莱比锡
波尔，奥古斯特	柏林	柏林大区
赖斯豪斯，保尔	爱尔福特	爱尔福特
赖策，约翰娜	费格萨克	不来梅

李特尔，Ad.	柏林	勃兰登堡省
勒斯克，A.	汉堡	汉堡
鲁道夫，阿	美因河畔法兰克福	法兰克福
舍费希，O.	迈森	德累斯顿
施勒格尔，L.	埃斯林根	符滕堡
施赖尔，弗	巴黎	德国读书俱乐部
舒尔茨，阿道夫	班特	奥尔登堡
施瓦茨，泰奥多尔	吕贝克	吕贝克
施塔特哈根，阿尔图尔	柏林	柏林大区
施塔罗松，弗	罗斯托克	梅克伦堡
施滕格勒，G.	汉堡	汉堡
施图贝，H.	汉堡	汉堡
施特罗布尔夫人，H.	汉堡	汉堡
休特古姆博士	柏林	北巴伐利亚
泰特罗夫	柏林	柏林大区
特内，格奥尔格	卡塞尔	卡塞尔
乌尔里希，C.	奥芬巴赫	黑森
费斯佩尔，奥	奥斯纳布吕克	汉诺威
瓦尔德，麦克斯	纽伦堡	北巴伐利亚
韦尔斯，奥托	柏林	勃兰登堡省
韦尔纳，海尔曼	柏林	柏林大区
韦泽迈耶尔，奥	不伦瑞克	不伦瑞克
维尔特，R.	德累斯顿	德累斯顿
沃尔弗，保尔	波鸿	多特蒙德
武尔姆，埃马努埃尔	柏林	耶拿
蔡特金，克拉拉	斯图加特	妇女代表
齐茨夫人，路易莎	柏林	社民党执委会
祖拜尔，弗里茨	柏林	柏林大区

工会组织代表

姓　名	居住地点	组织名称
奥尔曼，奥	汉堡	面包师
阿恩霍尔德，卡	汉堡	雪茄烟拣选工
巴泰尔斯，Hch.	多特蒙德	矿工
巴斯纳，埃	柏林	铁匠
鲍威尔，古	柏林	总委员会
贝伦特，古	汉堡	建筑辅助工
博克，W.	哥达	鞋匠
伯梅尔伯格，Th.	汉堡	泥瓦匠
布赖，奥	汉诺威	工厂工人
布兰德斯，阿尔温	马格德堡	五金工人
布林格曼，奥	汉堡	木匠
布吕尔，Leb.	路德维希港	工厂工人
布鲁纳，L.	柏林	运输工人
科恩，阿道夫	柏林	五金工人
德内，奥	柏林	泥瓦匠
戴希曼，卡尔	不来梅	烟草工人
迪尔，格奥尔格	美因河畔法兰克福	屋顶工人
德内尔，格奥尔格	来比锡	仓库保管员
德林，J.	柏林	码头工人
德雷埃尔，约翰	柏林	运输工人
德隆泽尔，亚	柏林	制陶工人
杜邦，保	柏林	雕塑工
艾希霍恩，埃	卡尔斯鲁厄	玻璃装配工
埃塞尔，W.	柏林	酿造工人
埃斯科恩，弗	柏林	理发徒工

法伊伦施米特，J.	斯图加特	木匠
弗兰茨，奥托	汉堡	五金工人
弗勒利希，格奥尔格	科隆	建筑辅助工
盖尔特纳，M.	汉诺威	矿工
加斯纳，亨	纽伦堡	面包师
吉伯尔，卡尔	柏林	办事员
格洛克，泰奥多尔	柏林	伐木工人
汉娜，格特鲁德	柏林	总委员会
豪普特，W.	马格德堡	鞋匠
黑克曼，理查	曼海姆	市镇工人①
亨泽尔，P.	柏林	屠宰工人
胡埃，奥托	埃森	矿工
许布施，卡尔	柏林	纺织工人
伊雷尔，埃	下申豪森	花匠
约瑟夫，H.	美因河畔法兰克福	裁缝
约瑟丰，麦	汉堡	店员
坎普斯，O.	汉堡	铁匠
克普勒，H.	阿尔滕堡	磨坊工人
凯泽尔，米歇尔	柏林	伐木工人
克洛特，埃	柏林	装订工人
克诺尔，A.	柏林	铺路工人
柯尼希，弗里茨	柏林	伐木工人
库贝，H.	柏林	木工
列金，卡	柏林	总委员会
莱帕尔特，泰奥多尔	柏林	伐木工人
莱斯勒，威	汉堡	皮衣制做工

---

① 指市镇机构雇用的工人。——编者注

林多，C.	柏林	码头工人
林克，G.	柏林	柏油路铺路工
梅克尔曼，K.	慕尼黑	建筑辅助工
马勒，亨	柏林	制革工人
马克，马丁	汉堡	油漆匠
马尔滕斯，亨	汉堡	工厂工人
莫斯，阿尔宾	舍讷贝格（柏林）	市镇工人
弥勒，保尔	柏林	海员
诺伊曼，亚当	汉堡	伐木工人
奥伦多夫，弗	不伦瑞克	工厂工人
佩普洛夫，弗里茨	汉堡	泥瓦匠
珀奇，胡果	柏林	旅店伙计
赖特，安东	慕尼黑	伐木工人
拉特曼，H.	柏林	运输工人
劳申贝格，R.	瓦滕沙伊德	矿工
赖歇耳，格奥尔格	斯图加特	五金工人
勒塞尔，威	柏林	纺织工人
扎巴特，G.	柏林	总委员会
萨克塞，海	波鸿	矿工
绍佩，尤利乌斯	柏林	铜匠
谢特尔，G.	布雷斯劳	裁缝
舍费尔，弗	柏林	机械工人
舍尔姆，约翰	斯图加特	五金工人
施奈德，H.	汉诺威	工厂工人
施拉德，弗	汉堡	木匠
施赖特尔，古	波鸿	矿工
舒曼，奥	柏林	运输工人
泽韦林，卡尔	比勒费尔德	五金工人

姓 名	代表地区或机构	居住地
济博耳德，海尔曼	莱比锡	石匠
西弗特，弗里茨	阿尔滕堡	制帽匠
西尔伯施米特，H.	柏林	泥瓦匠
西里尔，O.	柏林	平版印刷工人
西蒙，F.	纽伦堡	鞋匠
施普利特，F.	柏林	糊裱匠
施特林，约	吕贝克	运输工人
施蒂默，H.	柏林	裁缝
蒂德，保	柏林	印刷辅助工
蒂尔贝格，R.	汉堡	粉刷工
托布勒，阿	汉堡	油漆匠
瓦盖纳，保尔	柏林	纺织工人
魏因希尔德，海	柏林	皮革制件工人
魏西希，罗伯特	美因河畔法兰克福	五金工人
温克尔曼，凯	不来梅	制桶工人
维尼希，奥	汉堡	泥瓦匠
维塞尔，鲁道夫	柏林	五金工人
维蒂希，亨	美因河畔法兰克福	酿造工人
沃尔曼，格	夏洛腾堡	瓷器工人
武茨基，埃米尔	柏林	市镇工人

奥地利（65）

姓 名	代表地区或机构	居住地
阿德勒，维克多	党代表机关	维也纳
奥尔，弗兰茨	化学行业联合会	维也纳
鲍威尔博士，奥托	《斗争》杂志编辑部	维也纳
贝尔，亨利希	中央工会委员会	维也纳

贝尔迪措维尔，麦克斯	维也纳第二区区组织	维也纳
博伊特尔，弗	奥西希县党组织	奥西希
布劳恩博士，阿道夫	《工人报》	维也纳
布热齐纳，安东①	纺织工人	维也纳
布罗德茨基，威廉②	铁路工人组织	布拉格
切赫，路德维希	党的监察机构	布吕恩
丹内贝格博士，罗伯特	青年工人	维也纳
大卫，安东	下奥地利州党组织	维也纳
多梅斯，弗兰茨	五金工人联合会	维也纳
埃克施泰因博士，古斯塔夫	克思滕州党组织	维也纳
埃尔德施，马蒂亚斯	德意志民族议员俱乐部	维也纳
埃伦博根，威	党代表机关	维也纳
埃默林，格奥尔格	《工人报》	维也纳
埃克斯纳，路德维希	"大宗采购"合作社	维也纳
福斯特纳，奥古斯特	商业和运输业职员	维也纳
弗罗因德利希，埃米	《女工报》	申贝格
格勒克尔，奥托	卡尔斯巴德县党组织	卡尔斯巴德
格罗斯，约翰	伐木工人联合会	维也纳
哈努什，斐迪南	纺织工人联合会	维也纳
黑特尔，鲁道夫	铸工中央组织	维也纳
黑多费尔，弗洛里安	维也纳第十一区党组织	维也纳
希勒布兰德，奥斯瓦尔德	西波希米亚县党组织	
许贝尔，安东	中央工会委员会	维也纳
胡珀特，斯蒂凡	酿造工人联合会	维也纳
许贝尔，恩斯特	纺织工人联盟	维也纳

---

① 在法文版中记入波希米亚代表团。——编者注
② 在法文版中记入波希米亚代表团。——编者注

亚罗利姆，安东	矿工联盟	图尔恩
尤拉，F. A.①	中央工会委员会	布吕恩
卡尔珀勒斯博士，本诺	"大宗采购"合作社	维也纳
克莱门斯齐维茨②	克拉科夫伐木工人联合会	克拉科夫
克莱因，麦克斯③	商业职员联合会	
科万达，门采尔④	州工会联合组织	布吕恩
克拉特基⑤	布拉格伐木工人联合会	布拉格
利本博士，恩斯特	特普利茨县党组织	特普利茨
马尔，约瑟夫	油漆和粉刷工人联合会	维也纳
迈斯纳，泰奥多尔	建筑工人联合会	维也纳
梅尔塔，鲁道夫⑥	州工会联合组织	
默勒，亨利希	鞋匠协会	维也纳
米尔贝格尔，卡尔	石印工联合会	维也纳
弥勒，鲁道夫	铁路工人组织	维也纳
纳德沃尔尼克，罗伯特⑦	工会报纸《无产者》	
尼斯纳，威廉	摩拉维亚州党组织	布吕恩
奥皮茨，亨利希	布科维纳州党组织	切尔诺维茨
佩尔讷斯托弗，恩	德意志民族议员俱乐部	维也纳
皮托尼，瓦伦蒂诺	的里雅斯特党组织	的里雅斯特
波达尼，温采尔⑧	建筑辅助工人	维也纳

---

① 在法文版中记入波希米亚代表团。——编者注
② 在法文版中记入波兰代表团。——编者注
③ 法文版未列入。——编者注
④ 在法文版中记入波希米亚代表团。——编者注
⑤ 在法文版中记入波希米亚代表团。——编者注
⑥ 法文版未列入，德文版同时列入捷克代表名单。——编者注
⑦ 法文版未列入，德文版同时列入捷克代表名单。——编者注
⑧ 在法文版中记入波希米亚代表团。——编者注

波拉切克博士，古	维也纳第五区党组织	维也纳
珀尔策，约翰	维也纳第十区党组织	维也纳
波普，阿德尔海德	党代表机关	维也纳
普罗夫特，加布丽埃勒	全国妇女委员会	维也纳
普埃克尔博士，埃德蒙	的里雅斯特党组织	的里雅斯特
劳滕克兰茨，弗兰茨①	中央工会委员会	布拉格
伦纳博士，卡尔	德意志民族议员俱乐部	维也纳
雷塞尔，汉斯②	施泰尔马克州党组织	
李希特尔，卡尔	伐木工人联合会	维也纳
李希特尔，保尔	下奥地利州党组织	维也纳
谢弗，安东	福拉尔贝格州工会委员会	赖兴贝格
沙弗拉内克，约瑟夫③	五金工人	布拉格
施林格，安东	下奥地利州党组织	维也纳
施拉默尔，安东	化学行业联合会	维也纳
舒迈耶尔，弗兰茨	维也纳《人民论坛》	维也纳
施韦泽尔，弗兰茨	运输工人	维也纳
塞茨，卡尔	德意志民族议员俱乐部	维也纳
泽利格，约瑟夫	波希米亚州党代表机关	特普利茨
塞韦尔，阿尔伯特	维也纳第十六区党组织	维也纳
西格尔，奥古斯特	五金工人联合会	维也纳
西尔贝雷，弗兰茨	面包工人联合会	维也纳
斯卡雷特，斐迪南	党代表机关	维也纳
斯米特卡，约翰	服装工人联合会	维也纳
斯穆特尼，巴	五金工人联合会	维也纳

---

① 在法文版中记入波希米亚代表团。——编者注
② 法文版未列入。——编者注
③ 在法文版中记入波希米亚代表团。——编者注

施特拉瑟，约瑟夫	赖兴贝格县党组织	赖兴贝格
特滕卡，卡尔①	建筑工人	维也纳
托姆西克，约瑟夫	铁路工人组织	维也纳
福尔克，弗兰茨	纺织工人联盟	维也纳
韦斯卡，约瑟夫②	五金工人	
维纳斯基，莱奥波德	党代表机关	维也纳
茹瓦夫斯基，西格蒙德③	中央工会委员会	

波希米亚（44）

波希米亚代表

姓 名	代表地区或机构	居住地
奥斯特，卢德维克	第二选区	克拉德诺
布洛日克，卡尔	第五选区	特普利茨
布鲁哈，安东	执行委员会	布拉格
德沃夏克，约翰	第十、十一选区	布拉格
格拉斯，约瑟夫	区党组织	布吕克斯
哈伯曼，古	第五十二选区	比尔森
海斯，约瑟夫	波希米亚化学工人全国联合会	布拉格
哈夫莱纳，亚希姆	州执行委员会	布拉格
赫纳特克，弗兰茨	第七选区	布拉格
胡德茨，约瑟夫	第十七选区	努斯勒
亚罗什，鲁道夫	捷克斯洛伐克工会委员会	布拉格

---

① 在法文版中记入波希米亚代表团。——编者注
② 法文版未列入。——编者注
③ 法文版未列入。——编者注

伊拉塞克，斐迪南	面包工人联合及有关行业	布拉格
考沙，约瑟夫	第一选区	布拉格
卢斯蒂希，埃米尔	市镇、州和国家职员联合会	布拉格
马赫，卡罗利妮	妇女组织	布拉格
莫德拉切克，弗兰茨	第五十选区	华沙
涅梅茨，安东	执行委员会	布拉格
波斯皮西尔，文岑茨	西里西亚州执行委员会	俄斯特拉发
普罗克什，约翰	第四政治区	摩拉维亚
萨谢克，阿罗伊斯	第十四、十五选区	比尔森
斯卡拉，约翰	青年组织	克拉德诺
斯卡图拉，埃马努埃尔	州鼓动委员会	布拉格
什马赫尔，哥特利布	肉类及肉食加工业组织	布拉格
苏古普博士，弗兰茨	执行委员会	布拉格
施泰因，韦泰什拉夫	工商业职员中央联合会	布拉格
斯维采尼，安东	第四十九选区	斯米措夫
塔耶尔莱，鲁道夫	捷克斯洛伐克五金工人联合会	布拉格
托马舍克，弗兰茨	下奥地利州执行委员会	维也纳
图萨尔，弗拉斯季米尔	第一政治区	布吕恩
瓦采克，温采尔	《人民权利报》编辑	维也纳
瓦涅克，卡尔	执行委员会	布吕恩
弗鲁贝尔，弗兰茨	地方组织	捷克布罗德

捷克中央组织代表

布热齐纳，安东	奥地利纺织工人联合会	布拉格
布罗德茨基，威廉	奥地利铁路工人组织	布拉格
尤拉，F. A.	工会全国委员会	布吕恩
科万达，温采尔	代表被开除的布尔诺及附近地区第十六政治区地方组织	布吕恩

克拉特基,雅罗斯拉夫	奥地利伐木工人联合会	布拉格
梅尔塔,鲁道夫	工会州联合会	布吕恩
纳德沃尔尼克,罗伯特①	《无产者》编辑	
波达尼,温采尔	奥地利伐木工人联合会	维也纳
劳滕克兰茨,弗兰茨	工会全国委员会	布拉格
萨韦尔,约瑟夫	奥地利矿工组织	摩拉维亚
沙弗拉内克,约瑟夫	奥地利五金工人联合会	布拉格
泰滕卡,卡尔	奥地利泥瓦匠组织	维也纳
韦斯卡,约瑟夫	奥地利五金工人联合会	维也纳

匈牙利(14)

埃马努埃尔·布欣格尔	阿尔明·拉达尼
德西代勒·博卡尼	欧金·毛托什
约瑟夫·狄奈·德涅斯	莫里茨·普罗伊斯
彼得·君特	莫里茨·罗滕施泰因
恩斯特·高劳米	莱奥波德·什捷尔宾茨基
萨穆埃尔·亚索伊	理查·施瓦茨
西格蒙德·昆菲	雅各·韦尔特纳

法国(49)

埃利耶斯	
普瓦松	巴黎
让·龙格,议员	同上

---

① 法文版中未列出该代表。——编者注

巴尔泰斯	
列诺德尔	巴黎
瓦扬,议员	同上
昂·鲁塞尔	同上
索尔格	
埃德加尔·龙格	
马凯	
佩索	
契普里安尼	
布鲁凯尔	巴黎
茹尔·盖得,议员	同上
埃朗·普雷沃,议员	同上
路易·迪布勒伊	同上
古·莱维	
勒贝	
饶勒斯,议员	巴黎
菲厄	
加隆	
布里凯,议员	加莱海峡
茹·于里	
瓦雷纳	
迪卡鲁热,议员	巴黎
拉基勒	
盖尔米	
L. 罗兰	
多尔莫瓦	
伯沙尔	
塞马纳兹	

保尔·路易

瓦塞盖

菲·朗德里厄

德拉波特　　　　　　　　　　巴黎

德拉波特夫人

阿·托马斯，议员　　　　　　尚皮尼

鲁阿内，议员　　　　　　　　巴黎

恩格尔弗雷德

博里采

沙夫

卡梅利纳　　　　　　　　　　巴黎

斯内尔

拉波波特

埃德加尔·龙格夫人

施塔克尔贝格

格鲁西埃，议员　　　　　　　巴黎

雷贝尔

多尔

意大利（9）

蓬佩奥·乔蒂　　　　　社会党书记　　　　罗马
黎纳尔多·里戈拉　　　社会党　　　　　　同上
费利切·夸利诺　　　　同上　　　　　　　同上
奥迪诺·莫尔加利　　　同上　　　　　　　同上
安焦洛·卡布里尼　　　同上　　　　　　　同上
贝利尼·龙凯塔　　　　同上　　　　　　　比耶拉
蒂贝里奥·埃沃利博士　同上　　　　　　　雷焦卡拉布里亚

安热利卡·巴拉巴诺娃	社会党	特尔尼
布巴尼·乌戈	同上	法恩扎

西班牙（5）

帕布洛·伊格列西亚斯	社会党	马德里
卡西米罗·穆尼奥斯	社会党	马德里
埃米利奥·科拉莱斯	社会党	马德里
比森特·巴里奥	劳动者总同盟	马德里
弗朗西斯科·阿索林		

俄国（39）

沃尔肖夫斯基	俄国社会革命党
博布罗夫	同上
博纳柯夫	同上
阿拉拉茨基	同上
维克多·切尔诺夫	同上
尼古拉·阿夫克森齐耶夫	同上
什泰贝尔	同上
鲁巴诺维奇	同上
尼古拉耶维奇	同上
帕夫洛夫斯基	同上
布拉托夫	同上
拉特纳	犹太社会主义工人党
叶马诺伊罗夫	同上
谢梅尔	立陶宛社会革命党
齐拉库尼	亚美尼亚社会革命党（达什纳克楚纯）

杜曼	亚美尼亚社会革命党（达什纳克楚纯）
佩列韦尔泽夫	俄国化学行业联合会
普列汉诺夫	社会民主党
列宁	同上
瓦尔斯基	同上
马尔托夫	同上
季诺维也夫	同上
叶梅梅①	同上
加米涅夫	同上
奥尔吉纳（老）	同上
彼得罗夫	同上
瓦西里耶夫	同上
马丁内	社会民主党（立陶宛）
梅杰姆	社会民主党（崩得②）
纳坦松	同上
奥尔吉纳（小）	同上
弗里德伦德	同上
达维多夫	社会民主党
扎哈罗夫	同上
马斯洛夫	同上
柯伦泰	同上
托洛茨基	同上
沃伊诺夫③	同上
伊哥列夫	同上

---

① 即尤里松（马尔特纳）。——编者注
② 即立陶宛、波兰和俄罗斯犹太工人总联盟。——编者注
③ 即卢那察尔斯基。——编者注

波兰（24）

伊格纳齐·达申斯基	波兰社会党	克拉科夫
海尔曼·迪阿曼德	同上	伦贝格
海尔曼·利伯曼	同上	普热梅希尔
拉斐尔·布伯	同上	伦贝格
萨洛梅娅·特拉维耶卡	同上	伦贝格
齐·克莱门斯齐维茨	同上	克拉科夫
A. 沃伊奇科夫斯基	同上	普属波兰
亚历山大·弗龙斯基	波兰社会党（革命派）	俄属波兰
扬·爱德华	同上	同上
卡尔斯基	同上	同上
米夏埃尔·普日贝尔斯基	同上	同上
利马诺夫斯基	同上	同上
罗莎·卢森堡	波兰王国和立陶宛社会民主党，波兰第二支部	柏林
伊雷娜·伊兹沃尔斯卡	同上	同上
卡罗尔·拉狄克	同上	同上
瓦尔斯基	同上	同上
J. 卡尔斯基	同上	同上
F. 亚诺夫斯基	波兰社会党工人中央委员会（俄属波兰）	
A. 瓦列茨基	同上	
J. 斯卡林斯卡	波兰社会党华沙委员会（俄属波兰）	
P. 苏哈尔斯基	波兰社会党罗兹委员会（俄属波兰）	
K. 库兹明斯基	俄属波兰自由工会	
H. 斯塔尔斯基	同上	
H. 亚诺夫斯卡	同上	

芬兰（19）

尤里约·西罗拉	政治组织	赫尔辛基
M. 帕西武奥里	同上	同上
M. 图尔基亚	同上	同上
伊达·阿莱	同上	同上
I. 赫尔哈默	同上	同上
科霍嫩	同上	同上
H. 乌克西拉	同上	同上
A. 西韦纽斯	同上	同上
韦伊内·坦纳	议会党团	同上
K. 武克	瑞典工人	同上
埃·哈帕莱年	全国中央工会	同上
V. 鲁苏武奥里	同上	同上
E. 维利亚宁	造纸工人	同上
A. 海迈莱伊宁	制革工人	同上
V. 哈基拉	纺织工人	同上
H. 萨克斯曼	冶金工人	同上
米纳·西兰佩	家务工	同上
K. 萨洛	木工	同上
J. 阿托宁	锯工	同上

挪威（31）

克·H. 克努森	议员	克里斯蒂安尼亚①

---

① 今奥斯陆，下同。——编者注

C. 耶珀森	编辑	克里斯蒂安尼亚
埃纳尔·利	同上	斯塔万格
马格努斯·尼尔森	议员	克里斯蒂安尼亚
A. 布恩	同上	特隆赫姆
克·叙斯塔		卑尔根
马丁·特兰梅尔	特隆赫姆工人党	特隆赫姆
O. K. 里布斯科格	同上	同上
J. 安格尔·奥尔森	编辑	卑尔根
L. O. 塞伯	议员	同上
B. 席尔德罗普		同上
H. 贝格	编辑	希恩
H. 迈耶尔	社会民主联盟	克里斯蒂安尼亚
吕德·斯特罗姆	工人联合会	同上
雅科布·弗里斯	社会主义研究团体	同上
斯韦勒·克罗格	社会主义青年组织	同上
安娜·约斯滕		同上
奥勒·O. 利安	工会委员会	同上
M. 奥默斯塔		同上
约根·博根	冶金工人	同上
阿恩特·奥莫特		同上
理查·汉森	制造工人	同上
Kr. 托里斯		同上
N. 米泰	缝纫工人	同上
A. E. 贡德森	鞋匠	同上
H. 彼得森	木工	同上
P. 奥勒埃	细木工	同上
斯韦勒·伊韦尔森	泥瓦工	同上
约纳斯·尼高	面包工	同上

居纳尔·奥斯兰德	印刷工人	克里斯蒂安尼亚
托尔盖尔·弗罗		同上

瑞典（86）

亚·布兰亭	M. 勒夫格伦
弗·施特勒姆	古斯塔夫·默勒
C. G. T. 维克曼	W. 比约克
卡·纳·卡尔松	H. B. 汉松
J. A. 英沃松	古斯塔夫·尼尔松
尼尔斯·佩尔松	古斯塔夫·斯特伦贝里
P. Alb. 汉森	A. H. 扬黑克特
H. 林德霍尔姆	J. A. 霍格伦
奥·帕尔姆	伊·诺伊曼
亚·古斯塔夫松	F. E. 埃尔姆格伦
鲁特·古斯塔夫松夫人	安·诺塞尔
埃琳·林德利	伊万·文纳斯特伦
埃米尔·沃林	卡尔·埃里克松
C. A. 芒努森	K. V. 谢特斯特伦
C. J. 利耶罗斯	P. 贝格曼
奥托·耶尔特	卡尔·林德哈根
埃纳尔·永贝里	法比安·马翁松
斯文·佩尔松	恩斯特·奥斯特伦
卡尔·基尔伯恩	C. A. 斯文松
维尔纳·吕登	科塔·达尔斯特伦夫人
约·尼尔松	尼尔斯·阿德勒
贡纳恩·勒韦格伦	海·林德奎斯特
埃尔玛·丹尼尔松	恩斯特·瑟德贝里

阿尔维德·托尔贝里   克努特·贝里奎斯特
C. E. 托林   弗里茨·拉松
安德斯·舍斯泰特   埃米尔·哈汉松
扬内·约恩松   奥拉夫·卡尔松
恩斯特·布隆贝里   古斯塔夫·扬森
J. E. 布洛姆奎斯特   C. L. 伦德贝里
J. P. 佩尔松   路·伦德贝里
弗·米利亚安德   克·林德利
S. P. 维德格伦   J. E. 谢尔
戈特弗里德·比约克隆德 K. W. 帕尔姆奎斯特
约翰内斯·安德烈亚松   J. Th. 约翰松
埃瓦尔德·博尔南   A. W. 尼贝里
S. J. 埃里克松   阿·汉森
克·尼尔松   克·舍斯特伦
奥·斯文松   卡尔·斯陶尔贝姆
Joh. 拉松   L. 努德格伦
C. E. 桑德贝里   爱德华·维贝里
安德斯·本格尔松   古斯塔夫·佩尔松
埃洛夫·约翰松   安德斯·莫伦
A. 努德   J. A. 隆格伦

丹麦（146）

克·拉斯穆森   福克廷议员   赫尔辛厄
P. 萨布勒   同上   哥本哈根
C. A. 施米特   同上   同上
F. K. 马森   同上   同上
布拉姆斯内斯   腓特烈斯贝

赖因霍尔德·马克	报务员	哥本哈根
伊丽莎白·马克夫人		同上
约翰妮·约恩森夫人	医学博士	同上
奥托·耶斯佩森	哲学博士	同上
V. 内勒高	运输工人	罗斯基勒
J. P. 拉森	记者	希勒勒
F. 莱温斯基	兰德斯廷议员	罗斯基勒
韦斯特高	编辑	斯凯尔斯克尔
帕斯托尔·达尔	同上	赛泽
H. P. 延森	同上	尼克宾（法尔斯特）
J. P. 基尔克	记者	阿尔伯格
马森-韦尔戈德	记者	霍森斯
M. 莫滕森	编辑，议员	兰讷斯
哈拉尔·延森	编辑，兰德斯廷议员	
雅科布·克里斯滕森	编辑	锡尔克堡
阿克塞尔·瑟伦森	编辑	霍森斯
弗·J. 伯格比尔	福克廷议员	哥本哈根
K. 克劳森	同上	同上
彼·克努森	市长	同上
古斯塔夫·班格	哲学博士，福克廷议员	同上
J. 延森	市长	同上
C. C. 安德森	兰德斯廷议员	同上
C. M. 奥尔森	福克廷议员	同上
E. 温布拉兹	编辑	同上
格尔松·特里尔	哲学博士	同上
阿尔诺德·默勒	医生	同上
妮娜·班格夫人		同上
Sig. 奥尔森	福克廷议员	同上

弗·安德森	市镇参事	哥本哈根
R. P. 道格斯特鲁普	同上	同上
托·斯陶宁格	福克廷议员	同上
C. 弗罗姆-彼得森	企业家	同上
A. 古斯塔夫森	市镇参事	同上
维戈·克里斯滕森	同上	同上
K. 基弗秘书	同上	
威·拉斯穆森	学校督学	同上
弗里斯-斯科特	化学业辅工	同上
弗·安德森	记者	凯隆堡
P. 克里斯滕森	企业家	赫尔辛厄
L. P. 延森		霍尔特
N. 安德雷亚森	福克廷议员	奈斯特韦兹
H. P. 汉森	编辑	斯劳厄尔瑟
埃纳尔·汉森	小学教师	弗罗比
布雷泽曼	编辑	纳克斯考
勒夫格伦	同上	马里博
C. 尼尔森-豪格	同上	伦讷
E. 马罗特	福克廷议员	欧登塞
阿尔伯特·延森	钟表匠	斯文堡
L. D. 拉斯穆森	印刷工人	欧登塞
路德维希·汉森	编辑	尼堡
N. C. 克里斯滕森	福克廷议员	阿尔伯格
H. 施通普	编辑	霍尔斯特布罗
西蒙·尼尔森		亚莱瑟(欧登塞)
J. 延森	编辑	约灵
P. 汉森	同上	兰讷斯
N. 约西亚森	同上	格雷诺

西蒙森	编辑	奥胡斯
克·约翰森	木鞋制作工	布赖斯楚普
J. 克里斯滕森	市镇参事	巴里特
C. 雅各布森	编辑	瓦埃勒
耶·彼·宋德博	同上	埃斯比约
克努兹·汉森	同上	科灵
奥斯卡·约翰松	出纳员	哥本哈根
马里纳斯·克里斯滕森	社会主义青年近卫军	同上
彼得·拉斯穆森	邮递员	科灵
K. 维德费尔特	缝纫工人	尼堡
H. P. 彼得森	企业家	欧登塞
C. 巴赫	制鞋工	兰讷斯
P. K. 拉斯穆森		斯坎德堡
阿克塞尔·延森		哥本哈根
H. M. 汉森	企业家	同上
J. 拉森	同上	同上
P. 米克尔森	同上	同上
约翰奈斯·瑟伦森	工会出纳	同上
J. P. 约翰森	电工	同上
延斯·P. 凯尔森		夏洛滕隆
C. 吕托扬	五金工人	哥本哈根
H. P. 安德森	箍桶匠	同上
奥勒·索伦森	啤酒酿造工联合会	同上
H. 奥勒森	装订工人联合会	同上
Z. 弗里斯	面包工人联合会	同上
J. P. 尼尔森	同上	同上
路·克里斯滕森	铸工联合会	同上
P. 瑟伦森	职员联合会	同上

奥古斯特·拉森	玻璃工人联合会	哥本哈根
T. 哈特曼	冶金工人联合会	同上
瓦·尼尔森	篾匠联合会	同上
居德伦·博德夫人	妇女组织	同上
弗·彼得森	市镇工人	同上
费德尔·赫德波尔	同上	同上
A. 普洛丁	陶器工人联合会	同上
约斯·尼尔森	制革工人联合会	同上
埃内斯特·卡尔森	油漆工联合会	同上
汉斯·拉斯穆森	同上	同上
尼尔斯·汉森	有轨电车职员	同上
克·耶佩尔特	捕鱼工人联合会	同上
拉夫里德斯·约恩森	制革工人	同上
马里纳斯·彼得森	细木工联合会	奥胡斯
J. C. 延森	同上	哥本哈根
马丁·彼得森	同上	同上
瓦·哈特曼	屠宰工人联合会	同上
A. 约翰森夫人	女缝纫工人联合会	同上
延斯·尼尔森	缝纫工人联合会	同上
M. 雅各布森	机械工人联合会	同上
尼尔斯·伦德拜	同上	同上
F. F. 萨穆埃森	福克廷议员	奥胡斯
弗朗茨·瑟伦森	同上	科灵
J. J. 默勒	纺织工人	哥本哈根
劳里茨·延森	印刷工人联合会	同上
弗·亨里特·克罗内	同上	同上
维·彼得森	同上	同上
V. S. 彼得森	木工联合会	同上

O. 马森	木工联合会	哥本哈根
威·尼高	雪茄烟工人联合会	同上
延斯·克努森	同上	同上
A. 韦斯特高	同上	欧登塞
卡尔·雷尔	造纸工人联合会	哥本哈根
格奥尔·尼尔森	镀金工人联合会	同上
Kr. 彼得森	泥瓦工联合会	同上
延斯·延森	同上	同上
P. 汉森	同上	霍森斯
阿·尼尔森	电话业工人联合会	哥本哈根
威·P. 阿吕普	中央工会执行委员会	同上
安东·安德森	同上	同上
阿尔弗雷德·克里斯蒂安森	同上	同上
卡尔·格兰	同上	同上
J.-A. 汉森	同上	同上
P. 维德费尔特	同上	同上
J.-P. 约恩松	同上	同上
M.-C. 林西	同上	同上
卡尔-F. 马森	同上	同上
阿尔诺德-L. 尼尔森	同上	同上
鲁道夫·波尔森	同上	同上
E. 斯文森	同上	同上
L. 拉斯穆森	工人消费合作社	霍森斯
克·克里斯蒂安森	社会民主党	哥本哈根
卡尔·拉斯穆森	工人合作面包店工人	欧登塞
G.-Chr. 奥尔森	工人合作面包店工人	哥本哈根
约翰·汉森	同上	霍尔斯特布罗
瓦·尼尔森	工人人寿保险	哥本哈根

雅科布·延森	工人合作社	奥胡斯

荷兰（14）

J. E. W. 德伊斯	社会民主工党（SDAP）	赞丹
亨·范科尔	同上	福尔斯霍滕
M. 门德尔斯	同上	希尔弗瑟姆
J. U. 沙培尔	同上	赖斯韦克（海牙）
彼·耶·特鲁尔斯特拉，主席	同上	斯海弗宁恩
弗·马·维博	同上	阿姆斯特丹
W. H. 弗利根，书记	同上	同上
万·拉维斯泰因	社会民主党（SDP）	同上
戴·J. 怀恩科普	同上	同上
J. 奎德盖斯特	工会联合会	同上
范登滕佩尔	同上	同上
亨利·波拉克	钻石工人	同上
J. A. 范楚特芬	同上	同上
H. J. 布林斯	雪茄和烟草工人联合会	同上

比利时（26）

路·贝尔特兰德	工人党总委员会	布鲁塞尔
L. 德布鲁凯尔	同上	同上
奥·德布内	同上	同上
G. 梅斯	同上	同上
莱·特罗克莱	同上	列日
埃·王德威尔得	同上	布鲁塞尔
约·沃特斯	同上	同上

茹·勒克	报刊	布鲁塞尔
A. 德巴克	人民印刷厂	根特
爱·安塞尔	"前进"合作社	同上
路·佩潘	蒙图瓦联合会	佩图拉热
A. 拉布勒	列日联合会	列日
J. 贝格曼斯	工会委员会	布鲁塞尔
G. 索劳	冶金工人联合会	同上
J. 普拉德特	布鲁塞尔联合会	同上
A. 若尼奥	全国青年近卫军联合会	拉卢维耶尔
亨·德曼	同上	布鲁塞尔
维·塞维	合作社联合会	同上
E. 科皮泰斯	根特联合会	根特
克·马尔曼	安特卫普联合会	安特卫普
H. 福里斯特	"协和"合作社	鲁镇
昂德利克斯	"社会储金"合作社	布鲁塞尔
A. 德布鲁维尔	泥瓦工联合会	同上
约·博罗涅	那慕尔联合会	列日
卢梭	"进步"合作社	约利蒙
杜邦	"人民之家"合作社	布鲁塞尔

瑞士（13）

姓　名	代表组织或机构	居住地
弗里德里希·阿德勒博士	《人民权利报》编辑	苏黎世
麦克斯·博克	工人联合会书记	苏黎世
M. 费恩德里希	瑞士格吕特利联盟书记 瑞士社会民主党书记	比尔
海尔曼·格罗伊利希	议员，瑞士社会民主党书记	苏黎世

罗伯特·格林	《哨兵报》编辑	伯尔尼
奥古斯特·胡格勒	瑞士工会联合会书记	伯尔尼
格奥尔格·克普勒	泥瓦工联合会书记	苏黎世
卡尔·穆尔	社会党国际局代表	伯尔尼
N. 赖歇斯贝格博士	教授	伯尔尼
让·席费施泰因	食品业联合会	苏黎世
J. 施蒂克尔	印刷工人	柏林
马丽·瓦尔特夫人	瑞士工会联盟书记	温特图尔
莱奥·武尔夫松—施托伊布里	雇员	苏黎世

土耳其—亚美尼亚（2）

A. 巴尔谢吉扬	达什纳克楚纯	
M. 瓦兰蒂安	德罗沙克①	日内瓦

塞尔维亚（3）

D. 图措维奇	党的书记	贝尔格莱德
J. 卡茨莱罗维奇	社会党议员	同上
J. 米尔基齐	市镇参事	同上

保加利亚（7）

扬科·萨卡索夫	党（宽广派）和工会联合会	索非亚
阿森·赞科夫	同上	同上

---

① 即亚美尼亚革命联盟。——编者注

罗曼·阿夫拉莫夫	党（宽广派）和工会联合会	索非亚
D. 布拉戈耶夫	党（紧密派）和工人总联合会	同上
格·克尔科夫	同上	同上
瓦·柯拉罗夫	同上	同上
克·卡巴克契耶夫	同上	同上

罗马尼亚（2）

拉柯夫斯基	社会党国际局代表	布加勒斯特
科恩		

美国（24）

莫里斯·希尔奎特	社会党	纽约
维克多·伯杰	同上	密尔沃基
威廉·D. 海伍德	同上	丹佛（科罗拉多）
约翰·斯帕戈	同上	扬克斯（纽约）
罗伯特·汉特	同上	诺罗顿海兹
吕拉·特文宁	同上	丹佛（科罗拉多）
莉娜·莫罗·刘易斯	同上	圣弗朗西斯科
梅·伍德·西蒙斯	同上	芝加哥
赫尔曼·施留特尔	国际酿酒工人联合会	
路易·B. 布丹	"未来"报刊联合会	纽约
J. L. 恩达尔	美国斯堪的纳维亚社会主义联合会	同上
尤利乌斯·瓦尔泰希	挪威工人联合会	
罗·R. 拉蒙特	社会民主主义出版联合会	
约翰·内格尔	社会主义合作出版联合会	
丹尼尔·德莱昂	社会主义工人党	

奥利芙·M. 约翰逊	社会主义工人党
安娜·赖因施泰因博士	同上
安娜·图罗	同上
乔治·安德森	同上
索隆·德莱昂	同上
A. J. 韦林德特	同上
M. R. 乔治	同上
M. J. 弗雷德里克松	同上
雅伊梅·安古罗	同上

阿根廷（1）

胡安·德胡斯托	布宜诺斯艾利斯

共计

德国	189
丹麦	146
瑞典	86
英国	84
奥地利	65
法国	49
波希米亚	44
俄国	39
挪威	31
比利时	26
波兰	24
美国	24

芬兰	19
荷兰	14
匈牙利	14
瑞士	13
意大利	9
保加利亚	7
西班牙	5
塞尔维亚	3
土耳其—亚美尼亚	2
罗马尼亚	2
阿根廷	1
共计	896

哥本哈根国际社会党代表大会
各委员会成员名单

第一委员会

合作社问题

英国：奥利弗（社会民主党），埃·本谢姆（费边社），鲁滨逊（工党），怀特利（独立工党）

德国：鲍威尔，冯·埃尔姆，施蒂默，武尔姆

奥地利：埃默林，埃克斯纳，卡尔珀勒斯，泽利格

波希米亚：鲁道夫·亚罗什，斐迪南·伊拉塞克，埃米尔·卢斯蒂希，弗兰茨·莫德拉切克

匈牙利：阿尔明·拉达尼，欧金·毛托什，莫里茨·普罗伊斯

法国：茹·盖得，饶勒斯，埃利耶斯，托马斯

意大利：夸利诺，巴拉巴诺娃，埃沃利，里戈拉

西班牙：比森特·巴里奥，埃米利奥·科拉莱斯

芬兰：阿托宁，赫尔哈默，韦伊内·坦纳，图尔基亚

俄国：弗·列宁（社会民主党）

　　候补成员：季诺维也夫（社会民主党），A. 沃伊诺夫（社会民主党），帕夫洛夫斯基（社会革命党），维克多·切

尔诺夫（社会革命党）

波兰：爱德华（波兰社会党），克莱门斯齐维茨（波兰社会党），罗莎·卢森堡（社会民主党），拉狄克（社会民主党），斯塔尔斯基（波兰社会党）

挪威：P. 奥勒埃，斯·克罗格，托尔盖尔·弗罗，席尔德罗普

瑞典：C. J. 利耶罗斯，伊万·诺伊曼，尼尔斯·佩尔松，克里斯托弗·舍斯特伦

  候补成员：古斯塔夫·佩尔松

丹麦：安德森，班格，伯格比尔，雅科布·延森

荷兰：弗·马·维博，J. A. 范楚特芬

比利时：安塞尔，贝尔特兰德，王德威尔得，V. 塞维

瑞士：弗·阿德勒，格罗伊利希，格林，席费施泰因

塞尔维亚：J. 米尔基齐，D. 图措维奇

保加利亚：罗曼·阿夫拉莫夫，D. 布拉戈耶夫，克里斯托·卡巴克契耶夫

美国：雅伊梅·安古罗（社会主义工人党），莉娜·莫罗·刘易斯（社会党），约翰·内格尔（社会党），约翰·斯帕戈（社会党）

第二委员会

工会问题、实现国际团结和奥地利工会运动的统一问题

英国：安德森（独立工党），巴恩斯（独立工党），J. 琼斯（社会民主党），蒂利特（工党）

德国：理查·费舍，卡尔·列金，施滕格勒，科恩

奥地利：维克多·阿德勒博士，贝尔，鲍威尔，许贝尔

波希米亚：安东·涅梅茨，弗兰茨·苏古普，弗拉斯季米尔·图萨尔，鲁道夫·塔耶尔莱

匈牙利：恩斯特·高劳米，埃马努埃尔·布欣格尔，萨穆埃尔·亚索伊

法国：德拉波特，多尔莫瓦，普瓦松，列诺德尔

意大利：卡布里尼，龙凯塔，夸利诺，里戈拉，乔蒂

西班牙：比森特·巴里奥

芬兰：哈帕莱年，萨洛，萨克斯曼，维利亚宁

俄国：普列汉诺夫（社会民主党），马丁内（社会民主党）

  候补成员：梅杰姆（社会民主党），尼·阿夫克森齐耶夫（社会革命党），M. 拉特纳（社会革命党）

波兰：伊兹沃尔斯卡（社会民主党），卡尔斯基（社会民主党），迪阿曼德（波兰社会党）

  候补成员：茹瓦夫斯基·克莱门斯齐维茨（波兰社会党），瓦列茨基（波兰社会党）

挪威：奥勒·利安，理查·汉森，斯·伊韦尔森，马·特兰梅尔

瑞典：亚尔马·布兰亭，海尔曼·林德奎斯特，J. Th. 约翰松，恩斯特·瑟德贝里

  候补成员：扬内·约恩松，弗兰斯·米利亚安德，C. E. 桑德贝里，爱·维贝里

丹麦：卡·F. 马森，I. A. 汉森，林西，格兰

荷兰：门德尔斯，奎德盖斯特，波拉克，特鲁尔斯特拉

比利时：贝格曼斯，德曼，索劳，德布鲁凯尔

瑞士：弗·阿德勒，博克，胡格勒，克普勒

塞尔维亚：J. 卡茨莱罗维奇，D. 图措维奇

保加利亚：萨卡索夫，赞科夫，格·克尔科夫，瓦·柯拉罗夫

美国：奥利芙·M. 约翰逊（社会主义工人党），维克多·伯杰（社会

党），威廉·D. 海伍德（社会党），赫尔曼·施留特尔（社会党）

第三委员会

反对军国主义仲裁法庭和迅速执行历次国际代表大会有关和平的决议

英国：德辛（社会民主党），基尔·哈第（独立工党），布鲁斯·格莱西尔（独立工党），默比（费边社）
德国：累德堡，哈阿兹，瓦盖纳，萨克塞
奥地利：维克多·阿德勒，佩尔讷斯托弗，皮托尼，伦纳
波希米亚：约瑟夫·格拉斯，约瑟夫·海斯，埃马努埃尔·斯卡图拉，安东·斯维采尼
匈牙利：西格蒙德·昆菲，理查·施瓦茨
法国：伯沙尔，迪布勒伊，瓦扬，瓦雷纳
意大利：莫尔加利，乔蒂，埃沃利，里戈拉
西班牙：卡西米罗·穆尼奥斯
芬兰：伊达·阿莱，海迈莱伊宁，科霍嫩，乌克西拉
俄国：伊哥列夫（社会民主党），波克罗夫斯基（社会民主党），阿拉拉茨基（社会革命党），F. 沃尔肖夫斯基（社会革命党）
波兰：拉狄克（社会民主党），瓦尔斯基（社会民主党），弗龙斯基（波兰社会党）
  候补成员：达申斯基（波兰社会党），斯卡林斯卡（波兰社会党）
挪威：A. 布恩，约·博根，埃纳尔·利，H. 迈耶尔
瑞典：卡·纳·卡尔松，维尔纳·吕登，弗雷德里克·施特勒姆，C. G. T. 维克曼
  候补成员：J. A. 英沃松，P. A. 汉森

丹麦：克里斯滕森，哈拉尔·延森，克劳森，特里尔
荷兰：范科尔，万·拉维斯泰因，弗利根
比利时：德布内，若尼奥，博罗涅，佩潘
瑞士：格林，费恩德里希，施蒂克尔，武尔夫松
土耳其—亚美尼亚：巴尔谢吉扬
塞尔维亚：J. 米尔基齐，D. 图措维奇
保加利亚：罗曼·阿夫拉莫夫，萨卡索夫，D. 布拉戈耶夫，克·卡巴克契耶夫
美国：安娜·图罗（社会主义工人党），路易·B. 布丹（社会党），J. L. 恩达尔（社会党），莫里斯·希尔奎特（社会党）

第四委员会

劳工保护立法、各个国家在这方面的成果和失业问题

英国：希克斯（社会民主党），德斯帕德（独立工党），奥贝尔（工党），菲力浦斯（费边社）
德国：莫尔肯布尔，施塔特哈根，西蒙，布赖
奥地利：布劳恩，多梅斯，埃尔德施，谢弗
波希米亚：古斯塔夫·哈伯曼，雅罗斯拉夫·克拉特基，维·施泰因，卡尔·瓦涅克
匈牙利：德西代勒·博卡尼，莱奥波德·什捷尔宾茨基，莫里茨·罗滕施泰因
法国：格鲁西埃，罗兰，塞马纳兹，于里
意大利：卡布里尼，里戈拉，巴拉巴诺娃
西班牙：帕布洛·伊格列西亚斯

芬兰：哈基拉，帕西武奥里，西兰佩，西韦纽斯

俄国：瓦西里耶夫（社会民主党），奥尔吉纳（老）（社会民主党），博纳柯夫（社会革命党），叶马诺伊罗夫（社会革命党）

波兰：伊兹沃尔斯卡（社会民主党），卡尔斯基（社会民主党），沃伊奇科夫斯基（波兰社会党）

　　候补成员：布伯（波兰社会党），库兹明斯基（波兰社会党）

挪威：M. 奥默斯塔，居·奥斯兰德，O. K. 里布斯科格，L. O. 塞伯

瑞典：恩斯特·布隆贝里，奥托·耶尔特，卡尔·林德哈根，斯文·佩尔松

　　候补成员：鲁特·古斯塔夫松，阿尔维德·托尔贝里

丹麦：默勒，马丁·奥尔森，萨布勒，斯陶宁格

荷兰：布林斯，德伊斯，沙培尔，范登滕佩尔

比利时：科皮泰斯，德布鲁维尔，杜邦，梅斯

瑞士：格罗伊利希，穆尔，赖歇斯贝格，马丽·瓦尔特夫人

塞尔维亚：J. 卡茨莱罗维奇，D. 图措维奇

保加利亚：赞科夫，萨卡索夫，瓦·柯拉罗夫，克·卡巴克契耶夫

美国：安娜·赖因施泰因博士（社会主义工人党），维克多·伯杰（社会党），罗伯特·汉特（社会党），梅·伍德·西蒙斯（社会党）

第五委员会

废除死刑及其他决议案

英国：贝尔福特·巴克斯（社会民主党），伯罗斯（社会民主党），本·赖利（独立工党），布罗克豪斯（独立工党）

德国：克拉拉·蔡特金，阿道夫·弥勒，保尔·弥勒，伊雷尔夫人

奥地利：埃伦博根，希勒布兰德，舒迈耶尔，塞茨

波希米亚：卡尔·布洛日克，亚希姆·哈夫莱纳，约瑟夫·胡德茨，弗兰茨·托马舍克

匈牙利：约瑟夫·狄奈·德涅斯，彼得·君特，雅各·韦尔特纳

法国：保尔·路易，让·龙格，拉波波特，索尔格夫人

意大利：龙凯塔，埃沃利

西班牙：埃米利奥·科拉莱斯，帕布洛·伊格列西亚斯

芬兰：鲁苏武奥里，西罗拉，K. 武克

俄国：马尔托夫（社会民主党），加米涅夫（社会民主党）

  候补成员：瓦尔斯基（社会民主党），博布罗夫（社会革命党），鲁巴诺维奇（社会革命党）

波兰：罗莎·卢森堡（社会民主党），瓦尔斯基（社会民主党），卡尔斯基（波兰社会党）

  候补成员：利伯曼（波兰社会党），亚诺夫斯卡（波兰社会党）

挪威：安格尔·奥尔森，安娜·约斯滕，C. 耶珀森，克·H. 克努森

瑞典：埃尔玛·丹尼尔松，W. 比约克，贡纳恩·勒韦格伦，古斯塔夫·尼尔松

  候补成员：亚·古斯塔夫松，K. 谢特斯特伦

丹麦：布拉姆斯内斯，帕斯托尔·达尔，妮娜·班格，耶斯佩森

荷兰：门德尔斯，特鲁尔斯特拉，怀恩科普

比利时：德巴克，拉布勒，普拉德特，特罗克莱

瑞士：弗·阿德勒，费恩德里希，穆尔，武尔夫松

土耳其—亚美尼亚：瓦兰蒂安

塞尔维亚：J. 卡茨莱罗维奇，D. 图揩维奇

保加利亚：萨卡索夫，赞科夫，格·克尔科夫，瓦·柯拉罗夫

美国：丹尼尔·德莱昂（社会主义工人党），罗·R. 拉蒙特（社会党），约翰·斯帕戈（社会党），吕拉·特文宁（社会党）

阿根廷：胡安·德胡斯托

1910年哥本哈根国际社会党代表大会

——社会党代表团的报告和会议记录

代表团①书记　梅·伍德·西蒙斯

　　887名代表汇聚于第八次国际社会党代表大会，本次代表大会于1910年8月28日至9月4日在丹麦哥本哈根音乐会宫举行。在这887名代表中，德国派出了189名代表，法国78名，奥地利72名，波希米亚36名，英国84名，俄国38名，意大利9名，美国24名，比利时26名，瑞典13名，丹麦146名，波兰17名，瑞士13名，匈牙利14名，芬兰19名，荷兰14名，挪威31名，西班牙3名，亚美尼亚4名，塞尔维亚3名，阿根廷1名，保加利亚7名，罗马尼亚2名。

　　代表大会在由丹麦社会党作曲家和诗人A. P.迈耶尔创作的大合唱中开幕。这部大合唱的上半部分以马赛进行曲结束，在第二部分开始前，古斯塔夫·班格博士代表丹麦社会民主党发言："在这部大合唱中，我们试图表达我们在这里聚会的基础的感情，世界各国战斗的无产阶级国际团结的感情。丹麦从一开始就是国际社会主义运动的一员，我们非常注意保持与其他国家社会党人的关系。当其他国家出现劳资斗争之时，我们也总是争取作出最大的努力以尽到我们的责任。事实上，'全世界无产者，联合起来！'的号召对于丹麦社会民主党并不只是一句口号，它已经融入我们的血液之中了。"

　　在这部大合唱第二部分结束时，社会党国际局成员就座，比利时的

---

①　指美国社会党代表团。——编者注

埃米尔·王德威尔得宣布代表大会正式开幕。

哥本哈根社会民主党书记斯陶宁格代表丹麦社会党人发言。他的发言摘录如下："四十年来，丹麦人都以国际社会主义原则基础作为自己的组织和报刊的基础。丹麦是个小国。虽然我们没有什么了不起的东西能够向我们来访的同志们展示，但我们能够指出我们获得10万张投给社会党人的选票、拥有28名社会党议员，我们能够指出这样一个事实，即我们在哥本哈根市议会占据了一半的席位，我们有33种社会主义报纸和12万多名订户，我们的经济组织①有12万成员，我们成功地提高了丹麦工人的经济水平和文化水平。"

国际社会党代表大会的前期工作由各国委员组成的委员会完成，委员们准备了提交给代表大会的有关议事日程上的各个议题的决议。

国际局书记胡斯曼（比利时）向大会提出了将由五个委员会处理的议题。提交第八次国际代表大会审议的议题如下：1. 合作社与政党的关系。2. 工会问题与国际团结。3. 仲裁、裁军和迅速贯彻历次国际代表大会决议。4. 劳工立法的国际成果与失业问题。5. 决议。

在接下来的三天里，各委员会召开了会议。由于各委员会都召开了几次持续很长时间的会议，我们甚至连对这些会议作一简短的报告都不可能。不过，代表大会最困难、或许最有价值的工作就是在这些委员会中完成的。

9月1日举行的代表大会第一次全体会议由瑞典的布兰亭主持。在简短的发言中，他说，斯图加特代表大会之后，瑞典在下院的社会党议员人数翻了一番，现有35名社会党议员。

提交给代表大会的第一项决议是有关失业问题的。

---

① 即工会。——编者注

关于失业问题的决议①

代表大会认为，失业是和资本主义生产方式分不开的，并且只有随着资本主义的消失而消失。只要社会以资本主义生产为基础，就只能采取治标的办法。

代表大会要求社会权力机关实施由工人组织管理的、普遍的、义务性的失业保险，其费用应由生产资料占有者承担。

工人代表最迫切向政府当局提出下列要求：

1. 进行精确的失业统计。

2. 兴办足够的大型公共工程，按工会规定的工资标准支付工程所雇工人工资。

3. 在工业危机期间给工会失业储金会提供特别补助。

4. 不得因发给失业者以救济金而缩小其政治权利。

5. 建立并给职业介绍所提供补助，在这些职业介绍所中工会各就业部门应同心协力保护工人的各项自由和各种利益。

6. 通过社会立法来规范和缩短工时。

7. 在未通过立法实现普遍的、强制性的失业保险之前，社会权力机关应通过财政补贴支持工会失业储金会，这种补贴不得损害工会的任何独立性。

委员会报告人、来自维也纳的阿道夫·布劳恩博士就该决议首先发言。他的发言摘录如下："失业是对工人阶级的生活有深刻影响的病症，这一点我们大家都了解。在美国、英国、德国、奥地利以及在日本我们经历过严重的危机。我们必须要社会对工人阶级的这一沉重的苦难负责。社会自己感到，若是成千上万的工人没有饭吃，若是成千上万个家庭在忍饥挨饿，它的基础就受到动摇。社会民主党对失业的态度是非常

---

① 原文为英文，与德文版会议记录中的决议内容略有出入，下同。——编者注

明确的。我们知道，失业同资本主义社会制度有扯不断的联系，只要这种资本主义生产方式存在一天，我们就不能消灭失业。我们也知道，在这种生产方式继续存在时，我们必须千方百计地减轻工人阶级的困苦。我们必须尽一切可能减轻失业的苦痛，并通过对统治阶级施加压力，迫使他们也这样做。现在，工人阶级必须独自承担失业的代价。可是工会自己承担的负担异常之大。因此我们要求由国家对失业者实施公法的、普遍的、义务性的救济，这种救济会减少工会那些从狭义的角度看与工会无关的事。"

英国的詹·拉·麦克唐纳反对这项决议，他说英国支部希望要求公平工资的权利应当是代表大会通过的有关失业问题的决议的一部分。奎尔奇支持麦克唐纳。布劳恩对此回应道，麦克唐纳认为决议案首先提出劳动权的要求是特别激进的做法，而德国人对这项权利有不同的看法。"众所周知，'劳动权'在普鲁士宪法中已经有明文规定。它在1848年时曾导致国家手工工场的出现。现在麦克唐纳把劳动权同公平工资的主张相联系。但是这一要求资本主义社会是不能满足的。因此我们不得不设法使用镇痛剂来缓和失业的影响，不是通过劳动权，而是只有通过消灭资本主义才能消除失业。"

表决时麦克唐纳和奎尔奇宣布英国代表团弃权。表决后，法国的布吕克雷也宣布，一些法国代表也弃权。部分美国代表投了赞成票，部分则反对这项决议。不过，决议还是以大多数代表赞成而获通过。

由英国代表团起草的如下关于失业问题的决议没有被提交大会，但是作为大会文件得到传阅：

英国关于失业问题的决议

鉴于英国代表团和其他代表团在星期四提出抗议，认为该决议既没有对失业问题作出令人满意的阐述，也没有提出令人满意的行动建议，提案签名人代表各自民族的代表团向大会提出如下声明：

1. 失业是资本主义社会带来的后果，并且不能与之相互割裂。

2. 只要资本主义还存在，就必须采取解决这一问题的措施。

3. 这些措施不能单单是缓解性的，而必须包含有社会主义共和国组织的萌芽，必须是常设的国家资源管理机构和在合作社基础上的工农业生产组织的开端。

4. 失业严重时开始救济，恢复常态时则停止救济，这样的做法必须受到谴责。

5. 国家解决失业问题的行动应以承认劳动权和国家遵守如下方针为基础：

（1）官方对失业进行完整而精确的统计；

（2）国家和市政工作的安排应以此为目的，即尽可能组织和稳定对劳动力的需求；

（3）立法将劳动时间缩短至每天至多 8 小时或每周至多 48 小时，并且尽可能制止血汗制、童工以及其他加剧贫困的竞争形式；

（4）国家保险；

（5）建立由工会监督的全国职业介绍所制度；

（6）建立国家机构，负责为了共同体利益开发现今受到忽视或没有得到充分利用的各种全国性资源。

（7）所有国家提供给失业者的援助必须有一个前提，即不因此而使失业者的政治权利遭到任何损失，并且各部门工人及男女工人无分性别均应享有这种援助。

决议委员会向代表大会提交了如下关于死刑、统一、日本、土耳其、西班牙、波斯和芬兰的决议。

关于死刑的决议

资产阶级启蒙运动在其发轫之时曾谴责死刑是黑暗的中世纪遗留下来的野

蛮制度。对革命的资产阶级来说,进步和人道的理想并不是什么空话,各国资产阶级的最优秀的代表都宣布反对这种通过司法机构系统地进行的对人的冷酷谋杀,反对这种文明的耻辱。资产阶级和现代无产阶级之间日益加强和日益尖锐的斗争逐渐成为一切国家的社会生活的中心,它使资产阶级抛弃了民主和追求自由的目标,放弃了反对死刑的斗争。现在统治阶级自己也日益频繁地操起了死刑这一卑鄙无耻的武器,用来消灭资本主义社会本身腐朽的产物和镇压战斗的无产阶级。在德国,不久前科学界和艺术界的几个败类,即资产阶级知识界出类拔萃的代表,表示赞成有必要施行死刑。在法兰西共和国,近年来一项要求废除死刑的法律草案遭到否决。在北美合众国,死刑被用做对付进行有组织的斗争的无产阶级的武器。为自身生存而斗争的矿工的几名领袖,不久前几乎遭到为争取八小时工作日而被判处死刑的牺牲者的同样的命运。在西班牙,反动的政府把判处死刑作为对付无产阶级争取自由的运动的斗争武器和报复手段。在俄国——一个在一般刑事犯罪方面早已废除死刑的国家,自从劳动人民发动伟大的革命起义,尤其是自从反革命取得胜利以后,刽子手们就一直在不停歇地工作。成千上万的人在这里经过战地法庭审讯这样一出卑鄙的骗局而被判处死刑。整个俄罗斯帝国到处血流成河。所有这一切都是在整个文明世界的眼前发生的,而西欧文明的资产阶级知识界的代表人物却不敢作出任何有力的反对,甚至这一切还得到了欧洲资产阶级道义上和财政上的支持。资产阶级知识分子曾经为自由思想家费雷尔的无辜死刑而无比愤慨,现在却无动于衷地看着腐败的俄国专制制度为镇压俄国无产阶级革命起义而进行的大屠杀。

因此,今天社会主义的无产阶级是反对死刑的斗争的最有力也是最可靠的代表。只有各国社会党广泛开展的宣传教育,只有广大劳动群众通过政治行动和工会行动而在文化上获得提高,只有各国组织起来的无产阶级的不断增长的力量,才能够有力地制止死刑这一文明耻辱。

在哥本哈根召开大会的各国无产阶级政治组织和工会组织的代表们强烈谴责一切形式的血腥死刑的积极和消极的拥护者。

代表们要求各国议会中工人阶级的代表利用一切机会争取废除死刑。这种为废除死刑而在议会中采取的行动以及所有其他政治手段，都应得到在集会上和工人报刊上进行的鼓动的支持。

关于统一的决议

国际代表大会提请再次注意阿姆斯特丹代表大会有关党的统一的决议，

并鉴于无产阶级是不可分割的整体，因此国际的每一个支部都必须是一个统一而稳固的团体，有责任为了本国的和全世界工人阶级的利益消除它们在国际上的分隔。

又鉴于法国社会主义运动的力量和声望的极大增长归功于统一，

代表大会要求至今仍处于分裂状态的各民族支部尽快实现统一，

并要求国际局，为实现这种统一提供帮助。

关于日本的决议

哥本哈根国际社会党代表大会严厉谴责日本政府企图镇压本国社会主义运动所采取的措施，这些措施暴露了该政府是专制独裁和资本主义野蛮制度杂交的产物这一真正的性质，其目的在于使日本无产阶级无法为争到自由、解放和文明而进行任何努力并使他们成为任人宰割的阶级。

代表大会认为，日本无产阶级的解放对于全世界无产阶级的解放有着巨大的意义，坚信资本主义的发展如今也在亚洲飞速为社会主义的种子准备着萌生的土壤；代表大会向日本正在觉醒并渴望与残暴的剥削者进行斗争的无产阶级保证，他们将得到全世界社会主义政党最完全的支持。

代表大会有责任向日本社会主义先锋队的那些英勇无畏的斗士们表示发自内心的赞赏和钦佩，他们在极端困难的条件下独自为反对向外侵略扩张、对内实行镇压的政策进行斗争，从而以最实际的方式推动了国际无产阶级的事业。

关于土耳其形势的决议

鉴于：

1. 欧洲资本主义国家对土耳其奉行的殖民政策，
2. 一个保障所有国民的人权和公民权的宪法的颁布，
3. 土耳其政府对结社权和罢工权的破坏，
4. 对土耳其工人阶级所实行的专横政策的灾难深重的后果，

哥本哈根国际社会党代表大会声明：

欧洲各国这种卑鄙的资本主义殖民政策只有通过巴尔干国家民主的宪法改革和通过这些国家主权人民的和平谅解才能予以有效抵制，同巴尔干各国及其他欧洲国家政府相反，今天只有社会民主党主张这种和平谅解。

代表大会抗议青年土耳其党政府的反动政策，尤其抗议那些旨在反对工会组织和罢工的法律，并热烈欢迎在土耳其兴起的社会主义运动。

关于西班牙的决议

鉴于去年西班牙，特别是卡泰罗尼亚所发生的悲剧事件，哥本哈根国际社会党代表大会向西班牙社会党的同志、卡泰罗尼亚的斗士和西班牙有组织的工人表示最热诚的同情，他们遵照国际的决议，设法采取集体行动来反对在摩洛哥的殖民冒险。国际社会党代表大会抗议那种使得我们巴塞罗纳及其他城市的同志们成为其牺牲品的野蛮镇压，特别是对费雷尔判处的死刑，并祝贺伊格列西亚斯同志在议会选举中当选为这个君主国首都的工人的第一位议会代表，这是西班牙工人阶级意识觉醒的具有决定性意义的标志。

关于波斯的决议

鉴于：

沙皇政府在波斯革命一开始就根据英俄条约使用了一切手段以瓦解立宪运动；

它甚至一再诉诸武力借口维护其边境的秩序和保护它在波斯的臣民，然而实际上是为了阻止波斯民主派的斗争；在阿塞拜疆省（大不里士）的部队以及俄国警察公然对起义者及其领导人（他们是达什纳克楚纯的成员）严加镇压；

今天俄国政府仍然通过它的大量伪装特务继续在波斯进行种种阴谋和挑衅活动；大批部队仍驻留在波斯的土地上，无视来自迈吉斯方面和德黑兰政府方面的屡次抗议；

这个俄国政府在土耳其，尤其在土耳其—亚美尼亚的"活动"十分积极，以挑动土耳其的极端反动分子封建的库尔德人反对亚美尼亚人，从而使这个地区骚乱迭起并挑起反对革命的运动；

俄国驻君士坦丁堡的公使察利柯夫与驻埃尔祖鲁姆领事在这方面得到了特别的指令；

简言之，鉴于：

沙皇制度在国内扼杀自由得手之际，十分仇视它这两个邻国所实行的立宪制度，正有计划地、顽固地企图在波斯和土耳其重新复辟专制制度；

鉴于这两个令人忧虑的事实对于东方这两个年轻的民主制度是一种经常存在的危险，

代表大会要求欧洲各社会党，采用自己力所能及的各种手段以制止沙皇制度的反动行径。

关于芬兰的决议

哥本哈根国际社会党代表大会强烈谴责俄国政府和杜马及国务会议中有产

阶级的反动代表们野蛮和无耻的政策，这项政策旨在毁掉芬兰争取到的自治和自由，并使之变为俄罗斯帝国的一个最受其压迫的省份。

代表大会指出，沙皇政府通过它对芬兰所实行的政策见利忘义地收回了它1905年尊严地作出的保证，破坏了存在一百年之久的宪法，并践踏了芬兰人民所表达的意愿、欧洲公众舆论的抗议和最著名的法学家们的仲裁裁决。

代表大会进一步指出，对芬兰自治的野蛮镇压只不过是对所有非俄罗斯民族以及俄罗斯人民实行的整个粗暴镇压制度的后果，镇压的执行者是披着"立宪制"虚假外衣的杀人凶手。

鉴于欧洲的统治阶级和知名报刊时而表示一些为芬兰的利益考虑的柏拉图式的愿望，然而事实上却在支持沙皇的一切野蛮行径；鉴于芬兰社会党人为拯救芬兰人民的民主自由和自治权（这不仅关乎社会主义，而且关乎民主自由）已经卷入一场严重的斗争；代表大会表示相信芬兰有阶级觉悟的无产阶级的力量、勇气和毅力。

代表大会坚信，芬兰无产阶级将同俄国工人阶级一致行动，为反对同一个压迫制度而团结战斗。

代表大会要求各国社会党和真正的民主人士运用自己所拥有的一切手段（报刊、议会、集会等）抗议对芬兰所施加的暴力，并支援反对沙皇制度的斗争。

代表大会委托社会党国际局采取措施，以准备在各个国家为芬兰召开尽可能统一的、庄严的、社会主义的无产阶级群众大会。

哥本哈根国际社会党代表大会强烈谴责俄国政府和有产阶级在杜马及帝国议会中的反动代表的野蛮、阴险政策——这是一个完全镇压芬兰赢得的自治和自由的政策，是准备把芬兰变为最受该帝国奴役的一个省的政策。

代表大会申明，沙皇政府由于对芬兰所采取的政策以一种可笑的方式违背了它1905年所做的庄严保证和已经存在了100年的宪法，这种行径践踏了全体芬兰人民的意志、欧洲的广泛舆论和著名法学家的裁决。

大会还申明，对芬兰自治的血腥镇压是一整套对非俄罗斯民族以及俄罗斯民族粗暴镇压的政府体制的结果，这种镇压活动是披着宪政外衣进行的。

由于欧洲的统治阶级和它们的报纸只表达了一些支持芬兰的柏拉图式表白，但事实上却支持沙皇政府的所有暴行，由于芬兰的社会主义者为了维护民主自由和芬兰人民的自决权正进行着艰苦卓绝的斗争，这不仅涉及社会主义，也与民主自由有关，代表大会表示相信芬兰无产阶级的力量、勇气和坚忍不拔的精神。

大会坚信，芬兰无产阶级将一直与俄国工人阶级一致行动，共同反对同一个压迫制度。

大会恳请各国社会党和全世界所有真正的民主人士，运用一切可能的方式（报纸、议会、群众大会等）抗议直接针对芬兰的"政变"。代表大会委托社会党国际局采取措施，为声援芬兰，在各个国家同时举行一次尽可能完整的、有力的社会党无产阶级示威游行。

奥地利的埃伦博根是决议委员会的报告人，就这些决议作了较长的发言。丹尼尔·德莱昂就关于统一的决议发言，他指责说：社会主义工人党为与社会党统一作出了努力，但是他们却被社会党拒之门外。

莫里斯·希尔奎特对德莱昂的指责作出回答。他的发言摘录如下："美国社会党赞成合众国所有社会主义力量的团结统一。它不是柏拉图式地赞成，而是以实际行动表明自己的真挚。我们的党本身就是这样一种团结统一的产物。1900年的时候，美国的社会主义运动分成了各式各样的派别和集团。社会党成为团结统一的中心，它邀请所有社会主义组织派代表参加1901年举行的团结统一的代表大会。除了丹尼尔·德莱昂领导的社会主义工人党，所有这些组织都作出了回应。联合以后，我们取得了了不起的进展，从那时起，几乎所有原社会主义工人党的党员都参加到我们这边来了。德莱昂同志，如果您说的话当真，如果您真的本着真正社会主义的精神为了反对共同敌人的共同斗争拥护团结统一的话，那么现在我们一如既往非常欢迎您加入我们的行列。

美国社会党在理论和实践上都遵循国际社会主义的基本原则。对于加入工会的工人，我们友好相待。假如我们得不到工人群众的支持，我们就无法想象搞什么社会主义运动。关于德莱昂同志在与工人的行业组织关系方面的离奇之举，我们只需指出社会主义行业和劳工联盟以及世界产业工人联合会的例子。所以我要问一问德莱昂同志：他是不是准备抛掉一切非社会主义的奇想。如果是这样，那我们不需要开什么会，也不需要搞什么协议。"

最后，希尔奎特呼吁与会者注意这样一个事实，即德莱昂不断对社会党进行的诽谤攻击并不能看做是实现与该党联合统一的行之有效的方法，并指出，社会主义工人党提交给代表大会的报告通篇都是对社会党的毫无意义的谩骂，与他所声称的友谊的渴望的联合形成鲜明的对照。

维克多·L.伯杰同样回答德莱昂说："美国社会党人赞成统一。这方面最好的证据是，10年前我们有2个党各5000名党员，而今天我们有一个党大约53000名党员，另一个党的党员人数不足1000。这不就几乎是统一了吗？就是这1000人，我们今天，明天，任何时候都是欢迎的，如果他们站到国际社会主义的立场上来，如果他们接受我们的纲领并停止抵制工会的话。我们将投票赞成统一的决议案，并向大家保证，今后3年内我们将全面解决统一问题。因为到那时肯定只有德莱昂自己一个人在党外了。我们在美国也将随时为统一而工作。"

大会通过了由决议委员会提交的上述全部决议，通过关于芬兰的决议时掌声最热烈。美国代表们一致投票赞成这些决议。

随后，关于仲裁和裁军的决议以及基尔·哈第和瓦扬的修正案被提交大会。

关于仲裁和裁军的决议

代表大会指出，近几年，虽然召开了和平会议，并且各国政府政府表达了和平的意愿，但是各国军备却大为扩张。特别是最近达到建造"无畏战舰"阶段的各国政府普遍展开的海军军备竞赛就是如此。这种政策不仅把国家的资金无谓地耗费在非生产性的用途上，致使用于为工人阶级的利益而进行的必要的社会改革的经费减少，而且还使各个国家有遭受由于间接税沉重不堪而引起财政枯竭和崩溃的危险。

正是这些军备近来在威胁着世界和平，而且还将永远威胁世界和平。鉴于事态的这种发展威胁着文明的一切成果，威胁着各国人民的幸福，威胁着群众的生活，本次代表大会确认以往历次国际代表大会，特别是斯图加特代表大会的决议。

各国工人之间不存在任何能够引起战争的争端和分歧。现代战争是资本主义，特别是各国资产阶级在世界市场上的竞争和资产阶级在国内的阶级统治以及在经济上、政治上奴役工人阶级的主要工具军国主义所造成的恶果。只有消灭资本主义生产方式，战争才会完全消除。工人阶级最关心消灭战争，他们承受着战争的主要负担，并且遭受最为深重的战争苦难。因此，各国有组织的社会主义工人是世界和平的唯一可靠的保障。所以代表大会再次号召各国工人组织继续向全体工人，首先是向青年大力进行教育宣传工作，阐明产生战争的真正原因，并以各国人民友好的精神教育青年。

代表大会重申，议会中的社会党代表始终有责任全力反对军国主义并拒绝为扩充军备给予任何拨款，它呼吁这些代表：

1. 不断要求必须通过国际仲裁来解决国与国之间的一切纠纷；

2. 经常提出旨在实现最终完全裁军的建议，首先是缔结限制海军军备和取消私掠权的国际协定的建议；

3. 要求停止秘密外交并公布政府间一切现存的和将要签订的协定；

4. 保障各国人民拥有自决权，并保护他们反对军事侵略和暴力压迫。

社会党国际局将支持各国社会党组织反对军国主义的斗争，给它们提供必要的数据和信息，必要时将促使它们采取共同行动。对于发生军事纠纷的情况，代表大会确认斯图加特如下决议：

"只要存在着战争的威胁,各有关国家的工人阶级及其在议会中的代表就有责任在社会党国际局的帮助下,各尽所能,以便利用他们认为最有效的手段来阻止战争的爆发,这些手段自然是根据阶级斗争的尖锐化程度和一般政治形势的尖锐化程度的不同而改变。

如果战争仍然爆发了的话,他们的责任就是全力以赴迅速结束战争,并尽力利用战争引起的经济危机和政治危机来唤醒人民,从而加速资产阶级的统治的崩溃。"

为真正贯彻上述措施,代表大会责成国际局,当出现战争危险时,立即采取必要步骤,促使有关国家的工人党缔结协定、一致行动以防止战争。

修正案

代表大会认为,在所有可以用来防止和阻止战争的手段当中,最有效的是总罢工,特别是为战争提供物资(武器、弹药、运输工具等)的那些工业部门中的总罢工;采取强有力的手段在人民中间进行鼓动和活动,也同样有效。

基尔·哈第
爱·瓦扬

德国的累德堡作了较长时间的发言支持委员会提交的决议案。在起草修正案的过程中起了重要作用的基尔·哈第说:"我们所面对的最大问题是阻止战争问题和推动裁军问题。在这些问题上,英国工人党的态度是十分明确的。我们不仅反对战争,而且也反对军国主义。我们坚持认为,陆军和海军是现代国家用来维护有产阶级享受特权的野蛮手段。我们根本不是想规定出所有国家在任何情况下都采用总罢工来防止战争危险。我们只是想对各国工人说,如果他们集中起自己的经济力量,那么工人阶级的力量足以使战争无法发生。"

比利时的王德威尔得提出一项修正案，建议大会把基尔·哈第和瓦扬的修正案提交国际局研究，国际局在下次国际代表大会就所进行的研究作报告。基尔·哈第和瓦扬对此表示同意，大会通过了王德威尔得的修正案。委员会提出的有关仲裁和裁军的决议随后获得通过。

之后，大会开始讨论关于工会统一的决议。

关于工会统一的决议

哥本哈根国际社会党代表大会重申斯图加特代表大会作出的关于政党和工会之间关系的决议，特别是如下这一点，即应该注意每个国家的工会组织的统一，这是反对剥削和压迫的斗争取得胜利的基本条件。

当然，在多种语言的国家中，统一的工会必须考虑其所有会员在语言文化方面的需要。

此外，大会声明，任何把各民族统一的工会分裂为按民族分立的部分的企图都是与国际社会党代表大会此项决议的宗旨相背道而驰的。

特敦请社会党国际局和国际工会书记处帮助直接有关的党，本着社会主义谅解和友好的精神来解决在这方面所发生的冲突。

该决议和如下呼吁关注波希米亚局势的决议一起被大会通过，美国代表对这两个决议投了赞成票。

关于波希米亚的决议

哥本哈根国际社会党代表大会援引1907年斯图加特代表大会关于政治组织和工会组织关系的决议，提醒注意如下这一事实，即只有政治组织和工会组织之间真诚合作，无产阶级斗争才会取得成就。

大会强调，根据此决议以及国际历次代表大会决议精神，争取无产阶级解放的斗争需要政治组织和工会组织的团结，也需要各民族无产阶级的团结，因此工人运动的这两个分支只能在斯图加特决议规定的范围内独立行动，但它们必须在无产阶级共同的目标下要保持一致和友好的关系。各个国家内部工人的团结是全世界工人国际团结的基础。

大会声明，破坏每一个民族工人阶级当前的团结的任何做法都是与国际社会主义原则相悖的。国际局被授权在某一国家或民族的政党和工会出现严重冲突时，有责任采取一切必要措施促成冲突各方和解，并尽力调整它们之间的关系，以实现国际的目标。

在大会的最后一天，与会者一开始讨论了关于国际团结的决议。

关于国际团结的决议

鉴于无产阶级运动的根本的国际精神和发源于第一国际的积极团结的传统，哥本哈根国际社会主义工人代表大会要求各国工人，当资本与劳动之间的斗争达到如此规模，以致投入斗争的国家的工人在毫无帮助的情况下依靠自己的力量显然无法与敌人战斗时，根据各国无产阶级的力量给斗争中的同志们以各种支持，以此来履行其团结的义务。

工人阶级在自己的联合活动中越是紧逼资本主义，资本主义的力量就越是加快组织起来，这样的行动也就越是有必要。资本主义的力量正集中在巨大的托拉斯、卡特尔和企业主的全国性和国际性的联合会中，而工人则把自己的力量主要联合在各国的总工会中。由于这两个敌对阵营力量的这种集中，阶级斗争改变自己的形态，采取更为广泛的新形式。因此，可以准备迎接类似1899年在丹麦、1909年在瑞典、1910年在德国发生的那种大规模同盟歇业所激起的广泛的工会斗争。由此可见，阶级斗争正变得越来越广泛、越来越有组织，工人阶级在今后几年更是迫切需要立即大力将全世界工人阶级的力量集中起来，以便为整个国家或者整个行业的工人被联合起来的资本家的力量压倒之日的到来做好准备。

大会恳请工会国际研究怎样最便捷地实现工人的国际团结。

至于在最近期间,代表大会建议:

在各工人的工会组织之间建立国内和国际的更加密切和持久的协作;

修改协会或联合会章程,删除那些有妨碍迅速而有效的国际行动的规定;

改善并扩大社会党和工人报刊的国际联系;特别是要求面临或已经发生了大规模斗争的国家的社会主义记者们随时迅速而准确地向其外国同行报道情况;外国记者则应直接利用这些报道唤起工人阶级的关心和同情,及时纠正和驳斥为资本服务的报刊和新闻机构为欺骗社会主流舆论而不停散布的奇谈怪论和不实之词。

从这一观点来看,在各国创办社会主义报刊,使之具有足够的力量使群众不受资产阶级报刊的麻痹影响,对于整个工人运动也是至为重要的。

该决议由瑞士的胡格勒提交,他在有关决议的发言中说,欧洲社会党人和工会过去急切地推进国际工人阶级解放事业,在援助瑞典工人反对资本主义的伟大斗争之时表现却并不如此,他对此感到惊讶。他说,瑞典工会收到大国很多道义上的支持,物质上的支持却很少。资本家剥夺了30多万人的生计。挪威和丹麦作出了英勇的牺牲。丹麦捐助了20000英镑,德国捐了64000英镑,但是法国只捐了300英镑,而比利时则锱铢未捐。最后,最令人吃惊的是英国工会仅提供了少得可怜的援助。

英国代表安德森回答说,他们坦率承认他们没有对瑞典工人同事尽到自己的义务。他解释道,英国工会是老工会,在社会主义宣传开始之前就建立了,向它们灌输社会主义思想和国际感情的任务要比那些社会主义宣传早于工会组织建立的国家难得多。

最后,他保证英国工会正在变得越来越有国际精神,正稳步建立实现国际团结的机制。大会一致通过了该决议。

接着是关于国际劳工立法的报告。委员会提交了下述决议：

关于劳工立法的决议

对工人的剥削随资本主义生产的发展而加剧，由此所造成的状况使以保护工人的生命和健康为目的的立法具有迫切的必要性。

任何国家的保护法都没有做到亟需的、哪怕稍稍涉及工人的利益同时又无损于工业而能够办到的事。

大会重申1889年巴黎代表大会提出的、无分性别适用于所有工人的下述有关工人保护立法的最低要求：

1. 工作日最长为8小时；
2. 禁止使用未满14岁的童工劳动；
3. 取消夜班制，由于工作的性质或出于公共福利的原因不得不在夜间进行的工作除外；
4. 所有工人每周至少应有连续36小时的休息；
5. 完全取消实物工资制；
6. 享有完全的联合权；
7. 在工人选出的人员的参加下对工农业企业的工作条件实行有效和彻底的监督。

作为巴黎代表大会的结果，1890年在柏林和1906年在伯尔尼召开了各国政府的代表会议，并为工人保护提出了国际性建议，但是尽管冗长的磋商，通过立法所取得的积极成效仍微乎其微，原因是统治阶级害怕损害自己的阶级利益而反对工人保护，即使没有一个国家的哪一个工业部门因为工人保护而受到损害，相反，工人的健康和工作能力的提高对所有人的文化修养，甚至对雇主阶级都有好处。

为阻止工人陷入赤贫境地，1904年阿姆斯特丹代表大会要求采取充分的措施来救助和照顾伤、老、病、残、孤、寡、孕产妇以及失业者，实施此类救助措施的机构由工人管理，并且外国人和本国人受到同等对待。

现在的工人保护法和工人保险法完全不能满足工人那些既必要又合理的要求。只有通过工人坚持不懈的要求才能实现更多的改革。

因此大会要求各国工人，不论是产业工人，店员，农业工人还是其他部门的工人，粉碎统治阶级的反抗，并通过不断的鼓动和在政治和经济领域中建立有力而完善的组织来为自己争得真正有效的保护。

委员会报告人、德国的莫尔肯布尔就这个决议作了发言。他指出一国通过某项工人立法而其他国家未通过类似立法对工人阶级的影响。例如，英国的工厂法提高了英国女工的工资，而在英国工人的竞争下，德国女工无法保住自己的工资。

他提醒大会注意，社会重建的障碍不是资本家阶级的反对，而是工人阶级漠不关心的态度，国际代表大会的一个主要目的是帮助各国工人唤起解放自己的兴趣和热情。

大会通过了该项决议。

主席团向大会提交了如下关于避难权的特别决议。

关于避难权的决议

最近，以毫无理由的借口侵犯政治流亡者的避难权的事件在许多国家层出不穷。尤其是俄国在这一问题上因其采取的极其卑鄙的方式而引人注目。俄国要求引渡的莱滕·维措佐尔最近在波士顿被捕，就是一例。

可是就连英国也违背了自己的传统，赞同采用这种做法侵犯避难权。例如，印度革命者萨瓦尔卡在法国土地上遭到逮捕，前所未有地未经任何法律程序即被引渡。

大会强烈抗议这种侵犯避难权的犯罪行径，并呼吁各国无产阶级采取一切宣传和鼓动手段来反对这种侵犯自己国家的尊严与独立、威胁工人阶级从事运动的自由和国际团结的精神的行为。

提出这项决议的基尔·哈第详述了印度鼓动家萨瓦尔卡的例子，他逃出英国的羁押到达法国，但是被引渡给英国权力机关。熟稔国际法的饶勒斯认为萨瓦尔卡的引渡是非法的。哈第声称，避难权是政治自由的一大财富。英国曾经给加里波第、马志尼、科苏特和卡尔·马克思提供过这样的保护，这样做给文明传下了一笔宝贵的遗产。此外，他认为对萨瓦尔卡的审判是不公正的。当局把他作为一名罪犯判刑，而不承认他的行动所追求的政治目标是受到允许的。

大会一致通过了该决议。

大会的最后一次会议由哥本哈根社会党市长之一的克劳森主持。

最后一份提交代表大会的决议是关于合作社及其与政党关系的决议。下面就是由委员会呈递的这份决议，奥地利的卡尔珀勒斯担任委员会报告人。

关于合作社的决议

鉴于消费合作社不仅能给予社员以直接的物质上的好处，而且能通过以下方式加强无产阶级的影响：(1) 消灭私营商业企业；(2) 工人阶级自己组织生产性服务改善其状况；(3) 在对社会化的交换和生产资料的独立而民主的管理中教育工人；

另鉴于，单靠合作社不能实现社会主义的目标，即夺取政治权力以实现生产资料的集体所有；

因此，在告诫工人反对那种认为合作社本身就够了的理论的同时，大会认为工人阶级在阶级斗争中对于使用合作社这一武器具有极强烈的兴趣，坚决要求全体社会党人和全体工会会员参加合作运动，以本着社会主义的精神进行活动使自己得到发展，防止合作社偏离教育工人的道路，并促进工人阶级的团结。

大会责成合作社社员在其合作社中力争使利润不是完全归还给社员，而是交给合作社或联社用来发展生产和开展文化教育，并且实现：

1. 根据工会的规定调整合作社职员的工资状况和劳动条件；
2. 尽可能好地组织合作社，在进货时考虑这些货物的生产条件。

合作社是否应使用自己的资金支援政治运动和工会运动以及支援的规模，应由各国的各个合作社作出决定。

此外，鉴于合作运动本身越强大、越团结，它所能给予工人阶级的帮助也就越大，大会声明，以本决议为基础的各国合作社应成立统一的联社。

最后，大会声明，为了在同资本主义作斗争的工人阶级的利益，尤其需要工会、合作社和社会党之间的关系日益密切而又不破坏各自的团结和独立。

英国的欧文反对这项决议，他说英国的合作社对社会主义连起码的理解都不具备，社员群众是由自由派和保守派的工人组成的。

德国的冯·埃尔姆为这项决议进行辩护，并指出，在创建自己分配和生产财富的卓越的组织的过程中，不管是有意或无意，英国的合作社运动建立了社会主义经济基础。大会通过了这项决议，美国代表投了赞成票。

大会的工作就此结束。只有举办下次国际代表大会的时间和地点还没有确定。维也纳的阿德勒邀请1913年国际代表大会在维也纳召开。大会一致接受了这个邀请。6名代表发言后大会落下帷幕，这几名代表分别以德语、英语、法语、瑞士语、丹麦语发表演讲，最后发表演讲的是国际局主席王德威尔得。

莫尔肯布尔用德语致闭幕词。他对丹麦党在议会和在国家工业和市政生活方面所取得的成就大加赞赏。

希尔奎特用英语致闭幕词。他说："讲英语的各代表团由于其地理位置的原因比起其他民族的代表团更少有可能同世界各国的同志们进行个人交往。对于他们来说，这次国际代表大会的意义特别重大，不是因为决议和切实的措施,而是因为同各国同志们相聚一堂。如果我们看一看这个显示出三、四千万来自工会、合作社和政治组织的男女工人的集会,再回顾一下运动的历史和它尽管遭受万般迫害却并未停止的成长过程,我们不能不说,这个运动本身就是我们最终胜利的保障。"

饶勒斯用法语致闭幕词,他详细阐述了国际团结的重要性,并指出军国主义的危险。

瑞典的布兰亭代表瑞典、芬兰和挪威代表发言,他指出,除大的国际之外和在大的国际之中还有一个特别的斯堪的纳维亚的兄弟之交。斯堪的纳维亚各族人民团结得越紧密,他们就越容易在国际运动中竭尽全力。

丹麦的克劳森感谢代表大会在哥本哈根举行,他表示丹麦社会党人将永远怀着自豪的心情回忆这些日子。最后,他说:"各民族由于语言、习俗、国家和宗教,由于许许多多的原因而分开了。然而我们大家在继续行动和为全世界无产阶级的胜利而斗争的决心中却是团结一致的。"

国际局主席王德威尔得宣布大会结束,人们报以社会主义万岁的欢呼。

与会者起立,各代表团开始依次唱起自己国家的革命歌曲。丹麦代表首先唱起了"国际歌",德国和奥地利代表一起唱"工人之歌",英国和美国代表唱"红旗",法国代表最后演唱了"国际歌"。

大会结束当晚,代表大会代表在哥本哈根市政厅受到丹麦社会党人的款待,该市的两位社会党市长以及出席招待会的各国代表发表了演讲。

虽然大会通过的决议本身就很重要,但是国际社会党代表大会的价值不是用它们就能够衡量的。大会真正伟大的工作是将世界上不同国家的近千名代表汇聚在一起,使他们在这里了解其他国家正在进行斗争的无产阶级所面临的难题。花上一个小时的时间聆听委员会的任何一个讨论,可能比通过其他任何途径更能了解其他国家社会党人不得不面对的情况。

大会通过的关于波斯、土耳其、芬兰局势等诸如此类的问题的决议,吸引了工人世界对这些工人正进行着异常艰苦卓绝的斗争的国家的关注。

大会是赞同社会主义所有基本原则——阶级斗争和社会运动的经济基础——的人们的集会。因此,大会没有把时间花在讨论理论问题上。讨论的问题是如今每个国家的社会主义运动在为工人而进行斗争的过程中正在面临的那些问题。军国主义问题、失业问题和关于劳工立法的讨论,均是工人在向着他们的最终目标前进的今天这一伟大的时刻所需解决的问题。

出席大会的美国代表认为,出席大会使他们受益匪浅;他们相信,美国的运动将从国际社会党代表大会获得很多益处,当1913年美国代表参加在维也纳召开的下一次大会时,美国的运动将取得很大进步,以致届时他们可以向国际代表大会介绍几个与美国利益尤其休戚相关的问题。

国际所属各党状况一览表

组织（一）

a：地方组织　　b：成员，其中（　）内指妇女

国家		1907		1908		1909	
		a	b	a	b	a	b
1. 英国	工党	275	1072412	307	1152786(350)	318	1481368(4000)
	独立工党	600	35000	765	50000	900	60000
	社会民主党	202	14500	250	16000	—	17000
	费边社	10	1207	27	2015	39	2462
2. 德国		2704	530466(10943)	3120	587336(29458)	3281	633309(62259)
3. 卢森堡		—	—	—	112538	—	126000
4ª. 奥地利		—	—	—	—	—	—
4ᵇ. 波希米亚		—	—	—	—	2462	156000(6000)
5. 匈牙利		—	130120	—	102054	769	85266
6. 法国		—	48237	—	49328	2500	51692
7. 意大利		—	—	—	43000	—	30000
8. 西班牙		—	—	—	—	—	—
10①. 俄国							
	社会民主党	—	—	—	—	—	—
	社会民主党(立陶宛)	8	16000	8	5000	8	3000
	社会革命党	—	—	—	—	—	—
	犹太社会主义工人党	—	—	—	—	—	—

① 原表如此。——编者注

(续表)

国家	1907		1908		1909	
	a	b	a	b	a	b
11ª. 波兰						
社会民主党	—	—	—	—	—	—
社会党（普属波兰）	—	—	10	400	40	1500
社会党（俄属波兰）	—	22720	—	—	—	3500
社会党（奥属波兰）	—	—	—	—	120	—
社会党	—	—	—	—	—	—
11ᵇ. 芬兰	1156	80328(18873)	1127	71266(16826)	—	—
12. 挪威	499	23000(1800)	602	27500(2000)	637	26500(2500)
13. 瑞典	—	—	296	112693	338	60813
14. 丹麦	—	—	—	—	360	47000
15. 荷兰						
社会民主工党	167	7471	176	8411	194	8784
社会民主党	—	—	—	—	17	505
16. 比利时	803	161239	—	183997	906	185318
17. 瑞士	—	—	—	—	23	21132
20①. 塞尔维亚	—	615	—	—	—	1950
21. 保加利亚	33	1063	40	1221	64	2417(86)
宽广派	—	—	—	—	45	870(24)
紧密派	38	1595(12)	40	1665(17)	3200	53375
28②. 美国						
社会党	1900	26784	—	—	—	—
社会主义工人党	—	—	—	—	—	—
30③. 阿根廷	—	—	—	—	—	—

---

① 原表如此。——编者注
② 原表如此。——编者注
③ 原表如此。——编者注

组织（二）

c：收入（法郎）　　d：支出（法郎）

国家		1907		1908		1909	
		c	d	c	d	c	d
1. 英国	工党	400550	194500	269000	222150	431975	292450
	独立工党	—	—	170964	157225	256050	219889
	社会民主党	698770[1]	—	781820	—	731880[1]	—
	费边社	34575	—	64375	—	83800	—
2. 德国		1489773	1676599	1066220	970288	1381567	766874
3. 卢森堡		—	—	—	—	—	—
4. 奥地利		—	—	—	—	14000	—
5. 波希米亚		—	—	—	95966	77877	72646
6. 匈牙利		83674	96285	96067	—	128894	103478
7. 法国		—	—	—	—	—	—
8. 意大利		—	—	—	—	—	—
9. 西班牙		—	—	—	—	—	—
10. 俄国	社会民主党	—	—	—	16860	11170	11170
	社会革命党	67444	64849	16700	400000	—	—
	社民党(立陶宛)	—	—	450000	—	—	—
	犹太社会主义						
	工人党	—	—	—	—	—	—
11. 波兰	社会民主党	—	—	—	—	6250	—
	社会党(普属波兰)	—	—	—	—	—	—
	社会党(俄属波兰)	—	—	—	—	—	—
	社会党(奥属波兰)	—	—	—	—	—	—
	社会党	—	—	—	—	—	—

（续表）

国家	1907		1908		1909	
	c	d	c	d	c	d
11[A]. 芬兰	2468966	—	2506481	13374	25817	25760
12. 挪威	13700	13649	13885	—	—	—
13. 瑞典	—	—	—	—	—	77445
14. 丹麦	—	—	—	—	—	—
15. 荷兰						
社会民主工党	—	—	—	—	—	—
社会民主党	—	—	—	—	—	—
16. 比利时	16231	16000	18399	18000	18531	18000
17. 瑞典	—	—	—	—	—	—
20[①]. 塞尔维亚	—	—	—	—	—	—
21. 保加利亚	—	—	—	—	32188	31161
宽广派	—	—	—	—	—	—
紧密派	22252[(2)]	21881[(3)]	26318[(3)]	26251[(3)]	28881[(2)]	28340[(3)]
28[②]. 美国						
社会党	176730	—	492062	—	188209	—
社会主义工人党	—	—	—	—	—	—
30[③]. 阿根廷						

注：（1）其中中央委员会为7%；（2）中央委员会占4135法郎；（3）中央委员会占4315法郎；（3）中央委员会占4663法郎；（3）中央委员会占4120法郎；（2）中央委员会占4292法郎；（3）中央委员会占4247法郎。

---

① 原表如此。——编者注
② 原表如此。——编者注
③ 原表如此。——编者注

选 举
（全国及州议会）

国家	得票数	议席数 总席位	议席数 所获席位	占议席百分比（排名）
1. 英国(1910)	505690	670	40	5.97(12)
2. 德国(1907)	3258968	397	50(*)	12.61(8)
3. 卢森堡(1909)	—	48	10	20.83(5)
4. 奥地利(1907)	1041948	516	88(**)	17.06(6)
5. 匈牙利	—	—	—	—
6. 法国(1910)	1106047	584	76	13.01(7)
7. 意大利(1909)	338885	508	42	8.26(10)
8. 西班牙(1910)	40000	404	1	0.25(17)
10①. 俄国	—	442	17	3.82(14)
11ᵇ. 芬兰(1910)	316951	200	86	43.00(1)
12. 挪威(1907)	90000	123	11	8.94(9)
13. 瑞典(1900)	75000	165	36	21.81(2)
14. 丹麦(1910)	98721	114	24○	21.06(4)
15. 荷兰(1909)	82494	100	7	7.00(11)
16. 比利时(1910)	483241	166	35●	21.08(3)
17. 瑞士(1908)	100000	170	7	4.11(13)
19②. 土耳其(1908)	—	196	6	3.06(15)
20. 塞尔维亚(1908)	3056	160	1	0.62(16)
21. 保加利亚(1908)	13360	—	—	—
28③. 美国(1908)	424483	—	(***)	—
30④. 阿根廷(1908)	5000	—	—	—

注：(*) 州议会获 185 席；(**) 州议会获 31 席；(***) 州议会获 4 席。
○ 参议院获 4 席；● 参议院获 7 席。

① 原表如此。——编者注
② 原表如此。——编者注
③ 原表如此。——编者注
④ 原表如此。——编者注

选 举
（市镇议会）

国家	市镇议会席位
英国	1126
德国	7729
奥地利—波希米亚	2896
匈牙利	96
法国	3800
意大利	?
芬兰	351
挪威	873
瑞典	125
丹麦	1000
荷兰	?
比利时	850
瑞士	?
塞尔维亚	22
保加利亚	7

图书在版编目（CIP）数据

第二国际第八次（哥本哈根）代表大会文献.1／童建挺主编.—北京：中央编译出版社，2017.12
（国际共产主义运动历史文献／王学东主编；24）
ISBN 978-7-5117-3417-4

Ⅰ.①第… Ⅱ.①童… Ⅲ.①第二国际－会议文献－汇编 Ⅳ.①D145

中国版本图书馆 CIP 数据核字（2017）第 247308 号

第二国际第八次（哥本哈根）代表大会文献.1

出 版 人	葛海彦
出版统筹	贾宇琰
责任编辑	盛菊艳
责任印制	刘 慧
出版发行	中央编译出版社
地　　址	北京西城区车公庄大街乙5号鸿儒大厦B座（100044）
电　　话	（010）52612345（总编室）　（010）52612335（编辑室） （010）52612316（发行部）　（010）52612346（馆配部）
传　　真	（010）66515838
经　　销	全国新华书店
印　　刷	北京印刷一厂
开　　本	787毫米×1092毫米　1/16
字　　数	390千字
印　　张	30.25
版　　次	2017年12月第1版
印　　次	2017年12月第1次印刷
定　　价	180.00元
网　　址	www.cctphome.com　邮　箱：cctp@cctphome.com
新浪微博	@中央编译出版社　微　信：中央编译出版社（ID：cctphome）
淘宝店铺	中央编译出版社直销店（http://shop108367160.taobao.com） （010）55626985

本社常年法律顾问：北京市吴栾赵阎律师事务所律师　闫军　梁勤
凡有印装质量问题，本社负责调换，电话：（010）55626985